云南省教育科学规划重点课题（GZ09015）

云南省普通高中新课程学科教学实施策略研究

主　编　李云峰

商务印书馆
The Commercial Press

2016 年·北京

图书在版编目(CIP)数据

云南省普通高中新课程学科教学实施策略研究/李
云峰主编 . —北京:商务印书馆,2016
ISBN 978-7-100-11728-9

Ⅰ.①云…　Ⅱ.①李…　Ⅲ.①课程-教学研究-高中
Ⅳ.①G633

中国版本图书馆 CIP 数据核字(2015)第 263102 号

云南省普通高中新课程学科教学实施策略研究
李云峰　主编

商 务 印 书 馆 出 版
(北京王府井大街36号　邮政编码100710)
商 务 印 书 馆 发 行
北京市艺辉印刷有限公司印刷
ISBN　978 - 7 - 100 - 11728 - 9

2016年3月第1版　　　开本 787×1092　1/16
2016年3月北京第1次印刷　印张 21
定价:55.00元

前　言

　　2010年,我们怀揣为推进云南省普通高中新课程学科教学改革而贡献一得之愚的初衷,申报"云南省普通高中新课程学科教学实施策略研究"课题,立项为云南省教育科学"十一五"规划2010年度重点招标课题,课题编号:GZ09015。经过矢志不渝的努力,我们按时按质按量完成课题研究的各项工作。课题研究得到专家的大力肯定,结题等级为优秀,2014年被中国教育学会评为"首届基础教育科研成果"一等奖。现今我们将课题研究报告整理成书稿,以供有志于普通高中新课程学科教学改革研究,普通高中新课程学科教学实施策略研究的同仁共同分享。

　　全书包括六章的内容。

　　第一章是绪论,介绍课题研究的背景和缘起,并就研究所涉及的基本概念诸如"新课程改革"、"教学"、"教学策略"等进行界定,通过文献比较研究,全面掌握当前国内外教学策略研究的现状和发展趋势,并结合云南省普通高中新课程学科教学实际,明确课题研究的价值、内容和方法。

　　第二章是探析云南省普通高中新课程学科教学实施策略研究的理论基础,通过文献研究结合云南实际,梳理云南省普通高中新课程学科教学实施策略研究的理论依据,提出云南省普通高中新课程学科教学实施策略研究的理论基础是人的全面发展理论、人本主义理论、多元智能理论和可持续发展理论。

　　第三章是探究云南省普通高中新课程学科教学实施策略研究的价值取向,应用文献研究和比较研究,从理论层面探讨云南省普通高中新课程学科教学实施策略研究的价值取向:科学价值取向、设计价值取向、人本价值取向、发展价值取向和系统价值取向。

　　第四章是实证调查云南省普通高中新课程学科教学现状,总结云南省普通高中新课程教学成效,客观分析云南省普通高中新课程教学现状中存在的现实问题,并就推进云南省普通高中新课程教学发展提出针对性的建议。

　　第五章是在总体研究调查推进的过程中,覆盖面涉及云南省16个州(市)高中全学段的多学科以学科教学策略为专题的延伸实证调查,源于云南省普通高中学科教学实践,在完成云南省普通高中新课程有效课堂教学调研分析报告的基础上,分别形成涉及云南省普通高中新课程语文、数学、英语、物理、思想政治、化学、历史、生物、地理、音乐、美术、体育与健康、信息技术及通用技术课堂教学策略调研报告,真实描绘云南省实施高中新课程改革多年来的教学现状和一线教师教学实施策略的状况,科学分析其中存在的问题,探索符合云南实际且具有推广价值的高中各学科教学实施策略。

第六章是回归服务云南省普通高中新课程教学实践,探讨具有科学性、可行性、推广性的实践对策,就云南省普通高中新课程各学科提出教学指导建议。

普通高中新课程的落脚点是教学,好的教学策略能够加速推进课改的不断深入和自我完善,反之则可能延缓和阻挠课改理念的贯彻落实。鉴于其重要性和广阔的研究前景,国内外众多研究者对教学策略的理论及实践都进行广泛而深入的研究。在新课程改革的大背景下,如何结合云南实际,在教学中渗透课改理念,优化教学方式,完善教学策略,在全省范围内整体性推进科学、有效的教学改革,在省内现有研究中尚属首次。我们的研究突破以往一般性的结论,组织各学科教研员和一线教师组成研究团队,无论是对各学科全省总体情况的把握,还是对实际教学情况的了解,模块教学和专题内容的把握,都是其他研究团队难以比拟的,具有较高的权威性。研究团队还汇集教育理论的专业学者,提供了强有力的理论支撑,进行科学严密的论证。因此,本研究具有良好的外推价值。在研究方法上凸显实地调研与文献研究的优势,强调宏观与微观的互补,突出定性与定量的结合。一是具有全面性,调研覆盖面涉及云南省 16 个州(市)普通高中全学段的 14 个学科的教师,具有良好的代表性;二是本研究不仅有总体性的结论,还深入每个学科,有针对性地提出学科教学发展建议;三是结合省级教研员、一线教师的经验总结和专业的科学分析,使理论和实践彼此呼应。我们的研究立足云南,出发点和落脚点是为一线教师服务,促进广大普通高中教师通过学习,掌握几种主要的学科教学策略,并不断深化和内化,最终能够创造性地提出自己的教学策略,提升教师的教学理论素质,尤其是课堂教学水平,从而进一步提高教学质量。同时也希望,本研究能够对国内其他省(市、区)进行类似研究具有参考和借鉴意义。我们的研究目的在于引起社会各界对云南省普通高中新课程教学改革以及教学实施策略改进的高度重视,并从中得到如何解决这些问题的新启示和新思路。

总而言之,本书论述了云南省普通高中新课程学科教学实施策略诸多范畴的基本问题,材料翔实,论据充分,结构合理,力图建立自己的研究体系。希望本书的出版能使广大教育行政工作者、中学教师、教育学类专业大学生和研究生有所收益,并且更加欢迎各位读者批评指正,希望在读者的关注和评论下不断完善。

作者

2015 年 7 月

目　　录

第一章 绪论

第一节 研究的背景与缘起

党的十八大提出,教育是中华民族振兴和社会进步的基石。要全面实施素质教育,深化教育领域综合改革,着力提高教育质量,培养学生创新精神。当今,知识经济加速到来,科学技术迅猛发展,国际竞争日趋激烈。在以知识的创新与应用为特征的知识经济时代,培养面向实际需要的科技创新人才,教育负有义不容辞的责任。自20世纪以来,世界各国都将课程改革视为提高民族生存能力和发展的关键,分别开始实施适应国情的课程改革。课程改革是教育改革的核心,而课程改革的核心环节是课程实施,课程实施的基本途径则是教学,教学过程事实上是教育观念、教育体制、教育结构、人才培养模式、教育内容和教学方法的集中表现。1949年以来,我国基础教育课程经历了八次重大改革,每次课程改革都伴随着教学理念、教学内容、教学方法、教学手段的全面革新,课改与教学是一个不断适应、磨合,相互超越,最后达到平衡的过程。

从国内外课改的四种趋势来看,一是调整培养目标,使新一代国民具有适应21世纪社会、科技、经济发展所必备的素质;二是改变人才培养模式,实现学生学习方式的根本变革,使现在的学生成为未来社会具有国际竞争力的公民;三是课程内容进一步关注学生经验,反映社会、科技的最新进展,满足学生多样化发展的需要;四是发挥评价在促进学生潜能、个性、创造性等方面发展的作用,使每一个学生具有自信心和持续发展的能力。除第一点偏重理念和目标要求外,其余三点均与教学关系密切。

从我国课改的相关文件精神来看,教学始终是改革的焦点和主要内容。1999年,《中共中央国务院关于深化教育改革全面推进素质教育的决定》提出,"积极推进教学改革,提高课堂教学的质量,国家和地方要奖励并推广符合素质教育要求的优秀教学成果"。2001年《国务院关于基础教育改革与发展的决定》,提出要"探索、实验并推广新课程教材和先进的教学方法";"注意借鉴国外教学改革的先进经验,奖励并推广基础教育教学改革优秀成果";"要加强教学管理,改进教学方法,提高教学质量"等。2010年,《国家中长期教育改革和发展规划纲要(2010—2020)》中"教学"这一关键词出现71次,提出"改革教学内容、方法、手段";"把教育资源配置和学校工作重点集中到强化教学环节、提高教育质量上来";"深化课程与教学方法改革,推行小班教学";"提高教师业务素质,改进教学方法,增强课堂教学效果";"遵循教育规律和人才成长规律,深化教育教学改革,创新教育教学方法,探索多种培养方式";要求教学工作要"注重学思结合"、"注重知行统一"、"注重因材施教"等。此外,在国务院的直接领导下,从2001年6月起,教育部相继颁布一系列有关新课程的国家政策和文件,如经国务院同意教育部颁布《基础教育课程改革纲要(试行)》、教育部印发《关于开展基础教育新课程实验推广工作的意见》、教育部颁布《普通高中课程方案(实验)》、教育部颁布《普通高中语文等15个学科的课程标准(实验)》、教育部印发《关于开展普通高中新课程实验工作的通知》、经国务院同意教育部颁布《教育部关于积极推进中小学评价与考试制度改革的通知》、教育部发布《关于进一步加强普通高中新课程实验工作的指导意见》中也将教学作为重点内容反复阐释。

从现实意义来看,现阶段教学的主体模式依然是学校的课堂教学,特别是对云南这样一个边疆、民族、贫困地区而言,课堂教学是学生接受新知识、掌握新技能、学会新方法和培养高尚情操的主阵地。学生的思想道德建设、科学文化素养提升、身心健康成长,都要通过课堂教学具体落实。2009年,教育部批准云南省进入普通高中新课程实验,同年云南省颁布《云南省普通高中新课程改革工作方案(试行)》,自2009年秋季,全省开始实施普通高中新课程改革实验。6年多来,云南省普通高中教育规模不断发展,办学条件不断改善,教育能力大幅提高,已实现普通高中教育大众化,普通高中基本解决了"上学难"的问题。随着普通高中新课程改革的拉动和各种师资培训项目的实施,教师对教学、教材的理解能力得到进一步提高,教师队伍的教育教学能力有所增强。新型的教学方法运用于教育实践中,学生综合素质进一步提升,学业成绩进一步提高,学生情商及潜能进一步开发,心理健康得到进一步关注,学生既有过硬的学业素质,又有积极的人生态度、坚强的意志和健康的心理,实现学生整体素质的提高。但是,由于历史原因,云南省实施普通高中新课程的教学质量、教育效益与发达地区差距仍较大,有些基本问题模糊不清,与课改理念不相吻合等,课程改革推进难度大。新课程理念新、内容新、要求新,全省大部分学校难于适应课改要求,成因主要有三点:一是办学条件达不到要求;二是课程设置困难大,走班制、选课制难于落实;三是部分教师的教学行为形成惯性模式,教学观念滞后、教学方法陈旧、教学手段单一,导致自主学习、合作学习、探究学习的教学模式推广困难。

云南省普通高中新课程改革的重点正在从宏观的理念讨论向微观的实施层面不断深入推进,课程改革如果不深入教育教学的第一现实场景——课堂,是难以取得真正成效的。"回归课堂"是一切教育改革都无法回避的选择。不深入课堂、不能改变教学的教育改革充其量是"只开花不结果的树"。新课程理念最终要通过课堂中的教师得以落实,新课程的目标最终要体现在学生的变化发展上。所以为了更好地实施新课程,必须深入教学领域,研究教学,改革教学。基于此,云南省普通高中新课程学科教学实施策略的研究十分必要,解决"如何有效教学"的问题有利于提高教学质量和效益;有利于提升教师的业务能力和专业素养;有利于全面落实基础教育课程改革精神,全面推进素质教育。

第二节 研究的相关概念界定

一、对"新课程改革"的概念界定

新课程改革的全称是"新一轮基础教育课程改革"。20 世纪末,中共中央、国务院提出要"深化教育改革,全面推进素质教育",新课改的目的就是要在 21 世纪构建起符合素质教育要求的基础教育课程体系。

新课程改革的目标从"功能"而言,要改变课程过于注重知识传授的倾向,强调形成积极主动的学习态度,使获得知识与技能的过程成为学会学习和形成正确价值观的过程,培养学生成为一个"立体"的人。

从"结构"而言,要改变课程结构过于强调学科本位、科目过多和缺乏整合的现状,整体设计课程门类和课时比例、设置综合课程、适应不同地区和学生发展的需求,体现课程结构的均衡性、综合性和选择性。

从"内容"而言,要改变课程内容繁、难、偏、旧和过于注重书本知识的现状,加强课程内容与学生生活以及现代社会、科技发展的联系,关注学生的学习兴趣和经验,精选终身学习必备的基础知识和技能。

从"实施"而言,要改变过于强调接受学习、死记硬背、机械训练的现状,倡导学生主动参与、乐于探究、勤于动手,培养学生搜集和处理信息的能力、获取新知识的能力、分析和解决问题的能力以及交流与合作的能力。

从"评价"而言,要改变过分强调评价的甄别与选拔的功能,发挥评价促进学生发展、教师提高和改进教学实践的功能。

从"管理"而言,要改变课程管理过于集中的状况,实行国家、地方、学校三级课程管理,增强课程对地方、学校及学生的适应性。

二、对"教学"的概念界定

教学是指以课程内容为中介的师生双方教和学的共同活动。学校实现教育目的的基本途径,其特点为通过系统知识、技能的传授与掌握,促进学生身心发展。该词英语 teaching 源于古条顿语的 talkjan,它与"学习"learn 是同源派生出来的两个词。其俄语也有传授与学习之意。中国古代甲骨文已分别出现了教、学两字。《书·兑命》载:"学半"(同教)句为两字连用之始。据宋人蔡沈注:"教也……始之自学,学也,终之教人,亦学也。"说明其词意只是一种教者先学后教、教中又学的单方向活动。一直到《礼记·学记》:"建国君民,教学为先。"才具有教者和学者双方活动的含义,但与"教育"一词意思近似,常通用。随着社会的发展,客观上产生了有组织、有计划地传递社会经验的需要,有了专门化的教学活动,该词始有教师传授、学生学习的专门含义。这种含义最早见于宋代欧阳修所作胡瑗先生墓表中:"先生之徒最盛,其在湖州学,弟子来去常数百人,各以其经传相传授,其教学之法最备。"明末清初,王夫之对此曾作如下解释:"推学者之见而广之,以引之于远大之域者,教者之事也。引教者之意而思之,以反求于致此之由者,学者之事也。"意即教的工作在不断增广学生之见识,学为认真思考教师教导的道理。但中外学者对教学含义解释并不一致。如苏联斯卡特金认为:"教学是一种传授社会经验的手段,通过教学传授的是社会活动中各种关系的模式、图式、总的原则和标准。"美国布鲁纳认为:"教学是通过引导学习者对问题或知识体系循序渐进的学习来提高学习者正在学习中的理解、转换和迁移能力。"英国的赫斯特与彼得斯认为,教学是一种审慎的、系统的传授。在学校中是由教师和其他权威人士在制定目标和学习活动时有意安排的。当代中国学者有的认为教学是教师教、学生学的统一活动。在这活动中,学生掌握一定的知识和技能,同时身心获得一定的发展,形成一定的思想品德。有的认为教学是教师依据学习的原理和原则,运用适当的教学技术与方法,刺激、指导、鼓励学生自动学习,以达成教育目的的活动。构成要素为教师、学生、课程内容、教学手段。教师的教和学生的学,二者之间相互依存,以课程内容、教学手段为中介而发生作用。随着学生身心发展水平的提高,教师的影响在程度、内容、方法上不断发生变化。

教学的基本任务通常包括:使学生掌握系统的文化科学基础知识和基本技能,培养世界观和道德、审美、劳动等观念及相应的行为方式,使学生身心得到发展。它不仅在促进个人发展中具有重要作用,而且也是社会历史经验得以再生产的一种主要手段。具有课内、课外、班级、小组、个别化等多种形态。从时间序列看,教师和学生课前的准备活动、共同进行的课内活动、课后的作业批改、练习、辅导、评定等都属教学活动。随着社会传递媒介的发展,可通过教师和学生开展的各种直接交往活动进行,也可通过印刷、广播、电视、录音、录像等远距离活动进行。

本书采用狭义的概念,指教师的教和学生的学所组成的一种人类特有的人才培养活动。通过这种活动,教师有目的、有计划、有组织地引导学生积极自觉地学习和加速掌握文化科学基础知识和基本技能,促进学生多方面素质全面提高,使他们成为社会所需要的人。

三、对"教学策略"的概念界定

教学策略是教学系统论或教育工艺学术语之一,另译"教学措施",是指建立在一定理论基础之上,为实现某种教学目标而制定的教学实施总体方案,包括合理选择和组织各种方法、材料,确定师生行为程序等内容。

已进行较深入研究并广泛应用的教学策略有六种。第一,先行组织策略。源于奥苏伯尔的意义学习理论。实施步骤:准备预备性材料,设想学习进程,呈现预备性材料和新材料,从预备性材料中抽象出新信息,运用活动强化。第二,概念形成策略。源于布鲁纳等人的理论研究,包括选择性策略和接受性策略两种。实施步骤:呈现实例,确认概念,强化练习,发展思维技巧。第三,认知发展策略。建立在皮亚杰的研究基础之上。运用原则为:儿童从实践中获得知识,教育活动以儿童为中心,教学须是个别化的,社会交往起重要作用。教师以开发者、诊断者、认知冲突的创设者和促进者、社会交往的推动者等身份发挥作用。第四,随机管理策略。系统控制强化刺激,使之在特定时候强化所期望的行为反应。多用于技能学习和其他复杂行为的学习中。第五,自我管理策略。教给学生改变行为方式的方法,主要步骤为:教给学生行为的原则和技巧,教给学生自我估计的步骤,制订自我管理、自我决断、自我指导的计划,实施和修改自我管理计划,避免不良的随机行为。方法包括示范、督促、强化和指导。第六,行为练习策略,又称"直接教学"。特点是建立一系列模式化的教师行为。实施步骤:明确课程的目的、环节和内容,呈现新信息,控制练习时间并通过语言提示使学生掌握和运用新技能、新结构,个别指导,提供机会使学生独立练习。上述策略中,前三种属于信息处理的范畴,后三种属于行为技术的范畴。

本书所指的教学策略除基本概念外,还渗透着新课程的理念和回应新课程的要求,即让学生成为课堂的主人,让学生主动学习,让学生永远保持对事物的好奇心,让学生不间断地保持学习的渴望,让学生学会学习。

第三节   研究的基本现状

一、国外教学策略研究

国外关于教学策略的研究主要包括影响课堂教学有效性的各种因素,并试图从各个方面探索改善课堂教学的有效途径。

(一) 教师对教学的影响

国外教学有效性研究始于 20 世纪上半叶。早期的研究主要是回答:什么样的教学是有效的教学? 什么样的教师是有效教师? 研究主要在于鉴别可能影响教学有效性的教师特征和教师的教学行为,如教师的特点、性别、年龄、知识水平及接受专业训练的程度,课堂中教师提问的技巧及对学生的影响等。斯蒂文思(Stevens,1912)发现教师们课堂上所提的 66% 的问题属于直接从教科书上提取的记忆型的问题。弗洛伊德(Freud,1966)的重复研究发现他所抽样研究的教师们所提的问题中 77% 的答案要求的是具体的事实(Perrott, E. ,1982)。卡特尔(Cattell,R. B. ,1931)研究优秀青年教师身上几个最重要的显著特征,即个性与意志、才智、同情与机智、思想开放、幽默感。赖安(Ryan,D. ,1960)辨别出影响有效教学的三个主要变量:热情、理解与冷漠、无情,有组织、有效率与散漫、草率,有刺激、富于想象力与单调乏味、墨守成规。

总的来说,西方 20 世纪 60 年代以前的研究"只是将教师特征与教育结果机械相连,而几乎忽视了课堂实际",但却为后来的深入研究奠定基础。目前的研究中,对教师特征的研究更加关注教师教学行为与学生学习成就、学生自我发展之间的复杂关系,并不只是从教师人格特征来分析问题。

(二) 教学活动对教学的影响

20 世纪 60~70 年代,教学策略研究的视角扩展到整个教学活动。

1. 学生的学习

研究表明,有效教学本质上取决于教师建立能够实现预期教育成果的学习经验的能力,而每个学生都参与教学活动是实施有效教学的前提。诸多心理学家就学生学习的心理状况问题开展研究,揭示出许多与学习本身和促进学习有关的心理概念、规律和过程。加涅(Gagné, R. M.)的著作《学习的条件》,应用信息加工心理学和建构主义心理学思想,形成了一个能解释大部分课堂学习的学习论体系,从四个方面对有效教学做了探讨,即教学目标、教学过程、教学方法以及教学结果的测量与评价。布鲁纳的学习理论认为,任何学科的基本原理都可以用某种正确的方式教给任何年龄阶段的任何儿童。他认为这种学习方法要学生像科学家那样去思考,去探索未知,最终达到对所学知识的理解和掌握。学习的内容不是给予的,学生必须亲自发现它,并内化到自己的认知结构中。奥苏贝尔(D. P. Ausubel)把学习分为有意义学习和机械学习,学习的实质在于学习者能在学习新知识时,与自己原有的认知结构之间建立起实质性的和非人为的联系。

2. 交往与沟通

师生之间的交往被看作是影响教学有效性的一个关键因素,良好的教学效果取决于师生间良好的交往。教学不再被看成是由教师决定而是取决于双方。梅里尔·哈明(Merrill Harmin)在《教学的革命》一书中将研究视角对准了课堂内外的社会互动和文化环境,强调合作、交流、"共同体"对教与学的作用,强调文化与社交对学生学习的影响。此外,社会文化理论和活动理论也扩展了教与学的定义,以强调教与学的社会、语言、文化和政治环境。在这些理论中,学习是一种主动的、合作的建构过程,存在于教师与学生的互动之中,存在于教室的社会结构之中,存在于学校的更大的机构之中。

3. 教师的教学策略和学生的学习策略

有效教学策略涵盖从备课到上课,再到评价,教学流程的各个环节都有相应的策略。相对于听、说、读、写、算的"基本技能"来说,高层次的学习策略,如解决问题的策略、选择方法的策略、元认知策略、合作学习的策略、科学利用时间的策略、原理学习的策略等更能提高学生学习的有效性。艾伦·C. 奥斯丁(Allan C. Ornstein,1990)所著的《有效教学策略》中,教学策略有11种,包含教师课堂提问策略、观察策略、决策策略,学生学习的预习策略、练习策略、解题策略等。坎贝尔(Campell,2003)总结出101条已被证明是成功的教与学的策略。唐纳德·R. 克里克山克(Donald R. Cruickshank)等在《教师指南》(第4版)一书中阐释影响教学方法的因素、教师如何挖掘学生的潜力,更好地激励他们学习、教师对不同教学方法的需求、评估学生学习和使用评估信息的各种方法、好教师的各种定义、达到有效教学的个人特征和技能、组织和管理复杂的课堂环境的策略、在多样化的课堂上防止发生纪律问题的策略、教师面临的挑战以及如何应对这些挑战等。鲍勃·霍奇(Bob Hodge)在高效教师丛书之 *Teachering As Communication* 中提出,一个能把自己的教学策略与所教主题恰当融合的教师,其教学的有效性最大。

二、国内教学策略研究

我国教学策略研究起步较晚且理论性成果不多,多数是研究范围更广泛的有效教学或经验式的学科教学方法探讨。

有效教学的研究始于 20 世纪 90 年代下半叶。崔允漷撰写的《有效教学理念与策略》对有效教学的内涵、核心思想作了清晰界定,提出有效教学的理念:一是"有效教学关注学生的进步或发展",教师必须确立学生的主体地位,树立"一切为了学生的发展"的思想;二是"有效教学要关注教学效益,要求教师有时间与效益的观念";三是"有效教学更多地关注可测性或量化",如教学目标尽可能明确与具体;四是"有效教学需要教师具备一种反思的意识";五是"有效教学也是一套策略"。

孙亚玲的博士论文《课堂教学有效性标准研究》对有效性教学的内涵予以界定:"效"有大有小,获得"效"所付出的代价也有大小。当付出的代价大而获得的"效"小,或者获得的不是我们所期望的"效"时,我们就说其"低效"、"无效"甚至"负效"。

楼帅的硕士论文《专家与新手型科学教师课堂教学策略的比较研究》中得出研究结论,一是新手型教师对方法型教学策略中的组织合作策略的实施较为熟练,其他策略实施方面仍弱于专家型教师,需要多加实践;二是专家型教师倾向于施行某种策略作为主策略,新手型教师无此种倾向,施行策略偏散;三是专家型教师在实验策略的使用上比新手教师频繁,且新手型教师偏向于展示实验与视频实验。专家型教师在教学内容组织的逻辑性、教学内容与学生认知结构匹配性及教学内容探究性层面,表现出明显的优势。新手型教师应当注重教学的知识线索铺设与问题化探究线索的建构,从而提高教学的有效性。

新课程实施以来,广大研究者和一线教师为适应课改理念,提升教学效率进行了大量研究与探讨。

关广鹏、侯跃平在《反思课堂教学行为、提高课堂教学效益》一文中对当前新课程背景下课堂教学行为进行了反思与研究,认为一是教学设计质量还须提高,主要表现在设计的问题质量不高、多媒体预设与课堂生成关系处理的不好等方面;二是学生的思维参与不够,主要表现在合作交流代替了独立思考、生生互动评价不够、问题意识不够等方面;三是教师教学方法的运用值得进一步思考,主要表现在对学生的发言缺乏客观有效的评价、自问自答无意中限制了学生思维、教师不断重复学生的话语、不顾学生的感受等方面;四是虚假教学比较普遍,主要表现在学生思考的虚假、学生交流的虚假、学生主体的虚假等方面。

和学新在《提高效率:新课程教学的价值选择》一文中提出在新课程推进的背景下,教师的教学理念 教学方式乃至其自身专业素养的提高都直接影响着教学效率的提高。因此,提高课堂教学效率的出发点和思路在于教师自身主体能动性的充分提高和发挥。教师自身主体能动性的提高和发挥主要表现在:不断学习和把握新课程的有关教育理念、教育方法和策略、提高自身教育教学素养等几个方面。

王斌在硕士论文《新课程背景下基于学生有效学习的高中生物课堂教学策略研究》中提出将整个学生学习的过程进行了阶段划分,并根据各阶段学习的特点提出促使此阶段学习有效的教学措施。

彭阳在《新课程实施中的困惑与对策》一文中认为当前教学中存在着教师指导与自主学习的矛盾、接受学习与探究学习的矛盾、课本与教学的矛盾、教材内容与时间的矛盾等几个方面,教师必须转变教学方式,转变学生学习方式,积极探索和实现个性化、多元化的教学模式。

此外,各学科根据其特点也形成了大量学科教学策略的研究成果,丰富了普通高中新课程学科教学实施策略的内容。

第四节　研究的价值、主要内容及方法

一、研究的价值

(一) 现有研究的不足

综观现有的研究成果,成绩与问题并存。普通高中新课程教学问题得到重视,无论是国内外学者对有效教学做的大量理论探讨,还是一线教师和研究者就如何提升教学效果,深化课改理念,构建符合实际的教学行为和策略进行的实践研究都在一定程度上推动着普通高中新课程教学研究的发展。部分研究者在学科教学的某个局部已经形成了较为成熟的对策和建议,并且行之有效。但现有研究也至少反映出两个方面的问题。

1. 研究的深度和广度没有达成统一

从深度来看,一方面部分学者在理论探讨上达到了相当的深度,但是没有针对实际教学的具体问题提出有效对策,难以有效指导教学工作;另一方面,有的一线教师和研究者就某个问题提出了自己的见解,但又缺乏理论的支撑,更多的是一种经验总结,难以有效推广。从广度来看,涉及大量课堂教学内容,但学科、教学内容、教学设计、教学评价的涵盖面还远远不够,某个局部的对策建议缺乏外延,不仅难以形成体系,也不能很好地为一线教师提供参考。

2. 研究的有效性缺乏检验

一是现有研究涉及的地区很少涉及贫困、民族地区,发达地区的教学情况与云南的实际有一定差距,缺乏针对性。二是现有研究成果几乎都没有在一个较大的范围内进行调研和验证,缺乏普适性。三是有的研究结论已是在数年前得出的,很难反映出现在的实际情况,缺乏时效性。

(二) 研究目的

真实地描绘云南省实施普通高中新课程多年来的教学现状和一线教师教学实施策略的状况,分析其中存在的问题,探索符合云南实际且具有推广价值的普通高中各学科教学实施策略。本研究也期望通过对教学的研究,反思性地提出对课程开发机制、学科模块设置等问题的一些理论与实践的探讨。

(三) 研究意义

普通高中新课程的落脚点是教学,好的教学策略能够加速推进课改的不断深入和自我完善,反之则可能延缓和阻挠课改理念的贯彻落实。鉴于其重要性和广阔的研究前景,国内外众多研究者对教学策略的理论及实践都进行广泛而深入的研究。在新课程改革的大背景下,如何结合云南实际,在教学中渗透课改理念,优化教学方式,完善教学策略,在全省范围内整体性推进科学、有效的教学改革,在省内现有研究中尚属首次。因此,本研究的选题具有一定的创新性。

突破以往一般性的结论,组织各学科省级教研员组成研究团队,无论是对各学科全省总体情况的把握、实际教学的了解程度、模块教学和专题内容的把握都是其他研究团队难以比拟的,具有较高的权威性。此外,研究团队还汇集教育理论的专业学者,提供了强有力地理论支撑,进行科学严密的论证。因此,本研究具有良好的外推价值。

在研究方法上凸显实地调研与文献研究的优势,强调宏观与微观的互补,突出定性与定量的结合。一是具有全面性,调研覆盖面涉及云南省 16 个州(市)普通高中全学段的 14 个学科的教师,具有良好的代表性;二是本研究不仅有总体性的结论,还将深入每个学科,有针对性地提出学科教学发展建议;三是研究过程将结合省级教研员、一线教师的经验总结和专业的科学分析,使理论和实践前后呼应。因此在研究方法上具有综合特色。

本研究出发点和落脚点是为一线教师服务,促进广大普通高中教师通过学习,掌握几种主要的学科教学策略,并不断深化和内化,最终能够创造性地提出自己的教学策略,提升教师的教育教学理论素质,尤其是课堂教学水平,从而进一步提高教育教学质量。因此,本研究具有较高的实践价值。

本研究立足云南,但研究成果对国内其他省(市、区)进行类似研究也具有重要的借鉴价值及其意义。

二、研究的主要内容

第一,进行文献研究,梳理和提出云南省普通高中新课程学科教学实施策略研究的理论依据。

第二,进行文献研究和比较研究,从理论层面探讨云南省普通高中新课程学科教学实施策略研究的价值取向。

第三,参考有关文献,设计出符合实际的"云南省普通高中新课程教学现状调查问卷"和"云南省普通高中新课程学科教学策略调查问卷"。从两个层面全面了解云南普通高中各学科教学现状和运用教学策略的状况,从众多可能存在的影响因素中找出影响云南普通高中教学效益与质量的真实因素,发现和归纳切实有效的教学策略,提出具有针对性和实效性的应对措施和对策建议。

第四,结合学科特点,深入教学实际,提出对一线教师和研究者有实践价值的各学科教学指导建议。

三、研究的方法

本研究以"发现问题-分析问题-解决问题"为总体研究思路。在全面掌握文献资料和实地调研的基础上,深入剖析存在的问题,分析影响因素,提出具有可操作性的对策建议。

本课题采用文献研究、典型个案分析、实地考察、问卷调查、座谈、访谈、参与式观察等多种研究方法,工作形式上通过省级普通高中新课程教师培训,实施研训结合,全方位了解真实情况,掌握第一手资料。通过全面调查和个案分析,寻找全面性和个体性的平衡,力争不让好的教学方式、方法和策略淹没于一般性结论中。通过运用统计软件,真实反映总体情况,形成初步结论,再经过研究团队中富有经验的省级教研员对初步研究结论进行审定,去伪存真,认为不可信的结论要提出意见,再次进行分析,坚持实事求是的态度,既忠实于数据分析,又不拘泥于统计结论。

在收集资料方面,总体情况分析主要依靠调查问卷,具体的学科对策建议在数据分析的基础上,资料还要依靠座谈、深度访谈的形式进行收集和整理。此外,在实地考察中也注意观察一线教师的教学行为,并收集部分教案、教学笔记作为参考和补充。

第二章 云南省普通高中新课程学科教学实施策略研究的理论基础

　　云南省普通高中的新课程改革是现代教育教学改革的一个有机组成部分,是教育改革在普通高中教学领域的深化和延伸。课程改革的成败关键看实施,再优良的课程设计,都是由实施效果来进行评价和验证的。教学实施策略是新课程改革理念和要求的实践环节,需要广大的理论研究者和教师以教育和教学改革的理念、以新课程的理念对学科教学的实施策略进行理论论证和实践检验,以科学的教学实施策略理论指导各学科的教学实践,并不断研修、总结、深化及完善。

　　由于这一特点,需要明确云南省普通高中新课程的学科教学是以何种教育理论为指导的,其改革的理念如何? 在这些理论的指导下,各学科的教学实施策略体现出何种特点? 新的学科教学策略与以往的教学策略有何区别? 这些都需要明确的定位,才能在新课程改革的过程中保证方向,以先进的教育理念和教育理论指导学科教学策略的研究和具体实施。如何将教学实施策略运用于普通高中新课程学科的课堂教学中,提高教学效果,这才是教学实施策略研究中最为重要的。

　　对于一般意义而言,教学实施策略可以看作是如何把课程设计转化为教学活动的一个实践过程,是教师在教学过程中为帮助学生以自己的学习努力达到每个教学目标而采取的一系列相对系统的行为。它既包含解决某一实际问题的教学理论,又包含解决某一实际问题带有规律性的教学方法。因此,教学实施策略包含有一定的教学理论成分,是对一定教学理论的具体化,受一定的教学理论的支配和制约。"就建立一门学科理论体系而言,理论基础是首要的,而拥有某种方法论只是一门独立学科的必要条件却并非是充分条件,没有理论基础,再复杂的方法论也不可能支撑起一门独立学科的理论体系的大厦。"教学实施的策略受教育理论、课程理论等制约,但这些理论并非是教学实施策略的充要条件,仅是其充分条件。

第一节　云南省普通高中新课程改革教学实施策略理论基础的论证

　　要准确把握教学实施策略的理论,需要在普通高中新课程改革的背景下,找出研究教学这一基本教育活动的一般规律或主要规律,并能为教学实施研究提供有指导意义的共同理论基础。这些理论要能在教学相关的理论体系中起基础性作用,并具有稳定性、根本性、普遍性特点的理论原理。这才是教学实施策略研究的基础理论的出发点,只有在这样的理论上对教学实施策略开展研究,才能分清特定的"云南省普通高中新课程改革"背景下的教学实施策略与其他教育教学改革、与其他课程改革之间的区别,才是根基扎实的理论基础。

首先,在云南省普通高中新课程改革教学实施策略的理论体系中是经过严密论证和实践检验的理论,具备高度的科学性;第二,它应该是一个自成体系的理论,是能经得起系统论证、逻辑自治的一种理论系统;第三,它是为本次云南省普通高中新课程改革的教学实施策略所依据的其他理论提供基础辩护和假设辩护的理论。具备上述特征的理论,作为云南省普通高中新课程改革教学实施策略研究的基础理论,其必然在改革之前就经过了坚实的科学论证并证明是合理而正确的,对云南省普通高中新课程改革教学实施策略的理论起着支持性的作用,能从中推导出整个理论体系,能为各种教学实施策略的选择提供理论上的支持和辩护,而且还是广大教师在改革的过程中能自觉应用的理论。这样的理论,才能从理论上、逻辑上证明课程改革相关理论和实施措施的合理性和合法性,增强课程改革的理论说服力,从而减小课程改革的阻力。课程改革的理论基础就是提供一个先验的、坚实的理论前提,为课程改革理论体系的建构、相关理论的合理性和合法性的证明、实施措施和实践效果的辩护提供理论武器和理论基础。

在《云南省普通高中新课程改革工作方案》(试行)中对本次改革明确提出了"全面推进素质教育,全面发展云南现代教育事业。以学生全面而有个性的发展为核心"的总体要求,同时还提出构建目标多元、方式多样、注重过程的新型评价体系。而在《云南省普通高中新课程改革课程实施指导意见》(试行)中进一步明确"以全面提高学生综合素质、培养学生创新精神和实践能力为重点,以促进学生全面、健康有个性发展为目的,为学生终身学习和发展奠定坚实基础"的总体要求,也提出了"教师要切实改变传统观念,学习运用现代教育教学的科学理念和先进方法,引导学生自主、合作、探究学习。应当探索教师与学生互动交流研讨、共同发展提高的教学方式;传授知识与培养能力并重,注重培养学生质疑、调查、探究的意识与方法;教师要尊重学生的人格,关注个体差异,满足不同学生的学习需要,促进学生富有个性地学习和发展"的课程实施要求。本次云南省普通高中新课程改革,在实施层面具有全面发展、持续发展、以人为本、多元评价的理论取向。

第二节　人的全面发展理论

云南省普通高中新课程改革的设想就在于通过课程体系的创设和教学实施策略的再研究,破除传统普通高中课程中的种种桎梏,以人的全面发展理论作为核心的理论基础,作为选择教学实施策略的理论依据,探索新型的课程教学实施策略,完成"以学生全面而有个性的发展为核心,大力推进机制创新,努力构建特色鲜明、充满活力的普通高中新课程体系,实现普通高中规模、质量和效益协调发展,为培养和造就大批高素质的劳动者、专门人才和创新人才奠定坚实基础,为云南经济社会发展提供有力支持"的改革目标。

马克思主义认识论不是直接的教育理论,但它是我们所依赖的哲学基础。半个世纪以来,马克思主义的全面发展一直写在我们的教育方针上。它的不变性、一贯性正表明了这种方针的生命力。不论是以往的教育,还是如今的新课程改革,对于培养全面发展的人这一根本观点都没有变化,这是教育的目的。对于新课程改革的学科教学实施策略而言,不论是理论的创新,还是实践的创新,都在这一目的的引领之下,都是为了完成促进学生的全面发展这一目的。

人的全面发展最根本是指人的智力和体力的充分、统一的发展,同时也包括人的才能、志趣和道德品质的多方面发展。人的全面发展是现代教育的共同追求,是现代社会赋予教育的要求。马克思曾把人的全面发展定义为"个人关系和个人能力的普遍性和全面性",个人能力包括体力、智力、意志力、创造力和审美能力等各个方面,在人自主自由的发展过程中,人自己实现自己,最终实现人的全面发展。人的自由全面发展的科学内涵主要指:人的关系、人的个性、人的素质、人的能力的自由全面发展。马克思认为人的全面性不是人所想象或假设的全面性,是现实社会关系及客观关系的全面性。人的素质是人的整体质量和综合品质,包括身体素质、思想道德素质和科学文化素质,人的德、智、体、美等诸方面素质的综合。人的能力的自由全面发展是人的各方面能力所构成的一种能力体系,包括体力、智力等。人的个性是每一个现实人的依赖性、独立性、创造性的个性自由、人的人身自由等各种个性的自由全面发展。通过上述界定和分析,可以明确人的全面发展主要包含四个方面的内容。

一、人的关系的全面发展

本书探讨的关系主要指社会关系,它与人的全面发展密切相关,社会关系决定着人的本质,决定着人全面发展的程度。人的社会关系的丰富和全面发展意味着人与自然、人与社会以及人的自身各种关系的全面生成,由贫乏变得丰富,由封闭变得开放,由片面变得全面,并且得以协调发展。人们为了自身的需要,必然要从事各种实践活动,随着实践活动的全面发展,人与人之间的交往日益广泛,使社会关系也日益全面丰富。社会关系的全面丰富,不仅满足了人的各种需要,还使人获得了多方面的能力发展。

二、人的能力的全面发展

本书探讨的能力主要指由人的各方面能力组成的能力体系,是人在客观的社会实践中形成的物质生产、精神生产、人的自身生产的客观能动力量,是人的综合素质的客观体现,人的能力全面发展是人的全面发展的核心。人的能力是多方面的,包括体力和智力、自然力和社会能力、潜力和现实能力等各方面的体系,这些构成了人的能力全面发展的主要内容。人的全面发展,就是全面的发展自身的一切能力,全面发展人的体力和智力、自然力和社会能力、潜力和现实能力。

三、人的个性的全面发展

本书探讨的个性主要指人的自由个性,是作为社会性的个人所具有的具体的、独特的主体性,个别性、独特性是其外在表征,而构成主体性的能动性、自主性、为我性等则是个性的内涵核心和本质特征。人的个性的主体性和独特性的统一,人的个性的全面发展是人的全面发展的综合体现和最高标准,自由个性是人类社会发展的最终目标和最高成果。人的个性的全面发展包含两个含义。其一,个人独特性的全面发展。由于个人的独特性,每个人用于自身特有的人格、理想、能力等,使这个社会充满生机和活力,从而促进社会的进步,为人的全面发展提供保障。其二,个人自主性的全面发展。个人自主性是个人对社会的独立思维、独立判断、独立决定和独立自主活动的能力,又表现为个人自我判断、自我控制、自我调节、自我行动的能力。

四、人的需要的全面发展

人的需要的全面发展是一个不断渐进的历史过程,它与人类社会的发展相一致,体现和推动着人的全面发展的过程,构成人的全面发展的一个重要方面。人的需要是多样的,人既有自然性,又有社会性,因此人既有自然需要又有社会需要。自然需要是社会需要的基础,只有人的自然需要得到满足以后,才能产生社会性的需要。人的需要也是多层次的,恩格斯曾把人的需要划分为生存的需要、享受的需要和发展的需要三个层次。生存需要是人为了维持生命所不可或缺的物质和精神需要,只有人的生存需要得到满足以后才会产生享受的需要,发展需要是在生存需要和享受需要都得到满足的基础上才会产生的更高层次需要,是人们为了提高自身的智力和体力、感性和理性的需要。人的需要也是发展的,随着社会的进步每个人的成长,人对需要的层次、需要的种类、需要的质量都会提出更高的要求,同时人的各个层次的需要也是不断发展变化的,不存在某一阶段只有一种需要的情况,人的需要也是一个发展的整体。

第三节 人本主义理论

云南省普通高中新课程改革的一个重要内涵就是教学实施策略从"师本"向"生本"的转向,确立学生在教学中的主体地位。通过积极为学生开发学习资源,改革教学管理制度,探索行政班和教学班并行的教学组织形式,建立选修制度和学分制改革,通过探索努力寻求适合新课程改革的课堂教学方法和模式,促进教学方法、学习方法的变革,建立发展性评价体系等措施和手段,促进学生学业的进步和个人的成长。云南省普通高中新课程改革从理念到实施,都凸显学生的主体地位,以学生为本的指导思想,这源于一个理论前提:人本主义。

人本主义心理学是 20 世纪 50~60 年代在美国兴起的一种心理学思潮,其观点重视人的价值,强调以学生为本位,注重学生身心和情感的发展,强调"自我实现",主要代表人物是美国心理学家马斯洛(A. Maslow)和罗杰斯(C. R. Rogers)。人本主义的学习与教学观深刻影响着世界范围内的教育改革,是与程序教学运动、学科结构运动齐名的 20 世纪三大教学运动之一。人本主义的学习理论从全人教育的视角阐释学习者整个人的成长历程,以发展人性;注重启发学习者的经验和创造潜能,引导其结合认知和经验,肯定自我,进而自我实现。人本主义学习理论重点研究如何为学习者创造一个良好的环境,让其从自己的角度感知世界,发展出对世界的理解,达到自我实现的最高境界。人本主义心理学代表人物罗杰斯认为,人类具有天生的学习愿望和潜能,这是一种值得信赖的心理倾向,它们可以在合适的条件下释放出来;当学生了解到学习内容与自身需要相关时,学习的积极性最容易激发;在一种具有心理安全感的环境下可以更好地学习。罗杰斯认为,教师的任务不是教学生知识,也不是教学生如何学习知识,而是要为学生提供学习的手段,至于应当如何学习则应当由学生自己决定。教师的角色应当是学生学习的"促进者"。从教学实施策略的角度看,人本主义的学习理论在这些方面对改革有着原则性的指导。

一、知情统一的教学目标观

人本主义心理学家认为人的潜能是自我实现的，而不是教育的作用使然。他们认为，教育的作用只在于提供一个安全、自由、充满人情味的心理环境，使人类固有的优异潜能自动地得以实现，提出了"自由学习"和"学生中心"的学习与教学观。人本主义认为教育应该有一个现实的教学目标，这就是"促进变化和学习，培养能够适应变化和知道如何学习的人"。"只有学会如何学习和学会如何适应变化的人，只有意识到没有任何可靠的知识，只有寻求知识的过程才是可靠的人，才是真正有教养的人。在现代世界中，变化是唯一可以作为确立教育目标的依据，这种变化取决于过程而不是静止的知识。"可见，人本主义重视的是教学的过程而不是教学的内容，重视的是教学的方法而不是教学的结果。

二、有意义的自由学习观

人本主义强调教学的目标在于促进学习，因此学习并非教师以填鸭式地强迫学生无助地、顺从地学习枯燥乏味、琐碎呆板、现学现忘的教材，而是在好奇心的驱使下，去吸收任何自觉有趣和需要的知识。人本主义认为学习方式主要有两种：无意义学习和有意义学习。所谓有意义学习，不仅仅是一种增长知识的学习，而且是一种与每个人各部分经验都融合在一起的学习，是一种使个体的行为、态度、个性以及在未来选择行动方向时发生重大变化的学习。

三、学生中心的教学观

人本主义的教学观是建立在其学习观的基础之上的。人本主义认为凡是可以教给别人的知识，相对来说都是无用的；能够影响个体行为的知识，只能是他自己发现并加以同化的知识。因此，教学的结果，如果不是毫无意义的，那就可能是有害的。教师的任务不是教学生学习知识（这是行为主义者所强调的），也不是教学生如何学习（这是认知主义者所重视的），而是为学生提供各种学习的资源，提供一种促进学习的气氛，让学生自己决定如何学习。

四、自我实现的目的观

人本主义教育的目的，按马斯洛的话来说，是人的自我实现，完美人性的形成和达到人所能及的最高境界。自我实现意味着人真正地成为了自己，更完善地实现了自己的潜能，更接近自己存在的核心，成为了更加完善的人。总之，教育不仅要让学生学到科学知识,还要让学生学会如何学习,重视学生的学习动机的激发,想象力和创造力的培养,独特个性的形成。充分发掘学生的发展潜能,使学生形成健康的,具有整体性和创造性的人格,最终成为"自我实现"的人。

五、超越学科中心的课程观

人本主义教育内容的安排由学科中心转向个体。在课程内容的选择上,要求应适合学生的需要,符合学生生长的自然模式和个性特征,与学生的生活经验和社会状态密切相连,体现出思维、情感和行动之间的相互渗透和相互作用。在课程结构的组织上,坚持统整的原则。在课程学习程序安排上,要求课程程序富有弹性,以符合学生的发展,使每个学生都能不断获得进步。在课程评价上,重视过程,而轻结果。评价的对象侧重学生的认识、情意及心理动作能力,而非学生的掌握记忆。评价方式上,推崇自我评价。课程设置必须考虑将学生的情感发展和认知发展相统一,把课程内容与学生的生长过程有机联系起来,促进学生作为整体人的成长和潜能的实现。

六、化教于学的教学观

人本主义教学观坚持学生的主体地位,倡导"非指导性教学",强调学生的亲自体验,在经验中学习和发展。人本主义教育理论认为,人性内部具有实现潜能的倾向性,教育的功能在于为实现学生的潜能,创造最佳条件,创造自由的心理气氛,这就需要培养能起促进作用的教师,建立真诚融洽的师生关系。反对个人组织化,学生要认识到自己的主体地位,懂得自己是一个有自己感情的、独特的人,是一个自由的、有抉择的、要为自己负责的人;教师是学生成长的促进者、鼓励者和帮助者,而不是知识的占有者、传授者。教师的职责是促进学生的发展,教师要尊重学生的人格,把学生视为一个独立的个体,尊重学生的思想、情感,通过鼓励、关怀、提供选择机会等来表现对学生的理解和接受;关注学生对所学内容的情感情绪的反应,鼓励和诱导学生独立思考;为学生创造一种自由的、无拘无束的氛围,满足学生的各种需求,以促进学生个性的充分发展和潜能的实现。

人本主义学习理论倡导以学生经验为中心的"有意义的自由学习",突出情感在教学活动中的地位和作用,形成了一种以知情协调活动为主线、以情感作为教学活动的基本动力的新的教学模式;以学生的"自我"完善为核心,强调人际关系在教学过程中的重要性,认为课程内容、教学方法、教学手段等都维系于课堂人际关系的形成和发展;把教学活动的重心从教师引向学生,把学生的思想、情感、体验和行为看作是教学的主体。现在的新课程改革及其学科教学实施策略的革新不外乎发掘学生学习潜力,变学生被动地接受知识为主动地发现知识、解决实际问题,这些构想的实现由人本主义学习理论提供指导,恰如其分。

第四节　多元智能理论

多元智能理论是由美国哈佛大学教育研究院的心理发展学家加德纳在1983年提出的。传统上,学校一直只强调学生在逻辑—数学和语文两方面的发展。但这并不是人类智能的全部,不同的人会有不同的智能组合。加德纳认为过去对智力的定义过于狭窄,未能正确反映一个人的真实能力。

多元智能理论应用于云南省普通高中新课程改革教学实施策略的研究,要求教师改变以往的学生观。在人才观上,多元智能理论认为几乎每个人都是聪明的,但聪明的范畴和性质呈现出差异,"天生我才必有用"。学生的差异性不应该成为教育上的负担,相反,是一种宝贵的资源。教师要改变以往的学生观,用赏识和发现的目光去看待学生,改变以往用一把尺子衡量学生的标准,要重新认识到每位学生都是一个天才,只要我们正确的引导和挖掘他们的发展潜能,每个学生都能成才。教师要重新定位教学观,在教学方法上,多元智能理论强调应该根据每个学生的智能优势和智能弱势选择最适合学生个体的方法。按照中国古代伟大教育家孔子的观点就是要考虑个体差异,因材施教。"因材施教"是孔子创立并在个别教学环境下成功实施的,我们要继承这一珍贵的教育遗产,在运用多元智能理论的前提下,更好地加以应用。我们要关注学生差异,善待学生的差异,在教学中,根据学生的差异,运用多样化的教学模式,促进学生潜能的开发,最终促进每个学生都成为优秀的自己。教师要改变自己的教学目标,在教育目标上,多元智能并不主张将所有人都培养成全才,而是认为应该根据学生的不同情况来确定每个学生最适合的发展道路。通俗来讲,多元智能理论不是让学生千军万马过独木桥,也不是简单地要求给学生多架几座桥,而是主张给每条学生都铺就一座桥,让"各得其所"成为现实。人是手段,更是目的,教育的价值除了为社会培养有用之才,更在于发展和解放人。多元智能理论对传统的标准化智力测验和学生成绩考查提出了严厉的批评。传统的智力测验过分强调语言和数理逻辑方面的能力,只采用纸笔测试的方式,过分强调死记硬背知识,缺乏对学生理解能力、动手能力、应用能力和创造能力的客观考核。多元智能理论认为,人的智力不是单一能力,而是由多种能力构成。因此,学校的评价指标、评价方式也应多元化,并使学校教育从纸笔测试中解放出来,注重对不同人的不同智能的培养。按照加德纳的观点,学校教育的宗旨应该是开发多种智能并帮助学生发现适合其智能特点的职业和业余爱好,应该让学生在接受学校教育的同时,发现自己至少有一个方面的长处,学生就会热切地追求自身内在的兴趣。

第五节　可持续发展理论

可持续发展教育从本质上看是"联系的教育",可持续发展教育具有促进人的全面发展的价值。现代教育的价值取向是追求人的发展,追求人的全面发展。人的教育与发展不仅仅是要求知识的积累、观念的更新,更要求人的综合素质的培养和提高。人是可持续发展问题的核心,强调在不同阶段关注发展个人的意识、能力、态度与价值观,强调学会生存、学会生活和学会发展。与此同时,教育工作者的观念也必须要转变,从过去仅仅关注知识与技能的教授转变到全面关注人的发展上,这也是一种"以人为本"的文化建设。从可持续发展教育的定义、目标以及特征可知,可持续发展教育十分强调其社会属性,在重视人的全面发展同时,始终将人与自然、社会联系在一起,要求平等、持续、整体、和谐。

可持续发展的教育强调发展,强调教育为学生形成和发展自己的可持续发展力服务,贯彻这一原则的关键是尊重学生自主发展的权利,尊重学生学习失败或出现挫折的权利。可持续发展的教育注重启发,营造民主开放的氛围,调动学生学习积极性、主动性。可持续发展的教育要求学生积极参与,创设有利于学生结合自己切身体验来学习的情景,强调体验本身也是学习的内容和目的。可持续发展的教育在评价上面向批判,通过学生的批判体验发展学生的批判能力,促进学生掌握批判技能,养成批判意识,发展对社会的理解与态度。

云南省普通高中新课程学科教学实施策略研究中,存在着多元的理论基础,现代教育教学改革的复杂性客观决定着不可能由一种理论完全来指导。任何一项教育改革,既要把它放在教育的实践范畴中加以研究,同时也要看到,它也是社会改革的一部分,也有明显的社会特征,而教育是关于人的培养活动,也离不开关于人的发展规律的制约。因此,在厘清那些指导具体工作的理论方法之后,剩下的就是能体现改革价值,保障改革方向,具有指导性、限制性和可参照性的理论。云南省普通高中新课程改革教学实施策略的研究是建立在人的全面发展理论、人本主义理论、多元智能理论、可持续发展理论之上的系统研究。

第三章 云南省普通高中新课程学科教学实施策略研究的价值取向

　　价值取向指一定主体基于自己的价值观在面对或处理各种矛盾、冲突、关系时所持的基本价值立场、价值态度以及所表现出来的基本价值倾向。价值取向具有实践品格，它的突出作用是决定、支配主体的价值选择，因而对主体自身、主体间关系、其他主体均有重大的影响。价值取向的合理化是进步人类的信念。人们生活在社会之中，家庭、朋友、教师、群体乃至组织等都会影响每个人的价值取向。人的价值取向是在生活和工作环境中学习和经历的产物，因此会有不同的价值取向。价值取向具有评价事物、唤起态度、指引和调节行为的定向功能。人们在工作中的各种决策判断和行为都有一定的指导思想和价值前提。管理心理学把价值取向定义为"在多种工作情景中指导人们行动和决策判断的总体信念"。人的价值取向直接影响着工作态度和行为。通俗地讲，就是为了达到目标或满足某一需要最终决定做什么好或怎样做好。价值取向来自行为主体的价值体系、价值意识，表现为政治取向、功利取向、审美取向、道德取向等不同方面。人的每个具体行为都是各种具体价值取向综合作用的结果。

　　云南省普通高中新课程改革学科教学实施策略研究的价值取向，就在于要发现、掌握一些教育教学规律，当教师即将选择教学策略时，哪些因素会支配教师的选择，或者说，教师做出某种具体的教学决策时，是什么在调节教师对教学策略的态度以及教师的教学选择行为。新课程改革中学科教学实施策略的价值取向就是指教师为了达到新课程改革的教学目标而在教学中决定做什么或怎样做的倾向性。教师的价值取向可能是自发的或"随意的"，也可能是自觉的或深思熟虑的，而价值取向往往依赖于价值判断、经验与习惯等各种因素，这决定了教师的教学策略价值取向问题的复杂性。教师由于个体的知识结构、经验、经历等的区别化差异以及受外在制度的影响会对教学实施策略产生不同的价值意识，从而持有不同的价值取向，进而制约教师的教学策略选择行为。教师的教学选择行为的不同，归根结底是由于教师价值取向的不同，是教师依据多种因素所做出的不同的价值选择。

　　价值取向的作用是巨大的，人的全部激情、意志和活动过程，无不服从于一定的价值取向。价值取向贯穿于、渗透于人的所有活动之中，制约着人的一切活动，不仅对个人的活动,而且对整个社会共同体的活动具有重要的导向作用,存在于人有意识地进行的活动中,在某种意义上也存在于人无意识地进行的活动之中,甚至存在于一切活动之中。人有什么样的价值取向就有什么样的价值活动,价值取向的正确与否直接决定着人们的思想、行动的成败。事实充分说明,只有正确的价值取向才能使对事物发展趋势的预见和对价值成果的积极追求有机地统一起来,才能使活动既沿着事物发展的趋向,又沿着主体自身需要的指向发展,从而才具有成功的保障。

在教学实施过程中,从教学目标的设定到教学内容的裁减以及教学策略的运用和教学活动的组织等,教师都有自由选择的权利。教师对于教学策略的自主性特点决定了教师的价值取向在教学策略选择中的重要作用,教师的教学策略价值取向对教师的行为起着导向和定向的作用,是决定教学行为是否有效的前提。从某种程度上说,教师持有怎样的教学策略价值取向就必然会出现与之相对应的决策行为,教师的教学策略深深影响着学生的发展状况。因此,探讨有关教师的教学策略价值取向问题有着极其重要的意义。而影响价值取向的因素的多元性和课堂教学活动的复杂性也突出了探究建立在价值判断基础之上的自觉的、深思熟虑的价值取向的必要性。教学策略是作为教师主体的一种内在素质作用于学生的,因此我们也可以说教学策略是教师与学生联系的中介。人是教学活动的出发点,也是教学活动的旨归所在,人的发展是教学活动的最终目标。教学策略应该永远从属于人的发展目标,为了达成教学目标,就必然要采用一定的教学策略,教学策略是为教学目标服务的,强调教学策略的有效性是必要的。

第一节　科学价值取向

教学实施策略的科学价值取向指教学既要使学生巩固地掌握现代科学的基础知识和基本技能,发展科学探索能力,又要使学生受到一定的政治思想品德教育。科学性,指在教学中教师以科学的态度,运用科学的方法,向学生传授系统的科学知识。思想性,指教学要体现社会主义政治方向、辩证唯物主义世界观和共产主义道德精神。

教学活动必须要遵循教学的一般规律才能达到预期的教学效果,使教学目标得以顺利完成。随着自然科学的不断发展并且在人们的生活中发生了巨大的作用,使得各学科门类的研究都倡导科学化。云南省普通高中新课程改革的学科教学实施策略首要的价值取向即为科学性的价值取向,教师在学科教学中采用符合科学要求的内容、方法、组织形式进行教学。贯彻这一原则,要求教学内容反映客观规律性和当代最新科学成就;教学方法、教学组织形式遵循教育学、心理学原则,并为学生正确掌握知识创造条件;概念的表述、所作论证及事实的引述准确严谨。培养学生实事求是、尊重科学的态度。教会学生掌握发现问题、分析问题、验证理论的科学方法。教师通过教学所给予学生的无论是基础知识、基本技能,还是某种思想观点,都必须以科学性为前提。在教学中引用的事实和材料要可靠,解释概念要准确,论证原理要符合逻辑,演示实验要精确,方法的选择与应用要合理,尤其要紧密结合历史去分析和考察,对过去的事物要有一个正确的判断,对现存的要有一个客观的认识,同时注意培养学生自己的鉴别能力及对于未来新知识、新技术的接受能力与开创能力。这样才能够使学生获得真正科学的知识,并养成科学的态度和科学的思维方法。在教学活动中,教师的严谨、求实、科学的精神,都将给学生以深刻的影响。这是教学目标所要求遵循的最重要的原则。如果从教学内容到教学方法上,都贯穿着唯心主义、形而上学,甚至宗教迷信等错误的话,那么学生接受的知识、学生将要从事的工作都将是荒谬的,会给个人乃至整个社会造成严重的恶果,必须引起重视。

学科教学实施策略要贯彻科学性的价值取向,应该做到以下几个方面。

第一,向学生传授的知识必须是科学的,教学内容要努力反映最新科技成果。教师所传授的知识应当是正确的、可靠的科学知识,教师所运用的概念、提出的定义、作出的论证、引用的事实都应该是正确的。教学为了符合学生的年龄特点和接受能力,有时要力求通俗浅显,但不能违背科学性的要求。

第二,教师的教学态度、教学方法、教学过程的设计安排都必须是科学的,要教育和帮助学生掌握科学的方法和培养科学的态度。

第三,教师应掌握马克思主义的观点、立场,努力发挥教材的内在思想性,在讲授科学知识的过程中可结合社会以及学生思想实际进行思想政治教育。不应该脱离各门课程的教学任务、脱离科学知识的讲授来进行思想教育。防止脱离科学知识传授的空洞说教。反对把教学中的思想教育庸俗化的做法。

第四,用教师高尚的思想品德和科学态度来加强教学的科学性和思想性。教学活动集中体现了教师的人格、精神面貌和道德修养,教师的教学态度、学风乃至言谈举止都对学生有潜移默化的影响作用。

第二节 设计价值取向

教学活动具有目标指向性、组织性、计划性,为了达到优异的教学效果可以对教学进行系统的安排与计划,教学设计是教学实践层面最基础的一环。教学设计是运用现代学习与教育心理学、传播学、教学媒体论等相关的理论与技术,来分析教学中的问题和需要、设计解决方法、试行解决方法、评价试行结果,并在评价基础上改进设计的一个系统过程。它既具有设计的一般性质,又必须遵循教学的基本规律。优秀的教学设计不仅需要科学的理论指导,还需要采用多种适宜的方法,再加上创造性的发挥,它一方面可以促进教学效果的提高,另一方面还可以检验教学理论的正确性,对教学实践起着巨大的促进作用。

凡事预则立,不预则废。各种有关教学的研究和思考最终需要落实到教学实践,而在实践之前,对教学进行设计是一项必备的内容。云南省普通高中新课程改革学科教学实施策略的价值取向之一便是基于设计的教学策略研究。教学设计综合了教学过程中包括教学目标、教学内容、教学对象、教学策略、教学媒体、教学评价在内的诸多基本要素,并运用系统方法对教学过程加以模式化。教学是一种有目的的师生之间的交流,简单来说这一活动包含目的、主体、载体、过程与环境这五个类别,其中对主体的关怀主要体现在教学设计的各个环节中,所以我们将从教学的目的设计、内容设计、过程设计、环境设计这四个方面对教学设计的特征进行分析。

由于教学活动是师生之间通过有目的的以具体内容为载体的交流以达到教学目标的活动,而学生的发展需要学生自身的内因起作用,所以教学设计重点在学习的设计,而针对学习的设计就必须了解知识的问题、学习的问题、教学过程的问题等。学生的学习就构成了基于设计的教学实施策略的前提条件,如何理解"学习"的含义,如何辨别学生的学习类型,如何定义学生的学习过程模型是教学设计的关键性基础,这包含着系统科学的理论、传播学的理论,但最重要的还是教育心理学关于学习的理论,他们共同构成教学设计的理论基础,让教学设计在科学的指导下高效进行。

因此,在云南省普通高中新课程改革教学实施策略的研究中,开展教学设计是必要的。教学设计是根据教学对象和教学目标,确定合适的教学起点与终点,将教学诸要素有序、优化地安排,形成教学方案的过程。它是一门运用系统方法科学解决教学问题的学问,它以教学效果最优化为目的,以解决教学问题为宗旨。具体而言,教学设计具有以下特征。

其一,教学设计是把教学原理转化为教学材料和教学活动的计划。教学设计要遵循教学过程的基本规律,选择教学目标,以解决教什么的问题。

其二,教学设计是实现教学目标的计划性和决策性活动。教学设计以计划和布局安排的形式,对怎样才能达到教学目标进行创造性的决策,以解决怎样教的问题。

其三,教学设计是以系统方法为指导。教学设计把教学各要素看成一个系统,分析教学问题和需求,确立解决的程序纲要,使教学效果最优化。

其四,教学设计是提高学习者获得知识、技能的效率和兴趣的技术过程,它的功能在于运用系统方法设计教学过程,使之成为一种具有操作性的程序。

基于设计的教学实施策略的开发,有利于利用教育教学相关理论开发符合改革理念和指导要求的新教学,为学生安排科学的学习程序和策略指导,提高教学和学习的绩效。

第三节　人本价值取向

传统学校教育中,教学只是从外部向学生灌输规范性的知识,学生只是接受知识的"容器"(纯粹的接受者),因而缺乏对知识的主动发现、建构和创造,学生的批判性、创造性、主体性能力和个性发展受到影响,这对于知识的创新和社会的进步是极为不利的。为此,新课程理念强调,改变教学实施策略过于强调接受学习、死记硬背、机械训练的现状,倡导学生主动参与、乐于探究、勤于动手,培养学生搜集和处理信息的能力、获取新知识的能力、分析和解决问题的能力以及交流与合作的能力。新课程倡导自主、合作、探究的新型学习方式,并将这一学习方式具体落实于综合实践活动课及其他课程当中,学生通过自主探究的学习获得了对知识和外部世界的独特体验,通过合作学习和课堂实践又超越纯粹的个人体验,知识的探寻过程也是群体合作的活动,因而自主、合作、探究的学习方式是学生个体主体性和群体意识、合作能力共同发展的过程。知识不再被看作是固定的、规定的、唯一不可变的真理,不再是教师和学生都不能有所更动的书本内容,教学过程是师生之间交往、对话的过程,这里的对话已经远远超越了言语的交流,而是教师和学生带着他们各自的知识背景和独特性格对于生活世界的共同体验及其交流,这样的交往是师生视界的融合,是对于知识和生活意义的共同探寻和相互"楔入"。在这个过程中,不存在控制与被控制的关系、主宰与服从的关系,师生之间是主体间性的关系,即师生之间是民主、平等的关系,这种主体间性的师生关系还意味着,教师对于学生来说,一方面是真正的引导者、组织者和合作者,另一方面还是精神和文化的"共享者"。这样的共享过程是富有教育性的共享过程,是教师和学生一起探寻精神世界和知识世界,一起成长的过程。

人本价值取向的教学策略观将教学实施策略的中心从教师引向学生个体,将教学活动的中心从教师引向学生。在教学目标上,追求的结果主要是价值的实现、学生个性发展的需要和兴趣的满足、感情的宣泄等。在教学内容上,认为教学应以学生为中心,让学生成为教学中真正的主体,学习的内容、学习的方式以及学习的结果评价等方面都应该由学生自主自由地讨论决定,教学内容要充分考虑学生的需要和兴趣。

唯有如此,学生才能充分发挥其主体性和潜能,形成独立自由的个性,真正实现主体的自我实现;在教学过程上,主张一种情感化的教学过程,注重感情和人际关系在教学过程中的作用。教学过程主要是人的个性交往、情感交流,及时创造等非(超)理性(智)、艺术审美、社会化的过程。因此,教学论就主要讨论教学中的人际关系、情感效应、潜意识活动等。教学过程就是为学生提供自由健康的环境,促进学习者的自主有效的学习,良好的人际关系既是保证这一目的实现的关键,也是保障学生自由独立个性形成的重要条件;在教学方法上,强调个别教学和学生的自主学习。教师应该相信每个学生都有自我实现的潜能,应该给学生以自主学习的权利,教师的作用则在于最大限度地激发学生的兴趣,促进学生发现和解决问题,帮助和促成学习者潜能的完满实现。在以学生为中心的教学观的关照下,人本主义教育主张教师与学生之间应该是一种主体间性的交往和对话关系。教师和学生不再是传统教育意义上的主体与客体或是教育者与被教育者这种主动与受动的关系,两者应该是"主体—主体"的关系,教学过程是教师主体与学生主体平等对话和交往的过程。

第四节　发展价值取向

随着经济和科学技术的迅速发展,人们日益认识到教学的发展作用是教学的中心任务之一。教学不仅是传授知识,更重要的是培养学生的独立思考能力和运用所获得的知识去解决新问题的能力,鼓励学生勇于思考,勇于探索,勇于创新,充分发挥学生的想象力与创造力。人的能力是由低向高发展的,发展是成长和才能在时间上的变化过程,是成熟与环境相互作用的结果,要保证学习者在每个阶段上都发展充足。同时,开阔他们的视野,让他们接触那些能理解又高出他们原有水平的知识,以推动他们向更高阶段探索。

云南省普通高中新课程改革学科教学实施策略的发展价值取向即教师在教育教学过程中的一切行为都必须从有利于学习者发展的角度出发进行考虑,最大限度地促进学习者的发展。这其中可分为可接受原则、适度原则、顺序性原则和实践性原则等几个分原则。可接受原则,是指教学实施策略要与学习者发展水平相适应并且是可以接受的,即从学习者发展的实际可能性出发,使教育教学的任务、内容、方法和组织形式是可以接受的,既不要负担过重,也不能轻而易举,要高于学习者现有的水平,保持一定的难度,要在能力尚处在形成状态的"最近发展区"内,引导学习者经过努力去解决问题。贯彻这一原则,教师要准确了解和估计学习者接受能力和智力、体力发展水平,采取合理的教学策略,恰当地由近及远、由已知到未知、由简单到复杂地进行教育教学。适度原则,即一方面要符合学习者的年龄特征,一方面还要根据学习者发展的个别差异因材施教,适当而不过多或过少。顺序性原则,即教学实施策略展开的顺序,使学习者依靠已有的知识经验去获得新知识。实践性原则即要使学习者牢固地掌握知识技能,并在实践中加以运用。另外,教学实施策略的发展性价值取向还要求教师在实际教育过程中一定要因材施教,做到全面发展与个别教育相结合,使每一个学习者都得到最大限度的发展。

第五节　系统价值取向

教学实施策略必须遵循学科本身内在的逻辑系统和学生认识发展的规律进行,这是经过长期教学实践反复证明行之有效的教学原则。要求按照教学大纲、教科书规定的系统,循序渐进开展教学,使学生掌握系统知识。《学记》中早有"学不躐等"和"不陵节而施"的教学实施策略的理论总结。科学知识有严整的逻辑体系,学生身心发展,包括智力发展,也有一定的顺序和规律。

教学不能脱离当代科学发展的总趋势,否则其结果就会落后于时代,显得陈旧而不可取。现代科学发展的一个明显趋势是综合化、整体化。世界是一个整体,各个科学部门所研究的特殊对象都不是孤立的,而是表现为一个大的综合系统下的子系统,以关联的方式运转。一个科学部门重大的理论突破,往往具有方法论的意义,可以移植到其他科学部门或成为一个普遍的方法,带来另外的突破。因此,各学科教学均应根据这一方向,在传授本学科知识的时候,不要忘记它是系统的组成部分,不是孤立地存在,分析本学科知识的性质与作用应该和其他学科关联起来加以推行,这样才会既有局部成分的理解,又有对知识的整体结构和功能的把握。只有这样,学生的学习才能融会贯通,通过一个点、一部分知识的掌握,获得多种、多层次、多方位的启发,形成对客观世界的完整的、综合性的认识。

任何学科,都有其严密的逻辑体系,前面的知识是后面知识的基础,后面的知识是前面知识的必然发展。教学如果不按照学科知识体系进行,必然使学生获得的是一些零星片面的知识,降低教学质量。只有系统地循序渐进地进行教学,才能使学生掌握系统的知识,有利于学生对知识的理解、记忆和应用时的检索。教学实施策略遵循这种序列,才能使学生顺利地获得系统的知识。学生认识发展,一般是从具体到抽象,从现象到本质,从简单到复杂的逐步深化过程。教学按照这种顺序进行,才能使学生顺利地掌握知识,促进学生认识能力的发展。所以,教学必须遵循系统性原则。如果完全违反这个原则,学生就无法获得系统的知识,同时学生的智力也不能得到系统的训练。教学中贯彻系统性原则的要求:要深入钻研教学大纲和教科书,掌握其逻辑体系,同时要深入了解学生的认识能力、接受能力的发展情况;要循序渐进地传授知识与发展智力;教学的各个环节,如实验、实习、练习、复习、检查等,都要系统连贯地进行;还要指导学生循序渐进地学习,养成系统地、有步骤地、持续地学习的良好习惯。

教学要按照各学科知识结构的内在顺序和学生认识活动的顺序进行,使学生掌握系统的基础知识和基本技能,促进学生认识能力和实践能力的发展。教学活动各环节违反此原则,学生只能得到零碎片断的知识,不注意循序渐进,片面地追求快,就会阻碍智力发展,降低教学质量。教师必须熟悉和掌握教学大纲教科书的逻辑系统,以及各部分之间的联系,注意新旧知识的衔接。突出重点,分散难点。有的内容可引导学生自己发现,经过独立思考得出正确结论。知识系统与认识活动不是固定不变的,适当增加知识的广度、难度、加快教学进度,会加强教学的发展功能。教学实施策略的系统价值取向,要求教师按照较为严密的学科知识体系——教学大纲和教科书进行教学;经常进行复习和检查,及时发现和补救学生掌握知识和能力发展中的缺陷;深刻掌握教材内容的结构,突出重点,帮助学生举一反三,培养学习能力。

云南省普通高中新课程改革学科教学实施策略研究的价值取向,是如何选择、使用教学实施策略贯彻新课程改革目标的理论要求,也是提高云南省普通高中教育教学质量的内涵要求,也是教师在学科教学中所要依循的原则。

第四章　云南省普通高中新课程学科教学现状调研及发展建议

第一节　现状调研的总体情况

为推进我省普通高中新课程教学的实施,"云南省普通高中新课程学科教学实施策略研究"课题组(以下简称课题组)组织了全省高一、高二教师骨干进行普通高中新课程教材和教学培训,在培训过程中我们对参加培训的教师进行了问卷调查。在此基础上,课题组组织了面向全省各州市的普通高中新课程教学现状调研,对 14 个学科的普通高中教师进行问卷调查,深入了解新课程背景下教师的教学行为。在实证调查的基础上形成如下调研及发展建议报告。

本次调研采用的自编问卷,借鉴了目前部分省市较为成熟的新课程教学现状调查表,结合课程与教学的相关理论及新课程理念,历经数次修订才得以完成,问卷成形后,通过了专家咨询,最后定稿。总体而言,具有较强的针对性和时效性,能够比较全面地反映课堂教学的基本现状。问卷共发放 2950 份,其中面向高一教师发放 1600 份,涉及 14 个学科;面向高二教师发放 1350 份,涉及除通用技术之外的 13 个学科。问卷共计回收 2462 份,其中有效问卷 2041 份,问卷的有效率为 82.90%。调查对象的基本情况分为性别、教龄、职称、学历、任教年级、任教科目六项,每项又设置了相应的维度(表 4-1)。

表 4-1　受调查者的基本情况

项目	分类	频率	百分比(%)	累计百分比(%)
性别	男	1091	53.5	53.5
	女	950	46.5	100
教龄	1~5 年	629	30.8	30.8
	6~10 年	371	18.2	49
	11~15 年	322	15.8	64.8
	16~20 年	307	15	79.8
	21~25 年	235	11.5	91.3

项目	分类	频率	百分比(%)	累计百分比(%)
教龄	26~30 年	152	7.4	98.8
	30 年以上	25	1.2	100
职称	中学特级	31	1.5	1.5
	中学高级	484	23.7	25.2
	中学一级	666	32.6	57.9
	中学二级及以下	860	42.1	100
学历	博士	1	0	0
	硕士	80	3.9	4
	本科	1918	94	97.9
	专科	40	2	99.9
	专科以下	2	0.1	100
任教年级	高一	1070	52.4	52.4
	高二	971	47.6	100
任教科目	语文	201	9.8	9.8
	数学	142	7	16.8
	英语	158	7.7	24.5
	思想政治	158	7.7	32.3
	历史	154	7.5	39.8
	地理	124	6.1	45.9
	物理	190	9.3	55.2
	化学	157	7.7	62.9
	生物	165	8.1	71
	音乐	121	5.9	76.9
	体育与健康	130	6.4	83.3
	美术	123	6	89.3
	通用技术	46	2.3	91.6
	信息技术	172	8.4	100

就性别来看,受调查者的男女比率分别为 53.5% 和 46.5%,相对均衡,调查数据具有良好的代表性;就教龄来看,受调查者年轻教师居多,教龄在 1~5 年的教师占到了 30.8%,20 年及以下教龄的教师占到了 79.8%;就职称来看,本次受调查教师的职称分布情况与我省目前教师的职称比率基本相当;就学历来看,本次受调查教师本

科学历的最多,占到了总数的 94%;就任教年级来看,受调查的高一教师略多于高二教师;就任教科目来看,除通用技术教师外,其余科目的教师大体比较均衡,高考科目的任教教师略多。

<h1 style="text-align:center">第二节　现状调研的结果</h1>

一、问卷的分析方法

该部分采用统计百分比与方差分析相结合的方法进行统计分析,采用一般描述性统计结合 SPSS(Statistical Package for the Social Science)17.0 进行方差分析的处理。分别对教师的性别、教龄、职称、学历、任教年级、任教科目等进行赋值,对单选题采用多因素方差分析,显著性水平取 α=0.05,考虑到教师的教龄与职称两因素间存在较强的交互性,职称对一个教师的评价有效性更强于教龄,而 94%的教师为本科学历,较为均衡。因此,在方差分析中放弃对教龄、学历这两个因素的分析。对多选题采用多重响应制作交叉表,进行定量描述、定性分析。

二、问卷统计与分析

问卷 1~6 题为单选,7~10 题为多选题,11 题和 12 题为主观题。

1. 课堂进度

本题涉及教学中遇到过让学生探究、合作交流而影响教学进度的情况。新课程背景下,要求教师改变以往过于强调知识传授的倾向,改变以灌输式为主的教学方式,必须注重探究学习、自主学习、合作学习。但由于这些教学进程更难以把握,对教师本身的要求也更高,在教学实践中往往容易出现教学进度被拖慢的情况(表 4 - 2)。

表 4 - 2　对教学进度的处理方式

选项	频率	百分比(%)	累计百分比(%)
经常遇到,以学生为重	504	24.7	24.7
经常遇到,以进度为重	482	23.6	48.3
偶尔遇到,以学生为重	788	38.6	86.9
偶尔遇到,以进度为重	267	13.1	100.0
合计	2041	100.0	

统计结果显示,24.7%的教师经常遇到这种情况,并且认为应当与学生为重;

23.6％的教师经常遇到这种情况,认为应当以进度为重;38.6％的教师偶尔遇到这种情况,并且认为应当与学生为重;13.1％偶尔遇到这种情况,认为应当以进度为重。可见,随着新课程理念的深入,63.3％的教师在这一问题的取舍上已经开始偏重以学生为重。但我们也发现经常遇到这一问题的教师比率达到了48.3％,说明这部分教师在处理探究教学、合作交流等情况与课堂进度产生矛盾时还缺乏有效的调控能力。

表4-3 对教学进度影响因素的方差分析

源	Ⅲ型平方和	df	均方	F	Sig.
校正模型	90.153ᵃ	18	5.008	5.215	.000
截距	2193.408	1	2193.408	2283.757	.000
性别	8.159	1	8.159	8.495	.004
职称	16.393	3	5.464	5.689	.001
任教年级	23.352	1	23.352	24.314	.000
任教科目	27.367	13	2.105	2.192	.008
误差	1942.006	2022	.960		
总计	13796.000	2041			
校正的总计	2032.159	2040			

由方差分析可知,性别、职称、任教年级、任教科目的 sig 值均小于 0.05,表明这些因素在此选项上均存在显著差异(表4-3)。从性别差异来看,有 27.7％的男教师和 21.3％的女教师选择"经常遇到,以学生为重";22.8％的男教师和 24.5％的女教师选择"经常遇到,以进度为重";38.4％的男教师和 38.8％的女教师选择"偶尔遇到,以学生为重";11.1％的男教师和 15.4％的女教师选择"偶尔遇到,以进度为重"。从职称差异来看,一个比较有趣的现象是职称较高的老师选择"以进度为重"的比率反而较高,一种可能的解释是职称较低的年轻教师可能在高校中接受了更多新课程的理念,对新课程的理念更加认同,但是职称较低的教师更容易遇到教学方式与教育进度的矛盾,这表明其对课堂的把握能力还有待提高。从任教年级差异来看,高二教师选择"以学生为重"的比例高于高一教师,高二教师选择"经常遇到"的比率显著高于高一教师,这表明高二教师经过一定的新课程实践,对教学中出现的这一问题有了更深的体会,对新课程理解逐渐深入。从任教科目的差异来看,理科教师更容易遇到教学方式与教学进度的冲突问题,这显然与学科特点有较强的关联性,理科探究性教学往往涉及实验,课堂时间更难以掌控。

2. 教学素材的选择

本题涉及课堂教学中教师对课程资源的选择标准,这事实上是对教师课程理念的考察。新课程改革最基本的理念之一即是以学生为本,关注学生的终身发展。我们认为教师在选择课程资源时乃是一个综合性的考虑,但究竟以哪种指标为最主要的考量标准? 这是我们所关注的。

表4-4　对教学素材最重要的选择标准

选项	频率	百分比(%)	累计百分比(%)
以学生的发展为依据	766	37.5	37.5
以学生是否感兴趣为依据	434	21.3	58.8
以学生是否容易接受为依据	549	26.9	85.7
以是否有利于提高学生考试成绩为依据	292	14.3	100.0
合计	2041	100.0	

从调查结果来看,37.5%的教师选择"以学生的发展为依据",21.3%的教师选择"以学生是否感兴趣为依据",这表明新课程理念正在逐步深入人心,多数教师已经开始思考教育的本质问题(表4-4)。同时也有26.9%的教师选择"以学生是否容易接受为依据",这其实是因材施教的一种表现,我省教育水平发展不平衡,优质教育资源有限,这更需要教师结合当地的实际选择恰当的课程资源以满足不同类型的学生需要。令人遗憾的是,仍有14.3%的教师选择了"以是否有利于提高学生考试成绩为依据",在应试教育的体系没有得到根本转变的情况下,这不能不说是一种无奈的选择。

表4-5　对教学素材选择的方差分析

源	Ⅲ型平方和	df	均方	F	Sig.
校正模型	368.436[a]	18	20.469	20.203	.000
截距	1690.869	1	1690.869	1668.936	.000
性别	2.152	1	2.152	2.124	.145
职称	17.193	3	5.731	5.657	.001
任教年级	163.654	1	163.654	161.531	.000
任教科目	186.879	13	14.375	14.189	.000
误差	2048.573	2022	1.013		
总计	12115.000	2041			
校正的总计	2417.008	2040			

由方差分析结果来看,对教学素材选择在性别方面没有显著差异,而对不同职称、任教年级、任教科目等方面 sig 值小于 0.05,有显著差异(表4-5)。就职称差异来看,职称较高的教师选择"以学生的发展为依据"的比率更高,且呈现出随着职称升

高,选择比例升高的趋势,这说明职称较高的教师教学行为更熟练,刻意追求考试分数的压力较小,能够比较自如地按照自己的教学理念进行教学,而另一方面职称较低的教师选择"学生是否接受"的比率较高,这也一个侧面说明这些教师对自己的教学能力还缺乏一些信心,选择"是否有利于考试"的教师在职称分布上差异不明显。就任教年级的差异来看,高二教师选择"以学生的发展为依据"的比率为51.2%,远高于高一教师的25.1%,相应地,高一教师选择"是否有利于考试"的为19.8%,高出高二教师的选择比率8.2%近12个百分点,这同样说明高二教师在思维方式上与新课程所倡导的理念更为接近。就任教科目差异来看,语文、数学、英语、思想政治、体育与健康科目的教师选择"以学生的发展为依据"的比率较低,美术、音乐科目的教师则偏向于以学生的兴趣为主,数学、物理、化学等传统意义上的"难学"科目教师多选择"学生是否能接受"为依据,语文、历史、信息技术教师选择"是否有利于考试"的比率相对稍高。

3. 希望学生达到的学习目标

该题的设计目的是期望通过教师对学生的希望,折射出教师自己对教育目的的认识。题目中涉及的四个选项即是为了考察不同教师在此方面的关注点有何不同。

表4-6 教师希望学生达到的学习目标

选项	频率	百分比(%)	累计百分比(%)
激发学生的学习兴趣	531	26.0	26.0
培养学生良好的学习习惯和学习能力	1055	51.7	77.7
发掘学生的天赋和思维潜力	246	12.1	89.8
能达到基本要求,水平考试成绩优秀	209	10.2	100.0
合计	2041	100.0	

由统计结果可知,教师选择"培养学生良好的学习习惯和学习能力"的比率最高,达到了51.7%;选择"激发学生的学习兴趣"的教师比率为26.0%,选择"发掘学生的天赋和思维潜力"的教师比率为12.1%;选择"能达到基本要求,水平考试成绩优秀"的教师比率为10.2%(表4-6)。从这个梯度可以看出,多数教师从学生的终身发展需要出发,力求变"学会知识"为"学会学习",更希望学生能够通过学校教育掌握学习的一般方法,养成良好的学习习惯。此外,也有教师从学生的学习兴趣出发,希望通过学校教育激发学生的学习兴趣,帮助学生辨明发展方向,多数教师也不再以考试成绩作为衡量学生学习的标准。

表 4-7 教师对学生学习目标希望值的方差分析

源	Ⅲ型平方和	df	均方	F	Sig.
校正模型	187.660ᵃ	18	10.426	14.880	.000
截距	1702.138	1	1702.138	2429.440	.000
性别	.576	1	.576	.822	.365
职称	.382	3	.127	.182	.909
任教年级	83.606	1	83.606	119.329	.000
任教科目	93.617	13	7.201	10.278	.000
误差	1416.673	2022	.701		
总计	10309.000	2041			
校正的总计	1604.333	2040			

由方差分析可知,教师希望学生达到的学习目标对性别、职称差异表现不明显,而在不同任教年级和任教科目方面表现出明显差异(表 4-7)。就任教年级差异来看,高二教师对学生是否能取得优秀的考试成绩的比率仅为 6.0%,期望值较低;高一教师在该项的选择比率为 14.1%,明显高于高二教师。这说明没有实际接触过新课程教学的教师还保有一些教学惯性思维,对新的评价理念认识尚有不足之处。就任教科目差异来看,音乐、体育与健康、美术教师较为看重激发学生的学习兴趣,通用技术的教师较为注重发掘学生的天赋和思维潜力,而一个难以解释的现象是 29.1% 的信息技术教师选择了"能达到基本要求,水平考试成绩优秀",远高于其他学科教师的选择比率。

4. 课堂教学中存在的问题

本题力图了解目前一线教师课堂教学中面临的突出问题,以期对新课程课堂教学提出一些改进意见。

表 4-8 课堂教学中存在的问题

选项	频率	百分比(%)	累计百分比(%)
教学方法比较单一	338	16.6	16.6
学生被动地接受学习	931	45.6	62.2
师生之间缺乏交流	87	4.3	66.4
学生学习兴趣与态度	685	33.6	100.0
合计	2041	100.0	

统计结果显示,目前课堂教学中最突出的两个问题是"学生被动地接受学习"、"学生学习兴趣与态度"分别占到了 45.6%、33.6%,说明相当部分的教师对目前课

堂教学中学生的主体地位得不到体现感到不满,而其余的一部分教师认为目前的教学难以激起学生的兴趣,学生对课堂教学的热情不够(表4-8)。选择"教学方法较单一"的教师为16.6%,而选择"师生之间缺乏交流"的教师仅为4.3%,说明绝大多数教师并不认为自己和学生之间存在沟通问题。

表4-9　课堂教学中存在问题的方差分析

源	Ⅲ型平方和	df	均方	F	Sig.
校正模型	114.361ᵃ	18	6.353	5.271	.000
截距	2513.756	1	2513.756	2085.569	.000
性别	1.491	1	1.491	1.237	.266
职称	6.840	3	2.280	1.892	.129
任教年级	59.655	1	59.655	49.493	.000
任教科目	32.055	13	2.466	2.046	.015
误差	2437.135	2022	1.205		
总计	15805.000	2041			
校正的总计	2551.496	2040			

由方差分析可知,教师认为课堂教学中存在的问题在不同性别、职称方面表现出的差异不明显,而在不同任教年级和任教科目方面表现出明显差异(表4-9)。就任教年级差异来看,24.2%的高二教师选择了教学方法单一,而仅有9.6%的高一教师选择了该项,一种可能的解释是,高二教师在经过一年的教学实践后对此有了更深的体会,认为旧课程体系下单一的讲授式教学已经不能满足新课程的需要;而高一教师对此问题的估计不足,甚至对探究式教学、合作教学、自主学习还缺乏清晰的认识。选择"师生之间缺乏交流"、"学生学习兴趣与态度"的高二教师明显少于高一教师,一种可能的解释是新课程教学更注重师生间的互动和保护、激发学生的学习兴趣,高二教师在此方面有了长足进步。就任教科目差异来看,由于学科特点不同,不同科目教师对此分歧较大,如音乐、体育与健康、美术教师就很少选择"学生被动地接受学习",而语文、数学、英语、物理、化学、生物、思想政治、地理、历史等传统高考科目的教师对此反应最为明显。

5. 完成必修模块时间

普通高中新课程改革最显著的特点之一即是倡导学生选择更适合自己的学习,允许教师根据实际情况自由选择教学模块,这也是体现教学多样化的具体表现。具体什么时候选择哪个模块并没有对错之分,设计此题在于了解不同学科教师完成必修教学模块的大致趋势。

表4-10　完成必修模块时间

选项	频率	百分比(%)	累计百分比(%)
高一下学期	667	32.7	32.7
高二上学期	727	35.6	68.3
高二下学期	347	17.0	85.3
其他	300	14.7	100.0
合计	2041	100.0	

数据统计显示,打算在高一下学期和高二上学期完成必修模块的教师最多,分别达到了32.7%和35.6%,这与文理分班有很大的关系(表4-10)。

表4-11　完成必修模块时间的方差分析

源	Ⅲ型平方和	df	均方	F	Sig.
校正模型	300.869[a]	18	16.715	18.028	.000
截距	1813.231	1	1813.231	1955.682	.000
性别	4.618	1	4.618	4.981	.026
职称	.939	3	.313	.338	.798
任教年级	60.465	1	60.465	65.215	.000
任教科目	222.060	13	17.082	18.423	.000
误差	1874.719	2022	.927		
总计	11498.000	2041			
校正的总计	2175.587	2040			

由方差分析可知,不同性别、任教年级、任教科目教师对该选项表现出明显的差异(表4-11)。就性别差异来看,主要表现在"高一下学期"和"其他"两个选项的比率差异,其余两项较为一致。就任教年级差异来看,主要表现在"高二上学期"、"高二下学期"、"其他"三个选项的比率差异,选择"高二下学期"的高二教师46.0%,而高一教师仅为26.2%。相应地,选择"其他"选项的高二教师仅为8.0%,而高一教师达20.7%,说明高二教师对在哪一个学期完成必修模块有一个相对统一的认识,而高一教师对此尚缺乏稳定性。就任教科目差异来看,语文、数学、英语三个科目较为一致;历史与地理较为一致,思想政治与二者差异较大,这可能与其学科特点及课程结构有关;物理与化学较为一致,生物与二者有一定差异,这可能与其学科特点及高考分数分配比例有关;音乐、体育与健康、美术相对一致;通用技术教师选择高一下学期和高二下学期的比率最高,30.8%的信息技术教师选择了"其他"选项,说明这两个科目的教师在安排教学模块时更为灵活。

6.课堂教学研究方式

新课程带来了全新的教学方式,对教师本身提出更高的要求,这就要求教师更加注重学习,注重研究,这对提高新课程教学的适应能力具有很大的作用。

表 4-12 课堂教学研究方式

选项	频率	百分比(%)	累计百分比(%)
听课评课	1267	62.1	62.1
课例研究	222	10.9	73.0
集体备课	466	22.8	95.8
其他	86	4.2	100.0
合计	2041	100.0	

统计结果显示,62.1%的教师采用"听课评课"的方式进行课堂教学研究,这种最传统的方式依然占据了主流,其余"课例研究"和"集体备课"分别占到 10.9% 和 22.8%(表 4-12)。选择"其他"方式的教师仅为 4.2%,说明前三种方式基本涵盖了课堂教学研究的内容。从分布比率可知,教师进行课堂教学研究的方式较为集中。

表 4-13 课堂教学研究方式的方差分析

源	Ⅲ型平方和	df	均方	F	Sig.
校正模型	58.134[a]	18	3.230	3.578	.000
截距	1093.967	1	1093.967	1212.043	.000
性别	1.529	1	1.529	1.694	.193
职称	2.545	3	.848	.940	.421
任教年级	32.645	1	32.645	36.168	.000
任教科目	19.501	13	1.500	1.662	.063
误差	1825.019	2022	.903		
总计	7725.000	2041			
校正的总计	1883.153	2040			

由方差分析可知,仅不同任教年级的教师在选择课堂教学研究方式上表现出明显差异(表 4-13)。高二教师在选择研究方式上表现得更为集中,67.9% 的高二教师选择了听课评课的教学研究方式,而高一教师仅有 56.8% 的教师选择此项,相应地高一教师在选择"集体备课"和"其他"项的比率又明显高于高二教师。一种可能的解释是,听课评课是一种经过实践检验比较成熟和有效的课堂教学研究方式,但同时也说明教师进行课堂教学研究的方式比较单一,受传统思维的影响较大。

7. 主要授课方式

《基础教育课程改革纲要(实行)》提出要改变课程实施过于强调接受学习、死记硬背、机械训练的现状,倡导在课堂教学中让学生开展自主学习、合作学习和探究学习,这就要求教师的教学方式、教学方法也要进行相应转变,教师在选择教学方式时应该由单一性转向多样性,该题即意在考察教师主要采用的授课方式情况。

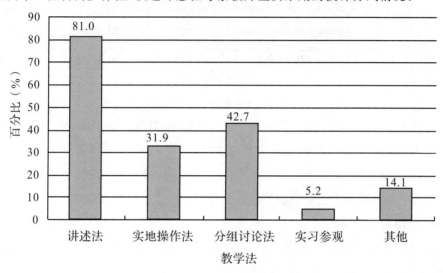

图 4-1　主要授课方式

图 4-1 显示,81.0%的教师选择讲述法,31.9%的教师选择实地操作法,42.7%的教师选择分组讨论法,5.2%的教师选择实习参观,14.1%的教师选择其他教学法。就各选项中因性别产生的差异不明显,就职称差异来看,职称较低的教师选择实地操作的比率较高,而职称较高的教师选择学生分组讨论、参观实习的比率较高。总体看来,职称较高的教师选择的教学方式离散程度较高,更为灵活多样;从任教年级的差异来看,高二教师选择的教学方式更为灵活,各项比率分配相对均衡;从任教学科的差异来看,文科类教师选择讲述、分组讨论的比率较高,理科类教师选择实地操作的比率较文科教师高;艺术及技术类教师选择实地操作的比率则大幅上升,体育与健康、信息技术甚至超过采用讲述法的比率。综合看来,我省目前教师的教学方式还较为单一,运用新的教学方法的比率还不高,这与教师本身的意识、教学能力有关,也与学校的基础设施条件有关。

8. 提高教学有效性的途径

通过有效的教学途径可以整体提高课堂教学的质量,在相对较长的时间内获得稳定的教学质量收益,本题对教师最常用的教学有效途径做一个基本了解。

由图 4-2 统计结果可以看出,教师对教学策略的运用开始趋向于多元化,即对

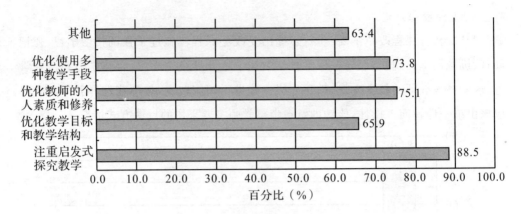

图 4-2   提高教学有效性的途径

课堂教学的优化调整乃是运用多种教学手段的结果,这些教学手段最终形成合力。

从多重响应交叉表来看,选项比率因性别、任教年级、任教科目产生的差异不明显,就职称差异来看,特级教师反而更加注重个人素质的提升,这说明这部分教师在教学过程中自我学习和自我反省的能力更强。

9. 常用的教学策略

教师在教学过程中常采用一些教学策略来提高教学效率,达到优化课堂环境的作用。本题旨在掌握教师最常用的教学策略。

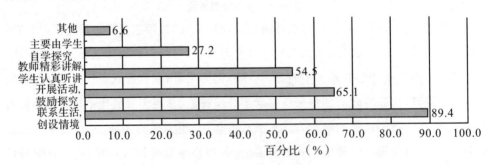

图 4-3   常用的教学策略

图 4-3统计结果显示,教师采用最多的教学策略是将课程内容与学生生活相联系,创设教学情境,该选项的比率占到 89.4%。其他选项中,"开展活动,鼓励探究"、"精彩讲解"也是教师常运用的教学策略,比率分别为 65.1% 和 54.5%,但由学生"自学探究"则较少为教师所采用,一种可能的解释是教师还不够放心由学生主导课堂进程。

从多重响应交叉表来看,选项比率因性别产生的差异不明显。就任教年级差异来看,高二教师在选择"由学生自学探究"项比率偏小,一种可能的解释是部分高二教师在经历新课程实践后,对学生的自学探究能力有了更深的了解,放手让学生探究可能达不到预期的教学效果,因此更为谨慎。但从另一方面说,这又可能成为阻碍探究教学发展的瓶颈。因此,在教师的带领下合理规划探究课的内容将是我们下一步要研究的重点。就任教科目差异来看,文科教师更注重"精彩讲解",而理科教师选择"开展活动,鼓励探究"的比率更高;文科教师选择"由学生自学探究"的比率比理科教师略高,这主要是由于文史类自主探究的难度较小;艺术类和技术类教师更加鼓励学生进行探究活动,其比率明显高于其他学科的教师;由于学科特点的原因,历史教师和体育与健康科目的教师选择"联系生活,创设情境"的比率比其他科目教师低。就职称差异来看,呈现出与任教年级相似的情况,职称较高的教师选择"由学生自学探究"的比率更小。

10. 利用的课程资源

课程资源是指教师和学生在学校教育教学内容的来源,其主要分三部分:一是校内课程资源,如图书馆、实验室、专用教室及各类教学设施和实践基地等;二是校外的课程资源,包括图书馆、博物馆、展览馆、科技馆、工厂、农村、部队和科研院所等广泛的社会资源及丰富的自然资源;三是信息化课程资源,如校内信息技术的开发和利用,校内外的网络资源等。课程资源是课程实施得以顺利进行的前提,新课程要求教师跳出以教科书作为唯一课程资源的束缚,但课程实践者在课程资源的开发中,又会受到课程目标、课程类型、课程内容、课程资源的特点、教师的特质、学生的特质等因素的影响,因此教师在选择课程资源时必须根据实际情况进行选择。

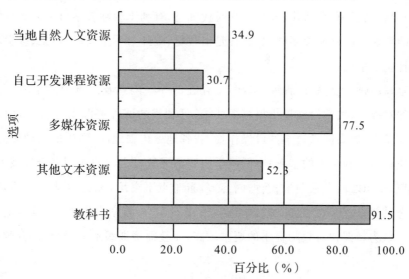

图 4-4　利用的课程资源

由图 4-4 统计数据可知,教科书仍是教师最为常用的课程资源,占到总数的91.5%,而"多媒体资源"、"其他文本资源"也为多数教师所利用,说明这三个方面是教师利用课程资源的主要来源。"当地自然人文资源"、"自己开发课程资源"选择人数均不超过 35％。从结果可以推断,多数教师利用的课程资源为现成的、易于取得的资源,而对于人力、物力、财力投入较大的课程资源则较少关注,这固然与教师时间、精力、学校管理等诸多限制有关,但这同样与教师本身的思想意识和动手能力有关。

从多重响应交叉表来看,选项比率因性别、任教年级、职称产生的差异不明显。性别方面一个细微的差别是,男教师对多媒体资源更为倚重。从任教科目差异来看,音、体、美、通用技术、信息技术教师对教科书的依赖程度较其他科目教师明显较少。

三、教师对新课程课堂教学的直观感受

1. 新课程课堂教学与旧课程相比的优势和待完善之处

教师普遍反映新课程以"知识与技能"、"过程与方法"、"情感态度与价值观"为三维培养目标,培养的是"立体"的人,是为了学生的终身发展打下基础。

旧课程体系下,教师是知识的传授者,教师是中心,学生是知识的接受者。而新课程观认为课程不仅是知识,同时也是经验,是活动。课程不仅是文本课程,更是体验课程。课程不再只是知识的载体,而是教师和学生共同探求新知识的过程。新课程更加注重知识的背景,激发了学生的学习热情,探究欲望,以学生为主体,突出了学生的合作探究的精神,教材内容例子的选材贴近生活视野广,适当地删除了繁、难、偏、旧的内容,更具有生活化、人性化和时代气息,有利于教师教学行为方式与学生学习方式的转变。课程资源多样化,课程是由教材、教师与学生、教学情景、教学环境构成的一种生态系统。

但是,教师们也对新课程课堂教学中存在的一些困惑及困难提出了看法。如认为新课程对教师、教学设施提出更高的要求,可利用的课程资源少,应该增加硬件软件设施与条件,提高课堂教学的可操作性;我省地处边疆地区,学生的基础较为薄弱,教材中应该照顾到学生的基础;有的教学内容与老教材之间的体例完全打破了,学生难于把握,知识之间存在断层;新增内容多,重难点不突出,配套教学参考不完善,难以达到考试要求;初高中之间的教学内容衔接不连贯;教学内容多,课时不足等。还有的教师认为新课程对教师提出的要求较高,而教师培训跟不上,导致部分教师无法适应。

2. 教师角色的转变

新课程改革成败的关键在教师。为使新课程标准能够顺利实施,达到预期的目的,有必要根据新的教学标准和课程标准框架,对教师的角色做认真的研究和定位。

多数教师认为教学应该以学生为主,教师在学生自主学习的基础上进行点拨和方法指导,授之以鱼,不如授之以渔。教师应该做好几个方面的转变,一是思想方面的转变,即由"教育实践者"向"教育反思践行者"转变,由"权威"向"非权威"转变、由"指导者"向"促进者"转变。二是要加强学习,新课程标准中增加了很多新的知识内容。有些内容是教师学过的,也有内容是教师没有学过的。为了适应教学,教师首先应通过自学,提高自身修养,由"一桶水"向"生生不息的河流"转变。三是要适应多种教师的转换,在教育过程中,教师将扮演多种角色,从多方面影响着学生的发展,教师不仅是知识的传递者,还是学生的榜样、集体的领导者、人际关系的艺术家、心理治疗工作者、学者和学习者以及学生的朋友和知己。在教学过程中,教师是主导,学生是主体,教学活动是在师生双方的相互作用下共同完成的。

也有部分教师提出,在目前以高考为主要评价方式没有得到根本改变的情况下,即使教师想努力转变角色,但在高考的重压下也不得不妥协。另外,我省部分教育相对落后的地区学生基础较差,一味以探究等教学方式引领将难以达到预期的教学目标。

第三节 成效分析

一、普通高中新课程教学理念逐渐深入人心

在这一场自上而下的课程改革中,多数教师已经开始逐渐理解和接受新课程教学所倡导的理念,如多数教师认为教育的目的应当是为了学生发展的需要,而不以考试成绩将其束缚住。在遇到新教学方法和教学进度矛盾时,多数教师也趋向于以学生为重,而不是一味地追求教学进度和完成任务。在教学设计上关注学生的需要、兴趣、可接受性,而不仅是以考试成绩为主;在期望学生学习方面以培养能力、学会学习、注重思维为主等。在课程的选择性方面积极开设选修课,拓宽学生的知识面。实施新课程改革后我省普通高中教学以学生为中心,学生发展为本的教学观念正在形成。

二、教师适应新课程要求的教学能力得到加强和提高

从调研情况看,课堂教学重视学生的可接受性,关注师生间的交流,注意调动学生的学习积极性,激发学生的学习兴趣。以学生为中心的教学观正在形成。

三、通过实验,教师课堂教学研究能力得到提升

通过调研可知,大约 1/3 的教师采用了课例研究和集体备课的方式进行课堂教学研究,打破了常规的课堂教学单一的"听课评课"的模式。

四、通过课改,教师的教学方式发生了变化

通过调研可看出,实施普通高中新课程实验后,教师在教学中充分注意学生的分组讨论,关注学生的动手操作,教师对教学策略的运用开始趋向于多元化,教师在教学过程中的自我学习和反省的能力得到加强。教学中教师能根据各学科特点开展教学,特别是教师在教学中注意与实际生活的联系,创设问题情境,引导学生从问题入手,积极思考,开展探究活动。

五、创造条件,因地制宜地开展普通高中新课程实验

我省进入普通高中新课程实验教学面临的一个大问题就教学资源的问题。从调研情况看在新课改革实验中教师能充分利用现有教学资源积极开展教学实验,如充分利用学校现有的教科书、多媒体及其他文本资源,同时也积极开发课程资源满足教学需要。特别是在教学中教师能较好地利用我省独特的自然人文资源开展教学。

六、转变教学观念,提高教学水平,推进实验有效开展

通过调研发现,经过普通高中新课程实验,我省教学发展与课程实验是同步的。在各级教学管理部门及广大教师的共同努力下,我省普通高中新课程教学实验正沿着健康的方向发展。然而在前进的过程中必然会碰到困难和问题,从调研情况看教师在教学理念、社会对教学评价、课程资源方面还存在问题;又如一些教师对"教教材"和"用教材"的定位不清;对讲授式教学和探究式教学的关系把握不准,容易将二者对立起来;对教科书的依赖性过大等问题,这些都需要我们进一步提高认识,转变观念,加以解决。

第四节　发展建议

一、充分认识我省开展普通高中新课程实验的必要性,增强责任感

我省实施新课程改革是基础教育发展的必然要求。进入新世纪,云南省委省政

府特别重视教育,把教育发展放在优先发展的战略地位,使云南教育得到了很大的发展。到 2009 年我省已基本普及九年义务教育。随着我省普通高中教育不断发展必然对普通高中教育的核心内容课程提出改革的要求,从而适应我省社会经济的发展要求,我省进行普通高中课程改革的实验是我省基础教育发展的客观必然性。

云南省地处中国西南边陲,是多民族聚居省份,有 26 个民族,人口 4500 多万。提高云南各民族人民的文化科学素质水平对祖国边疆的稳定与发展都有重要的意义。实施普通高中新课程改革,有利于提高我省普通高中学生的综合素质,提高人口的基本素质,从而促进我省社会与经济的发展。我省开展普通高中课程改革实验是提高云南边疆民族素质的必然要求。

普通高中课程改革首先是观念的更新,新的普通高中课程改革以 21 世纪人才培养要求为目标,对课程的目标、内容、管理模式、评价方式等都提出新的要求。实施普通高中新课程改革将有助于我省教育教学观念的转变和提高,有利于我省普通高中教育教学管理工作水平的提高,有助于我省普通高中教师队伍的整体素质的提高和教学水平的提高。实施普通高中课程改革学生将有更多的课程选择和学习机会,有利于学生综合素质的提高和个性发展。开展普通高中课程改革实验是云南教育实现跨越式发展的推进剂。

二、学习提高,加深认识,努力实践

我省开展普通高中新课程实验以来,广大教师的教学观念已有了一定的变化。然而随着实验的深入开展,对教师的要求也越来越高,面临的问题也越来越复杂,解决实验中的新问题需要教师不断学习普通高中新课程理念、学科教学理论、新课程实施有效方法等,这都需要教师不断学习和在教学实践中加以应用。我们认为教师的学习主要是基于课改实践基础上的学习,要进一步学习普通高中新课程方案、云南省普通高中新课程实验方案,通过学习进一步明确普通高中课程改革的目标和任务,把握正确的课程改革方向,增强责任感和使命感。通过学习要进一步明确新课程的不同形态和总体设计思想,如学习研究新课程的学习领域、科目、模块三者之间的关系及结构,模块课程形态的现代教学意义及培养模式,又如各学科课程结构及内容设计等。要了解各学科课程形态的具体形式与要求,这就要进一步学习各学科的课程标准。学习课程标准不能只限于看考试要求内容而忽略不考试的内容,而恰恰相反一些非考试选修模块对培养学生的素质具有重要的作用,如各学科中的课外探究活动,社区活动这些课程对提高学生的综合素质非常有用。作为教师要提高普通高中新课程的教学能力,要能熟练掌握所教学科教材内容。因此,学习提高的一个核心内容是教师要有研究教材、使用教材、创造教材、生成教材的能力,普通高中新课程的教学与传统意义上的教学有一个明显区别在于"用教材教"而不是"教教材",要树立教科书不是唯一的教学资源,而是把教材视为教学的一个载体的观念,新课程教学要求教师要有丰富的教材以外的教学素材,这就需要教师不断地学习拓展知识面,在普通高中新课程实践的基础上不断丰富我们的教材库,使我们的教学知识在实践和学习的基础上突破"一桶水"的局限性,努力做到知识不断更新,涌流不断。普通高中新课程对教师意味着学习是一个常态过程,老教师经过多年的教学积累了丰富的教学经验,由于普通高中新课程内容的增加需要学习新内容,对过去的教学方式也要与时俱进地改进,反思过去的经验是否适宜新课程的教学要求,是否体现了以学生"学"为中心的精神,还是以教师"教"为中心,需要做那些改变,以适应新课程改革的需要。从我们调研情况看"经验",既是"优势"也是"弱势",我们要发扬优势,克服劣势。对于中青年教师,他们更趋向于通过集体备课互相学习来弥补教学经验不足的劣势,通过新课程的实践,掌握与学生沟通的技巧,积累经验,提高教学水平。因此,普通高中新课程的学习是基于实践,服务于实践的学习,学习的目的是提高我们教师在新课程背景下的有效教学水平。基于实践的学习具有个体性也有群体性,但更多的是个体性的。因此,新课程的学习提高具有多样性和独特性。就我省的教学环境而言,有效实施普通高中新课程教学实验,教师的学习是第一位的,我们主张以自学、反思、交流学习为主的模式,这种模式方便易行,有利于提高教师教学水平。

三、不断提高教师的教学研究能力,以研促教

我省实施普通高中新课程以来,教师的教学由传统惯性以讲授为主逐步发展到教学方式多样化的阶段,由于传统的教师讲、学生被动学习方式已不适应新课程改革的要求,这就需要我们教师在普通高中新课程实验过程中总结、归纳新的教学模式。如新课程教学中提倡的对话、交流、合作、反思的教学方法与策略等,需要我们教师在教学中不断积累经验。而这一探索和体验的过程就是新课程提倡的"研究过程"。普通高中新课程的实施,要求教师的教学方式要以学生为中心,教学过程中需要考虑学生学习心理、兴趣、可接受性,这些都需要我们教师在教学中开展相关研究,边实践边总结,创造出适合本学校的教学方法。因此,普通高中新课程的有效实施需要提高教师个体的研究能力,这种研究是基于我们教师个体自我学习和反思基础之上,借用集体的学习交流而得到提高的过程。我们认为教学就是研究,这种研究是基于学生学习为中心的教学研究,而不仅仅是提高教师讲授水平的研究。从这一观点出发,我们的教学科研应深入到教学第一线与师生共同实践、研究、总结、提升。唯有这样我们

的教学科研才有生命力。

普通高中新课程的教学过程中会碰到许多前所未有的新问题,需要我们去解决,这就需要我们教师具有研究、解决问题的能力,这种能力的体现就是要有深入思考和研究意识,如普通高中新课程开展实验以来,教师普遍感到课时紧的问题,造成这一问题是多方面的,有课程设置问题、有教材原因、有学生情况问题,也有教学上的原因如一步到位的问题,教学方法是否得当等,由于各校情况不同,教师水平的差异,就会产生不同的问题,解决问题的途径也各不相同,对此我们就可开展相应的小课题研究,从教学现象入手,研究其因果关系,找到解决办法,改进教学,提高教育教学质量。例如,我们对课时紧的问题,就不能仅仅通过增加课时的简单办法来解决,这样做不仅解决不了问题,反而会增加师生的负担,为此我们应采取多种办法来解决。我们教师可以认真学习课标,把握教学要求,不随意拔高教学要求;钻研教材,正确处理教材"螺旋式"的编写方式,概念和方法逐步深入,不硬性要求一步到位;课堂教学采用启发式教学,讲求学生活动效率;教学过程中使用多种有效教学手段,提高教学效率等。在实施普通高中新课程教学的过程中,我们要对重点突出的教学问题开展研究和解决,研究的过程是一个动态发展的过程,同一个问题在不同阶段有其不同的特点和解决的方式,这就要求我们教师要有研究的意识。其次,在普通高中新课程的实施过程中,我们提倡的是基于教学实践的小课题研究。这种小课题研究来源于教学实践,能有效解决教学实际问题,服务教学,提高教师的研究能力及其水平。

四、提高教师的课程资源开发能力,有效实施新课程

课程资源,是指教师和学生在学校教育教学内容的来源,它主要分三部分。一是校内课程资源,如图书馆、实验室、专用教室及各类教学设施和实践基地等。二是校外的课程资源,包括图书馆、博物馆、展览馆、科技馆、工厂、农村、部队和科研院所等广泛的社会资源及丰富的自然资源。三是信息化课程资源,如校内信息技术的开发和利用、校内外的网络资源等。从调研情况看,教师最常用的课程资源是教科书,占到了调查人数的 91.5%,这说明我省的教学资源建设还有待改善。

普通高中新课程以模块教学为单元,增加了课程的灵活性,从而满足学生的不同学习需求,有利于学生有个性的发展。由于我省各地教学发展不平衡,能满足于新课程教学需要的教学资源还相当缺乏。虽然各级政府为普通高中新课程教学的实验作了较大的经费投入,但是仍然满足不了发展的需要。值得肯定的是,自从我省 2009年秋季开展普通高中新课程实验以来,全省各地都积极利用现有的教学资源开展教学,从调研情况和统计数据看,各校能充分利用现有资源开展教学,但是从教学发展

看,教学资源还远远满足不了新课程教学的需要,这就需要我们教师要具有开发课程资源的能力。教师的课程开发能力主要是指教学资源软件的开发能力,即要能开发教学需要的课程资源,主要是教学需要的文本资源和电子资源。目前主要是要具有开发网上课程资源的能力,这种网上资源具有广泛性和易收集性,投入少、见效快。特别是云南山高路远,外出交流的机会少,信息闭塞,要充分利用网络课程资源。为提高我省教师课程开发能力,有必要尽快建立我省教学资源网,形成上传下达的有效资源网。我们认为除开发基于现代信息为基础的课程资源外,教师还要具有开发乡土课程资源的能力,如开发简单的教具,并能在教学中有效使用。如数学中的实物教具在教学具有很强的直观性,有利于立体几何的教学。

五、提高教师新课程教学评价的能力,转变教师的教学方式

普通高中新课程的实施涉及教学变革,也改变了以往的教学管理模式。为有效开展新课程教学工作,教师需要具有综合的教学评价能力。首先是模块教学评价能力,模块是新课程的最小教学单元,教师应对各学科的模块构造有所掌握,弄清各模块间的联系与不同,要有对学生学习结束后进行考核与评价的能力,要有学分评价与管理的能力。其次要有帮助学生选课的能力,根据学生身心发展情况,开设适合的选修课程,尽量满足于学生的开课需求。再次要有评估学生学习的能力,特别是要有评估非测验性的学习内容掌握情况的能力。

新课程的实施对教学方式要求也发生了变化,传统教学以教师为中心,教材为中心,课堂为中心,而忽略学生主体地位的教学方式受到了冲击和革新,在探寻适合的教学方式过程中,教师教学需要一个实践转换的过程,而这一教学方式的变革是渐进式的,而不是激进革命的方式,对理念的东西我们需要革命的方式进行,革旧布新,而教学方式的变化则是一个长期的过程,为加快教学方式的变革,教师需要有教学反思评价的能力。为提高教学反思能力,我们可以通过一些途径来实现,如课堂教学中的"两段三反思"典型课例法;我们也可以学习古人的"吾日三省吾身",对教学典型案例进行反思,不断提高教学能力。新课程需要我们教师通过教学反思来逐步转变教学方式。

新课程课堂教学的评价能力是教师的核心评价能力。实施新课程,我们的课堂形式大班教学没有变,但是新课程要求我们的课堂方式需要变革,要将传统的教师教、学生听的教学形式,转变为学生主动学习和探究知识,掌握知识,培养能力的过程。课堂教学评价能力主要体现在我们教师要掌握课堂教学交流、对话、预设、生成、反思的评价能力。教学设计要处理好预设与生成的关系,学生学习是一个主动生成

的过程,我们教师要掌握课堂教学生成的教学思想和策略,学习和了解不同教学流派对课堂教学的看法,从理论和实践入手掌握课堂教学有效生成的教学策略和方法。实施新课程并不是完全否定常规的教学和方法,没有预设就没有生成,普通高中新课程的教学强调教学过程性而不仅是教学结果,教师要认真学习研究课标、教材,结合学生实际来设计教案,实施教学。我们认为预设是生成的基础,没有好的预设,就没有高效的生成。新的课堂教学要求我们教师要以学生平等的身份开展教学,不能以知识的权威化身让学生感到深不可测,教师在教学中应遵循"教学相长"的原则,平等对话和交流,鼓励学生讨论交流,发表观点。因此,要具有课堂教学的评价能力,我们教师要做好课前预设、课中有效生成、过程平等对话交流、有效组织课堂教学,真正把课堂变为学生乐于学习和探求知识的园地。

教师具有课程、课标、教材的评价能力是有效开展教学的前提。新课程教学要求我们教师要有课程的全局观点,新课程方案强调学生综合素质的提高,教学中强调学生的动手能力和思考能力。普通高中新课程的科目设置也发生了变化,这就需要学校在课程安排时,要严格遵照国家、省有关要求进行排课。要做到每一个在校学习的普通高中学生每学年每学期都要学习相应要求的必选修课程,不偏科,不减学时。课标是各学科教学的依据和评估的依据。研读课标是教师的一项基本功,课标体现的思想和教学要求是教师开展教学研究的核心内容,要重点掌握。研读课标不能只是关注考与不考,各学科高考不考的内容对培养学生能力是非常有用的内容,各学校应创造条件多开设非考内容选修课,拓宽学生的知识面。教师对教材的评价能力,体现在教学中能灵活得创造性地"用教材教",而不是"教教材"。"用教材教"需要我们教师对教材的整体结构有一个完整的把握,要能弄清各知识间的来龙去脉,要能将学术的东西有效转化为教育学形态,使教学内容符合心理学、教育学要求的层次,让学生在学习过程中产生亲近自然的感觉,培养学生的兴趣和探知欲,积极主动学习。

六、改善教学环境,促进教学发展

教学过程中影响教学效果的因素主要有四个方面:学生、教师、教材、教学环境。普通高中新课程的实施最大的一个特点是让学生有选择权,而让学生对新课程有选择的余地,这就要求各个学校尽量多开设适合学生的选修课,这就需要较多的教学设施。如通用技术是新增加的一门课程,对培养学生的动手能力有很重要的作用,许多发达国家都增设了这门课程,然而通用技术的开设需要有一定的场地和设施,需要有实习基地,若只是理论层面开设通用技术,则会丧失其实际意义。为推进云南省通用技术课的开设,云南省教育厅实行了通用技术的学业考试,还组织召开了全省的普通高中新课程推进会,省教育厅副厅长邹平、王建颖,分别带领全体代表到云南师大附中、昆明一中、昆明八中听评课,了解普通高中新课程实验情况。昆明八中是新建校区,教学设施基本齐全,但仍感到不能完全满足新课程的需要,他们的做法是:"没有条件,创造条件也要上。"这是一个曾经鼓舞我们建设新中国激情的一句话,在今天实施新课程中这句话仍具有不过时的精神激励作用。云南师大附中在省教育厅的支持下在省内建设了较好的通用技术实验室,所建实验室能完全满足学生选课要求,现正逐步开设满足课标要求的通用技术课的选修内容,如万能机床、缝纫、家政、电脑机器人、汽车模拟驾驶与维修等。为推广经验,云南省教育厅在云师大附中还专门召开了全省通用技术现场会。

对教学资源的建设,我们也可以借鉴省外集中教学资源的经验,如山东省潍坊市将全省的教学资源集中于两个实验学校,初高中分别到这两所学校开展相关教学实验和活动。另外还有的办法就是借用社会资源,如社区资源、大学资源、科研机构等现有设施,如山东省实验学校就是用这一方法开展活动,成绩斐然。山东省实验中学校园面积有限,不可能建设新课程要求的教学实验基地,他们就利用济南市的社会及大学资源有效开展探究性教学、社区服务及通用技术教学,他们的做法,受到教育部的表彰和肯定,值得我们学习。

另外我们在投入建设教学需要的教学设施时,要考虑教学设备的使用要方便教学,教学需要的可以建设,目前用不上或今后用处不大的可以不建,可通过社会资源来弥补。购置教学设施时要"市场跟教学走,而不是教学跟市场走",我们的原则是购买的教学设施对教学有用,使用方便。因为我们在调研中也发现有些学校购置了一些通用技术设备,但使用率很低。我们认为普通高中新课程需要对硬件投入,但在教学中更应强调发挥教学"软件"的作用,即相应学科专业教师的配备、培训,提高现有教学设施的利用率。目前我省通用技术课的教学应重视"教学设计"、"教学课件"、"助学材料"三个方面的资源建设,按课标和教材要求开课。切忌把教学硬件作为一种摆设,浪费教学资源。

七、教科研工作要把课程改革作为重点工作来抓,降低研究重心,深入课改教学一线开展研究

基础教育课程的改革是基础教育改革的核心,我们的教科研工作要以课程改革为重点开展研究工作。科研课题要以解决课程改革的实际问题来开展,解决课程改革实践层面的问题。如目前我省面临的普通高中新课程中如何开设选修课的问题、如何开发课程资源的问题、如何有效开展普通高中新课程教学的实验、如何评价学生

综合素质等问题,都需要我们积极开展研究,这既具有宏观也有微观的内容,需要分层开展研究。如为有效开展普通高中新课程的教学实施,云南省教育科学研究院在借鉴省外实验的基础上,组织省内专家编写了普通高中新课程14门学科的必修、选修学科指导意见,免费发给全省各学校参加培训教师参考使用。云南省教科院组织专家开展了我省普通高中新课程教学实施策略的研究和普通高中新课程课堂教学有效性的研究工作,研究内容覆盖普通高中各学科。为即时宣传我省普通高中课程改革实验情况,省教科院还定期编写出版《云南省普通高中课程改革教学简报》,免费发到我省各高中学校,宣传推广我省普通高中新课程教学实验各地经验和做法。我们认为针对普通高中新课程的课题研究需要不同层次的研究,省、州、市、县、校应根据各地不同情况开展研究,指导教学。普通高中新课程的教科研工作要重视校本研究,课题应从教学实践中产生,服务于教学改进。

八、培训提高,学习交流,促进教师专业发展

教师是实施普通高中新课程的关键,课程改革的成败取决于教师专业发展及其专业化教师队伍建设。实施普通高中新课程对教师提出了新的要求,需要进一步加强教师培训,不断提高教师专业水平。我省开展普通高中新课程以来,云南省教育厅积极组织开展普通高中新课程的培训工作,提出了"不培训不上岗"和"全员培训"的原则,全省已开展了教育管理者的培训、培训者的培训、网络的新课程的通识培训、教材的学科培训,这些培训工作有力地推进了我省普通高中新课程的实施。云南省教科院组织的普通高中新课程学科教材培训,已培训14个学科的教师近5万人次,开展培训场次50余场次,已基本完成了学科的全员培训。我省采取在通识培训的基础上进行学科的教材培训,对帮助教师认识普通高中新课程,熟悉新教材,顺利开展教学创造了条件。我省的培训实践说明普通高中新课程通识培训与学科培训相结合的办法有利于教师水平的提高。随着我省普通高中新课程的深入发展,教师培训工作要转向以学科培训为主,专业引领,提高教师的专业化水平的培训方面。实践出真知,我省广大普通高中教师在新课程教学的实验中,逐步总结了一些有效的做法和方法,这些需要交流,互相借鉴,共同提高。因此,做好普通高中新课程教学有效实施的交流和研讨是提高教师教学水平的一个有效途径。为此我省各地都开展了丰富的教学课赛观摩活动,如昆明市教科院每年坚持开展一次全市的普通高中新课程教学竞赛,经过各区县选拔出的选手参加全市的典型课例的同课异构课讲课展示活动,现场讲课交流。到目前为止已开展了三次,成效显著。省外前期参加普通高中新课程实验省、市、区的经验为我省普通高中新课程教学的实施也提供了有益经验,我省各地

根据实际情况,组织教师到省外学习交流也是一个很好的经验。到外省考察学习,一是能学到实际教学的经验,二是开阔了眼界。然而,就我省绝大多数学校而言,由于条件的限制,教师不可能都到省外学习考察,因此,我们提倡的是基于校本教研基础之上的教师专业发展之路。这就需要各校建立教师学习研究制度,实施骨干教师培养计划,发挥学科带头人的专业引领作用。

九、广泛宣传,社会支持,多元评价,促进发展

普通高中新课程教学的实施需要得到社会的广泛支持,因为普通高中新的课程设置充分考虑了教学与现实社会的联系,体现时代性。要顺利开展教学,需要充分利用广泛的社会资源,如探究性学习、社区服务、社会实践等都需要与现实社会联系开展活动,又如各学科的选修课专题也需要社会资源支持开展。家庭、社区是与学校教育密切相联系的,普通高中新课程需要家长的理解和支持,因为学生的学习不单纯是在学校学习,更多的需要接触社会,到社会实践中学习,这种到实践当中学习是一种体验的学习,是实际经验获得的有效途径,也是学生能力发展的根本途径。而这些都需要向学生家长宣传,让他们理解新课程的特点,并能协助学校的教学活动开展。让学生走向社会,了解我们居住的社区,服务社区,使学生的学习与现实联系,增强学生的社会责任感。普通高中新课程教学要以人为本,学生社会实践等学习活动,要以确保安全为前提,避免意外事件发生。普通高中新课程教学的评价是以发展性评价理论为基础,着眼于促进学生的全面发展为目标。因此,在实施普通高中新课程教学过程中,我们提倡的是多元评价的教学策略。根据多元智力理论,人的智力具有多样性,我们不能只局限于语文和数理逻辑的训练,而人的其他非智力因素对人的发展也具有重要作用。因此,在普通高中新课程的教学过程中我们应学习和掌握应用多元评价的理论和操作方法,有效开展教学评价,促进学生的全面发展。

第五章 云南省普通高中新课程学科
教学策略调研报告

第一节 有效课堂教学调研分析报告

课题组在组织全省高一教师培训的同时开展了一次全面的普通高中教师新课程课堂教学情况调研,通过问卷调查的形式深入了解新课程背景下教师的课堂教学行为,为下一步普通高中新课程改革的全面推进提供参考建议。

一、调研工作的基本情况

(一) 问卷编制

本次调研采用的自编问卷,借鉴了目前部分省市较为成熟的新课程教学行为调查表,并充分考虑了云南省各州(市)教育教学的发展水平。经过多次专家咨询、修订,最终形成一份针对性强、切合云南教学实际情况的"普通高中新课程课堂有效教学调查问卷"(以下简称"调查问卷")。考虑到调研工作的可操作性及对比分析的可行性,我们对 14 个学科采用同样的问卷,形成一份总的调研报告,每个学科又根据学科特点形成分报告,结合学科特点进行深入分析。

调查问卷由"基本信息"、"课堂教学策略现状调查"两部分组成。"基本信息"包括教师的性别、教龄、工作所在地、学历、职务、职称、任教科目、任教年级、科研情况等组成,但需要说明的是调查过程中由于部分教师误将"教龄"看成"年龄"导致该项产生了大量无效回答,为保证调查问卷统计分析的统一性,本报告中剔除"教龄"这一影响因素,而采用将每位教师在各个年级任教的时间相加,得出其普通高中阶段的任教年限。"课堂教学策略现状调查"包括直观感受、教学实践两个部分,主要从思想层面了解教师对普通高中新课程改革的认识程度,从实践上了解教师在实际教学中的行为。

(二) 样本

问卷共发放 2250 份,涉及 14 个学科,其中语文、数学、英语三科每科发放 200

份,其余学科每科发放 150 份。共回收 1872 份,其中有效问卷 1363 份,问卷有效率为 72.81%(表 5 - 1)。需要说明的是在 1363 份有效问卷中,少量问卷的某个选项可能出现缺失值,造成该项统计的总份数不足 1363 份。

表 5 - 1 受调查者的基本情况

项目	分类	人数	百分比(%)
性别	男	702	51.7
	女	656	48.3
工作所在地	省会城市	104	7.6
	州市级城市	331	24.3
	县城	732	53.8
	乡镇	186	13.7
	农村	8	0.6
学历	硕士及以上	39	2.9
	本科	934	68.5
	专科	378	27.7
	专科以下	12	0.9
职务	学校管理人员	75	5.5
	学科带头人	104	7.6
	年级组长	34	2.5
	普通教师	1150	84.4
职称	中学特级	4	0.3
	中学高级	288	21.2
	中学一级	348	25.7
	中学二级	550	40.6
	中学二级以下	166	12.2
任教科目	语文	139	10.2
	数学	174	12.8
	英语	150	11.0
	思想政治	93	6.8
	历史	68	5.0

续表

项目	分类		人数	百分比(%)
任教科目	地理		78	5.7
	物理		70	5.2
	化学		74	5.4
	生物		65	4.8
	音乐		78	5.7
	体育与健康		128	9.4
	美术		89	6.6
	通用技术		71	5.2
	信息技术		81	6.0
任教年级	高一		684	54.2
	高二		197	15.6
	高三		381	30.2
历年任教情况	高一	1～5 年	1098	88.3
		6～10 年	128	10.3
		11～15 年	12	1.0
		16 年及以上	5	0.4
	高二	1～5 年	1098	88.3
		6～10 年	131	10.5
		11～15 年	12	1.0
		16 年及以上	2	0.2
	高三	1～5 年	1057	85.0
		6～10 年	154	12.4
		11～15 年	21	1.7
		16 年及以上	11	0.9
	总年限	1～5 年	669	53.8
		6～10 年	304	24.5
		11～15 年	96	7.7
		16 年及以上	174	14.0
发表的论文或研究报告	没有发表过		656	51.2
	3 篇及以下		442	34.5
	3 篇以上		183	14.3

（三）分析方法

采用统计百分比与方差分析相结合的方法进行统计分析，采用一般描述性统计结合 SPSS(statistical package for the social science)18.0 进行方差分析处理。分别对教师的性别、工作所在地、学历、职务、职称、任教科目、普通高中任教年限、教科研情况等进行赋值，对单选题采用多因素方差分析，显著性水平取 $\alpha=0.05$。对多选题采用多重响应制作交叉表，进行定量描述、定性分析。

二、问卷分析

（一）受调查者的基本信息

调查显示，从性别比例来看，受调查者的男女比率分别为 51.7％和 48.3％，分布基本均匀；从工作所在地来看，7.6％的受调查者在省会城市工作，24.3％在州（市）城市工作，53.8％在县城工作，13.7％在乡镇工作，0.6％在农村工作，可以看出绝大多数受调查者来自县及以下基层地区，接受省级培训的机会较少；从学历层次来看，受调查对象中 2.9％为硕士及以上学历，68.5％为本科学历，对比近年来的统计数据可知，我省教师的学历层次在逐年提升，本科学历的教师已经成为普通高中教育的主力军；从职务类别来看，普通教师的比率占到 84.4％，接受培训的多为一线教学工作者；从职称结构来看，高级以上教师比率为 21.5％，中学一级教师的比率为 25.7％，中学二级及以下教师比率为 52.8％；从任教科目来看，语文、数学、英语三科教师较多，其余学科基本持平；从现任教年级来看，高一教师最多，占到总数的 54.2％，高二教师及高三教师比率分别为 15.6％和 30.2％；从历年任教情况来看，各年级任教年限 1～5 年的最多，分别占到 88.3％、88.3％和 85.0％，任教总年限在 1～5 年的教师占到 53.8％。由此可知受调查者中多数为年轻教师，甚至有 6.1％的教师没有普通高中教学经验，其中绝大部分是刚走上教师岗位的高校毕业生。

此外，没有发表过学术论文及研究报告的教师占到 51.2％，这从一个侧面反映出云南省教师对教育教学科研的参与度不高，较少反思教育、教学中存在的问题，这固然与日常教学任务繁重有关，但广大教师参与教育教学科研的热情也有待提升。

（二）课堂教学策略现状调查

1. 直观感受

表 5-2　受调查者对普通高中新课程课堂的直观感受(%)

因素＼选项	非常赞同	比较赞同	中立	比较反对	非常反对
1. 任课教师一般无须考虑如何设计教学目标	2.9	5.1	9.3	33.3	49.4
2. 创设教学情境对整堂课的效果影响很大	43.8	40.6	12.5	2.2	0.9
3. 合作学习就是小组学习和讨论	7.1	28.2	42.7	17.2	4.8
4. 课堂提问是师生交互的重要方面	28.6	50.0	18.1	2.6	0.7
5. 探究教学、合作学习、自主学习课堂热闹非凡,但实际效果不佳	10.0	23.4	41.1	19.0	6.5
6. 开展教学研究有利于提高课堂教学效果	43.4	41.7	13.5	0.9	0.5
7. 课堂上使用多媒体主要是代替板书,还可以节省时间	8.5	21.0	33.1	27.0	10.4
8. 使用多媒体的效果不好,传统教学法更容易让学生接受	5.3	13.0	34.8	32.8	14.1
9. 布置作业要考虑学生的学业负担	32.8	46.7	16.6	3.4	0.5
10. 新教材体系较为杂乱,同一知识点无法一次教透、学透	15.7	27.9	40.0	12.6	3.8
11. 教学过程必须关注"学情",适时调整教学策略和方法	55.3	38.6	4.6	1.3	0.4
12. 经常进行教学反思能够不断改进课堂教学效果	66.7	28.5	4.0	0.7	0.1

调查显示,受调查者对"任课教师一般无须考虑如何设计教学目标"多持反对态度,达 82.7%,说明多数教师教学中具有教学目标意识,能依据课标、教材及教学任务确定教学目标(表 5-2)。从方差分析的结果来看性别、工作所在地、学历、任教科目表现出的差异不明显,而职务、职称及任教年级、任教年限的 Sig 值均小于 0.05。分析可知,学校管理层人员、学科带头人、年级组长、普通教师对此项认同度依次递增;职称高的教师对此认同度总体低于职称低的教师;任教年限长的教师对此认同度低于任教年限短的教师。一种可能的解释是,新教师还难以将课堂教学完全融会贯通,对课标的理解还不全面,对教材的依赖性较大,而教学经验丰富的老教师,特别是走上管理岗位或教学成绩突出的教师对课堂教学的把握力度更好,能够在较大程度上根据教学目标,实现"用教材",而非"教教材"。

受调查者对"创设教学情境对整堂课的效果影响很大"多持赞同态度,达 84.4%,说明教师普遍较为重视教学情景的创设,对于师生互动和学生的主体地位有了新的认识。从方差分析的结果来看,除职务外,其余因素对此项表现出的差异都不明显。这主要表现在学校管理人员、学科带头人对此认同程度更高。

　　受调查者对"合作学习就是小组学习和讨论"这一概念的认识参差不齐,该项是将"合作学习"的概念进行了局限,即"合作学习"的内涵实际上更加丰富,其形式并非只有小组学习和讨论一种。对此选择"赞同"和"比较赞同"的教师并没有完全理解"合作学习"的含义。从方差分析的结果来看,除性别、职务、任教科目外,其余因素对此项表现出的差异都不明显。但分析可知,从性别划分来看,如果由五级量表转化为"赞同"、"中立"、"反对",合并"非常赞同"与"比较赞同","非常反对"与"比较反对",因此,性别上表现出的差异并不大;从职务划分来看,学科带头人对此的认识最到位,其次是学校管理层和年级组长,普通教师对此认识存在一些欠缺,由此看来,教学水平高的教师对这一理念的认识更加清晰;从任教科目上看,理科教师对此认识较为到位,这可能与合作学习在理科教学中表现出的多种形式有关。

　　受调查者对"课堂提问是师生交互的重要方面"普遍持赞同态度,达 78.6%。课堂提问是最常见的教学手段,并且在广大教师看来行之有效。从方差分析的结果来看,除性别外,其余因素对此项表现出的差异都不明显,但分析可知造成这一差异的同样是因为量表划分的问题,归为三级量表后,性别差异不大。

　　受调查者对"探究教学、合作学习、自主学习课堂热闹非凡,但实际效果不佳"的看法不一,选择"中立"的教师最多达 41.1%,选择"非常赞同"或"比较赞同"的教师多于选择"非常反对"和"比较反对"的教师。这说明相当部分的教师或者因为对此问题的看法存在误区,或者在实践操作中不能很好地把握新型教学方法,导致实际效果不佳。新课程所倡导的探究教学、合作学习、自主学习能够最大程度地激发学生的学习兴趣和参与度。但长期以来,关于如何在教学实践中用好这些教学方法存在很大的争议,其中最关键的问题就在于相当部分的教师没有真正理解和掌握新教学方法的精髓。部分教师往往只掌握了新教学方法的"形"而忽视了其"神",注重了表面的学生参与,而忽视了教师的指导作用。事实上运用新教学方法对教师和学生的要求更高,学生课前预习、课堂教学、课后复习三位一体的配合需要更加紧密,教师的备课工作量也更大,对学生可能存在的问题要进行预测,对学生的指导需要更有针对性。此外,由于探究教学、合作学习、自主学习具有开放性,教师往往难以把握课堂进度,造成其认为新型教学方法不能达到预定的教学目标,这固然与教学进度的压力有关,但更主要的是教师对新教学理念的理解不够,重教学结果轻教学过程的思想仍然存在。从方差分析的结果来看,"工作所在地"、"任教科目"两个因素在此项差异明显,总体看来,城市教师持反对态度的比率高于乡镇和农村教师,这说明城市教师对新教学法的理解较为到位,更愿意尝试新教学方法,这可能与其接受的培训次数多有关,经过一系列的培训和引导,对新课程理念的认识更深。此外,城市学校办学条件好,更有利于开展探究教学、合作学习、自主学习,教师在实施新教学方法时也比较容易看到效果,而办学条件较差的学校则可能因为硬件保障不足,而难以开展探究教学、合作学习、自主学习的教学活动。

受调查者对"开展教学研究有利于提高课堂教学效果"认同程度均较高,达85.1%。说明受调查者认为教育教学科研对教育教学实践有促进作用,对比受调查者开展教科研的情况来看,广大教师虽然对此有所认识和肯定,但真正开展教科研活动的人并不多。从方差分析的结果来看,除性别和学历外,其余因素对此项均表现出较大差异,总体看来,城市教师的认同度远高于乡镇、农村教师,这可能与城市教师的教育教学理念和所处的氛围有关;从职务分类来看,学校管理层、学科带头人、年级组长、普通教师对此项认同程度依次递减;从职称分类来看,职称高的教师对此项的认同度显著高于职称低的教师;从学科分类来看,英语、历史、地理、化学、生物、音乐、体育与健康、通用技术、信息技术的教师对此认同程度较高;从任教年限来看,任教年限长的教师更加注重教科研活动,从职务、职称、任教年限对此项的差异可以看出学校管理层已经认识到教育教学科研的重要作用,重视程度逐渐增强,而职称高、任教年限长的教师对教育教学科研的热情更高;从是否开展过教科研的情况来看,发表过研究报告或撰写过论文的教师更加认同教育教学科研的作用。

受调查者对"课堂上使用多媒体主要是代替板书,还可以节省时间"的看法存在分歧,选择"中立"的教师最多占到了33.1%,而选择"比较赞同"或"比较反对"的比率次之,选择"非常赞同"或"非常反对"的比率最低。这说明广大教师对多媒体的用途不仅看法不一,而且不愿将多媒体的用途做单一指向。从方差分析的结果来看,各个因素均没有表现出明显差异,进一步说明各层次的受调查者对多媒体的用途均有不同看法,但没有层次间的整体性差异。

受调查者对"使用多媒体的效果不好,传统教学法更容易让学生接受"的看法并不一致,但总体持反对态度的教师较多,说明广大教师在教学实践中还是比较肯定多媒体教学效果的。从方差分析的结果来看,学历和任教科目两个因素在此项表现出较大差异,专科以下的教师对多媒体教学的评价不高,一种可能解释是这部分教师的计算机运用水平有限,不能很好地发挥出多媒体教学的优势;从学科分类上看,语文、数学、历史、物理、生物、体育与健康科目的教师对多媒体教学认同程度不高,从学科特点来看,这些学科相对注重知识记忆,或过程推导,或身体活动,多媒体教学存在其自身的局限,不能很好地突破这些难题,而英语、音乐、美术等学科则可以充分利用多媒体教学信息储存量大、方便展示的特点,而多媒体教学本身就是信息技术的运用与实践过程。

受调查者对"布置作业要考虑学生的学业负担"普遍持肯定态度,达 79.5%,说明广大教师对学生的学业负担已有所警惕。从方差分析的结果来看,工作所在地、任教科目、任教年限及教科研情况在此项差异明显,省会所在地教师对此认同程度最高,其余地区教师认同程度基本一致;以语文、数学、英语为代表的所谓"主科"教师对此认同程度最高,而音、体、美、通用技术、信息技术等所谓的"副科"教师对此认同程度较低,一种可能的解释是现实中这些"副科"本身并没有给学生增加多少学业负担,考虑学生的负担显得没有必要。总体而言,任教年限长的教师更加认同这一观点,说明老教师对布置多少作业合适心中更有底,而年轻教师则可能担心学生不能掌握课堂教学内容而加大作业量;发表过教学论文或研究报告的教师更加认同这一观点,说明这些教师在研究中得到不断的自我完善,教育教学理念和认识较为到位。

受调查者对"新教材体系较为杂乱,同一知识点无法一次教透、学透"普遍赞同,仅有 16.4% 的教师选择了"比较反对"或"非常反对",说明这是困扰一线教师的突出问题。事实上,新教材与老教材相比,最大的变化之一就是教学内容呈螺旋上升趋势,有的知识点并不要求一次讲透、学透,而是以认知心理学和建构主义理论为基础,使学生在感知简单结构的表征基础上,逐渐理解复杂结构的表征模式,不断提高认知水平,感受知识结构建构的过程,进而掌握知识、提高能力。新教材的编排体系实际上对教师整合教学资源、转变教学手段提出了更高的要求,但与许多教师的传统统教学经验有矛盾之处,使之感到不适应,无从下手。从方差分析的结果来看,学历与职务两个因素在此项表现出明显差异,学历层次较低的教师对此项认同度高于学历较高的教师,一种可能的解释是学历高的教师更容易理解和接受新课程所倡导的教育教学理念;年级组长对此项的认同度最高,学校管理人员次之,学科带头人和普通教师的认同程度较低,一种可能的解释是年级组长和学校管理人员从统领全局的角度出发,对此的忧虑更甚。

受调查者对"教学过程必须关注'学情',适时调整教学策略和方法"的看法趋于一致,仅有 1.7% 的教师对此持"比较反对"和"非常反对"的态度,而绝大多数教师赞同这一观点。从方差分析的结果来看,除学历外,其余因素在此项差异明显,但分析可知,造成这一差异的也是因为量表划分的问题,归为三级量表后,各种因素表现出得差异不大。

受调查者对"经常进行教学反思能够不断改进课堂教学效果"绝大多数持肯定态度,95.2% 的教师认为"非常赞同"或"比较赞同",还高于"开展教学研究有利于提高课堂教学效果"的认同程度,说明更多的教师会进行教学反思,但不一定能上升到教育教学科研的高度。同样地,对比教师的教科研调查情况可以看出,虽然教师的认识已经基本到位,但付诸实践的并不多。从方差分析的结果来看,工作所在地、职务、任教年限、教科研情况在此项差异明显,解释与"开展教学研究有利于提高课堂教学效果"基本相同。

2. 教学实践

(1)教学中对三维课程目标的看法

表 5-3 受调查者认为三维目标的重要性(％)

因素＼选项	最重要	中间值	最不重要
知识与技能	38.5	32.9	28.6
过程与方法	24.6	53.8	21.6
情感态度与价值观	36.9	13.3	49.8

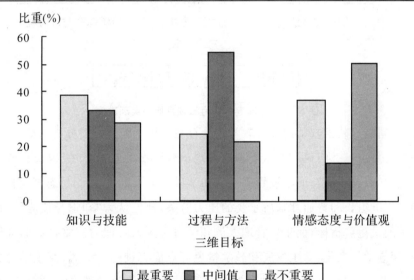

图 5-1 受调查者认为三维目标的重要性

表 5-4 受调查者认为三维目标的实现难度(％)

因素＼选项	最难	中间值	最容易
知识与技能	21.2	31.5	47.2
过程与方法	22.9	52.7	24.4
情感态度与价值观	55.9	15.8	28.4

综合看来,绝大多数教师仍然将"知识与技能"目标作为最重要,这可能与目前的考试评价方式有关;"过程与方法"目标在"最重要"和"最不重要"两个选项的比率均不高,但多数教师将之列为第二重要,说明多数教师看来"过程与方法"对培养学生素质方面不可或缺(表 5-3、图 5-1);"情感态度与价值观"目标在受调查者中出现了

两个极端,36.9%的教师将其列为"最重要"的目标,但同时 49.8%的教师将其列为"最不重要"的目标(表5-4、图5-2)。这说明教师中对"情感态度与价值观"目标存

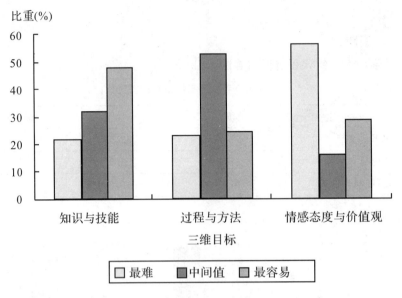

图 5 - 2　受调查者认为三维目标的实现难度

在分歧,这间接反映出教师的教育教学理念存在差异。综合方差分析的结果来看,职务和任教科目对"三维目标"的重要程度表现出较明显的差异,年级组长和普通教师较为看重"知识与技能",而学校管理人员和学科带头人更关注"情感态度与价值观",这可能与年级组长和普通教师所承受的压力有关,他们认为"知识与技能"是评价其工作业绩的最重要指标,而学校管理人员和学科带头人可能对三维目标的理解更为全面,在探寻学校文化、学生发展和教学特色等方面有进一步的思考;数学、物理、化学、生物及英语教师对"知识与技能"和"过程与方法"较为看重,这可能与理科教学"注重理解和推理、逻辑结构严密"的学科特点有关,而英语教学对学生的记忆和理解的要求也较高,而音乐、体育与健康、美术等科目对培养学生的审美情趣及健康的体魄和人格则更为关注,更注重学生"内在"素质潜移默化的提升。

　　相应地,绝大多数教师将"情感态度与价值观"视为最难实现的目标,达到了55.9%,"过程与方法"为次难度目标,而"知识与技能"目标则较为容易。说明"知识与技能"目标虽然最重要,但大多数教师相信自己有能力较好地达成此目标,而"情感态度与价值观"则令多数教师感到实现起来比较困难。一种可能的解释是在新、旧课程体系下,"知识与技能"都是十分重要的目标,教师对此有丰富的教学经历,掌握了一套达成目标的教学方法和手段,而"情感态度与价值观"这一新目标可能令广大教师难以捉摸和综合评价。从方差分析的结果来看,仅有职称因素在此项表现出明显

差异,其余因素差异不大。分析可知,分析中职称因素带来的差异事实上可以忽略,因为造成本次调查中仅有的四位特级教师在该项的选择上与其他职称教师有较大差异,由于特级教师的样本量过小,偶然性较大,因此不应对整体结论产生影响。

(2)选择教学方法的主要依据

从教师选择教学方法的依据来看,选择"视学生情况而定"的最多,达 40.5％;选择"视内容而定"的教师次之,达 34.9％;选择"课标或教材要求"的教师达 20.7％,其余两项的比率较小。说明此三项是绝大多数教师确定教学方法的主要依据,其中又以"视学生情况而定"的教师最多,可以看出已经有相当部分的教师在实践中真正体现出了"以学生为中心"的教学思想(表 5-5)。从方差分析的结果来看,学历、职称、任教科目、普通高中任教年限因素在此项表现出明显差异,学历因素带来的差异是硕士以上学历的教师选择"视学生情况而定"的比率较低,硕士以上学历的教师和专科以下教师选择"学校统一安排"的比率比其他学历层次的教师高,专科以下学历教师选择"视内容而定"的比率偏低,这可能与硕士以上学历的教师多为近年来的新进教师,教学经验不足,对学校安排的依赖较大,而专科以下学历的教师由于学习经历及理论基础的原因造成了对学校安排的依赖性。而职称因素产生的差异同样与特级教师的样本量小有关,如果忽略特级教师与其他职称教师的差异,则在职称因素中无明显差异。从任教科目差异来看,体育与健康科目的教师选择"课标或教材要求"的比率明显高出其他学科教师,这可能是体育与健康教学内容绝大多数学生都能参与其中,学生的个体差异主要是成绩的好坏而非能否参与。从普通高中任教年限来看,由于任教年限分布太广,虽然有的任教年限仅有几名教师,但反映出的比率过于离散,导致该因素表现出了明显差异。

表 5-5　选择教学方法的主要依据

选项	频率	百分比(%)	累计百分比(%)
1. 课标或教材要求	281	20.7	20.7
2. 学校统一安排	38	2.8	23.5
3. 视内容而定	474	34.9	58.4
4. 视时间而定	15	1.1	59.5
5. 视学生情况而定	549	40.5	100.0
总计	1357	100.0	

(3)进行课堂小结的情况

调查结果显示,教师进行课堂小结的方式集中于"以教师总结的方式进行小结"

和"以课堂提问的方式,由部分学生总结完善",分别占到了总比率的 45.5% 和 31.8%。这一方面反映出多数教师有进行课堂小结的习惯,另一方面也反映出教师进行课堂小结的方式过于集中(表 5-6)。从方差分析的结果来看,学历、职称、任教科目、普通高中任教年限因素在此项表现出明显差异,学历因素带来的差异是专科以下教师以"以教师总结的方式进行小结"的比率最高,达到了 75.0%,所采用的课堂小结方式最为单一。职称差异同样与特级教师的样本量小有关,且缺失值是 4,仅有四名特级教师参与了该项调查,但值得注意的是四名中有三名选择了"由学生分组讨论,得出结论",一名选择了"以课堂提问的方式,由部分学生总结完善",从一个侧面说明特级教师的课堂教学更为开放,特级教师更能把握住课堂情况。任教科目差异主要表现在语文、数学、英语、思想政治、历史、地理、物理、化学、生物等所谓的"主科"或高考科目教师,选择"以教师总结的方式进行小结"的比率较高,而音乐、体育与健康、美术、通用技术、信息技术等"副科"或非高考科目教师选择其他小结方式的比率较高,说明这些科目教师的课堂教学更为开放灵活。由任教年限来看,比率分布过于分散,且没有具代表性的规律。

表 5-6　课堂小结的基本情况

选项	频率	百分比(%)	累计百分比(%)
1. 上课内容较多,一般不进行课堂总结	65	4.8	4.8
2. 以教师总结的方式进行小结	620	45.5	50.3
3. 以课堂提问的方式,由部分学生总结完善	433	31.8	82.0
4. 由学生分组讨论,得出结论	206	15.1	97.1
5. 其他	39	2.9	100.0
总计	1363	100.0	

(4)对学生的评价方式

调查显示,61.0% 的教师选择"多种手段综合运用"来评价学生,但"考试"评价的方式仍然占到了 19.4%,说明多数教师对学生的评价不再局限于单一的方式(表 5-7)。从方差分析的结果来看,性别、工作所在地、任教科目因素在此项产生明显差异,男教师选择"考试"的比率高于女教师,而女教师选择"多种手段综合运用"的比率高于男教师,即男教师更喜欢运用考试的手段评价学生。省会城市、州(市)城市的教师选择"多种手段综合运用"的比率高于县城、乡镇和农村的教师,乡镇和农村教师选择以"作业"为评价方式的比率高于其他三类教师,一种可能的解释是,经济发达地区教师的教育教学理念较为先进,且更具备进行多元评价的条件;音乐、体育与健康、美术教师较少使用"考试"作为评价学生的方式。

表 5-7　对学生的评价方式

选项	频率	百分比(%)	累计百分比(%)
1. 考试	265	19.4	19.4
2. 课堂表现	140	10.3	29.7
3. 作业	114	8.4	38.1
4. 其他	13	1.0	39.0
5. 多种手段综合运用	831	61.0	100.0
总计	1363	100.0	

（5）作业类型

调查显示,受调查的教师布置作业主要以"教材中的习题"、"教辅中的习题"为主,分别占到 58.7% 和 55.9%,而"历年高考习题"也有 35.0% 的教师选择,"其他"选项仅为 20.9%。可以看出教师布置作业选用素材仍然较为单一,特别是自己设计作业的能力有待提高。

从多重响应交叉表来看,性别因素中,女教师更喜欢选择"教辅中的习题"和"历年高考习题";工作所在地因素中,省会城市的教师布置作业的类型较为多元,而其他地区的教师,特别是乡镇和农村教师对教材及教辅的依赖性则较大;硕士以上学历的教师及学科带头人选择"教材中习题"的比例较低,说明其在布置作业时有较大的发挥余地;职称因素在此项表现不明显;语文、数学、英语、思想政治、历史、地理、物理、化学、生物等高考科目教师对教材、教辅和高考习题的更为倚重,而音乐、体育与健康、美术教师则更多选择"其他"类型的习题;任教年限因素在此项表现不明显（表 5-8）。

表 5-8　教师布置作业的类型

选项	频率	百分比(%)
教材中的习题	799	58.7
教辅中的习题	761	55.9
历年高考习题	477	35.0
其他	284	20.9

（6）添加的教学内容

调查显示,受调查教师中 68.7% 的教师选择"学生感兴趣的内容",59.9% 的教师选择"高考所含内容",46.1% 的教师选择"配套教辅",20.5% 的教师选择"其他教辅"（表 5-9）。说明教师在除教材涉及的内容以外,对"学生感兴趣的内容"、"高考所含内容"最为关注,结合教师布置作业的类型可以看出,高考对课堂教学的影响力比较显著。

从多重响应交叉表来看,性别、职务、职称、任教年限、科研情况因素在此项表现差异不明显;省会城市的教师较少选择"配套教辅"作为教学补充内容;专科以下教师较少选择"学生感兴趣的内容"作为教学补充内容;理科教师较少选择"学生感兴趣的内容"、"其他"作为教学补充内容,而更多的以"配套教辅"、"高考所含内容"作为补充,而文科教师和音、体、美、信息技术、通用技术教师选择的范围较为宽泛(表5-9)。

表 5 - 9　教师添加的教学内容

选项	频率	百分比(%)
配套教辅	626	46.1
其他教辅	278	20.5
高考所含内容	813	59.9
学生感兴趣的内容	933	68.7

(7)教案设计

调查显示,教师在设计教案时首要考虑的是"具体的教学目标"和"学生的实际情况",分别占到总比率的80.9%和84.5%,其次是"教学方法"、"教学情境"、"课堂提问的方式和内容"、"课程资源的利用"(表5-10)。可以看出教师在进行教案设计时考虑的方面已经比较周全,教案设计是一个综合考虑的结果,但同时可以看出教师对"课程资源的利用"还不够重视,这可能与其主要依靠学校现有设施、设备进行教学而较少自主开发课程资源有关。

从多重响应交叉表来看,除工作所在地、学历、职务、职称外,其余因素表现出的差异不明显。主要表现在城市的教师比乡镇、农村教师更加注重"具体的教学目标"和"课程资源的选用",这可能与其教学理念和掌握更多的教学资源有关;学历层次高的教师比学历层次低的教师更加注重"教学情境"的创设和"课程资源的选用";学校管理人员较为重视"学生的实际情况";职称高的教师更加注重"教学方法"。

表 5 - 10　教师教案设计考虑的方面

选项	频率	百分比(%)
具体的教学目标	1098	80.9
教学情境	761	56.0
课堂提问的方式和内容	749	55.2
教学方法	886	65.2
学生的实际情况	1148	84.5
课程资源的利用	624	45.9
其他	73	5.4

(8)创设教学情境的内容

调查显示,多数教师创设教学情境的内容包含"现实中情境问题"、"趣味小故事"、"新闻素材"。说明教师在创设教学情境方面已经注意到课本以外的知识,而且这些内容是教师及学生所感兴趣的。

从多重响应交叉表来看,男教师选择"学科史"的比率较高,而女教师选择"趣味小故事"的比率较高;城区及乡镇教师选择"现实中情境问题"、"新闻素材"的比率远高于农村教师,虽然本次抽样中农村教师比率较小,但也反映出现有的教学内容与农村的生产、生活实际关联较少,农村教师很难在现实中找到适当的教学情境内容,同时农村学生由于资讯信息相对闭塞,教师选用"新闻素材"的实际意义可能不大,因此农村教师多选择"小游戏"作为创设教学情境的内容;学历高的教师选择"现实中情境问题"较高;职称高的教师选择各项的比率均较高,说明这些教师勇于尝试多种教学方情境内容;思想政治、历史教师较少采用"学科史"创设教学情境,这可能与这些学科本身就包含一些学科史内容有关,物理、音乐、体育与健康、美术教师较少使用"新闻素材"作为创设教学情境的内容,这可能是"新闻素材"包含这些学科的内容较少,音乐、体育与健康、美术、信息技术教师选用"小游戏"创设教学情境的比率更高;任教年限在该项上表现的差异不明显(5-11)。

表 5-11　教师创设教学情境的内容

选项	频率	百分比(%)
现实中情境问题	1183	87.1
学科史	533	39.2
趣味小故事	982	72.3
新闻素材	812	59.8
小游戏	528	38.9
其他	106	7.8

(9)安排教学进度考虑的因素

调查显示,"课程标准要求"、"教材课时安排"、"自己的教学经验"分别是教师安排教学进度的三个关键依据,分别占到总比率的76.4%、76.0%和42.0%,其中"课程标准要求"、"教材课时安排"两项的比率又更高,说明教师在安排教学进度时仍然缺少自主性,整合、调配教学时间的能力还有待提高(表5-12)。

从多重响应交叉表来看,各因素在该项表现出的差异均不明显。

表 5 - 12　教师安排教学进度考虑的因素

选项	频率	百分比(%)
课程标准要求	1038	76.4
教材课时安排	1032	76.0
自己的教学经验	571	42.0
各种考试时间	543	40.0
年级组进度安排	468	34.5
参考其他老师进度	213	15.7
其他	22	1.6

(10)新课程课堂教学中存在的问题和改进方法

教师反映的问题主要集中在以下几个方面。①教学模块多,且内容繁杂,但教学课时量十分有限,而新课程所倡导的教学方式又多费时、费力。②新课程理念虽好但难以落实,探究教学、合作学习、自主学习的教学效果不尽如人意,和谐、平等的师生关系难以在实际课堂教学中全面贯彻落实。③新教材对课程资源的要求更高了,但相当部分的学校现有的硬件条件难以满足新课程的要求。④考评方式滞后,以"高考"为中心的评价方式没有根本性的转变,教师难以充分发挥课堂教学自主性。

教师提出的对策建议主要包括以下几个方面。①由教育主管部门统筹安排各学科课时,制定比较合理的学科规划和指导意见。②加强培训,使广大教师能够在教学实践中真正落实新课程理念,培训要有针对性。③加大教学设施、设备投入,保证广大贫困地区的学校也能整齐划一的开齐实验,研究性学习及音、体、美、信息技术、通用技术课程。④改革教育教学评价方式,真正由"应试教育"向"素质教育"转变,不以考试作为评价教师、学生的唯一标准。

(11)教师对探究教学、合作学习、自主学习的看法

多数教师肯定了新型教学方法在培养和塑造学生健全的人格及终身发展方面的意义作用,让学生由"要我学"转变为"我要学",并且符合人认识新事物的一般规律。但相当部分的教师也对新教学方法的实施效果表示担忧,认为目前乡镇学校、农村学校及部分硬件设施滞后的学校尚不具备实施新教学方法的条件,且从实践情况来看,新教学法对于提升学生的知识水平的效果也不佳。

三、普通高中新课程课堂教学调研结果与教学建议

(一)普通高中新课程实验带来了课堂教学新气象

1. 教师的教育教学理念有了显著转变

调查显示,多数教师在课堂教学目标意识、教学目标设置、教学情境创设、关注学

生主体地位及运用多媒体等现代化教学手段等方面有了新的认识。

2. 课堂教学中重视学生学习活动有效开展

调查表明,有相当部分教师在教学中重视学生的学生活动,如教学中的小组学习与讨论等活动形式,并注意了教学活动的有效性。

3. 教师的教学管理水平有所提高

教师对课堂教学各方面的规划、组织、指导和控制的能力有所提升,对于运用课堂提问、教学小结等教学方法的把握日趋成熟。

4. 教师的教育教学研究意识得到提高

调查表明,大多数教师认为开展教育教学研究有利于提高课堂教学效果。这说明通过普通高中新课程实验广大教师提高了教育教学研究的意识。

5. 以学生为本的课堂教学策略及方法正在形成

调查表明,自开展普通高中新课程以来,我省普通高中教师在教学中正在探索新的适应普通高中教学的课堂教学策略及方法,多数教师认为要以学生的实际情况为依据来设计和开展课堂教学,并根据课堂教学的学生实际反映,适时调整教学进程并采取相应的教学策略和方法,这体现了我省教师教学的适应能力得到了提高。教学中广大教师在实践中体会普通高中新课程、感悟新课程、思考新课程,大多数教师经常反思自己的教学,改进教学方法,提高教学效果。

6. 教师对学生的评价方式有所突破

改进课堂教学的评价方式是普通高中新课程实验的一项重要任务。以学定教,全面评价是普通高中新课程评价的基本思想。在普通高中新课程的实践教学中我省广大普通高中教师转变观念,以学生为本,注意了课堂师生的交流与互动,重视课堂上学生的讨论,注意作业的布置与学生的学习负担,通过多种教学手段提高学生的学习效果。教师对学生的评价由以往的考试评价为主逐渐开始向多元评价过渡,教师更关注学生的全面发展及终身发展的问题。

(二) 教学中存在的问题

1. 教师对新课程理念的理解还不够全面和深入

普通高中新课程的教学观是三维一体的教学观,在教学中特别强调"过程与方法"、"情感态度与价值观"教学目标在课堂教学中的落实。调查显示,教师仍然普遍对"知识与技能"维度过于关注,而容易忽略其他两个维度的教学追求。新课程提倡的"自主、合作、探究"学习方式,部分教师还仅是局限于小组学习和讨论,还有部分教师对这一形式表示不同意见。近1/4的教师认为"自主、合作、探究"学习方式效果不佳,对新课程提倡的教学方式理解与把握还有差距。

2. 教材处理能力有待提高

调研表明多数教师对教材的变化还不能够完全掌握,对教材编写的"螺旋方式"、"专题方式"、"模块方式"还不太适应。教师对教材的熟悉与把握还需要经过今后的教学进一步掌握。

3. 课堂教学方式需要进一步改进

普通高中新课程提倡以"学生学"为中心的课堂教学理念,尊重学生的情感与发展。但在调研中,我们发现部分教师对这一观念的理解及实施还不到位,还未能从传统的以师传授为主的形式下解脱出来,未能将课堂教学的重心转移到学生学习与有效活动上。

4. 教师教学发展水平不均衡

有方差分析和多重响应交叉分析都可以看出,受调查教师在性别、学历、工作所在地、职务、职称、任教科目、任教年限、科研情况等方面均表现出一些差异,特别是学历、工作所在地、职称、任教科目、任教年限及科研情况方面表现出多方面的明显差异。主要问题表现在学历较高的教师接受新课程理念的意愿和能力较强,能够在一定程度上将新的教学理念融入教学实践工作;发达地区的教师在教学理念、教学方法和手段、课程资源的选用等方面明显比乡镇及农村教师有优势;职称高的教师、老教师在课堂教学的把握能力上优于新教师,新教师由于经验不足,"照本宣科"的现象比较明显;受考试压力的影响,传统意义上的"主科"或高考科目教师更加注重学生知识的系统灌输,教学方法较为保守,而音、体、美、信息技术、通用技术的教师选择的教学内容和教学方法则更为灵活,学生的主体地位得到了更明显的表现,事实上,教育本身无所谓"主科"、"副科",都是为学生的终身发展而奠定基础,但是考试的压力使一些科目的教师表现的目的性更强;参与过教育教学科研的教师在教学理念上显得较为先进,但在教学实践中体现的并不是很明显。

5. 考试评价方式有待改进

普通高中新课程设置有较大的变化,特别是课程的模块化为学生的学习选择提供了灵活的空间,不同的课程形态为普通高中学生的发展奠定了基础。为此普通高中教学中的评价呈现出多元评价思想,促进学生的全面发展。在调研问卷分析中,不难看出课堂教学的评价方式还比较单一;另一方面在学生学习方面受高考影响较重,教师过多考虑高考对教学的影响,如在教学目标上、在课堂教学中、在教材的选用上,有超前与拔高的倾向,有违正常的学习与教学规律。

（三）教学建议

1. 学习提高，转变观念

新的课堂教学理念的建立是提高课堂教学水平的基础，新的课堂教学理念提倡生本课堂、生命课堂、发展课堂、智慧课堂、有效课堂，课堂既是学生学习知识的地方更是学生成长、生活、发展的地方。课堂是教师引导学生学习，学生掌握知识，发展能力，主动生动发展的地方，同时也是师生共同成长的地方。我们需要将课堂变为学生愿学、乐学、爱学的学堂。我们的学堂不应仅是教师展示高超水平讲授的地方，也不应仅成为教师演示及解题技巧的地方。我们提倡的课堂还应是学生合作有效活动和实践的地方，学生通过"自主、合作、探究"的学习方式，学习更多更广的知识，视野更开阔，能力多样，发展多面。我省实施普通高中新课程为建立新的课堂教学理念创造了条件。教学理念的转变需要学习和实践，需要经过实践—学习—再实践—再学习的过程，普通高中新课程课堂教学理念不是空洞的理论，而是具有可行性和操作性。对于教学理念的转变我们提倡的是实践先行的做法，毛泽东说："要想知道梨子的味道，你就要亲自去尝一尝。"同样我们要理解什么是新课程的课堂教学理念就只有从课堂教学中去体会、反思、转变。转观念就是在新课程的课堂教学中，体会新课程理念、实施新课程并总结新课程教学有效教学模式与方法。普通高中新课程理念的建立，需要我们要有遍尝百草"神农氏"的实践精神。

2. 提高与新课程教学相适应的课堂教学驾驭能力

教学理念要转化为教学能力才能有效实施新课程。普通高中新课程的教学实施不是不要教师主导的课堂教学，更不是让学生放任自流的课堂教学，我们认为在普通高中新课程的课堂教学中教师更应要发挥好教师的主导地位。为有效体现普通高中新课程中一主一导（学生为主体，教师为主导）的思想，充分发挥教师在教学中的主导地位，我们提出新课程课堂教学教师的课堂教学"驾驭能力"的想法。"驾驭能力"不是常规意义上的课堂"控制能力"。"驾驭能力"的思想是基于普通高中新课程教学理念基础之上，结合教学实践而形成的能力。我们认为普通高中新课程的课堂教学驾驭能力主要包括以下几方面。

（1）教师要有研究和把握普通高中新课程方案的能力

普通高中新课程新在课程设置理念发生了变化，新在课程设置发生了变化，新在教学内容发生了变化，新在教学评价发生了变化。这些变化需要我们教师具有研究普通高中新课程设置的相关领域、学科、模块间关系及背景（社会、政治、经济、科技、文化等）的能力；理解本学科在课程设置中的地位与作用；熟悉掌握本学科模块及育人作用。

（2）教师要有解读课程标准的能力

教师要有研究《课标》的能力，要对《课标》理念、框架、学科模块、教学及评价等方面开展研究的能力。要破除只有课程专家才能解读《课标》的想法，专家解读《课标》用的是高观点、高体验，我们有时难于理解和消化。《课标》是我们教学的基本依据，我们必须学习和研究《课标》。我们提出以下方法供教师在教学实践中学习研究《课标》。我们认为教师要用当代的观点去解读《课标》才能理会《课标》的时代性；用发展的眼光解读《课标》，才能理解《课标》的远见性；用实践的观点解读《课标》才能理解新课程有效实施的必要性；用反思的观点解读《课标》，才能理会《课标》体现的新观点、新思想、新理念；用审、思、疑的观点解读《课标》，才能避免盲目性。解读《课标》是教师新课程综合能力的体现，也是有效开展普通高中新课程教学的基础。学习、研究《课标》的目的是让我们教师能做到"胸中有标，教学有方向"。我们建议教师每人手边都要有本《课标》，学校要为教师每人发本《课标》。调研发现许多教师没有《课标》，更谈不上学习和研究。不认真学习研究《课标》就不能很好地开展教学，《课标》不仅仅是要求，更重要的是，《课标》起到路标的作用。我们在教学中出现的一些问题不是因为教师不努力、不认真，而是因为我们有时迷失了路标，走到了另一个方向，丢失了路标。解读《课标》的最终目的是不需要解读，将《课标》中体现的理念和要求化为教学中的自觉行动，使教学达到出神入化的地步。

（3）教师要有整体教学目标观

普通高中新课程课堂教学提倡"三维目标"的整体性和联系性，教学不仅是传授知识，在教学过程中更应关注学生隐性知识的挖掘和教学。我们在教学中要让学生体验知识的产生与发展过程，结合程序性知识的教学将过程与方法有机地渗透在教学过程中。知识经济、信息时代要求的是人的综合素质的提高和能力的培养，在现代社会我们需要知识，但更重要的是能力。在教学中我们要以培养学生能力，提高素质为教学目标的中心来整合"三维目标"，以问题为载体，重视学生学习活动的过程，使教学目标落实在实处。在教学中除要重视阶段性教学目标外，教师更应关注长远目标，我们认为学生终身发展就是教学的长远目标。在知识传授和能力培养过程中，我们更应关注学生的情感态度价值观，让学生主动发展、健康发展、全面发展。知识教学很重要，但教学中更为重要的是学生的发展及教学长远目标的实现。

（4）教师要有研究课程模块的能力

你能说出本学科有几个模块吗？各个模块重点内容是什么？各模块间的联系与关系是什么？怎样有效开展模块教学？怎样开展模块评价？等等，我们还是从最常识的内容开始研究学科模块。过去我们是从知识点出发研究，这是从知识本位出发。知识割裂，不利于综合能力的培养，还会导致死记硬背。普通高中新课程要求我们要有研究模块的能力，由点到模块的研究不仅仅是形式的变化，而是理念、方法、手段都需要改变。我们应从研究模块出发，在整体目标指引下，研究模块的地位、内容、教学方法及评价方法，特别是要有构建适合校本教学模块的能力，教师开发校本课程的能力主要体现在校本模块建设与发展上。从"模块常识"到"模块能力"的达成有个过程，我们建议尽快缩短这一过程，这一过程不仅仅是由"知识点"到"模块"的转变，而是观念的更新与转变。我们在研究学科模块与教学实践中，要特别提高对探究性、研究性、活动性模块的研究、实践、评价的能力。

（5）教师要有"用教材"和"创教材"的能力

模块研究能力最终要体现在教材使用和创新能力上，不难看出教材编写的模块化造成了教学中的"螺旋"难点。我们习惯于过去的知识纵向编排教材体系，然而模块化与专题化的教材体系最大的特点就是需要"螺旋"方式来解决，模块化思想犹如集成电路，不是单位极电子管功能单一。由于模块化的设置及编写的"螺旋"结构，现在我们在教学中发现过去的办法行不通，出现了衔接的问题，教学中不能像过去直线型一步到位。所有这些都说明教学中我们需要提高我们教材的用创新能力。新课程提倡"用教材，而不是教教材"，由此可见对于教材，首先是"用教材"，要用好教材就得首先要有整合教材的能力，整合教材的标杆就是要用整体目标将各学科教学模块从内容、知识、能力等方面进行教材整合，形成一个有机整体，做到心中有"材（教材）"。在此基础上教学中还要对教材有"创材"的能力，所谓"创材"就是"创造使用教材的能力"。要"创材"首先要尊重教材，我们需要学习研究不同版本教材特点及教学处理方式，设计适合本校的教材使用方法。教材用创能力还需要我们有课程资源开发的能力，新课程要求我们教师要有开发活的教学资源的能力，新课程教学教参不再是唯一的教学资源，教师要有开发非文本教学资源的能力，特别是注意开发学生原有认知经验课程资源。用创教材能力还体现在我们教师要有制作简单课件的能力。现代教学要能体现信息化，这是时代发展的要求，这就要求我们教师要有使用现代教学多媒体的能力，要有熟悉和使用常用教学软件的能力。以上我们提出了"用材"、"创材"、"开发"、"用媒"提高用创教材能力的途径与方法，需要指出的是用创教材能力的提高是以新课程理念为先导，实践为基础。实践出真知，通过普通高中新课程的教学实践，我们要能将国家课程校本化，要能综合国家、地方、学校三级课程，化三级课程为自我课程，提高教材的使用与创发，从而提高教学质量。

（6）提高教学"预设"与"生成"能力

教学中的"预设"是"生成"的基础,教学中教师要有教学设计能力,认真备课,要有设计、编写、评价教案与学案的能力。"预设"能力的基础是教师要具备良好的教学素质与扎实的教学基本功。"磨刀不误砍柴工",普通高中新课程的课堂教学对教师的教学基本功提出了更高的要求,无论从教师的板书到多媒体的使用都提出了高要求。普通高中新课程的实施不是削弱对教师常规教学要求,反而是对常规教学要求提出了更高、更严的要求。教学常规要常抓不懈,这是新课程教学的根本。

"预设"需要教师具有设计学案的能力,学案是学生用来学习,开展探究活动的学习指南与辅助材料,学案是课程、教材、教学内容校本化与学习化的体现。在教学设计中要以"学案"优先原则来设计教案。教案的设计是以学案为基础的,学案的设计是以学生的情况为基础的。学案不应设计成学生的练习案,学案应有助力于学生思考、探索和总结,强调方法性、思想性。学案的设计需要我们教师要有学情研究的能力。我们的教学要求是有的放矢,这就需要我们教师要有研究学习对象学生的能力。学案设计过程中需要我们教师对学生的动机因素、认知水平、情感态度等要有全面的了解,避免教学的盲目性。

普通高中新课程的教学强调师生的平等性、和谐性和发展性,在教学过程中师生地位平等,关系和谐,教学相长,共同发展。教学过程中我们要尊重学生的主体地位,要有学生的思考与话语权,要让学生有讨论、探究、归纳、小结的过程。教学过程不能只以讲授为主,不能以教师的思考替代学生的思考,不能以教师的展示替代学生的交流,不能以教师的小结替代学生的反思。教学过程中师生平等地位的体现要能具体的表现在教学过程的每个环节中。师生教学关系的和谐也是普通高中新课程教学的一个核心内容,体现了教师的教学职业要求与品性。教师在教学过程中要面向全体学生,尊重学生、激励学生、言传身教,教书育人。普通高中新课程的教学是开放型的教学,教学的过程是与学生生活、社会密切联系的过程,学生在现实生活中有其丰富的个体生活和活动经历,学生思想活跃,生活面广,容易接受新事物。因此,教学过程中师生需要互相学习提高,改变传统的教师传授知识,学生接受知识的单一形式。普通高中新课程的教学是师生共同学习,共同发展的过程。

普通高中新课程教学是以"有效"为目的的,既重视过程,也强调结果。新课程教学的中心任务就是提高教学质量。我们不主张普通高中新课程的教学只强调过程而忽略结果,这种教学只开花不结果。我们也反对只强调结果而忽略过程的教学方式,这种培养方式不得利于学生综合素质的提高和创新能力的培养。我们希望普通高中新课程的教学既开花也结果,而且硕果累累。我们反对课堂表面热闹,而无实效的课堂教学。我们提倡的课堂教学是有效课堂教学,即教学效率、效果、效益的有机统一。

教学质量是以学生的学为基础的,通过生成过程而达到。因此,教师要掌握新课程教学"生成"的教学策略与方法,教学中要注意"交流、对话、展示、探究、讨论、归纳"等的教学策略与使用。普通高中新课程提倡"自主、合作、探究"的学习方式,这就要求我们教师要有构建班级有效学习小组的能力,小组的划分、活动与评价是一项常规而又基础的工作,学生的学习方式的改变需要载体,这就是有效学习小组的建设。小组活动的核心是要关注学生学习活动的有效性,我们要善于在普通高中新课程的教学实践中不断提高学生学习活动有效性的水平。普通高中新课程教学是以"生成"为过程,师生共同学习提高的过程。生成的过程是学生知识掌握的过程,是学生能力培养的过程,是学生综合素质提高的过程,是学生全面发展的过程,也是教学相长的过程。

(7)提高课堂教学评价与反思能力

高中新课程教学提倡"以学定教",教师的教要以学生的学习为评价标准。这就需要我们教师在课堂教学中以学生为中心来开展教学,面向全体,分层教学,因材施教,体现教学的针对性与全体性。课堂教学要体现教学方法的灵活性、教学手段的多样性、教学活动的有效性、评价方式的激励性与整体性、学生素质提高的全面性。实践证明,提高课堂教学能力的一条有效途径是教师要有教学反思能力,要通过听评课、教学观摩及教研活动不断提高课堂教学的能力。

3. 实践研究,提升能力

经验是宝贵的财富,我省广大教师在普通高中新课程教学实验中总结了许许多多行之有效的教学方法,积累了丰富的经验,也有的教师在多年的教学实践活动中形成了具有特色的教学风格。新课程教学提倡多元教学方式与策略,这是由于新课程教学对象学生的多样性决定了普通高中新课程教学方式的多样性。我们认为教学经验需要扬弃与创新,不能因循守旧。面对现实,我们对新课程要求的教学模式与方法还缺乏经验。建立适应新课程的教学模式与方法,需要我们教师不断的努力与探索。通过调研表明,学校开展教学研究有利于提高教师的教学水平,我们提倡教学研究要结合学校及个人情况开展研究,这就是要基于校本的"典型教学案例"开展研究。教学研究从何入手呢?因为课堂是教学的核心环节,所以我们提出"聚焦课堂,典型研究"的研究方式。"聚焦课堂"要求我们教师能从课堂教学的现象与结果出发,反思教学的每一环节,不断改进教学方法,提高质量。实践研究是以学习为基础的,为有效开展普通高中新课程课堂教学,我们需要学习国内外相关的教学理论,学习鉴别不同教学流派理论与实践模式。我们要通过不断地学习来提高我们的理论水平和开阔我们的视野。没有理论的指导,我们的行动将是盲目的。"典型研究"需要教师在平时的教学中有观察发现问题的意识,思考和解决问题的能力,从而改进教学,提高质量。

教学研究工作切忌烦琐哲学,应讲求实效,要"研"有所得,"研"有所获,注重实质。教学研究活动的开展还需要管理做基础,这就要求各校能够建设良好的教研组织与活动奖励制度,典型引路,示范提高,培养骨干,促进教师专业发展。我们提出基于校本的"学习、实践、研究、反思、提高"的研究途径与方式,具体实在,看得见摸得着,说明了新课程的教学研究并不神秘。研究课题就在我们身边,无处不在。普通高中新课程的有效实施与发展需要实践、研究与提高,这是普通高中新课程教学的客观要求。普通高中新课程实验的开展为我们广泛开展教学研究,开启了新的天地和机遇,路就在我们脚下,让我们共同努力,迎接挑战,为了学生的全面发展而努力。

第二节　语文课堂教学策略调研报告

一、受调查者的基本情况

本调查报告系课题组在组织云南省普通高中新课程语文学科教师培训的过程中开展的问卷调查。此次培训共有普通高中语文教师 1860 人参加,问卷回收 139 份,占总人数的 7.5%。其中,男性教师 47 人,占问卷总人数的 33.8%;女性教师 92 人,占 66.2%。来自县级学校的教师 69 人,占 49.6%;省会城市 38 人,占 27.3;乡镇中学 16 人,占 11.5%,农村中学 0 人。

在问卷总人数中,硕士及以上学历 14 人,占 10.1%,本科 3 人,占 2.2%,专科人数 122 人,占 87.8%,专科以下 0 人。

在问卷总人数中,学校管理人员 14 人,占 10.1%;学科带头人 4 人,占 2.9%;普通教师 117 人,占 84.2%。

中学特级教师 0 人,中学高级教师 50 人,占 36%;中学一级教师 32 人,占 23%;中学二级教师 41 人,占 29.5%;中学二级及以下 16 人,占 11.5%。

高一年级 55 人,占问卷总人数的 39.6%;高二年级 14 人,占 10.1;高三年级 70 人,占 50.4%。

教龄 1~5 年的有 17 人,占问卷总人数的 12.2%;6~10 年 3 人,占 2%;11~15 年的有 2 人,占 1.4%;16~20 年的有 7 人,占 5%;21~25 年 3 人,占 2.15%;26~30 年 7 人,占 5%;31~35 年 3 人,占 2.15%;36~40 年 2 人,占 1.4%;40 年以上 5 人,占 3.5%。其他人未填。

二、调查问卷分析

（一）直观感受

1. 创设教学情境对整堂课的效果影响很大

表 5 - 13　创设教学情境对整堂课的效果影响

非常赞同	计数	56
	任教科目中的比例（%）	40.3
比较赞同	计数	63
	任教科目中的比例（%）	45.3

85%以上的老师对此项持赞同态度。其中比较赞同的人数占 40.3%，非常赞同的人数占 45.3%（表 5 - 13）。说明教师对创设教学情境与课堂教学效果的正相关关系比较认同。

2. 合作学习就是小组学习和讨论

表 5 - 14　对合作学习的认识

非常反对	计数	8
	任教科目中的比例（%）	5.8
比较反对	计数	35
	任教科目中的比例（%）	25.2
中立	计数	56
	任教科目中的比例（%）	40.3
比较赞同	计数	36
	任教科目中的比例（%）	25.9
非常赞同	计数	4
	任教科目中的比例（%）	2.9

保持中立的人数占 40.3%，说明两个问题，一是教师对合作学习的含义和概念不太清楚，持观望态度；另一个可能是老师不清楚此项的提问意图（表 5 - 14）。

3. 课堂提问是师生交互的重要方面

表 5 - 15　课堂提问是师生互动的重要方面

非常反对	计数	0
	任教科目中的比例（%）	0
比较反对	计数	4
	任教科目中的比例（%）	2.9

续表

中立	计数	23
	任教科目中的比例(%)	16.5
比较赞同	计数	72
	任教科目中的比例(%)	51.8
非常赞同	计数	40
	任教科目中的比例(%)	28.8

此项说明教师对课堂提问的重要性具有高度一致的认识。无论是以教师主讲为中心的课堂教学,还是倡导师生对话的新课堂教学方式,提问都是教学展开的必然步骤(表 5 - 15)。

4. 探究教学合作学习和自主学习课堂热闹非凡但实际效果不佳

表 5 - 16   对探究教学合作学习和自主学习课堂反应的认识

非常反对	计数	4
	任教科目中的比例(%)	2.9
比较反对	计数	30
	任教科目中的比例(%)	21.6
中立	计数	50
	任教科目中的比例(%)	36.0
比较赞同	计数	39
	任教科目中的比例(%)	28.1
非常赞同	计数	16
	任教科目中的比例(%)	11.5

强调探究合作的学习方式,无疑是新课程改革的最重要方面,但实际的结果,教师们普遍感觉难于操作,有 36% 的教师对此种教学方法的效果采取中立态度,39.6% 的教师认为热闹的课堂,实际上最终结果并不令人满意(表 5 - 16)。课堂教学的优劣其实与提倡某种方法并无必然的联系,关键在于寻找一种师生都适合的方法才是最好的选择。

5. 开展教学研究有利于课堂教学

表 5 - 17   开展教学研究有利于课堂教学

非常反对	计数	2
	任教科目中的比例(%)	1.4
比较反对	计数	2
	任教科目中的比例(%)	1.4

中立	计数	18
	任教科目中的比例(%)	12.9
比较赞同	计数	48
	任教科目中的比例(%)	34.5
非常赞同	计数	69
	任教科目中的比例(%)	49.6

统计结果(表5－17)表明,教师对教学研究与教学效率的提高之间的正相关关系有极高的认同度。如何开展教学研究是学校和教研部门今后工作的重点。

6.课堂上使用多媒体主要是代替板书并可以节省时间(表5－18)

表5－18　多媒体在课堂教学中的应用成效

非常反对	计数	18
	任教科目中的比例(%)	13.3
比较反对	计数	28
	任教科目中的比例(%)	20.7
中立	计数	48
	任教科目中的比例(%)	35.6
比较赞同	计数	26
	任教科目中的比例(%)	19.3
非常赞同	计数	15
	任教科目中的比例(%)	11.1

7.使用多媒体的效果不好,传统教学法更容易让学生接受

表5－19　多媒体与传统教学的成效

非常反对	计数	14
	任教科目中的比例(%)	10.1
比较反对	计数	41
	任教科目中的比例(%)	29.5
中立	计数	52
	任教科目中的比例(%)	37.4
比较赞同	计数	20
	任教科目中的比例(%)	14.4
非常赞同	计数	12
	任教科目中的比例(%)	8.6

对于多媒体在课堂教学中主要是代替板书还可以节省时间的看法,统计结果(表5－19)显示反对、中力和赞同的比例基本相同,使用多媒体的教学效果不好,传统教学法更容易让学生接受的情况也与此大致相当。语文与其他学科在多媒体使用方面最大的区别在于,语言的传达和理解始终都应当是课堂教学最重要的媒介和工具,多媒体只有在十分必要的时候起到一些辅助的效果。

8. 布置作业要考虑学生的学业负担

表 5－20　布置作业与学生的学业负担

非常反对	计数	0
	任教科目中的比例(%)	0
比较反对	计数	2
	任教科目中的比例(%)	1.4
中立	计数	24
	任教科目中的比例(%)	17.3
比较赞同	计数	60
	任教科目中的比例(%)	43.2
非常赞同	计数	53
	任教科目中的比例(%)	38.1

统计结果(表5－20)说明,教师可能普遍都意识到学生课业负担太重,已经到了需要同情的程度。但从教师的个人教学目标追求来看,似乎与实际的情况并不一致。

9. 新教材体系较为杂乱且同一知识点无法一次教透、学透

表 5－21　对新教材体系的认识

非常反对	计数	8
	任教科目中的比例(%)	6.1
比较反对	计数	22
	任教科目中的比例(%)	16.8
中立	计数	61
	任教科目中的比例(%)	46.6
比较赞同	计数	28
	任教科目中的比例(%)	21.4
非常赞同	计数	12
	任教科目中的比例(%)	9.2

从整体趋向上看,统计结果(表5-21)表明,教科书的体系在一定程度上存在杂乱现象,这种杂乱的结果势必会给知识和能力的教学及训练带来一定的混乱,减弱了知识与能力的发展在层次和条理方面的进步。这是应当引起教材编写者重视的问题。

10.教学过程必须关注学情并适时调整教学策略和方法

表5-22　教学过程中必须关注学情并适时调整教学策略和方法

非常反对	计数	0
	任教科目中的比例(%)	0
比较反对	计数	0
	任教科目中的比例(%)	0
中立	计数	10
	任教科目中的比例(%)	7.3
比较赞同	计数	22
	任教科目中的比例(%)	16.1
非常赞同	计数	105
	任教科目中的比例(%)	76.6

作为教师而言,教学过程必须关注学情适时调整教学策略和方法,这是一项基本的教学要求(表5-22)。

11.经常进行教学反思能够不断改进课堂教学(表5-23)

表5-23　教学反思有利于改进课堂教学

非常反对	计数	0
	任教科目中的比例(%)	0
比较反对	计数	2
	任教科目中的比例(%)	1.5
中立	计数	4
	任教科目中的比例(%)	2.9
比较赞同	计数	26
	任教科目中的比例(%)	19.0
非常赞同	计数	105
	任教科目中的比例(%)	76.6

12. 教学中涉及新课程的三维课标的重要程度

表 5-24　教学中涉及新课程的三维课标的重要程度

知识与技能	计数	53
	任教科目中的比例(%)	38.1
过程与方法	计数	44
	任教科目中的比例(%)	31.7
情感态度与价值观	计数	42
	任教科目中的比例(%)	30.2

表 5-24 表明,在实现三维目标的教学过程中,知识与技能被列在第一位,但所占的比例不是很高。这说明许多教师在教学中仍旧等同对待这个问题。

13. 教学中涉及新课程的三维课程目标中的最难程度(表 5-25)

表 5-25　教学中涉及新课程的三维课程目标中的最难程度

知识与技能	计数	18
	任教科目中的比例(%)	12.9
过程与方法	计数	43
	任教科目中的比例(%)	30.9
情感态度与价值观	计数	78
	任教科目中的比例(%)	56.1

14. 教学中涉及的新课程的三维课程目标中的最易程度

表 5-26　教学中涉及新课程的三维课标目标中的最易程度

知识与技能	计数	70
	任教科目中的比例(%)	50.4
过程与方法	计数	28
	任教科目中的比例(%)	20.1
情感态度与价值观	计数	41
	任教科目中的比例(%)	29.5

在实际的教学过程中,知识与能力的教学是最难于让学生掌握的内容,但作为课程改革而言,由于过分强调了具有一定抽象意义的情感态度与价值观,教师在这一方面普遍觉得困难也不足为奇(表 5-26)。问题是,我们应当在此三者中确立一个主要要素,而不是以一种并列的方式来看待此三项内容,否则极容易导致教学失去重心而降低教学的质量要求。

15. 采用教学方式上课所依据的主要原则

表 5 - 27　采用教学方式上课所依据的主要原则

课标或教材要求	计数	14
	任教科目中的比例(%)	10.1
学校统一安排	计数	2
	任教科目中的比例(%)	1.4
视内容而定	计数	56
	任教科目中的比例(%)	40.3
视时间而定	计数	0
	任教科目中的比例(%)	0
视学生情况而定	计数	67
	任教科目中的比例(%)	48.2

在教学过程中,采用何种方式一般是依据内容和学生的情况而定,这已是一个常识问题(表 5 - 27)。更多的时候,则是多种方法同时运用。比如教授的同时,可以要求学生对一些重点问题进行探究,或直接对学生提问,以了解讲授的效果等。

16. 课堂小结的基本情况

表 5 - 28　课堂小节的基本情况

上课内容较多,一般不进行课堂总结	计数	8
	任教科目中的比例(%)	5.8
以教师总结的方式进行小结	计数	76
	任教科目中的比例(%)	54.7
以课堂提问的方式,由部分学生总结完善	计数	36
	任教科目中的比例(%)	25.9
由学生分组讨论,得出结论	计数	15
	任教科目中的比例(%)	10.8
其他	计数	4
	任教科目中的比例(%)	2.9

从此项内容反映的情况来看,以教师总结的方式进行小结和以课堂提问的方式小结是教师通常采用和习惯的方式(表 5 - 28)。就目前课改的要求和学生自主性的培育情况来看,如果以学生的总结为主导或许会更好。

17. 评定学生平时学习情况的评价方法

表 5 - 29　评定学生平时学习情况的评价方法

考试	计数	28
	任教科目中的比例(%)	20.1
课堂表现	计数	4
	任教科目中的比例(%)	2.9
作业	计数	14
	任教科目中的比例(%)	10.1
其他	计数	2
	任教科目中的比例(%)	1.4
多种手段综合运用	计数	91
	任教科目中的比例(%)	65.5

从调查结果来看,大多数教师都倾向于多种评价手段的综合运用,考试评价的比重只占 20.1%,这与实际情况似有不相吻合之处,特别是高二年级以后,考试评价应当是目前所采用的主要评价方式(表 5 - 29)。

(二)教学实践

此部分设计的问题与前一部分存在重复之处,统计所给的数据并未包含全部内容,兹就所给数据的具体项目作简要分析。

1. 教学中涉及新课程的三维课程目标(①知识与技能;②过程与方法;③情感态度与价值观)

其重要性依次为(填写编号,降序):＿＿＿＿＿＿＿、＿＿＿＿＿＿＿、

＿＿＿＿＿＿＿。

其实现的难度依次为(填写编号,降序):＿＿＿＿、＿＿＿＿、＿＿＿＿。

此题未提供详细数据,相同问题已在前文做过统计。分析参见上文。

2. 采用何种教学方式上课(如讲授式、问答式、探究式等)所依据的主要原则是( )(单选)

A. 课标或教材要求　　B. 学校统一安排　　C. 视内容而定

D. 视时间而定　　　　E. 视学生情况而定

3. 您进行课堂小结的基本情况是( )(单选)

A. 上课内容较多,一般不进行课堂小结　　B. 以教师总结的方式进行小结

C. 以课堂提问的方式,由部分学生总结完善　　D. 由学生分组讨论,得出结论

E. 其他＿＿＿＿＿＿＿＿＿＿

此题未提供详细数据,相同问题以在前文做过统计。分析参见上文。

4. 为准确评定学生平时的学习情况,您使用最多的评价方法是(　　)(单选)

A. 考试　　　　　　B. 课堂表现　　　　C. 作业

D. 其他＿＿＿＿＿　　E. 多种手段综合运用

此题未提供详细数据,相同问题已在前文做过统计。分析参见上文。

5. 您布置作业时,一般以哪一种类型为主(　　)(多选)

A. 教材中的习题　　　　B. 教辅中的习题

C. 历年高考习题　　　　D. 其他＿＿＿＿＿

统计结果:

科目	A	B	C	D	样本量	A%	B%	C%	D%
语文	79	101	73	24	139	56.83	72.66	52.52	17.27

教学在很大程度上自觉不自觉地围绕高考在进行,教师既要处理好教材中的内容,又要兼顾高考的目标,这个结果基本能反映现实教育教学的现状。教辅材料的泛滥,给许多教师训练学生的能力提供了更多的选择余地,但同时也弱化了教师根据教学实际的需要自主命题的能力,由于其间缺乏了教师的设计、选择和针对性,滥用教辅可能会降低教师的专业水平。

6. 选择教学内容时,除教材所涉及的内容外,您通常还会添加哪些内容(　　)(多选)

A. 配套教辅　　B. 其他教辅　　C. 高考所含内容　　D. 学生感兴趣的内容

A	B	C	D	样本量	A%	B%	C%	D%
64	29	90	101	139	46.04	20.86	64.75	72.66

统计显示,教师在选择课外教学内容时,可能会根据学生的需要以及高考的内容进行取舍,这个结果说明普通高中语文教学的方法和模式基本上受制于高考的格局,所谓学生感兴趣的内容,在高一年级可能会多一些,但到高二年级以后,围绕高考来组织教学,基本上是所有学校的教学模式。

7. 在设计教案过程中,您通常考虑哪些方面?(　　)(多选)

A. 具体的教学目标　　B. 教学情景　　C. 课堂提问的形式和内容

D. 教学方法　　　　E. 学生的实际情况　　F. 课程资源的选用

G. 其他＿＿＿＿＿＿＿

A	B	C	D	E	F	G	样本量	A%	B%	C%	D%	E%	F%	G%
123	71	73	81	119	63	8	139	88.49	51.08	52.52	58.27	85.61	45.32	5.76

统计显示,高达 88.49% 的教师在教案的设计中把教学的目标作为设计的出发点,说明学校普遍倡导的目标教学法在教师的教学中已经根深蒂固。有 85.61%、58.27% 的教师能够根据学生的实际情况和教学方法设计教案,这说明随着课程改革的深化,关注学生学习实际和教学方法的教师比例也在不断增加。

8. 在创设教学情境时,通常使用的内容有(   )(多选)

A. 现实中的情境问题   B. 学科史   C. 趣味小故事

D. 新闻素材   E. 小游戏   F. 其他_____

A	B	C	D	E	F	样本量	A%	B%	C%	D%	E%	F%
119	50	113	87	26	8	139	85.61	35.97	81.29	62.59	18.71	5.76

此项的统计显示,教师在创设情境教学时,重点考虑符合学生实际的趣味故事、现实中的热点问题,这说明新课程所倡导的教学与生活联系的理念在教学中得到了教师们的认可,这也是新课程改革的一项重大变化。

9. 您在安排教学进度时主要考虑的因素(   )(仅选出最重要的三项)

A. 课程标准的要求   B. 教材的课时安排   C. 自己的教学经验

D. 各种考试的时间   E. 年级组进度安排   F. 参考其他老师的进度

G. 其他_____

A	B	C	D	E	F	G	样本量	A%	B%	C%	D%	E%	F%	G%
102	117	56	67	54	19	2	139	73.38	84.17	40.29	48.20	38.85	13.67	1.44

此项统计显示,教材和课程标准是教师安排教学进度的主要因素。课程标准和教材作为教学的基础,其教学主导地位得到了凸显和强化。对于语文教学来说,这也算是教学走向规范化的一种趋势,虽然教学在很大的层面上直接受制于高考,但在几者的权衡之后,教师在常规教学中,并未将全部的教学置身于高考这样一个单纯的目标,或许这是语文教学实现其自身目的的一种选择。

10. 您认为普通高中新课程课堂教学中存在的主要问题是什么?如何改进?

此项统计所反映的问题主要集中在以下几个方面。

(1)教材内容量多、难度大,教师如果严格依照此组织教学,可能有许多教师无法完成教学任务。

(2)课堂教学合作探究、自主学习等过于形式化,表面上很热闹,其实学习效果不佳。

(3)新高考方案不清楚,严重影响教学的内容选择和主次安排。

(4)农村中学面对课改软硬件方面均存在不足,教学压力大。教材增多,学生负担加重。大班教学难于组织探究式学习。

（5）初、高中内容脱节，普通高中要补初中课程的内容。现代文阅读缺乏有效方法。

（6）评价体系不统一。

11. 您如何看待新课程所倡导的教学方法（探究教学、合作学习、自主学习）？

（1）这些方法很好、很科学，也有效益，适应社会发展与学生成长需要，有助于培养学生终生学习的意识和能力，值得推广。

（2）对提高学生语文能力很有帮助，但课堂中不易操作，授课时限制。实施起来困难重重，难于做到。尤其是农村中学。

（3）考试评价中对探究教学、合作学习和自主学习等缺乏相应的考查。

（4）这些学习方法应该从小学抓起，而不是到了普通高中才强调，否则师生都不习惯。

三、调研结果与教学建议

语文普通高中新课程的实施已经有两年多，通过各方努力和一线教师的探索实践，新课程所倡导的教育教学理念得到了充分的认识和理解，获得了大部分任课教师的认可，学校在组织教学的过程中，通过集体备课，规范上课程序等形式，将新课程的教育教学理念进一步巩固和强化。探究、讨论等适应新课程的教学方法已得到广泛的运用。但依旧有许多不容忽视的问题，需要我们加以重视，首先是高考评价制度的问题，高考方案迟迟未出台，让广大语文教师在课程的整体设计上缺乏一个明晰的参照体系，教学的整体性、重点难点和进度等问题未能得到很好的处理，虽然新课程力图摆脱高考对日常教育教学的干扰，使教学与考试各自独立，实现先根据课程标准和要求来完成教学任务，再组织高考的复习和训练的目的，但由于我省教师水平素质的严重不平衡，此种理想的教育教学状态仅仅在一级一等学校有实际操作的可能性。建议教师参照全国新高考的形式，整体规划教育教学的工作，在严格按照课程标准开展教学的同时，适当关注高考的内容和要求，全面推进语文新课程的实施，同时又能很好地为高考的评价做好准备。第二是关于教材的使用问题，新课程以必修和选修方式开展教学，教材内容无疑增加不少，加之新课程强调讨论探究的方法，主张把课堂还给学生，致使教师对教学的时间和进度难以主动控制，这给许多教师心理上也增加不少负担。教师往往对必修的内容做不到精讲精练，文本解读有流于浅显粗略的不良趋向，这将使课堂教学的有效性大打折扣。建议教师在教材的使用上主动大胆地加以取舍，对学生的探究讨论加以明确的时间控制和引导。以主动的心态和规划高质量地完成教学任务。第三是教师需要夯实语言文学知识的基础，着力提高文本解读的能力。课堂教学是否有效，关键还在于教师自身的水平和能力。教师在问卷中所提到的大部分问题，其实都是可以通过自身的能力和素养去加以解决的，比如说教材在初中、高中教学内容和方法上的衔接问题，诸多教师把它归结给普通高中教材编排的不合理，又比如高考方案未出台的问题，其实只要参照新高考的要求和内容结构等，都可以一一加以解决，但教师们却不能主动地去解决这些问题。这不能不要求我们重新反思自己的专业素养和能力，由于许多大学中文系在课程设计上过于强调理论，务虚不务实，对文字学、训诂学、文本解读、文章笔法等方面的内容涉及较浅，之后的教师培训也没有这些课程，而中学阶段的教育教学却以此为根基，致使诸多教师在教学中捉襟见肘，这是一个需要重视的问题，这个问题解决好了，中学语文的教学质量也就提高了。

第三节　数学课堂教学策略调研报告

为了解我省普通高中新课程数学课堂教学情况，课题组对来自我省各州市参加省普通高中数学新教材培训的 2000 名普通高中数学教师的课堂教学情况进行了随机抽样问卷调查。现将调研问卷情况分析如下，在分析调研的基础上提出课堂教学改进的教学建议以供参考。

一、调查样本说明

就我省各州市参加省普通高中数学新教材培训的 2000 名教师进行了随机抽样问卷调查，抽样问卷 176 人。问卷调查男教师占 57.5%，女教师占 42.5%. 问卷调查教师中省会城市、州（市）级城市、县城、乡镇、农村分别占 3.4%、23.0%、51.7%、20.7%、1.1%。问卷调查中，硕士及以上的教师占 5.7%，本科的教师占 94.3%。问卷调查中，学校管理人员占 8.0%，学科带头人占 5.7%，年级组长占 5.7%，普通教师占 80.7%。问卷调查中，中学特级教师占 1.1%，中学高级教师占 22.7%，中学一级教师占 23.9%，中学二级教师占 44.3%，中学二级以下的教师占 8.0%。问卷调查中，教高一年级的教师占 48.5%，教高二年级的教师占 16.2%，教高三年级的教师占 35.3%；有发表 3 篇及以上论文或调查报告的教师占 12.3%，有 3 篇及以下的教师占 46.6%，没有的教师占 41.1%。

二、调查问卷分析

（一）课堂教学策略现状调查分析

1. 教师对教学目标设计问卷分析

有 84.9％的教师认为教学中需要考虑教学目标，说明大多数教师认识到了教学目标的重要性，具有教学目标意识。但有 3.5％的教师认为无须考虑教学目标，有 11.6％的教师对是否考虑教学目标表示中立。这说明教学中有些教师对教学目标的认识不够，缺乏目标意识。

2. 创设教学情境对课堂教学影响分析

赞同情境对课堂教学有影响的教师占 79％，说明大多数教师认识到情境对课堂教学的作用，但也有 1.2％的教师反对课堂情境的作用，有 19.8％的教师表示中立。这说明数学课堂教学中有部分教师还是习惯于形式化的教学方式，而不愿意考虑数学概念的情境引入。这与教师的教育教学理念有关，也与其教学经验有关。

3. 课堂合作学习分析

对"合作学习就是小组学习和讨论"问卷中，有 31.0％的教师比较赞同，有 2.4％的教师非常赞同，有 41.7％的教师表示中立，有 17.9％的教师比较反对，非常反对的教师有 7.1％。合作学习是普通高中新课程提倡的学习方式，但教师在教学中看法不一致。这与教师在教学中具体操作有关系，同时也说明对合作学习的思想与实践还需要不断学习并加以丰富。

4. 课堂提问分析

重视课堂提问中师生的交流是普通高中新课程提倡的教学方式，有 78.3％的教师表示赞同，有 20.5％的教师表示中立，有 1.2％的教师表示反对。这说明在教学中有部分教师未能重视课堂提问中的师生交流，只以教师讲授为主。

5. 新课程教学方式与课堂教学效果分析

有 36.0％的教师认为课堂热闹但效果不好，有 18.6％的教师不认为新课程提倡的教学方式只是课堂热闹但效果不好，有 45.3％的教师表示中立。这说明有相当部分教师并未尝试新课程提倡的教学方式开展教学，对自主学习、合作学习、探究学习的教学方式还缺乏认识。

6. 教研对提高课堂教学效果分析

有 80.3％的教师赞同开展教学研究有利于提高课堂教学效果，但有 18.6％的教师表示中立，有 1.2％的教师表示不赞同。这说明实施新课程后多数教师重视了教学研究，但也有部分教师在教学中不重视课堂教学的研究。

7. 教学中多媒体使用分析

有 20.9% 的教师赞同使用多媒体代替板书,有 32.6% 的教师表示中立,有 46.5% 的教师表示反对。多媒体是一种教学工具,因人而异,多数教师反对多媒体的单一作用,有部分教师只是用于提高时间效率,有部分教师未使用对此表示中立。

8. 多媒体使用教学效果分析

有 22.7% 的教师认为使用多媒体教学效果不好,有 34.5% 的教师表示中立,有 42.9% 的教师认为多媒体有利于教学。这说明部分教师在教学使用多媒体教学效果较好,有少数教师使用多媒体教学效果不佳,多于 1/3 的教师不使用多媒体或使用教学效果不明显。结合前面分析,可知我省普通高中数学教学中使用多媒体还不普遍。这与学校教学条件有关,也与教师使用多媒体的经验有关。

9. 教学中学生课业负担分析

有 87.0% 的教师赞同布置作业要考虑学生的学习负担,但有 10.6% 的教师未考虑,有 2.4% 的教师表示反对,这说明还有部分教师未能考虑教学中学生学习负担问题。作业过多不仅会加重学生学习负担,而且会造成学生对数学学习的畏难情绪,失去对数学学习的兴趣,从而不利于学生的数学学习。

10. 新教材掌握情况分析

普通高中新课程教材的学习是新课程中实施的重要环节,教师对新教材的理解和掌握是有效实施新课程的关键。有 46.6% 的教师认为新教材不好把握且体系杂乱,有 36.0% 的教师还未能对教材开展学习研究表示中立,有 17.4% 的教师表示反对。这说明就这次培训对象问卷的大多数教师而言,他们对新教材还不熟悉。另一方面也说明,教师经过新教材教学实践后,再进行新教材的培训也是必要的。

11. 教学策略和方法应依据"学情"分析

学生是学习的中心,教学策略和方法应依据学生情况而定。在问卷调查中有 48.8% 的教师表示非常赞同,有 41.9% 的教师表示比较赞同,中立的教师占 7.0%,反对的教师占 2.4%。这说明经过普通高中新课程两年的实验大多数教师在教学过程中重视了对学生学习情况的了解,并以此作为教学的依据。

12. 教学反思对课堂教学效果影响分析

教学反思是促进教师专业发展的有效途径,也是改进教学方法和提高教学质量的有效途径。问卷中有 65.9% 的教师表示非常赞同,有 25.9% 的教师表示比较赞同,中立的教师占 8.2%。这说明实施新课程后,大多数教师重视了教学反思。

（二）教学实践调查分析

1. 教学三维目标分析

教学中认为新课程的三维目标最重要的是什么？有 43.7% 的教师认为是知识与技能，有 37.9% 的教师认为是过程与方法，有 18.4% 的教师认为是情感态度价值观。问卷表明多数教师将"知识与技能"放在首位。

对教学中涉及新课程的三维目标最不重要的是什么？有 65.5% 的教师认为是情感、态度、价值观，有 18.4% 的教师认为是知识与技能，有 16.1% 的教师认为是过程与方法。问卷调查表明多数教师不重视情感、态度、价值观目标的落实。

教学中涉及新课程的三维课程目标中最难的是什么？有 54.7% 的教师认为是情感、态度、价值观，有 25.6% 的教师认为是过程与方法，有 19.8% 的教师认为是知识与技能。

教学中涉及新课程的三维课程目标最容易的是什么？有 51.2% 的教师认为是知识与技能，有 20.9% 的教师认为是过程与方法，有 27.9% 的教师认为是情感、态度、价值观。问卷调查表明多数教师认为情感态度价值观目标较难实施，而知识技能目标容易实现，这也是多数教师选取知识目标为首要目标的原因之一。另外一些教师对数学教学过程中的"过程与方法"的教学重视不够，认可度不到 1/3。

2. 教学方式问卷分析

教学方式应以学生情况为依据，教学要能体现因材施教。问卷调查中有 29.1% 的教师认为视学生情况而定，有 54.7% 的教师认为视内容而定，有 16.3% 的教师认为以《课标》或教材要求而定。调查显示多数教师以所教教学内容来选定教学方法。而问卷调查中没有选择学校统一安排与课时因素，这说明实施新课程后，课程体现出了灵活性，过去学校课程整齐划一的形式有所改变。另教师对现课时安排已适应，所以教师未考虑时间因素。

3. 课堂教学小结分析

开展课堂小结有利于巩固所学知识，同时小结也是体现新课程教学理念的教学环节。有 39.8% 的教师采取以"课堂提问的方式，由部分学生总结完善"，有 36.4% 的教师采取以教师总结的方式进行小结，有 17.0% 的教师采取由学生分组讨论，得出结论，有 6.8% 的教师由于上课内容较多一般不进行课堂总结。调查表明课堂小结教师以问答式与教师小结为主，还有少部分不进行课堂小结。

4. 学生平时学习情况评价方式分析

对学生学习进行评价的方式上采取多种手段综合运用的教师占 46.6%，以作业为主的教师占 11.1%，以课堂表现评价的教师占 4.5%，以考试为主的教师占 37.5%。调查表明多数学教师采用多种手段综合对学生平时学习进行评价。但以课堂、作业评价的比例不高，说明数学教学中还应加强过程性的评价。另外说明实施普通高中新课程已改变了单纯考试评价的模式。

5. 布置作业情况分析

问卷调查中，大多数教师布置作业以教材习题为主的占 82.76%，同时也有使用教辅为主的占 51.72%，布置作业中以高考题为主的占 42.53%，其他的占 2.3%。这说明在普通高中教学中教师较多的使用教辅，较为关注高考对教学的影响。

6. 教学内容的选择分析

在教学内容的选择上，除教材外大多数教师选择了与高考有关的内容占 82.76%，较多的教师选择了配套教辅的占 55.17%，有部分教师选择其他教辅的占 13.79%，有部分教师选择了学生感兴趣的内容占 36.78%。可看出在普通高中数学教学中教师较为关注与高考有关的教学内容，使用配套教辅。但随着普通高中新课程的实施教师观念也在发生变化，有的教师在教学中并不都以高考内容为主，有相当部分教师考虑了学生感兴趣的内容作为教学内容，考虑了学生的选择性。

7. 教学设计分析

教学设计是教学过程中的预设，反映教师的教学理念与能力。调查问卷中绝大多数教师考虑了学生的实际情况占 85.06%，多数学教师考虑了教学的目标性占 80.46%，考虑教学情境的教师占 55.17%，考虑课堂提问的教师占 52.87%，考虑教学方法的教师占 60.92%，考虑课程资源的教师占 28.74%。从问卷中反映出有部分教师目标意识不够（考虑目标性的教师只占 80.46%），教学目标是教学的出发点和归宿；有部分教师还未能形成独特的教学风格，考虑教学方法的比例不高（60.92%），反映出教学中存在随意性；由于新教材的变化，重视情境的问题引出，所以有相当部分教师考虑了教学情境问题，从而有利于课堂教学的实施；课程资源缺乏是我省存在的普遍问题，问卷中只有少数教师考虑课程资源问题，说明数学新课程资源的缺乏，满足不了教学需要。值得肯定的是绝大多数数学教师在教学设计过程中考虑学生实际，体现了以学生为本，教学有的放矢，关注教学的针对性和实效性。

8. 创设教学情境方法分析

在问卷调查中有 93.10% 的教师采用现实中的情境问题进行教学，有 44.83% 的教师用数学史进行情境引入，有 64.37% 的教师用趣味小故事进行情境引入，有 42.53% 的教师用新闻素材作为情境引入，有 36.78% 的教师用小游戏引入情境，其他方式引入情境的教师占 1.15%。教师在教学中引入情境的方式多样，注重情境的现实性与时代性,还有的教师从调动学生兴趣入手,创设问题情境,提高学生对数学问题的学习。调查表明多数教师重视了数学问题的情境性。

9. 教学进度因素分析

在教学进度考虑因素方面,考虑《课标》要求的教师占 78.16%,按课时的教师占 86.21%,以教学经验的教师占 49.43%,以上几项是选择较多的前三项,说明在教学中考虑教学进度,教师主要以课时、《课标》要求和教学经验来确定教学进度。因此,学校学科课时安排要注意学科特点及学科安排的合理性。其他三项情况如下:考虑考试因素的教师占 28.74%,按年级安排的教师占 29.89%,参考其他老师的占 13.79%。此三项的比例不高,说明实施新课程后,由于课程的灵活性和多样化,学校教学统一性降低。

10. 新课程教学中存在的问题分析

此部分主要是主观问答,以下是问卷中教师的一些主要看法。

课时紧,教学内容多,教学任务很难完成;新课程很难掌握讲的尺度;散,难把握;时间紧没有多的练习时间;课时紧,对学困生有一定的难度,特别是乡镇中学的学生底子薄,学起来困难;教学时间不够,初中与普通高中衔接较差,教学内容设计不科学,例题选用不合理。

重难点难把握,体系杂乱,内容多,时间紧;对教学内容的难、中、易尺度把握不住;知识杂乱,每一知识点不是一次能讲到位,深度难以把握;前后知识联系间断;需要增加课时。

教材内容多,没有多余的时间给学生讲解练习,只能靠学生自己下去做;编排系统性欠佳;对西部落后地区学生学习不利;部分章节习题搭配不足以训练学生某方面思维;习题与例题的内在联系存在问题;杂乱不成体系,适当降低难度;必修 1~5 的时间安排再合理些;研究性多,总结少。

知识点散乱,学生掌握不了,采取措施:尽量把一个知识点讲透,再进入下一个知识点;知识穿插不紧。

知识体系不强,与高考考纲稍有偏差;教材内容与高考差距过大,讲解过程中需补充的知识较多;难度、深度难以把握;学科时间分配不合理。

选修内容的实施及高考方案,学校应采用多种选修模块,实现学生各层发展;教学效果差,提高课堂效率;课堂实际情况与课标差距大;评价体系问题;新课程课堂教学的评价不够合理。

教材内容与习题不配套;必修教材相互联系过渡不明显;杂乱无章。

同一知识点无法一次讲清,下次讲时学生早已忘记前面的内容;同一知识点不能一时讲透,对于知识的掌握易出现断层;知识点到底应该把握到什么程度,哪些问题应该加深?哪些应削弱?

普遍学生反映学着不难,考着难;办法是抓牢"三基"。

教学时间紧,教学评价不科学;调整教材内容,建立科学的评价体系。

必修课开设顺序问题,必修教材内容顺序安排问题。

过分强调把课堂还给学生,让学生以自学为主,这样的教学效果不好。

内容过多,学生负担过重,具体目标不明确;时间紧,任务重,学生对概念的理解有所欠缺。

学生实际与新课程中所提倡的理念差距太大,对于学生的评价体系单一。

从以上主观问卷教师的看法中,可归纳成如下四个方面:一是关于教材方面;二是教学方面;三是关于教学与高考的关系;四是教学评价问题。现就这四个方面调查问卷分析如下。

教材方面:由于教师教新教材时间不长,有的还未接触过新教材,因此感觉到新教材与过去的教材显得散乱,不易掌握。此外,教师对必修、选修课的安排也感到不适应。

教学方面:多数教师感觉课时紧,内容多,不能像过去将知识讲深讲透。由于内容偏多,学生学习负担重。

教学与高考的关系:有的教师认为教学应明确高考与教学的关系,虽然教学与高考有密切的联系,高考应以教学为基础,但是将平时教学以高考要求进行是违背教学规律的,因学习是有阶段性的,将高三学习模式放在高一、高二阶段是不恰当的。

教学评价问题:有的教师提出了教学评价问题,但未能明确如何进行。这说明建立适应新课程教学评价体系的必要性。

三、调研结果与教学建议

(一)调研结果

通过调查发现在普通高中数学新课程的实验中,我省普通高中数学教师的教育教学理念有了新的变化。如多数教师明确了教学目标的重要性;多数教师认为教学策略及方法要考虑学生的情况;大多数教师认识到情境教学的作用;课堂教学中重视师生的交流;提高了对教学研究服务课堂教学的认识;课堂教学中考虑作业布置与学生负担的关系;大多数教师认识到教学反思对提高自身水平的作用,重视教学反思等。这些教育教学理念的积极变化,是我省普通高中数学教师通过普通高中数学新课程的学习与实践而产生的积极变化。这说明在我省广大普通高中数学教师的积极努力下,我省普通高中数学新课程的课堂教学正沿着正常、健康、积极的方向发展。另一方面,通过调研,我们也觉得在新课程课堂教学方面,我省课堂教学也存在一些问题,如对教材的理解和把握还不够深入;在有效开展合作学习、探究学习等方面意识与广泛性不够;教学手段使用单一等不足的问题,需要我们在今后的教学中不断学习与提高。

(二) 教学建议

1. 学习提高,转变观念

教学观念影响教学行为。我们要树立教学以学生为本的教学思想,这一教学观念的变化需要通过不断的学习和实践。除需要广泛的学习外,我们这里提出的是要重视对《普通高中数学课程标准(实验)》(简称《课标》)的学习。首先,普通高中《课标》是教学依据和教学评价的依据,它规定了教学的内容及要求。因此,我们要重视对普通高中《课标》的学习;其次,普通高中《课标》是教材编写的依据,通过对《课标》的学习有利于教师对教材的理解;再次,新高考体现"以学定考"的理念。因此,《课标》的学习也有助于高考教学。学习《课标》注意把握以下关键点:一个经典定义(数学研究"数与形"及"思想方法"),十大新理念,六大课程目标,五大数学能力(空间想象、抽象概括、推理论证、运算求解、数据处理);五个"必修"模块(修完5个必修课程达到毕业水平);三个关注(探究、建模、文化),一个注重(注重过程性评价)。学习不是教条化的,我们在学习过程中主要是要明确《课标》的主要内容与要求,在教学中做到有的放矢,少走弯路。学习是一回事,而更重要的是擅于将《课标》的理念及要求,贯彻于教学的过程中,提高学生的综合学习能力,培养学生的综合素质。

教师的教育教学观念的转变是一个学习、实践、修正、提高的过程,在实施普通高中新课程的过程中我们提倡的是学先修后,提高过程是教学实践环节,特别课堂教学是课程实施的核心。由于这次普通高中新课程的实验是由上而下的,我们认为只有先学习,才能理解这次新课程实验的目的及意义;只有学习,才能理解《课标》的教学内容及要求;只有学习,才能明确课堂教学方式变革的意义;只能学习,才能有效借鉴先期实验省、区的实验经验,辨别使用;只有学习,才能促进相互交流和提高。教师学习的目的主要还在于将所学理论和方法应用于实际的教学当中,教学理念及方法在教学中的应用是通过教师个体的教学实践而变化的过程,这种符合新课程教学行为的修正过程,需要大量的学习和研究。

2. 学研教材,整体把握

调研表明,我省教师对普通高中新教材的整体把握还需要进一步学习和研究。

这次普通高中新课程改革,最明显的特点就是体现了选择性,为满足学生的不同发展需要,体现普通高中数学课程的基础性、时代性、选择性,普通高中新课程设置了不同类 24 个必选修模块。众多的选修模块,造成了普通高中数学新课程模块数之最的现象,同时也造成了教师的教学负担及学生的学习负担。因此,认真学习和研究新教材是开展数学教学的关键问题,也是教学减负的关键。这里我们提出的建议是"学研教材,整体把握"。

此建成基于以下考虑。①数学众多模块的形成是由于数学课程被人为割裂造成的,课程细化成块处理的方式,能有效满足不同层次学生的需求,让学生灵活选择,但从数学学科特点看,其破坏了学科的系统性。因此,在学习的过程中我们需要将不同模块的知识内容和方法进行有效整合。在整合的过程中要进行分析、研究、比较,使之有利于各校的教学和提高。②由于教材的分块设计,教材编写体现了"螺旋"形式,知识和方法不一步到位,这是与传统教材不同之处。如调研中教师反映的知识点分散、模块选修顺序等问题。在处理教材"螺旋"问题上,要克服教学中的"一步到位"的做法,目前在实际教学过程中教师已总结出一些好的做法,如不同顺序模块的开设、不同知识内容和方法的渗透、整合等,这些做法必须坚持原则就是在不增加教学负担与学生学习负担的情况下,只要能有效提高教学质量及学生素质的做法都可以采用。模块顺序开设情况,我省各校各不相同,这是因为各校教师、学生及教学资源的不同等造成的,体现了新课程实施的灵活性,新课程的实施打破了过去教学"大一统"的格局,为各校有效实施新课程创造了条件。

目前,调研发现我省有的学校根据学生实际情况将一些内容有机渗透、灵活处理、有效整合,这些做法都体现了各校教学的灵活性。这里我们提倡的是教学要有创造性,不能死板。但在教学中对教材的学习与整合需要注意以下几点:一是重视教材有效校本化过程。我们强调普通高中新课程的有效整合,不是说回到过去的老教材体系。就老教材体系而言,知识方法体系较为完整,有利于知识的学习与掌握,但老的教材体系存在知识面窄、方法陈旧等问题。因此,新课程的数学教学模块的开设与教学是一个各校教材校本化的过程,需要各校教师在实际教学中创造性地校本化与有效实施教学课程;二是要在《课标》及尊重教材的基础上进行教材整合与处理,不能搞成教材处理的"随意性";三是要创造性的使用教材,而不要搞成创造性地破坏教材;四是要尽快适应普通高中新课程模块式的教学形式。我们认为就我省目前情况看,首要的任务还是学习和研究模块化教材,提高处理教材与有效使用教材的能力。

3. 探索提高,转变方式

普通高中新课程课堂教学要求以学生学习为中心,教师由过去的知识传递者变为学生探究知识的合作者,教学过程中师生关系处于平等的地位。新课程课堂教学中教师与学生的教学与学习方式的变革需要实践和探索。从调研情况看,课堂教学中对合作学习的实践操作,教师还存在不一致的看法,一些教师对以学生学习为中心的合作学习模式还不习惯,有的甚至不赞同。这说明与普通高中新课程相适应的课堂教学模式还未真正建立,需要广大教师在课改实验中不断总结和提高。普通高中数学新课程教学提倡"自主、合作、探究"的学习方式,这是一个宽泛的教学模式。

具体到数学教学中要关注以下几方面的工作。①课堂教学设计要注意研究学生。具体操作形式是教案设计,以学案为基础,先进行学案设计,再考虑教案的安排。学案的设计是以研究"学情"为基础的。简言之,研究"学情"就是从学生的实际情况出发来安排教学。教师在教学中要努力做到满足不同层次学生个性化的教学需求。这从教学观点来看,我们从过去过多关注教案到现在的学案优先,这不仅仅是顺序问题,而是教学理念的问题。以学生为教学设计中心,在教学的预设上,要充分考虑学生实际及相应的教学方式和方法。教学以学生为主的思想,我们在实际的操作过程中不能只是形式上或停留在口头上,而是要落实在实际的行动中。②要让学生有提出问题的机会。问题是数学的心脏。数学学科的特点就是问题性,问题既有现实生产、生活问题,也有数学内部的纯数学问题,也有跨学科的数学问题等,由于数学问题的普遍性,形成了数学应用的广泛性。因此,数学教学中要让学生有提出问题的意识和机会。以数学问题带动数学探究,激发学生的学习动机。普通高中新课程教材中的许多内容都从问题入手,引导学生思考。在教学中我们要善于利用这些素材开展教学。更为重要的是我们应注意让学生从自己身边的实际学习和生活中引出数学问题并进行探究学习。培养学生提出问题,解决问题的能力。③要给学生探究的时间和空间。在数学概念教学中要展示概念的来龙去脉,而不是形式化的给出;数学定义的教学要结合实际生活给学生有归纳、抽象的机会;公理要结合学生生活引出;公式、定理要给学生自我推导得出结论的过程等。特别是解题教学中要给学生自我思考解题思路的过程,自我归纳解题模式的机会,自我推广解题结论的过程。数学学科是转变学生学习方式的极好科目,具有良好的素材与方法,我们在教学中要充分利用这些素材与方法,提高学生的自主学习,合作意识,探究能力。④教学中要给学生有归纳的机会。探究学习是数学学科学生学习的一个主要形式,因为数学的许多结论都需要进行实验、观察、分析、综合、运算、归纳等再创造的过程。我们认为让学生进行探究的一个切入点就是在课堂教学中,教师要注意让学生有观察、探究、归纳的机会。因为目前普通高中新课程内容多、课时少,教师在教学过程中为了节省时间,往往自己归纳结论,学生失去了探究、归纳的机会。长此以往,学生得到的只是逻辑的演绎和结论,不利于学生的能力培养,同时也形成了死记硬背数学结论的现象。数学学习的过程中处处都有数学归纳,教学中应让学生学会自己归纳。⑤要让学生有独立思考和合作的能力。数学学习的合作是在独立思考的基础上进行的合作,数学的合作不是课堂上的热热闹闹,这种表象的热闹,反而不利于数学思考。数学的合作应在学生的观察、静思、感悟的基础上进行合作与交流。因此,新课程的教学需要我们教师要有引导学生开展合作与交流的技能与能力。⑥教学方式的变化、改进与提高是一个长期的过程,也是一个不断实践与探究的过程。我们应在教学过程中不断学习、总结形成适应普通高中数学新课程要求的教学方式,提高课堂教学效率。

4. 恰用媒体,有效提高

当今社会已进入信息化时代,信息技术的使用是现代数学教育的一个特征。由于课程、教材、资源等多方面的原因,我们的数学学习还未能进入到完全基于以信息技术学习的程度,但是我们应该清楚地认识到随着科技的迅猛发展。随着我国信息化的步伐加快,信息技术代替传统的一些数学学习是必然趋势。如我国普通高中课程削弱了有关计算内容,如对数计算、三角计算、复数等内容。信息技术在数学课程中的应用是发达国家数学课程改革的一个动向。我国普通高中数学新课程强调注重信息技术与数学课程的整合,并将信息技术在数学中的使用作为课程理念之一,体现了与时俱进的思想。

信息技术不仅影响到教学方式,而且也影响到数学的学习内容。过去数学课程中没有的内容,由于我国信息化的普及而进入了数学课程,如普通高中新课程数学中的算法、统计案例等内容。另外,信息技术也给我们教学带来方便,我们目前数学学习中的内容大多涉及的是数与形的内容,而数形结合是数学的客观本质,因此信息技术的图像功能将有助于数学的教学。再者,信息技术还有利于数学实验,目前我省一些学校已建立数学实验室,如昆明十二中在昆明市教育局的资助下,建立了数学实验室,开展了教学实验,并取得了一定的成绩。昆明十四中也建立了以几何画板为主的数学实验室,开发研究教学中急需的数学课件。再如我省一些学校开展了图形计算器在教学中的应用实验等。信息技术进入数学教学是必然的趋势,我们不能熟视无睹,应面对现实,积极应对,学习使用现代教育技术为数学教学服务。

我们提出"恰用媒体,有效提高"的思想,主要基于以下考虑。①关于数学学科技术的使用,我们提倡的是恰当使用。因为数学的学习非常讲究过程,多媒体的使用不能代替学生的思考,切忌走马观花多媒体使用不当反而不利于教学。②就我国数学课程与教材而言,还是部分依靠技术,因此,在教材学习研究过程中,教师要注意研究新教材中如何使用技术的问题,如二分法、函数模型、概率、统计案例等。③开发技术资源,提高水平。数学技术的使用关键是要以学校的硬件作后盾,如学校所配备的计算机、多媒体、图形计算器等,没有学校较完备的教学设施建设就谈不上数学技术的使用;另一方面我们教师需要学习常见的教学软件,如常用办公软件、几何画板等,还要学会制作简单的课件。就课件而言,需要多条途径,如学校投资购买一定的教学资源,教师合作开发,交流使用。就我省情况而言,课程资源的缺乏是我省的实情,因我省还属于不发达地区,教育经费紧张,投入到教学领域的经费不多,这就需要我们发扬艰苦奋斗的精神搞课改。我们数学教学中的一些"土法"也不能丢弃,只要有利于教学的都可以使用。如 2011 年 11 月省教科院在开远市一中举行的全省普通高中新课程数学课堂教学竞赛与展示活动中,许多教师动手制作的实物立体教具的使用,在促进学生感知空间位置关系方面教学效果很好。一些教师在讲线面关系时用一支笔,一张纸也很形象,若一味要求使用多媒体反而画蛇添足。因此,我们提出恰当使用技术的想法,是因为我们现实中有许多土法教具模型对教学是非常有用的,如上提到的实物立体模型等。④目前国际上一些国家已开展了基于信息技术的电子数学课本,这种基于计算机操作平台而开展的数学实验、数学学习、数学评价等数学活动与学习,体现了当今数学学习的新特点:"借用技术学习数学、理解数学和做数学"。这种基于技术的数学学习是今后发展的一种新趋势。⑤信息无处不在,技术就在我们身边。作为普通高中数学教师,我们要大胆地使用技术,不断学习新技术,提高使用技术的水平。信息技术正在改变着人们对数学学习的看法与做法,我们要善于利用技术的手段为普通高中数学新课程服务。

5. 勇于实践,研究提高

普通高中新课程数学实验没有现成的模式,也没有现成的经验可供使用。普通高中数学新课程的实验需要我们广大数学教师经过教学实践,总结适合新课程的教学模式和方法。在教学实践中我们要以学生为本,以三维教学目标为导向,提高学生的综合数学能力。在实验的过程中,要勇于实践,研究提高。教学水平的提高需要教师对在教学实践中的教学问题开展研究,并不断反思教学实践,勇于改进教学实践,从而提高新课程的综合实践能力,为提高我省普通高中数学教学质量而做出应有的贡献。

第四节　物理课堂教学策略调研报告

为了对我省普通高中新课程背景下课堂教学现状进行分析,并提出普通高中新课程改革下提高课堂教学效率的有效教学策略,课题组在组织全省普通高中物理教师新课程教材培训活动中,对参训教师进行了问卷调查,调查结果分析如下。

一、受调查者和调查方法

（一）受调查者

来自全省各州市的 129 名参加新课程培训的普通高中物理学科教师。

（二）调查方法

采用问卷调查法，以不记名方式填写。本次调查共回收问卷 129 份，有效问卷 128 份，问卷有效率为 99.2%。

（三）受调查者的基本情况

受调查者的基本情况依据问卷回收的情况统计，主要从性别、教龄、工作所在地、学历、职务、职称、发表文章等方面进行统计，具体情况如表 5-30 所示。

表 5-30　受调查者的基本情况

项目	分类	人数（人）	比例（%）
性别	男	88	68.8
	女	40	31.2
工作所在地	省会城市	0	0
	州市级城市	28	21.9
	县城	76	59.4
	乡镇	24	18.7
学历	硕士及以上	3	2.3
	本科	108	84.4
	专科	17	13.3
	专科以下	0	0
职务	学校管理层	9	7.0
	学科带头人	12	9.4
	年级组长	5	3.9
	普通教师	102	79.7
职称	中学特级	2	1.6
	中学高级	22	17.2
	中学一级	36	28.1
	中学二级	51	39.8
	中学二级以下	17	13.3

续表

项目	分类	人数(人)	比例(%)
现任教年级	高一年级	76	59.4
	高二年级	12	9.4
	高三年级	40	31.2
高一年级任教年数	3 年以下	44	34.4
	3~10 年	68	53.1
	11~25 年	16	12.5
高二年级任教年数	3 年以下	45	35.2
	3~10 年	52	40.6
	11~17 年	31	24.2
高三年级任教年数	3 年以下	58	45.3
	3~10 年	44	34.4
	11~17 年	26	20.3
发表文章	没有	78	60.9
	3 篇以下	26	20.3
	3 篇以上	24	18.8

　　从问卷调查中发现,我省普通高中物理教师的基本情况具有以下特点。①比较年轻,近70%的教师教龄不足10年。②85%以上的教师学历都是本科以上;职称以中初级职称为主,约占70%,特级教师不多,仅2人;新教师较多,约占25%。③大多数教师在学校无行政职务,约80%都是普通教师,管理层教师仅有7%。④由于工作任务的繁重,绝大多数教师没能潜心研究教学,约60%的教师没有发表论文和研究报告。

二、调查问卷分析

(一)直观感受

表5-31　**受调查者对普通高中新课程课堂教学的直观感受**

因素　　　　　　　　　选项	非常反对(%)	比较反对(%)	中立(%)	比较赞同(%)	非常赞同(%)
1. 任课教师一般无须考虑如何设计教学目标	42.5	41.3	6.3	7.5	2.5
2. 创设教学情境对整堂课的效果影响很大	0	2.5	7.5	51.3	38.8

续表

因素＼选项	非常反对（％）	比较反对（％）	中立（％）	比较赞同（％）	非常赞同（％）
3. 合作学习就是小组学习和讨论	8.9	16.5	48.1	22.8	3.8
4. 课堂提问是师生交互的重要方面	1.4	1.4	20.3	63.5	13.5
5. 探究教学、合作学习、自主学习课堂热闹非凡,但实际效果不佳	7.7	33.3	35.9	17.9	5.1
6. 开展教学研究有利于提高课堂教学效果	0	1.3	13.2	46.1	39.5
7. 课堂上使用多媒体主要是代替板书,还可以节省时间	11.3	33.8	31.3	13.8	10.0
8. 使用多媒体的效果不好,传统教学法更容易让学生接受	10.0	43.8	33.8	11.3	1.3
9. 布置作业要考虑学生的学业负担	0	5.0	5.0	48.8	41.3
10. 新教材体系较为杂乱且同一知识点无法一次教透学透	2.5	16.3	35.0	38.8	7.5
11. 教学过程必须关注"学情",适时调整教学策略和方法	0	0	0	36.3	63.8
12. 经常进行教学反思,能够不断提高教学效果	0	0	0	36.3	63.8

　　从统计结果(表 5－31)可知:83.8％的教师认为每节课必须设计教学目标;约90％的教师赞同创设教学情景对整堂课的效果影响很大;但对于合作学习就是小组学习和讨论,48.1％的教师持中立态度;77.0％以上的教师认同课堂提问是师生交互的重要手段;对于新课程倡导的探究教学、合作学习、自主学习等新型教学方式的认同度不高,仅 41.1％的教师认同,23.0％的教师不认同,35.9％的教师持中立态度,85.0％的教师认为开展教学研究有利于提高课堂教学效果;对于物理课堂教学使用多媒体代替板书的态度模糊,近三成的教师持中立态度,53.8％的老师认为使用多媒体比传统教学的效果好,约 45.0％的老师持中立态度或认为传统教学更易让学生接受,反映出教师对使用多媒体进行教学认可度不高;对于布置作业要考虑学生学业负担,约 90.0％的教师均认同;认为新教材体系较为杂,同一知识点无法一次教透的教师占 46.0％,持中立态度的占 35.0％,教师对所教新教材的体系有一定看法;所有受

调查教师均认为教学过程必须关注"学情",适时调整教学策略和方法,经常进行教学反思,能够不断改进教学效果。

(二) 教学实践

1. 教学中涉及新课程的三维课程目标(知识和技能、过程和方法、情感态度和价值观)

30.0%的教师认为最重要的是知识和技能目标,16.3%的教师认为最重要的是过程和方法目标,53.8%的教师认为最重要的是情感态度和价值观目标,有43.8%的教师认为最不重要的是知识和技能目标,有16.3%的教师认为最不重要的是过程和方法目标,有40%的教师认为最不重要的是情感态度和价值观目标。

18.8%的教师认为最难实现的是知识和技能目标,13.8%的教师认为最难实现的是过程和方法目标,67.5%的教师认为最难实现的是情感态度和价值观目标,有67.5%的教师认为最容易实现的是知识和技能目标,有11.3%的教师认为最容易实现的是过程和方法目标,有21.3%的教师认为最容易实现的是情感态度和价值观目标。

2. 教师认为采用何种教学方式上课所依据的主要原则

表5-32 采用何种教学方式上课所依据的主要原则

采用何种教学方式上课所依据的主要原则	课标或教材要求	学校统一安排	视内容而定	视时间而定	视学生情况而定
教师(%)	23.8	0	36.3	0	40.0

可见,教师采用的教学方式主要是依据学生情况、教学内容及课程标准和教材来确定(表5-32)。

3. 对教师进行课堂小结的基本情况统计

2.5%的教师在上课内容较多的情况下就不进行课堂总结,51.3%的教师以教师总结的方式进行小结,35.0%的教师以课堂提问的方式,由部分学生总结完善进行课堂小结,有7.5%的教师由学生分组讨论,得出结论的方式进行小结。绝大部分教师都重视进行课堂小结。

4. 教师准确评定学生平时学习情况的方式

18.8%的教师采用考试,10.0%的教师采用课堂表现,21.4%的教师采用作业,65.0%的教师采用多种手段综合运用。

5. 布置作业

教师在布置作业时,53.9%的教师以教材中的练习为主,76.9%的教师以教辅中的练习为主,38.5%的教师以历年高考习题为主,11.5%的教师根据内容而定。可见很多教师以教辅中的习题为主要作业。

6. 选择教学内容

教师选择教学内容时,除了教材所涉及的内容外,61.5%的教师还会添加配套教辅,15.4%的教师还会添加其他教辅,74.4%的教师还会添加高考中所含的内容,71.8%的教师还会添加学生感兴趣的内容。

7. 设计教案

在设计教案过程中,82.1%的教师通常考虑具体的教学目标,62.8%的教师通常考虑教学情景,48.7%的教师通常考虑课堂提问的形式和内容,57.7%的教师通常考虑教学方法,87.2%的教师通常考虑学生的实际情况,51.3%的教师通常考虑课程资源的使用。由此可见,教师在教案设计过程中通常是综合考虑上述各方面情况。

8. 创设教学情境

教师创设教学情境通常使用的内容有:56.0%的教师会使用现实中的情境问题,16.7%的教师会使用学科史,85.9%的教师会使用趣味小故事,84.6%的教师会使用新闻素材,29.5%的教师会使用小游戏,3.9%的教师会使用其他内容创设教学情境。

9. 教师在安排教学进度时主要考虑的因素

82.1%的教师主要考虑课程标准的要求,78.2%的教师主要考虑教材的课时安排,25.6%的教师主要考虑自己的教学经验,43.6%的教师主要考虑各种考试的时间,41.0%的教师主要考虑年级组进度的安排,25.6%的教师主要考虑参考其他教师的进度。

10. 教师对普通高中新课程课堂教学中存在的主要问题和改进办法的观点

对新课改、新理念认识不够,教师教学观念、学生学习观念难以转变,仍以讲授为主。建议加强学习和培训。

学生基础差,缺乏学习积极性、主动性,难以调动。

教材知识点联系性不强,较分散,教师不好把握。

教学内容多,知识点多,课时不足,能否适当增加课时量。

教学资源少,硬件跟不上,教辅不配套,实验及户外调查学习难以实现。

评价体制不配套,建议高考改革。

11. 教师对普通高中新课程倡导的教学方法的观点

教师对新课程所倡导的探究教学、合作学习、自主学习等教学方法基本是持积极态度,但普遍认为实践起来较难,效果也不理想,应针对教学和学生的实际情况,适当使用。

三、调研结果与教学建议

1. 以实验为基础,加强探究式教学

物理学是以实验为基础的自然科学,同时又具有较强的内在逻辑性、系统性和一定的抽象性,在生产和生活中物理知识有着广泛的应用。基于物理学的特点,教学中应改变教学方式,真正把实验教学搞好,包括学生实验和实验演示,特别是要注意加强探究式教学。

2. 开展合作学习

小组合作学习方式已被证明为有效的学习方式之一。物理教师应学会和掌握合作学习的方式和方法,从普通高中起始年级逐步培养学生小组合作学习的能力。只有学生的自主学习能力提高了,教师才能从繁复的教学中解脱出来,当好学生学习的引领者。

3. 合理规划普通高中三年的物理教学

在新课程背景下,普通高中三年中,学生要经历必修、必选、选修和复习应考几个阶段,其中还要参加普通高中学业水平考试,因此合理规划三年的物理教学显得十分必要。教师应根据学生的实际情况,制定合理的教学规划。

4. 加强学习和研究

随着学生获得信息和知识的渠道越来越广,教师面临的问题越来越多。因此,教师有必要不断加强自身的学习,不但要钻研教材和课标,也要学习有效的物理教学经验和成果,拓展知识空间,关注物理学的发展和相关社会热点,同时对教学中遇到的具体问题开展校本研究。

5. 调动学生的学习积极性和主动性

从培养学生学习物理的兴趣入手,用实验、演示、学生感兴趣的内容、信息技术手段等,整合各种教学资源,千方百计地调动学生学习物理的积极性和主动性。

6. 用好评价手段,发挥好评价功能

7. 培养学生善于提出问题的能力和分析问题、解决问题的能力

可从启发学生提出问题入手,将探究式学习的方法融入其中,逐步行之。

第五节　思想政治课堂教学策略调研报告

课题组开展的云南省普通高中新课程思想政治课堂有效教学调查其主要内容为我省新课程普通高中思想政治教师的基本信息、课堂教学策略(含直观感受和教学实

践）。通过普通高中思想政治课课堂有效教学策略的研究,为促进教与学方式的变革,实现学生生动、活泼、主动的发展,揭示课堂教学发展的内在规律,提供解决问题、困惑的办法,为建构新的教学策略,提供实践依据和科学方法。

一、受调查者和调查方法

(一) 受调查者
受调查者为来自全省各州市参加新课程教学培训的普通高中思想政治教师。

(二) 调查方法
本次主要采用问卷调查的方法对全省普通高中思想政治教师进行调查,了解其对普通高中新课程思想政治课堂有效教学的看法、态度和建议。本次收回问卷93份,有效问卷93份,问卷回收率为100%,有效率为100%。

(三) 受调查者的基本情况
受调查者的基本情况主要依据问卷回收的情况统计,从性别、学历、教龄、职称、职务、任教科目、现在任教年级、发表过关于教学的论文或研究报告等方面进行了统计。

表 5 - 33　受调查者的基本情况

项目	分类	人数(人)	比例(%)
性别	男	48	51.6
	女	45	48.4
工作所在地	省会城市	10	10.8
	州市级城市	30	32.3
	县城	47	50.5
	乡镇	6	6.5
	农村	0	0
学历	硕士及以上	3	3.2
	本科	76	81.7
	专科	14	15.1
	专科以下	0	0
教龄	5年或以下	25	26.9
	6~10年	27	29.1
	11~20年	20	21.6
	21~30年	21	22.6

续表

项目	分类	人数(人)	比例(%)
职称	中学特级	0	0
	中学高级	21	22.6
	中学一级	19	20.4
	中学二级	30	32.3
	中学二级以下	23	24.7
职务	学校管理者	6	6.5
	学科带头人	6	6.5
	年级组长	1	1.1
	普通教师	80	86
任教科目	思想政治		100
现任教年级	高一年级	56	60.2
	高二年级	12	12.9
	高三年级	25	26.9
发表过关于教学的论文或研究报告	没有	46	49.5
	3篇及以下	35	37.6
	3篇及以上	12	12.9

从表 5-33 中得知,本次接受调查的政治教师中,男、女教师分别占 51.6%、48.4%;工作所在地主要是市、县级教师,占 82.8%;从学历上来看,85.0% 的教师具备本科及以上学历,没有专科以下学历的教师,主要以中青年教师为主。从职称上看,50.0% 的教师是初级职称,说明年轻教师多;从教龄来看,任教 10 年以下的占 56%,任教 11~20 年的占 21.6%,任教 21~30 年的占 22.6%;从职务方面来看,86.0% 的是普通教师,学校管理者、学科带头人均占 6.5%;从现在任教年级看,60.0% 的为高一年级教师,26.9% 的为高三年级教师;从发表过关于教学的论文或研究报告看,50.5% 的教师都发表过教学的论文或研究报告,有近 50% 的教师在这方面未有成果。

二、课堂教学策略现状调查结果

(一) 直观感受

表 5-34　任课教师一般无须考虑如何设计教学目标

任课教师一般无须考虑如何设计教学目标	人数(人)	比例(%)
非常反对	49	52.7

续表

任课教师一般无须考虑如何设计教学目标	人数（人）	比例（%）
比较反对	30	32.3
中立	10	10.8
比较赞同	1	1.1
非常赞同	3	3.2

从表 5-34 中可知，非常反对的人数占 52.7%，比较反对的人数占 32.3%，中立的人数占 10.8%，比较赞同的人数占 1.1%，非常赞同的人数 3.2%。有 85% 的教师在考虑如何设计教学目标，但也有 4% 的教师认为无须考虑如何设计教学目标，这是我们需要关注并加以研究的问题。

表 5-35　创设教学情境对整堂课的效果影响很大

创设教学情境对整堂课的效果影响很大	人数（人）	比例（%）
非常反对	3	3.2
比较反对	4	4.3
中立	6	6.5
比较赞同	40	43
非常赞同	40	43

从表 5-35 中可知，非常反对的人数占 3.2%，比较反对的人数占 4.3%，比较赞同的人数占 43%，非常赞同的人数占 43%。教学情境的特点和功能不仅在于可以激发和促进学生的情感活动，还在于可以激发和促进学生的认知活动和实践活动，能够提供丰富的学习素材，有效地改善教与学。有 86% 的教师认为创设教学情境对整堂课的效果影响很大，这说明新课改理念深入广大教师的内心，但仍有 7.5% 的教师不认同，这就需要通过培训改变这部分教师的认识。

表 5-36　合作学习就是小组学习和讨论

合作学习就是小组学习和讨论	人数（人）	比例（%）
非常反对	9	9.7
比较反对	37	32.3
中立	27	29
比较赞同	23	24.7
非常赞同	4	4.3

从表 5-36 中可知，非常反对的人数占 9.7%，比较反对的人数占 32.3%，中立的人数占 29%，比较赞同的人数占 24.7%，非常赞同的人数占 4.3%。课程标准明

确提出"积极倡导自主、合作、探究的学习方式"这一基本理念。合作学习是学生之间的互动,师生之间的互动,有 42% 的教师反对合作学习就是小组学习和讨论,说明许多教师已经深刻地认识到合作学习离不开教师的指导和监控;有 29% 的教师赞同合作学习就是小组学习和讨论,这说明有部分教师对于合作学习的理念及实践操作并没有清晰认识,需要教师进一步加强学习,逐步掌握并在教学中实践合作学习,促进学生全面发展。

表 5 - 37　课堂提问是师生交互的重要方面

课堂提问是师生交互的重要方面	人数(人)	比例(%)
非常反对	0	0
比较反对	3	3.2
中立	14	15.1
比较赞同	50	53.7
非常赞同	26	28

从表 5 - 37 中可知,非常反对的人数占 0%,比较反对的人数占 3.2%,比较赞同的人数占 53.7%,非常赞同的人数占 28.0%。提问是教师的重要教学手段,被运用于教学过程的各个环节,成为联系师生双边活动的纽带。好的提问能引导学生获取知识,提高能力,积极思维,探索解决问题的途径。赞同课堂提问是师生交互的重要方面的教师占 81.7%,3.2% 的教师反对,没有非常反对的教师。这说明多数教师以解决问题为核心来开展教学。

表 5 - 38　探究教学、合作学习、自主学习课堂热闹非凡,但实际效果不佳

探究教学、合作学习、自主学习课堂热闹非凡, 但实际效果不佳	人数(人)	比例(%)
非常反对	1	1.1
比较反对	19	20.4
中立	46	49.5
比较赞同	16	17.2
非常赞同	11	11.8

从表 5 - 38 中可知,反对的人数占 21.5%,赞同的人数占 29%,中立的人数占 49.5%。认为探究教学、合作学习、自主学习,课堂热闹非凡但实际效果不佳的教师占 29.0%,中立的人数占 49.5%。这说明一些教师对新课程理念和所提倡的学习方式欠缺透彻的理解,对自主合作探究学习没有正确的理解和使用,使"自主、合作、探究"学习流于形式,导致对"自主、合作、探究"学习不以为然甚至产生反感。

表 5 - 39   开展教学研究有利于课堂教学效果

开展教学研究有利于课堂教学效果	人数(人)	比例(%)
非常反对	0	0
比较反对	3	3.2
中立	21	22.6
比较赞同	33	35.5
非常赞同	36	38.7

教育教学科研促进提高教学质量、推进教师专业发展的主要工作。从表 5 - 39 中可知,非常反对的人数占 0%,比较反对的人数占 3.2%,赞同的人数占 74.2%。多数教师赞同教育教学科研促进教学。但是,也有一些教师认为教育教学科研是专家学者的事,对开展教育教学研究有利于课堂教学效果缺乏认识,这需要加大力度,转变观念,走专家型、学者型教师之路。

表 5 - 40   课堂上使用多媒体主要是代替板书并可以节省时间

课堂上使用多媒体主要是代替板书并可以节省时间	人数(人)	比例(%)
非常反对	14	15.1
比较反对	27	29
中立	29	31.2
比较赞同	17	18.3
非常赞同	6	6.5

表 5 - 40 中可知,反对的人数占 44.1%,赞同的人数占 24.8%。课堂上使用多媒体,集文字、声音、图像和动画于一体,生动直观,创设教材难以提供的情景,能改善教学环境,优化教学结构。课堂上使用多媒体不仅仅是替板书,还可以节省时间,反对这观点的人数占 44.1%。这说明有近一半的教师认同多媒体使用的优点,但是也有教师不了解信息技术环境下教育技术的具体应用。

表 5 - 41   使用多媒体的效果不好,传统教学法更容易让学生接受

使用多媒体的效果不好,传统教学法更容易让学生接受	人数(人)	比例(%)
非常反对	9	9.7
比较反对	34	36.6
中立	35	37.6
比较赞同	11	11.8
非常赞同	4	4.3

课堂上运用多媒体计算机辅助教学,图、文、声、色并茂,信息容量大、生动直观,

可以激发学习兴趣,调动学习积极性,提高教学效率,优化教学结构。从表 5-41 中可知,反对的人数占 46.3%,赞同使用多媒体的效果不好传统教学法更容易让学生接受的人数占 16.1%。这说明许多教师还没有认同多媒体使用的优点。

表 5-42　布置作业要考虑学生的学业负担

布置作业要考虑学生的学业负担	人数(人)	比例(%)
非常反对	0	0
比较反对	4	4.3
中立	10	10.8
比较赞同	46	49.5
非常赞同	33	33.5

从表 5-42 中可知,没有非常反对人,比较反对的人数占 4.3%,中立的人数占 10.8%,比较赞同的人数占 49.5%,非常赞同的人数占 33.5%。学校在有限的课堂时间内,高效率地完成教学任务,减少课外作业,培养学生学习能力,布置作业要考虑学生的学业负担,已经成为多数教师的共识。

表 5-43　新教材体系较为杂乱且同一知识点无法一次教透、学透

新教材体系较为杂乱且同一知识点无法一次教透、学透	人数(人)	比例(%)
非常反对	3	3.2
比较反对	5	5.4
中立	41	44.1
比较赞同	26	28
非常赞同	18	19.4

时代在发展,教材也需要与时俱进。教材的改革也是时代的需要、时代发展的产物。教学目标的设计从单纯的注重书本知识转向知识、技能、过程与方法、情感态度与价值观等多个方面,新教材的编写淡化了学科知识体系。从表 5-43 中可知,对新教材体系较为杂乱,同一知识点无法一次教透学透的看法,反对的人数占 8.6%,中立的占 44.1%,赞同的人数占 47.4%。这说明许多教师对新课程的理念还不够清晰,需要教师更新教育理念。

表 5-44　教学过程必须关注学情并适时调整教学策略和方法

教学过程必须关注学情并适时调整教学策略和方法	人数(人)	比例(%)
非常反对	0	0
比较反对	2	2.2
中立	2	2.2

续表

教学过程必须关注学情并适时调整教学策略和方法	人数(人)	比例(%)
比较赞同	32	34.3
非常赞同	57	61.3

　　从表5－44中可知，反对的人数仅占2.2%，赞同的人数占95.6%。课堂教学必须从已掌握的学情出发，建立与学生发展实际相适应的目标体系，适时调整教学策略和方法，教师几乎一致认同。

表5－45　经常进行教学反思能够不断改进课堂教学

经常进行教学反思能够不断改进课堂教学	人数(人)	比例(%)
非常反对	0	0
比较反对	2	2.2
中立	2	2.2
比较赞同	32	34.3
非常赞同	57	61.3

　　教学反思是一种良好的教学习惯，是教师在教学实践中运用好教学新理念的重要因素。通过反思，教师能够不断更新教学观念、改善教学行为，提升教学质量。从表5－45中可知，对经常进行教学反思能够不断改进课堂教学效果这一观点，反对的人数仅占2.2%，赞同的人数占95.6%。这说明教师对教学反思的理念基本形成。

(二) 教学实践

表5－46　教学中涉及新课程的三维课程目标中最重要的目标

教学中涉及新课程的三维课程目标中最重要的目标	人数(人)	比例(%)
知识与技能	28	30.1
过程与方法	12	12.9
情感态度与价值观	53	57

　　从表5－46中可知，认为情感态度与价值观最重要的占57%，知识与能力最重要的人数占30.1%，选择过程与方法最重要的人数占12.9%。

表5－47　教学中涉及新课程的三维课程目标中最不重要的目标

教学中涉及新课程的三维课程目标中最不重要的目标	人数(人)	比例(%)
知识与技能	33	35.5

续表

教学中涉及新课程的三维课程目标中最不重要的目标	人数(人)	比例(%)
过程与方法	31	33.3
情感态度与价值观	29	31.2

从表5-47中可知,教师对三维课程目标,认为最不重要的目标基本平衡。

表5-48　教学中涉及新课程的三维课程目标中最难的目标

教学中涉及新课程的三维课程目标中最难的目标	人数(人)	比例(%)
知识与技能	28	30.1
过程与方法	12	12.9
情感态度与价值观	53	57

从表5-48中可知,认为情感态度与价值观最难的占57%,知识与能力最难的人数占30.1%,选择过程与方法最难的人数占12.9%。

表5-49　教学中涉及新课程的三维课程目标中最容易的目标

教学中涉及新课程的三维课程目标中最容易的目标	人数(人)	比例(%)
知识与技能	43	46.2
过程与方法	29	31.2
情感态度与价值观	21	22.6

从表5-49中可知,认为知识与能力最容易的占46.2%,认为过程与方法最容易的人数占31.2%,认为情感态度与价值观最容易的人数占22.6%。

表5-50　采用何种教学方式上课所依据的主要原则

采用何种教学方式上课所依据的主要原则	人数(人)	比例(%)
课标或教材要求	19	20.4
学校统一安排	4	4.3
视内容而定	32	34.4
视时间而定	0	0
视学生情况而定	38	40.9

从表5-50中可知,采用何种教学方式上课如讲授式、问答式、探究式所依据的主要原则是视学生情况而定的人数占40.9%,视内容而定的人数占34.4%,根据课标或教材要求而定的人数占20.4%,视学校统一安排的人数占4.3%。没有视时间而定者。这说明多数教师坚持以学生为本,依据教材、课标、教学内容而定。

表 5 - 51　课堂小结的基本情况

课堂小结的基本情况	人数（人）	比例（%）
上课内容较多，一般不进行课堂总结	2	2.2
以教师总结的方式进行小结	50	53.8
以课堂提问的方式，由部分学生总结完善	29	31.2
由学生分组讨论，得出结论	7	7.5
其他	5	5.4

从表 5 - 51 中可知，上课内容较多，一般不进行课堂总结的人数占 2.2%，以教师总结的方式进行小结的人数占 53.8%，以课堂提问的方式，由部分学生总结完善的人数占 31.2%，由学生分组讨论，得出结论的人数占 7.5%，其他方式的人数占 5.4%。这说明我们的许多教师对教学总是不放心，一半以上的教师对课堂进行总结，但是也看到了以学生为本，发挥学生主体地位的总结方式正在形成。

表 5 - 52　为准确评定学生平时的学习情况所使用最多的评价方法

为准确评定学生平时的学习情况所使用最多的评价方法	人数（人）	比例（%）
考试	17	18.3
课堂表现	7	7.5
作业	8	8.6
其他	0	0
多种手段综合运用	61	65.6

从表 5 - 52 中可知，选择多种手段综合运用的人数占 65.6%，考试的人数占 18.3%，作业的人数占 8.6%，课堂表现的人数占 7.5，没有其他方法。这说明多数教师使用多种手段综合运用评价学生的平时成绩，这符合新课程的评价方法，但是还有一部分教师主要选用考试作为评价方法。

表 5 - 53　作业类型

作业类型	人数（人）	比例（%）
教材中的习题	43	46.2
教辅中的习题	68	73.1
历年高考题	48	51.6
其他	16	17.2

从表 5 - 53 中可知，选择教辅中的习题人数占 73.1%，历年高考题作为习题人数占 51.6%，选择教材中的习题作为习题的人数占 46.2%。这说明教师选择作业类型多元化，主要集中在这三方面，其中教辅成为首选。

表 5 - 54　选择教学内容时会添加的内容

选择教学内容时会添加的内容	人数（人）	比例（%）
配套教辅	42	45.1
其他教辅	25	26.8
高考所含内容	70	75.2
学生感兴趣的内容	71	76.3

从表 5 - 54 中可知，关于选择教学内容时，除教材所涉及的内容外，您通常还会添加哪些内容，选择添加学生感兴趣的内容的人数占 76.3%，选择高考所含内容的人数占 75.2%，选择配套教辅的人数占 45.1%，选择其他教辅的人数占 26.8%。这说明教师把学生感兴趣和高考内容作为添加的主要内容，而用其他教辅的教师还有一定的比例，但相对而言比例小。

表 5 - 55　设计教案考虑的方面

设计教案考虑的方面	人数（人）	比例（%）
具体的教学目标	76	81.7
教学情境	52	56.9
课堂提问的形式和内容	56	60.2
教学方法	64	68.8
学生的实际情况	87	93.5
课程资源的选用	41	44.1
其他	4	4.3

从表 5 - 55 中可知，设计教案考虑学生的实际情况的人数占 93.5%，具体的教学目标的人数占 81.7%，教学方法的人数占 68.8%，提问的形式和内容的人数占 60.2%，教学情境的人数占 56.9%。这说明教师设计教案时多方面考虑，其中绝大多数教师都积极考虑学生的实际情况，其次是具体的教学目标，教学方法、提问的内容和形式、教学情境等。

表 5 - 56　创设教学情境时通常使用的内容

创设教学情境时通常使用的内容	人数（人）	比例（%）
现实生活中的情境问题	86	92.5
学科史	18	19.4
趣味小故事	69	74.2
新闻素材	88	94.6

创设教学情境时通常使用的内容	人数(人)	比例(%)
小游戏	28	30.1
其他	7	7.5

从表5－56中可知,教师创设教学情境时通常使用的内容,使用新闻素材的人数占94.6%,现实生活中的情境问题的人数占92.5%,趣味小故事的人数占74.2%。这说明教师创设教学情境时,使用的素材是多种多样的。新闻素材、现实生活中道德情境问题是教师常使用的内容,体现思想政治的理论联系实际的原则,也符合新课程贴近生活、贴近实际、贴近学生的特点。

表5－57　教学进度考虑的因素

教学进度考虑的因素	人数(人)	比例(%)
课程标准的要求	65	69.9
教材的课时安排	71	76.3
自己的教学经验	35	37.6
各种考试的时间	41	44.1
年级组进度安排	40	43
参考其他教师的进度	17	18.2
其他	1	1

从表5－57中可知,教师在安排教学进度考虑的因素是多方面的,根据教材的课时安排的人数占76.3%,课程标准的要求的人数占69.9%,参考其他教师的进度的人数占18.2,各种考试时间的人数占44.1%。这说明教师主要是依据教材的课时安排和课程标准的要求来安排教学进度,但是也有一些教师在参考其他教师的进度安排。

您认为普通高中新课程课堂教学中存在的主要问题是什么？如何改进？教学中存在的主要问题,根据教师所写,归纳起来,主要有:①教学内容浅、缺乏逻辑体系、比较杂乱,知识零散,没有体系;②教材内容列举的现象多,没有理论支撑;③学生难以总结提炼出理论知识,能力难以提高;④教材的趣味性不够好,涉及面广,难以把握度,重点、难点问题难以把握;⑤难以调动学生的学习积极性,特别是学生在合作、探究中处于被动,学生在自主探究中容易偏离主题、自娱自乐;⑥教师不能完整领悟新教材的编写意图,理不清新旧教材的关系,对教材内容难以取舍,难以处理教师主导与学生主体的关系,难以适应新课程的要求;⑦课时不足,探究课、自主学习等活动没有时间,内容多,教师只有赶进度,甚至无法在有效时间内完成教学任务;⑧高考内容与新课程的内容不够紧密，与考试制度不配套，不改变高考制度和学校的评价体制，难以落实新课改，不补充旧教材的知识，就适应不了高考；⑨用传统的教学方法教新教材，实施新课程，许多课是在表演，没有真正将目标落到实处。

　　如何改进？根据教师所写，归纳起来，主要有：①改进传统的教学评价方式，转变传统的教学理念和教学方法；②教材编写者与高考命题者多沟通，使高考内容与新课程的内容一致；改革高考模式和对教师的评价机制；③多举办教师集中培训会议，多请专家指导，给我们上示范课，通过培训，理解编者的意图，更新自己的知识，转变自己的教学观念，提升我们驾驭新课程的能力；④苦练内功，重组、补充知识；⑤研究新课程，提升自己对新课程的理解；⑥多有走出去学习、接受培训的机会。

　　您如何看待新课程所倡导的教学方法（探究教学、合作学习、自主学习）？根据教师所写，归纳起来，主要表现为：①三种方法都值得提倡，能够提高学生的积极性，有利于提高学生的认知能力，有利于教师指导和学生主体地位的落实，有利于提高教学质量、增强合作精神和创新精神，是改变传统教学模式的好方法，有利于培养学生的自主意识；有利于构建新的知识结构，探索未知世界；②三种方法都好，但是实施有困难，难度大，在操作中学生的主动性不够好，需要在实践中具体运用；③三种方法各有优点，根据实际情况灵活选择运用；④方法好，但停留在形式上的多，无法很好落实，希望加强对教师的培训工作，提高教师的运用能力；⑤学生在自主探究中容易偏离主题、自娱自乐；⑥不能为了探究而探究，不可滥用，要根据实际灵活运用，教师在教学中应该努力运用；⑦符合优秀学生，不适应学习成绩差的学生，对学习成绩差的学生难以做到；⑧在学生充分理解教材知识，学习态度端正的前提下才能收到好的效果；⑨会合作学习的学生太少，学生不适应探究学习，实施难以收到预期效果；⑩表面轰轰烈烈，实际效果不佳；⑪高考考试制度不变，师生的压力大，不敢采用这些方法；⑫各有优势，要因人、因教师、学生、教学内容等而异，决不能照搬照抄，关键是要做到因材施教。

三、调研结果与教学建议

　　从调查的总体情况发现，接受调查的教师的年龄结构、职称结构、性别比例均衡、合理，以中青年教师居多，90％的为一线普通高中思想政治课教师。教师们接受思想政治课堂教学有效性调查态度端正，对普通高中新课程思想政治课堂有效教学的信息反映真实、有效，对普通高中新课程课堂教学中存在的主要问题，提出了客观的看法，对改进的方法积极建言献策，有其真知灼见，对新课程所倡导的教学方法（探究教学、合作学习、自主学习）多数教师认可，值得提倡。也有教师提出了反对意见，绝大多数教师要求新课程背景下,必须改革考试制度和学校对教师的评价制度。调查的整体效果较好,新课程的理念深入人心,但是还需要通过多种形式的培训,提高认识,转变观念,使思想政治课堂教学有效性得到进一步提高。

第六节　化学课堂教学策略调研报告

2009年秋季,在充分酝酿和认真准备的基础上,云南省普通高中学校起始年级全部进入新课程实验。全新的教学理念和要求,给学校、教师和学生都带来了新的机遇和挑战。为了加强在新课程背景下的教学研究,积极推进课程改革,课题组组织了新课程课堂有效教学研究,了解当前我省普通高中化学新课程有效教学的现状,为便于中后期项目研究工作的顺利开展,课题组开展了教师问卷调查。问卷的内容主要包括三个方面,一是受调查教师的基本情况,二是教师对普通高中新课程的认识,三是受调查教师实施化学新课程的现状。旨在全面了解教师在实施普通高中化学新课程课堂教学中存在的问题和困惑,为新课程这一系统工程在我省的顺利实施与健康发展夯实基础和探究有效方法。

一、调查样本说明

本调查问卷统计来自云南省省会城市、州市级城市、县城任教高一、高二、高三年级化学学科的74名教师的问卷调查(表5-58~67)。

表5-58　性别调查问卷统计

分类	人数	比例(%)
男	43	58.1
女	31	41.9

表5-59　工作所在地调查问卷统计

分类	人数	比例(%)
省会城市	0	0
州市级城市	17	23.0
县城	47	63.5
乡镇	10	13.5
农村	0	0

表 5 - 60 职务调查问卷统计

分类	人数	比例(%)
学校管理者	3	4.1
学科带头人	5	23.0
年级组长	1	1.4
普通教师	65	87.8

表 5 - 61 职称调查问卷统计

分类	人数	比例(%)
中学特级	1	1.4
中学高级	22	29.7
中学一级	23	31.1
中学二级	26	35.1
中学二级以下	2	2.7

表 5 - 62 学历调查问卷统计

分类	人数	比例(%)
硕士及以上	0	0
本科	65	87.8
专科	8	10.8
专科以下	1	1.4

表 5 - 63 现任年级调查问卷统计

分类	人数	比例(%)
高一	39	53.4
高二	9	12.3
高三	26	34.2

表 5 - 64 任教高一年级调查问卷统计

任教情况	0	1	2	3	4	5	6	7	8	9	10 以上
人数	8	14	13	15	4	5	2	4	1	0	2
比例(%)	11.6	20.3	18.8	21.7	5.8	7.2	2.9	5.8	1.4	0.0	2.9

表 5 - 65 任教高二年级调查问卷统计

任教情况	0	1	2	3	4	5	6	7	8	9	10 以上
人数	12	12	21	4	4	5	4	4	0	0	3
比例(%)	11.6	11.6	30.4	5.8	5.8	7.2	5.8	5.8	1.4	0	4.4

表 5 - 66　任教高三年级调查问卷统计

任教情况	0	1	2	3	4	5	6	7	8	9	10 以上
人数	16	17	12	3	5	3	1	4	0	0	8
比例(%)	23.2	24.6	17.4	4.3	7.2	4.3	1.4	5.8	0.0	0.0	11.6

表 5 - 67　发表论文调查问卷统计

分类	人数	比例(%)
0 篇	39	54.2
1~3 篇	22	30.6
3 篇以上	13	15.3

从受调查教师的基本信息来看,大多是州县中学教师,学历在本科以上,职称在中学二级教师以上,大多数有执教普通高中教学的经验,具备执教普通高中新课程的条件和素质。

二、调查问卷分析

(一) 受调查者对普通高中化学新课程课堂教学的认识和感受

表 5 - 68　受调查者对普通高中化学新课程课堂教学的认识和感受

选项 / 因素	非常赞同 人数	非常赞同 比例(%)	比较赞同 人数	比较赞同 比例(%)	中立 人数	中立 比例(%)	比较反对 人数	比较反对 比例(%)	非常反对 人数	非常反对 比例(%)
1. 任课教师一般无须考虑如何设计教学目标	0	0	5	6.9	5	6.9	20	27.8	42	58.3
2. 创设教学情景对整堂课的效果影响很大	35	48.6	27	37.5	9	12.5	1	1.4	0	0
3. 合作学习就是小组学习和讨论	7	9.7	13	18.1	40	55.6	12	16.7	0	0
4. 课堂提问是师生交互的重要方面	29	40.3	28	38.9	13	18.1	2	2.8	0	0
5. 探究教学、合作学习、自主学习课堂热闹非凡,但实际效果不佳	5	6.9	22	30.6	32	44.4	10	13.9	3	4.2
6. 开展教学研究有利于提高课堂教学效果	37	51.4	29	40.3	5	6.9	1	1.4	0	0

续表

选项 因素	非常赞同		比较赞同		中立		比较反对		非常反对	
	人数	比例(%)	人数	比例(%)	人数	比例(%)	人数	比例(%)	人数	比例(%)
7. 课堂上使用多媒体主要是代替板书,还可以节省时间	5	6.9	15	20.8	24	33.3	21	29.2	7	9.7
8. 使用多媒体的效果不好,传统教学法更容易让学生接受	4	5.6	8	11.1	31	43.1	24	33.3	5	6.9
9. 布置作业要考虑学生的学业负担	27	37.5	37	51.4	7	9.7	1	1.4	0	0
10. 新教材体系较为杂乱,同一知识点无法一次教透、学透	24	33.3	24	33.3	18	25.0	5	6.0	1	1.4
11. 教学过程必须关注"学情",适时调整教学策略和方法	44	61.1	24	33.3	3	4.2	1	1.4	0	0
12. 经常进行教学反思,能够不断改进课堂教学效果	50	69.4	20	27.8	2	2.8	0	0	0	0

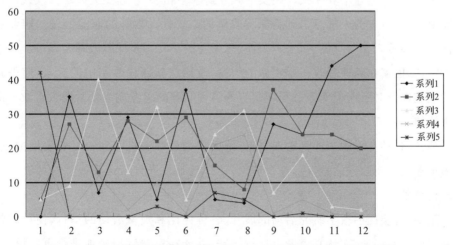

图 5-3　受调查者对普通高中化学新课程课堂教学的认识和感受(%)

调查显示,新课程实施以来普通高中化学的课堂教学发生了一系列积极的变化(表 5-68、图 5-3)。

1. 教师的教学能力增强

教师的教学能力得以增强。调查发现,97.2%的教师赞同"经常进行教学反思,能够不断改进课堂教学效果"(其中69.4%非常赞同,27.8%比较赞同),94.4%的教师赞同"在教学过程中必须关注'学情',适时调整教学策略和方法"(其中61.1%非常赞同,33.3%比较赞同)。

2. 重视教学研究向学者型教师方向发展的教师增多

调查发现,91.7%的教师赞同"开展教学研究有利于提高课堂教学效果"(其中51.4%非常赞同,40.3%比较赞同)。

3. 认真作学生学习情况分析,减轻学生学业负担的教师更多

调查发现,94.4%的教师赞同"在教学过程中必须关注'学情',适时调整教学策略和方法"(其中61.1%非常赞同,33.3%比较赞同),88.9%的教师赞同"布置作业要考虑学生的学业负担"(其中37.5%非常赞同,51.4%比较赞同)。

4. 备课时愿意认真从教学目标思考教学问题和进行教学设计的教师增加

调查发现,86.1%的教师反对"任课老师一般无须考虑如何设计教学目标"(58.3%非常反对,27.8%比较反对)。

5. 思考学生的认知障碍和实施教学策略在课堂上予以突破的教师增多

调查发现,86.1%的教师赞同"创设教学情景对整堂课的效果影响很大"(其中48.6%非常赞同,37.5%比较赞同),79.3%的教师赞同"课堂提问是师生交互的重要方面"(其中40.3%非常赞同,38.9%比较赞同)。下面试图分析产生这些积极变化的原因。

第一,旧的人才培养模式与现实的人才需求不相适应,新型人才培养模式的社会发展要求,让所有的人都意识到新课程改革的必要性。教师的职业责任和职业理想促使绝大多数教师与时俱进,努力关注、思考并敢于参与新课程改革实践。

第二,国家在新课程改革中实施的力度,政府在新课程改革中的投入,使得新课程的实施以及对新课程实施过程中出现的各种问题的思考成为现阶段教育教学活动的主旋律。

第三,各种各样的新课程培训,使得绝大多数教师有机会获得专业发展的机会,获得更多关于新课程的教育理论及理念,使得教师在进行新课程教学时都有了一定的理论基础。

第四,各层次的教学研究活动的展开、各种评比和观摩活动的举行,使得教师能够有机会相互沟通,在认真思考后进行实践,并能在实践后积极地进行再反思,提高了教师实施新课程的教育教学能力。

第五,各种教育媒体、教育期刊,对新课程理念、课程与教学问题的分析、教学研究结果的报道,不断地更新和发展着教师的新课程观。

第六,新课程教材的目标理念直接影响着教学的目标定位和课堂教学的方式,并随时触发着实施者的思考。

所以,新课程实施两年多来教育教学工作取得了一些显而易见的良性改变。与此同时,调查数据也显露出一些在新课程的实施中不太理想的地方。

1. 教师对新教材体系不够适应

调查发现,66.6%的教师认为"新教材体系较为杂乱且同一知识点无法一次教透学透",只有 8.3%的教师反对这一观点。

2. 教师对课堂学习中新的学生学习方式收放不够自如

调查发现,55.6%的教师在"合作学习就是小组学习和讨论"问题上保持中立,44.4%的教师在"探究教学、合作学习、自主学习课堂热闹非凡,但实际效果不佳",37.5%的教师表示赞同这一说法(6.9%非常赞同,30.6%比较赞同)。

3. 教师对多媒体的使用不到位

调查发现,33.3%的教师在"课堂上使用多媒体主要是代替板书,还可能节省时间"问题上保持中立,27.7%的教师赞同这一观点(其中,6.9%非常赞同,20.8%比较赞同)。43.1%的教师在"使用多媒体的效果不好,传统的教学法更容易让学生接受"问题上保持中立,40.2%的教师表示反对(其中 33.3%比较反对,6.7%非常反对)。

产生上述不理想状况的原因经分析如下:首先教师对新教材不太适应可能是由于这些因素导致的。

第一,教师对教材的体例设计、编制的整体思路、目标及整套教材系统体例和线索缺乏一个完整的认识,只使用或只见到其中一部分,难免会有"盲人摸象"或者"一叶障目,不见泰山"的感觉。

第二,教师很少有机会与专家、名师沟通,理解教材的角度不够高,教学的观念还欠先进。

第三,高质量的教学配套习题很少,延用老的教辅习题难免会有知识点深广度联系不上的问题,很多教师将其归咎到教材本身,并未价值中立的加以认识。

第四,教材本身也有还需完善的地方。

教师对课堂教学中新的学生学习方式,如探究学习、合作学习、自主学习等不适应的原因可能有下列因素。

第一,高考是普通高中化学教学的唯一教学目标,除此之外教学的成绩几乎没有别的评价方式,一些非高考考查能力的培养和提高是被忽略或不作数的。

第二,教师对学生的"学情"掌握不够,对学生已有的认知经验了解不足,因而缺乏有效的探究学习、合作学习、自主学习的引导、促进策略;或致使这些学习方式达不到预期的学习效果。

第三，中立的态度表明，尽管实施不力，教师无从改变，却不愿放弃这些学习方式。这说明近半数的教师(44.4%)缺乏组织探究教学的经验，没有进行教学探究实验，解决教学问题的能力。

第四，教师缺乏高水平教学活动的观摩机会，无法进行类比或模仿，只知其然不知其所以然。

教师对教学活动中多媒体使用的困惑，其原因可能有下列因素。

第一，教师缺乏高水平的教学活动的观摩机会，对多媒体的使用方法和时机知之甚少。27.8%的多媒体的使用仍然是在代替板书，还有一些使用多媒体的教师可能就是一个媒体的解说员甚至播放者。

第二，学校的设施和资源有限，使教师没有一个充分开展探究的平台。

第三，近半数(43.1%)的中立态度表明教师实验教学探究的能力与经验缺乏。

第四，各种培训活动对典型的课堂教学方法的针对性讨论和指导力度不够，对教师的教学研究、教学探索能力的培养不够。

(二) 受调查者的教学实践状况分析

1. 对三维目标的认识

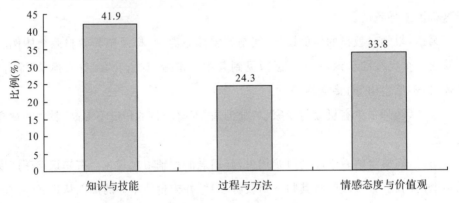

图 5-4 教学目标中最重要的目标

从图5-4~5可知，有41.90%的教师认为三维目标中知识与技能目标最重要，而认为过程与方法最重要的比例较低，认为情感态度与价值观最不重要的比例较高，为52.70%，由此看出很多教师对三维目标认识和理解有偏差。

从图5-6~7可知，有43.20%的教师认为三维目标中知识与技能目标是最易实现的目标，而认为情感态度与价值观是最难实现的目标比例最高为41.90%。最易实现的三维目标中过程与方法的目标比例较低，由此看出大多数教师在实现三维目标时重知识与技能，轻过程与方法和情感与价值观。知识与技能是载体，过程与方

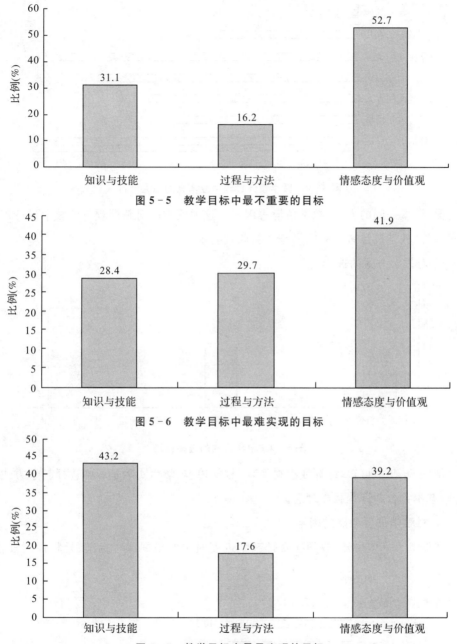

图 5 - 5　教学目标中最不重要的目标

图 5 - 6　教学目标中最难实现的目标

图 5 - 7　教学目标中最易实现的目标

法是途径,情感态度与价值观是终极目标。

从问卷统计结果可知,绝大多数教师对新课程持有积极支持的态度,对新课程的三维目标有正确的认识和理解,部分教师对新课程的三维目标认识和理解有偏差。

2. 对教学设计的认识

从图 5 - 8 中可知,教师在设计教案时主要考虑具体教学目标、教学方法、学生实

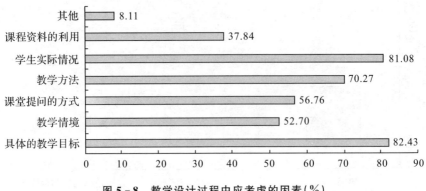

图 5-8　教学设计过程中应考虑的因素(%)

际情况、课堂提问的方式、教学情境等因素。这说明教师对新课程下的教学设计理念理解到位,教学设计考虑的因素符合新课程要求。

3. 对教学方式的选择

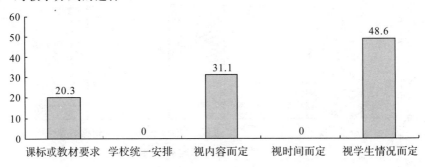

图 5-9　教学方式的选择(%)

从图 5-9 中可知,课标或教材要求、教材内容、学生实际是教师选择教学方式的依据,基本符合新课程教学理念。

4. 对教学进度考虑的因素

从图 5-10 中可知,教师在安排教学进度时主要根据课程标准、教材课时安排、

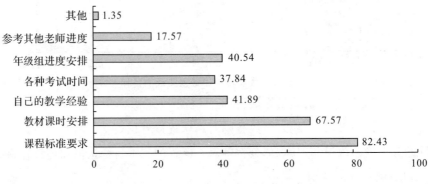

图 5-10　教学进度考虑的因素(%)

自己的教学经验和年级组进度安排而定,基本符合新课程教学理念。

三、调研结果与教学建议

(一) 新课程实施中存在的主要问题

新课程实施过程中,一线教师热情高涨,领悟新课程理念,学习新课程体系,创设新课程环境,开发新课程资源,运用新课程教学方式,实施新课程评价,为推进化学新课程的教学改革实践做出了不懈的努力。然而,新课程实施过程涉及方方面面。不可避免出现一些新问题、新矛盾,教师们为之感到困惑。

1. 教材结构变化较大,多数教师不甚习惯

新教材打破了传统的注重学科知识体系的结构,而注重化学与社会和生活的联系,以话题为切入点开展学习。如必修 1 中"从海水中富集元素——氯",以海水为情景的内容,编排比较松散,知识的学习围绕某一线条和主题,而化学概念、理论内部的联系不够紧凑。电解饱和食盐水是海水的用途之一,明线是海水—食盐—氯气。但这个过程蕴涵许多的化学原理和知识,科学的研究方法以及辩证唯物主义思想,这是暗线。怎样有机把握这些暗线的深度、广度、关联度及方法和情感的价值,值得研究。显而易见,这部分突出方法的教学。钠和氯气的性质作为一个例证处于一种从属的地位。但是,在传统的教学中,钠和氯气是金属与非金属的重要代表物,是化学知识结构中的核心知识之一。教师们由于传统教学的习惯,也由于它们的突出地位,因此对钠和氯气性质的教学必然会放在非常突出的位置,从而不知不觉中淡化了科学方法的教学。况且,元素化合物在选修的教材中没有单独的篇幅,这种处理也有其必要性。为此,由于新教材结构的新建,由过去的学科主义转变为现在比较重视人文主义,多数教师不甚习惯,需要相当长的时间适应。

2. 教学内容难以把握,"夹生饭"现象普遍存在

新课程化学必修教材内容涉及面广,几乎涵盖了普通高中化学教材中的方方面面;教学要求高,由一维目标、两维目标到现在的三维目标。教学内容多课时紧,一节课可能在多个学习点中切换,而每个学习点在旧教材中都有其系统性,现在浅尝辄止,不深不透。新课程要求学生敢于质疑,多问为什么,但因为课时紧,教师往往无法展开,加上课外习题难度普遍要求高于教材,因此造成学生"夹生饭一锅"的现象。如"物质的分散系",教材活动与探究:"胶体的性质和溶液有何不同"做了一个硫酸铜和氢氧化铁胶体用激光笔照射的实验。问题在于对上述一个实验就要回答:"①如何用简便的方法鉴别胶体和溶液? ②氢氧化铁胶体有哪些应用"? 一个实验就要总结出鉴别的方法、就能得出氢氧化铁胶体有哪些应用显然是不够的。这些都是非常正确,

也值得肯定的学习现象,但是教学时间和理论基础的不足,使得教师无法展开,无法满足学生的求知欲。

3. 教学方式单调陈旧,课堂缺乏活力

新课程要求教师转变教学观念,建立平等、和谐、宽松的课堂氛围,引导学生自主、合作、探究学习。在新课程实施伊始,充满热情的教师们放下尊者的架子,鼓励学生共同参与、平等互动,纷纷尝试改变传统的教学方式,针对教材内容和学生实际设计了许多探究的课题,但是经过一段时间的实践,发现慢慢又走回老路。因为学生没有预期的互动能力,探究没有预设的学习效果,教学时间不允许,所以组织交流和讨论、合作和探究次数越来越少,课堂学习的气氛又归于平静。对教材中设计的"观察与思考"和"活动与探究"栏目,设计的表格,学生答不上来,只好教师代办。我听了10余节的化学公开课,除了多媒体课件设计漂亮,教学过程重视启发性外,教学方式看不出有太大的变化。没有成功的合作探究、合作讨论的教学方式,没有平等、宽松、融洽的课堂氛围,因此课堂依然缺乏活力。

4. 教学评价简单滞后,"三维目标"无法同步

"积极倡导学生自我评价、活动表现评价等多种评价方式",这是新课标提出的要求。但从目前调研和听课来看,教师主要采取的是以考试评价、作业评价作为学生的学习评价。大部分学校制定或正在制定学科学分认定综合评价表,对学生的学习态度、课堂表现、活动探究、实验等都规定了评价要求,但在实际操作中却重视对知识、技能目标的评价。重视小测、笔试和作业检查,而对过程与方法、情感态度与价值观目标的评价放在一边,致使"三维目标"无法同步。

5. 教学观念新旧交错,新课程实施"走老路"

由于教师对新课程的实施有一个适应过程,部分教师对新课程持观望态度,对课程思想、内容体系缺乏了解,仍然在旧课程框架下,用旧的知识系统、教学方式、评价方式来实施新课程,出现通俗所说的"穿新鞋,走老路"的现象。

(二) 解决问题的对策思考

1. 师生交流互动是教学过程的关键

交流互动是主体间的相互联系与能动的反映,是师生双方相互交流,相互沟通,相互启发,相互补充,教师与学生彼此间形成一个真正意义上的"学习共同体"。教学过程中,教师与学生彼此间分享思维、体验、经验和知识,彼此交流情感,既丰富了教学内容,又求得新的发展,从而达到共识、共享、共进,以实现教学相长和共同发展的目标。

"互动"是教学过程中师生的"交流"互动。"交流"不是形式上的交流,而是师生间相互理解与交流的"主体间性"的打造,是师与生、师生与教材间的双向理解、问题解决的活动,是形成共识的共创共生活动。教学中的有效交流要体现"三个有效",即尊重客观事物的真理性,社会规律的正当性和"捧一颗心来"的真诚性,课堂教学强调时空共有,内容共创,意义共生,成功共享。

互动的多元性与教育性。教学过程中的互动是多元的,是多情况、多内容、多难度、多形成的互动体。在情境上既有直观生动的教学情境,还有融洽和谐的人文环境,发人深省的问题背景;内容上不仅是课本知识的学习,还有生活经验的积淀,生命意义的领悟;师生关系上,既有师与生,还有学生与学生,小组与小组,个体与群体,师生与教材之间的对话与沟通。

2. 学生是发展的、具有社会性和独立意义的人,尊重学生自身发展的规律

为强化教学的有效性,教师应熟悉并掌握不同年龄段学生发展的特点,并根据学生自身发展的阶段性和规律性,安排教学活动,从而做到有的放矢,有针对性地开展教学活动。另外,学生的发展有巨大的潜能,教师应相信每个学生的确都潜藏着巨大的发展能量,坚信每个学生都可以积极成长,有培养前途,可以获得成功。同时,还要承认处在发展中的学生,有个性差异,可能出现这样或那样的问题,但这些问题均可以在教师的指导下得到解决。

学生是社会性的人,首先学生是一个完整的人。学生不是单纯的学习者,而是有着丰富个性的人。有效教学活动中,还学生一个完整的生活世界,丰富学生的精神生活,给予学生全面发展的舞台。其次是每个学生都有独特性,学生由于受不同遗传因素、社会环境、家庭条件的影响,从而形成独特的心理世界,正所谓"人心不同,各如其面"。

学生是具有独立意义的人,每个学生均有自己的思想、性格、意愿、好恶、情感、价值取向和知识基础,教师只能激发学生自主读书,自主感受事务,自主观察、分析及思考,自主掌握事物变化发展的规律。

3. "以学论教",全面改进教师角色和教学行为

创设有效教学情境,鼓励学生主动参与,合作学习,还学生学习的主动权,拓展学生发展空间,引导学生挖掘自身潜能,建立相互尊重,相互理解,相互接纳,民主、平等、协调的师生关系。

教师是学生学习的促进者、合作者、参与者,一方面改变传统教学中学生消极、被动、机械地接受知识的状态,把教学视为学生通过教师指导,学生自主活动,主动建构学习的过程;另一方面,"以活动促发展,以效益促效果","以学论教",创设一个良好

的有利于师生共创共生、合作交流的问题情境,使整个教学过程自始至终充满主动学习的气氛,使学生在合作交流与交往中获取知识与技能,在平等尊重的气氛中形成完美的人生态度和情感体验。教师的教学是课程的创设与开发。教学与课程的关系中,课程是矛盾的主要方面,课程理念决定教学理念,教师与学生均处在课程中,是课程的有机构成部分,是课程的创建者,师生共同参与积极开发,教学过程成为课程内容持续生成与转化的过程。

教师以研究者的心态致力于教学,"行动研究"是以行动而进行的研究,是在行动中的研究,在研究中的行动,是对行动的研究。教师在有效教学过程中,以研究者的眼光审视和分析教学理论与教学实践中的各种问题,对自身的行为进行反思,对出现的问题进行探究,对积极的经验进行总结,使其形成规范性的认识。

教师在教学过程中重视过程教学、强化学生体验。过程教学包括知识发生过程和知识发展过程的教学。知识发生过程教学是引导学生在理解的基础上形成结论,知识发展过程教学是在结论的指导下的运用,两个阶段缺一不可。教师在教学过程中创设情境,引起学生学习兴趣,建立充足的感性认识,提供有结构的研究素材,概括上升,抽象出概念,适时强化,通过复试练习和建构型复习,促使学生多角度审视结论,并把结论纳入认识结论中使之内化,并为下次新授课做铺垫。

4. 组建信息技术与课程整合教学系统,构建课程整合网上协作教学模式

大力推进信息技术在教学过程中的普遍运用,以促进教学的有效性,充分发挥信息技术的优势,为学生的发展提供丰富多彩的教育环境和有力的学习工具,提供以提高教学质量和效益为目的,以转变学生学习方式,促进学生发展为宗旨的教学技术应用手段。同时,要本着从实际出发、因地制宜的原则,挖掘和发挥各种传统技术手段在教学中的积极作用,把现代教学技术与传统教学手段结合起来,努力把握所有教学技术手段的实用价值,积极促进各种技术手段的协同互补,从而促进教学技术体系整体协调发展。

(三)新课程理念下中学化学有效教学的策略

1. 兴趣化教学策略

新课程标准中明确要求培养学生持续的化学学习兴趣。兴趣是最好的老师,根据青少年心理特点和教材的编写风格及新课标的理念,都需要运用兴趣化教学策略,从而调动学生学习化学的动力,培养学生创造性思维能力。培养学生学习化学的兴趣,常见的教学方法有以下几种。

第一,实验法。化学是一门以实验为基础的学科,在教学中通过做一些生动有趣

的实验,激发学生的兴趣。

第二,设疑法。"学则须疑",通过设疑引发学生兴趣,然后经过讨论分析,明白道理,从而提高学生认知能力。

第三,竞争法。学习需要营造竞争的氛围,使压力变为动力。例如,在进行元素化合物教学时,可组织学生进行化学方程式背默比赛,可激发学生学习兴趣。

第四,开展课外活动法。通过制作教具、模型,举办化学讲座、化学课外实验、化学竞赛、化学晚会、化学展览会,参观与化学有关的工农业部门,进行社会热点问题的调查,撰写化学小论文等活动,让学生感到所学知识有理有趣。这些活动能活跃课堂气氛,开阔学生视野,激发学习化学的兴趣,从而为下一步学习打下坚实的基础。

2. 生活化教学策略

新课程标准中明确要求学生了解化学与日常生活的密切关系,逐步学会分析和解决与化学有关的一些简单的实际问题,因而化学教学离不开我们的日常生活,需要实施生活化教学。实施生活化教学要注意以下三点。

第一,要进行角色转换,重新给教师和学生定位,要以学生为主体,教师要学会倾听,欣赏和关注每一个学生。

第二,让学生走进生活,弥补课堂传授间接经验的不足,多组织一些贴近生活实际的教学活动,使理论联系实际,学以致用。

第三,致力人文关怀,关爱每一位后进生,要关心帮助他们,以达到共同进步。

3. 信息化教学策略

当今社会处于信息高速发展的时代,要想跟上时代的步伐,则必须实施信息化教学。信息化教学策略最终目的是学生不再是信息简单机械的接受者,而要让学生成为信息的运用者,在互动的信息中将知识进行重组,从而培养学生的创新能力。因而实施信息化教学要注意以下三点。

第一,内容不再只局限于化学课本内容,要紧跟化学发展研究的步伐,让学生及时了解世界上化学发展动态和化学研究新成果。

第二,形式不再局限于口授耳听,可以让学生进行讨论,上网观看有关化学知识的影片和参观一些与化学有关的工农业部门等,这些形式不仅可以扩大学生知识面,而且能激发兴趣,发挥学生的特长。

第三,授课者不仅是教师,也可以是工程师及研究人员或者是具有丰富知识和实践的人,都可以给学生作专题报告,从而扩大学生的知识面,激发学生的兴趣。

4. 探究性教学策略

课程改革的目的是倡导从学生和社会发展的需要出发,激发学生的主动性和创新意识,促使学生积极主动地学习。学生通过实验亲身经历和体会科学探究活动,激发学生学习化学的兴趣,学会科学探究的方法和初步形成科学探究的能力,实施探究性教学策略要注意以下五点。

第一,树立新的课堂观和学生观。探究性教学改变了人们的教育观念,明确教师是学生的引导者、组织者和合作者,学生是学习的主人。教师要以学生发展为本的观念,在重视基础知识基本技能科学的同时,关注学习方法的形成,情感和态度的培养。科学探究既是一种方法,又是一种学习目标。进行探究性教学时要充分发挥课堂教学的主渠道作用。

第二,利用推理进行探究,在探究中寻找规律。化学反应规律是前人在实践基础上总结的科学结论,教学时如果不让学生了解化学知识的形成过程,不让学生体验科学探究的魅力,空洞的几个结论如何能让学生记住呢?即使学生机械地记住了也不能运用,要让学生经历过程,充分发表自己的见解,在思维和推理中诱导学生进行科学的探究。

第三,在实验中进行研究,在研究中获得体会。化学是一门以实验为基础的学科,化学实验在化学教学中起着十分重要的作用,实验教学是提高化学教学质量的重要环节。由于实验者或实验条件的不同,往往得到的实验产物也不相同,如果对实验后的产物进行研究,可激发学生学习的兴趣,促进学生思维发展,发挥学生潜能,进一步开发学生的智力,培养学生的创新精神和实践能力。

第四,开展化学课外活动,培养学生探究能力。开展化学课外活动,能巩固和加深课堂教学的基础知识,提高实验操作基本技能,扩大学生的知识领域,激发学生的兴趣,调动学生学习化学的积极性,有利于创造性人才的培养。因而根据学生的个人兴趣、心理特征、知识层次和能力要求,通过丰富多彩的课外活动,可为学生个性特长的发挥和创新能力的培养提供广阔空间。

第五,开展专题研讨式教学,培养学生的创新精神。专题研讨式教学,体现化学教学的探究性、实践性等特点。在教学中设置一些新颖、活泼、有探究价值的问题,让学生自学、讨论、查阅资料,提问、质疑和尝试解决问题,安排学生进行交流和沟通。允许学生各抒己见,并且答案是开放式的而不是唯一的。通过这样的教学,能培养学生的开放性思维和创新精神。

(四) 新课程理念下对普通高中化学有效教学策略的反思

新课程背景下课堂教学的有效性从专业角度说,是指通过课堂教学使学生获得发展。发展就其内涵而言,指的是知识与技能、过程与方法、情感态度与价值观三维目标的协调发展。通俗地说,课堂教学的有效性是指通过课堂教学活动,让学生在学业上有收获、有提高、有进步。具体表现在:学生在认知上,从不懂到懂,从少知到多知,从不会到会;在情感上,从不喜欢到喜欢,从不热爱到热爱,从不感兴趣到感兴趣;在学习态度上,从"要我学"到"我要学"。那么,要提高化学课堂教学的有效性,该如何着手?

1. 构建和谐温馨的课堂环境是进行有效教学的保障

有效课堂教学过程应是"师生共同参与、相互作用,创造性地实现教学目标的过程"。师生之间教与学的配合、学生之间的相互合作、教师与学生、学生与学生之间在课堂上的情感交流,都会影响到教学效率的高低。创造一个活跃而不混乱、和谐而不喧闹的课堂氛围,是十分必要的。要做到这一点,教师就要立足于坚持以学生发展为本,课堂教学必须基于学生的真实生活,学生应当成为课堂教学的主人。教师要充分尊重学生的个性,了解学生的心理特点,给予学生自由发展的空间。教师不论在教学语言上要文明得体,在教态上要和蔼可亲,而且在关注学生上要做到一视同仁,无论是学习成绩优秀的、学习品质良好的,还是学习成绩较差、学习品质不好的,都要关注到位,体现出对每一个生命个体的积极关注,对每个学生发展的关注。因为对于学生而言,课堂教学是其学校生活的最基本构成,它的质量直接影响学生当下及今后的多方面的发展。只有当所有学生都体验到了教师对他的关注,学生才能积极投入到学习之中,就不会在思想上开小差,制造不和谐因素,影响教学进程,那么课堂教学时间有了保证,学生学习状态良好,课堂教学效率必然会大大提高。

2. 了解学情,合理组织教学内容是进行有效教学的重要环节

新教材知识面广、安排的教学课时很少,教师必须掌握课程标准对每一个知识点的要求,从旧教材中解放出来,并结合学生实际,以学生的兴趣、爱好、需要为基础,同时针对学生的年龄特点、个体差异、学习习惯、思维方式等对教材进行取舍,合理组织,在教学过程中要重点培养学生探究问题的能力,教师对知识点的教学难度必须有效控制,并且特别要处理好选修与必修的关系。如在必修 2 学习化学反应的限度时,有些教师把化学平衡移动的规律等知识全部抛给学生,这种不考虑学生的实际情况,不管适合不适合,随意拓宽与加深理论知识,加快学习进度,使学生的认知结构与教师所教知识结构不能很好匹配,就势必造成学生厌学的不良后果,学生对学习化学产生了畏惧,继而丧失继续学习化学的积极性,最后导致教学失败。

3. 采取恰当的教学方法是进行有效教学的关键

教学方法是实现教学目标的途径,有效的课堂教学需要有效的教学方法来实现。随着教学改革的深入,课堂教学方法百花齐放,如学案导学法、自学辅导法、讨论法、探究法等。这些教学方法都是教学工作者在教学实践中研究和总结出来的,在特定的教学环境中均能起到良好的教学效果。但是,每种教学方法都是相对辩证的,它们都既有优点又有缺点;每种方法都可能有效地解决某些问题,但对解决另一些问题则无效;每种方法都可能会有助于达到某种目的,却妨碍达到另一些目的。(探究活动为主的引导发现法,在启发学生思维、培养学生能力、形成科学思想和方法等方面有其优势,而难以保证学生在较短的时间内获得最多的知识,而且对于陈述性的知识,也没有探究的必要。)讨论法具有多向信息交流、针对性强、便于调动学生学习主动性的特点,但往往使知识缺少系统性;自学辅导法有利于学生的独立活动,有利于培养学生的自学能力,但只适合于较简单的内容;而讲授法尽管师生间的信息交流是单向的,也不利于调动学生的学习主动性,但却具有信息量大、系统性、逻辑性强的优点。而且很多教学内容都必须在教师的有效讲解后学生才能理解掌握。因此无论教学如何改革,"讲授"仍然会作为"有效教学"的一种有意义的常见教学方式。在讲授过程中,要注重启发、比喻的应用。

通过教师的感悟使抽象问题形象化,以便于学生掌握。例如,在学习丙烯加聚反应的教学中,可形象地用了一个"吊"字来比喻,告诉学生,可以将非双键部分"吊"在双键碳原子的下边,加聚时,只将双键打开就可以了。又如,化学平衡中"外界条件对化学平衡的影响"的勒夏特列原理可以给学生讲授一些社会事例。①夏天天气炎热,同学们走路、做操时总是尽量往阴凉没有太阳晒的地方走、站,而冬天走路、做操时总是尽量往温暖有太阳晒的地方走、站。②在拥挤的公共汽车上,人们总是往没有那么拥挤的地方移动。任何事物在发生变化时均遵循一定的规律性。像这样一些恰到好处、画龙点睛的"讲授"总是能够吸引学生,能使学生借助某种比喻、神似的表情效应而更有效地记住、理解某些似乎难以理解的知识点。因此,要提高课堂教学的有效性,就必须结合教学实际选择恰当的教学方法,使方法结构协调、合理,各种方法优势互补、长短相济、立体结合,有效的课堂教学应该是各种教学方法的优化与组合。

4. 加强课后反思是增强有效教学的必要手段

课后反思是教学活动的回顾和梳理,在以往的教学中往往被忽视。其实通过课后反思,重新审视自己的教学过程,肯定成功之处,修正不足之处,并不断完善教学过程,就能更好地增强教学的有效性。为了提高今后教学的有效性,我们认为可重点从以下几个方面进行反思。①总结成功的经验,将好的案例、教学方法等记录下来,进行整理并用于以后的教学中以提高教学的有效性。②记录教学中的失误。先认真分析失误的原因,再进行修正,正所谓"吃一堑,长一智"。只有这样,才能避免今后出现更多的失误。③记录学生在学习上的困惑。学生在学习上的困惑是一节课的难点。只有找出学生困惑的原因,再选用合适的方法帮助学生解决困惑,提高课堂效率。另外,课堂上的灵感也尽量要捕捉下来并加以修正,再用于今后的教学中,会收到意想不到的效果。[①]

5. 学习领会课标,设置梯度控制难度

化学必修内容几乎涵盖了原有化学教材的全部内容,而课时却大大减少。正确处理好这对矛盾,关键在于依据课标的要求,根据教材的内容,结合学生学习状况,摆脱传统的教学观念,把握教学节奏和教学内容的难度和深广度,讲究螺旋上升不要求一步到位。超纲的内容、已删除的内容、限定深广度的内容不宜拓展。如胶体的布朗运动、胶体的凝聚,混合气体的平均摩尔质量等。有些内容可以适当降低难度,设置梯度,便于学生自主探究。如物质的分离与提纯中的粗盐提纯氯化钠的方案设计,可以分解成若干个小的探究题:①食盐中含有泥沙怎样提纯? ②食盐中含有硫酸钠怎样除杂? ③如果除杂时加入的除杂试剂过量,则过量的试剂怎样处理? 并且告诉学生在除杂时如果食盐溶液中含有适量的酸,可以通过蒸发的方法除去。在这些提示和探究准备的情况下,再要求学生设计粗盐提纯的方案,才能成为现实。这就是把学习的主题分解成若干个问题(问题串),在一个个问题的解决过程中逐渐达成对学习主题的深入、全面认识的方法。

6. 用教材、用资源重组教学内容

传统的教学大纲、教材是教学一成不变的剧本。新课程不同了,课程标准给教材留下了较大的发挥空间。对教学一线的教师如何使用教材,如何补充素材,如何施教提出了很高的要求和挑战性。现在教学中出现这样一幕情形:同一个内容,不仅不同的地区、不同的教材,课不一样;就是相同的地区、相同的教材、相同的学校也会不一样。这不是传统意义上的教无定法的不同,而是教学内容的深度和广度都不同。不可思议,但却真实存在,这就是新课程的多样性和选择性。教材重组是必须也是必然的。比如物质的分散系,人教版也将电解质从物质的分散系中分离出去,增加了氢氧化铁胶体的制备等知识。再看看课标,确实有氢氧化铁胶体的制备的要求。因此,教师在教学中以课标为指导,整合各教材的优点,大胆取舍,重新组合,根据实际情况合理完成教学任务。

7. 既要重视探究过程,也要重视知识结构

新教材对知识呈现方式做了较大的改革,教学中可以直接感受到教材对探究活动的重视,其中有一些结论没有直接说明,而要求学生通过实验和推理自己归纳总

①　徐丽芳. 新课程背景下如何提高化学课堂教学的有效性〔J〕. http://www. doc88. com/p-991527080985. html,2013 - 9 - 11.

结;有些部分以科学的方法为体系编写,化学的基础知识作为例证;有些部分以化学的基础知识为体系编写,知识的产生和联系运用了探究的方法。因此,在教学中要合理区分知识的生成和知识结构之间的关系。两者是相辅相成,相互促进的。许多教师已经习惯了原有学科教学知识体系,因此往往会把教材中最富个性和特点的探究活动等栏目丢在一边。事实上,学生通过假设、观察、实验、交流、推理、归纳等所获得的知识更有价值。当然,教师同样不能把注意力全部放在活动中而忽视化学学科知识体系的整体构建。

8. 渗透思想方法教育,营造和谐的课堂文化

普通高中的学生有初中的化学启蒙知识,又有相对初中少年后期更加显著的成人感和独立意识,表现在心理上更具有独立性、批判性、创新性,在思维上更具有抽象性、逻辑性,在态度上更具有自主性和主动性,具备了自主学习和科学探究的前提条件。而普通高中教材在新课程理念的指导下,注意了科学方法和素养的培养,知识的呈现和生成注意了科学探究的因素,适合于引导学生自主探究和合作探究。因此,高一化学新课程教学的关键之一是引导学生入门,注重对学生科学思想和科学方法的教育,注重对学生学习方法和学习策略的指导,营造民主、平等、和谐的课堂文化,达到新课程多维目标的同步收效。

9. 运用发展性评价策略,促进学生差异发展

新课程倡导促进学生个性发展的多元评价方式。教师要对教学过程中的各个环节,即对学生的学习过程中参与活动的态度、方式、能力、效果,采取多层次、多形式、多主体的评价方式,激励学生和谐发展。一些实验区学校的学分认定综合评价方式可以借鉴。即评价的主体是教师、同伴、个体。评价的形式既有过程评价、描述性评价,也有终极评价、测试评价。评价的层次既有具体的分数,也有等级评价。教师尤其对学生在学习过程中表现出来的创新意识、创新方法给予及时的肯定和点评,激励他们不断进步和发展。

总之,新课程在实施过程中不可避免地由于认识和经验的不足,在实施过程存在这样或那样的问题,但是我们有理由相信本着对学生健康发展负责的态度,经过教师的不断实践和反思,新课程的实施一定能够走向预定的轨道。

第七节　历史课堂教学策略调研报告

为了对我省普通高中新课程背景下课堂教学现状进行分析,并提出普通高中新课程改革下提高课堂教学效率的有效教学策略,课题组设计了"普通高中新课程课堂

有效教学调查问卷",包括调查教师教龄、职称等基本信息和关于课堂有效教学相关理念和教学实践两方面的内容。全省普通高中历史教师新课程教材培训活动中,课题组对参训教师进行了问卷调查,调查数据和分析如下。

一、受调查者和调查方法

(一)受调查者

来自全省各州市的所有参加新课程培训的普通高中历史学科教师。

(二)调查方法

采用问卷调查法,以不记名方式填写。本次调查共回收问卷 68 份,有效问卷 68 份,有效率为 100%。

(三)受调查者的基本情况

受调查者的基本情况依据问卷回收的情况统计,主要从性别、教龄、工作所在地、学历、职务、职称、发表文章等方面进行统计。

表 5-69　受调查者的基本情况

项目	分类	人数(人)	比例(%)
性别	男	33	48.5
	女	35	51.5
工作所在地	省会城市	1	1.5
	州市级城市	17	25
	县城	45	66.2
	乡镇	5	7.4
学历	硕士及以上	1	1.5
	本科	57	83.8
	专科	10	14.7
	专科以下	0	0
职务	学校管理者	2	2.9
	学科带头人	8	11.8
	年级组长	2	2.9
	普通教师	56	82.4

续表

项目	分类	人数（人）	比例（%）
职称	中学特级	0	0
	中学高级	16	23.5
	中学一级	12	17.6
	中学二级	27	39.7
	中学二级以下	13	19.1
现任教年级	高一年级	36	52.9
	高二年级	10	14.7
	高三年级	22	32.4

从表5－69可看出接受调查的我省普通高中历史教师的基本情况具有以下特点。

从年龄、教龄来看，年轻化。所调查教师高一、二、三年级教学时间，五年以下（包括五年）的分别为91%、89.7%、82.4%。

从学历来看，达标率较高。85.3%以上的教师都是本科及以上学历，硕士学位1人。

从职称来看，职称以初中级职称为主，约占76.4%，无特级教师；新教师较多，占19.1%。学科骨干教师所占比例为11.8%。

从发表教学论文和研究报告情况来看，所调查教师具有一定科研意识，发表过3篇及以上论文教师比例为51.4%，一篇没发表的教师比例也很高，为48.5%，原因有待进一步调查分析（表5－70）。

表5－70　任课教师发表论文和研究报告概况

因素 ＼ 选项	发表3篇以上（%）	发表2篇（%）	发表1篇（%）	未发表（%）
发表论文和研究报告	51.5	0.05	0.05	48.5

二、课堂教学策略现状调查数据与分析

（一）直观感受

表 5 - 71　受调查者对普通高中新课程课堂教学的直观感受

因素 ＼ 选项	非常赞同（％）	比较赞同（％）	中立（％）	比较反对（％）	非常反对（％）
1. 任课教师一般无须考虑如何设计教学目标	1.5	5.9	16.2	32.4	44.1
2. 创设教学情境对整堂课的效果影响很大	33.8	55.9	8.8	0	1.5
3. 合作学习就是小组学习和讨论	1.5	30.9	42.6	19.1	5.9
4. 课堂提问是师生交互的重要方面	20.6	55.9	17.6	4.4	1.5
5. 探究教学、合作学习、自主学习课堂热闹非凡，但实际效果不佳	5.9	27.9	42.6	17.6	5.9
6. 开展教学研究有利于提高课堂教学效果	41.2	48.5	10.3	0	0
7. 课堂上使用多媒体主要是代替板书，还可以省略时间	4.4	27.9	26.5	25	16.2
8. 使用多媒体的效果不好，传统教学法更容易让学生接受	4.4	22.1	39.7	22.1	11.8
9. 布置作业要考虑学生的学业负担	30.9	42.6	16.2	10.3	0
10. 新教材体系较为杂乱且同一知识点无法一次教透、学透	35.3	35.3	22.1	5.9	1.5
11. 教学过程必须关注"学情"，适时调整教学策略和方法	63.2	35.3	1.5	0	0
12. 经常进行教学反思能够不断改进课堂教学效果	69.1	30.9	0	0	0

创设教学情境对整堂课的效果影响很大。89.7％的教师对此项持赞同态度，其中比较赞同 55.9％、非常赞同 33.8％，中立 8.8％（表 5 - 71）。说明教师对创设教学情境与课堂教学效果的正相关关系比较认同。

合作学习就是小组学习和讨论。保持中立的人数占 42.6％，比较反对的占

19.1%。反映出两个问题，一是教师对合作学习的含义和概念不太清楚，持观望态度；另一可能是教学实践中此学习方式流于形式，在促进学生学习方式转变上效果不佳。

课堂提问是师生交互的重要方面。76.5%的教师对此项持赞同态度，其中比较赞同55.9%，非常赞同20.6%，此项说明教师对课堂提问的重要性具有高度一致的认识。

探究教学、合作学习、自主学习、课堂热闹非凡，但实际效果不佳。强调探究合作的学习方式，无疑是新课程改革的最重要方面，但实际的结果，教师们普遍感觉难于操作，以至于有42.6%的教师对此种教学方法的效果持中立的态度，23.5%的教师持反对意见。这反映出一是对探究性学习、自主学习等学习方式内涵、操作等方面的理论需要我们的教师进一步学习研究；另一方面，加强教学实践，注意将理论与教学实践相结合，并不断进行教学反思，完善教学。

开展教学研究有利于课堂教学效果。89.7%的教师持赞同意见。此项统计结果表明，教师对教学研究与教学效率的提高之间的正相关关系有极高的认同度。但如何开展教学研究和确定教学研究重点仍是学校和教研部门今后工作的重点。

课堂上使用多媒体主要是代替板书还可以省时间。

使用多媒体的效果不好，传统教学法更容易让学生接受。

调查内容均涉及对于多媒体在课堂教学中的作用，统计结果显示反对、中立和赞同的比例基本相同。使用多媒体的效果不好，传统教学法更容易让学生接受的情况也与此大致相当。关于多媒体教学手段在历史教学中提高教学效率作用和如何与历史学科教学结合等问题，仍是教学研究的重点。

布置作业要考虑学生的学业负担。73.5%的教师对此项持赞同态度。此项统计结果说明，教师们已意识到提高教学效益与学生学业负担的关系。但仍有26.5%的教师持中立观点和反对意见，其原因需进一步调研。

新教材体系较为杂乱，同一知识点无法一次教透、学透。70.6%和22.1%的教师分别持赞同和中立态度，这反映出在实际教学中"教科书的体系在一定程度上是存在杂乱现象的"，这种杂乱现象的产生，是教材本身的问题，还是教师在面对历史课程体系整体发生变化的不适应产生的原因，还需进一步调研。

教学过程必须关注学情适时调整教学策略和方法。

经常进行教学反思能够不断改进课堂教学效果。作为教师而言，教学过程必须关注学情，适时调整教学策略和方法，这是一项基本的教学要求。问卷数据反映出教师均具有这一教学意识。

（二）教学实践

1. 教学中涉及新课程的三维课程目标（知识和技能、过程和方法、情感态度和价值观）

有33.8％的教师认为最重要的是知识和技能目标，有25％的教师认为最重要的是过程和方法目标，有41.2％的教师认为最重要的是情感态度和价值观目标；有36.8％的教师认为最不重要的是知识和技能目标，有16.2％的教师认为最不重要的是过程和方法目标，有47.1％的教师认为最不重要的是情感态度和价值观目标。

有22.1％的教师认为最难实现的是知识和技能目标，有20.6％的教师认为最难实现的是过程和方法目标，有57.4％的教师认为最难实现的是情感态度和价值观目标；有52.9％的教师认为最容易实现的是知识和技能目标，有19.1％的教师认为最容易实现的是过程和方法目标，有27.9％的教师认为最容易实现的是情感态度和价值观目标。

2. 教师认为采用何种教学方式上课所依据的主要原则

表5－72　采用何种教学方式上课所依据的主要原则

采用何种教学方式上课所依据的主要原则	课标或教材要求	学校统一安排	视内容而定	视时间而定	视学生情况而定
教师(%)	16.2	7.4	36.8	1.5	38.2

教师采用的教学方式主要还是依据学生情况、教学内容及课程标准和教材来确定（表5－72）。

3. 对教师进行课堂小结的基本情况统计

有8.8％的教师在上课内容较多的情况下就不进行课堂总结，48.5％的教师以教师总结的方式进行小结，有27.9％的教师以课堂提问的方式，由部分学生总结完善进行课堂小结，有13.2％的教师由学生分组讨论，得出结论的方式进行小结。可见绝大部分教师都重视进行课堂小结。

4. 教师准确评定学生平时学习情况的方式

23.5％的教师采用考试，11.8％的教师采用课堂表现，5.9％的教师采用作业，55.9％的教师采用多种手段综合运用。

5. 教师布置作业

51.47％的教师以教材中的练习为主，64.71％的教师以教辅中的练习为主，48.53％的教师以历年高考习题为主，20.59％的教师根据内容而定。可见很多教师以教辅中的习题为主要作业。

6. 选择教学内容

除了教材所涉及的内容外,47.06%的教师还会添加配套教辅,23.06%的教师还会添加其他教辅,72.06%的教师还会添加高考中所含的内容,72.06%的教师还会添加学生感兴趣的内容。

7. 设计教案过程

73.53%的教师通常考虑具体的教学目标,48.53%的教师通常考虑教学情景,48.53%的教师通常考虑课堂提问的形式和内容,42%的教师通常考虑教学方法,83.82%的教师通常考虑学生的实际情况,45.59%的教师通常考虑课程资源的使用。可见,教师在教案设计过程中通常是综合考虑上述各方面情况的。

8. 创设教学情境

通常使用的内容有:77.94%的教师会使用现实中的情境问题,44.12%的教师会使用学科史,66.18%的教师会使用趣味小故事,73.53%的教师会使用新闻素材,11.76%的教师会使用小游戏,8.82%的教师会使用其他内容创设教学情境。

9. 安排教学进度时主要考虑的因素

67.65%的教师主要考虑课程标准的要求,60.29%的教师主要考虑教材的课时安排,45.59%的教师主要考虑自己的教学经验,52.94%的教师主要考虑各种考试的时间,36.76%的教师主要考虑年级组进度的安排,23.53%的教师主要考虑参考其他教师的进度。

10. 教师对普通高中新课程课堂教学中存在的主要问题及改进办法的看法

对新课改、新理念认识不够,教师教学观念、学生学习观念难以转变,仍以讲授为主。建议加强学习和培训。

学生基础差,学习积极性、主动性低,难以调动。

教材知识点之间联系性不强,较分散,教师不好把握。

教学内容多,知识点多,课时不足,能否适当增加课时量。

教学资源少,硬件跟不上,教辅不配套,实验及户外调查学习难以实现。

评价体制不配套,建议高考改革。

11. 教师对普通高中新课程中所倡导的探究教学、合作学习、自主学习等教学方法的看法

基本是持积极态度,但普遍认为实践起来比较难,效果也并不理想,应针对教学和学生的实际情况,适当使用。

第八节 生物课堂教学策略调研报告

一、调查样本的基本情况

（一）参加培训的教师

参加云南省普通高中生物新教材教师培训的教师，人数为 704 人。

（二）抽样的数量

生物学科在参加培训的教师中共抽样 65 人（特别标注除外）。

（三）样本的基本情况

性别：男教师 31 人，占 47.7%；女教师 34 人，占 52.3%。

工作所在地：在州市级学校任教的有 23 人，占 35.4%；在县级学校任教的有 35 人，占 53.8%；在乡镇学校任教的有 7 人，占 10.8%。

学历：本科学历 60 人，占 92.3%；专科学历 4 人，占 6.2%；专科以下学历 1 人，占 1.5%。

职务：学校管理人员 2 人，占 3.1%；学科带头人 4 人，占 6.2%；年级组长 3 人，占 4.6%；普通教师 56 人，占 86.2%。

职称：中学高级教师 17 人，占 26.2%；中学一级教师 10 人，占 15.4%；中学二级教师 33 人，占 50.8%；中学二级以下教师 5 人，占 7.7%。

现任教年级：59 人的样本中，高一年级 20 人，占 33.9%；高二年级 17 人，占 28.8%；高三年级 22 人，占 37.3%。

发表过关于教学论文或研究报告：61 人的样本中，35 人没有发表过，占 57.4%；21 人发表过 3 篇及以下，占 34.4%；5 人发表过 3 篇及以上，占 8.2%。

上述数据表明，在 65 名接受调查的普通高中生物教师中，女教师略多于男教师；超过一半的教师在县级学校任教；大学本科学历占 92.3%，学历达标率较高，且 86.2%为普通教师；中学二级及以下教师占 58.5%，结合学历情况分析，年轻教师比较多；从任教年级看，高一、高二、高三年级任教教师基本上各占 1/3；57.4%的教师没有发表过教学论文或研究报告，主要原因估计是大多数教师是大学毕业，走上教学岗位时间短的缘故。

二、调查问卷分析

（一）受调查者对普通高中新课程课堂教学的认识和感受

1. 任课教师一般无须考虑如何设计教学目标

表 5 - 73   任课教师一般无须考虑如何设计教学目标

选项	非常反对	比较反对	中立	比较赞同	非常赞同
计数	30	25	4	5	1
比例(%)	.46.2	38.5	6.2	7.7	1.5

调查结果显示，84.7%的教师非常反对或比较反对"任课教师一般无须考虑如何设计教学目标"这一提法，说明大多数教师通过培训和学习，对教学目标在教学设计、教学过程中的重要性认识比较到位（表 5 - 73）。但不容忽视的是，仍有 15.4%的教师对这一问题非常赞同、比较赞同或持中立态度。这说明这部分教师对于课程目标在教学设计中的意义和重要性认识不足，认为其可有可无，更谈不上在教学中全面落实教学目标以及采取相应的教学措施，提高课堂教学的针对性和有效性。

2. 创设教学情境对整堂课的效果影响很大

表 5 - 74   创设教学情境对整堂课的效果影响很大

选项	非常反对	比较反对	中立	比较赞同	非常赞同
计数	0	2	11	31	21
比例(%)	0	3.1	16.9	47.7	32.3

调查结果显示，80%的教师非常赞同或比较赞同"创设教学情境对整堂课的效果影响很大"这一说法，说明大多数教师在平时的教学活动中比较重视创设教学情境，积极引导学生进行探究性学习（表 5 - 74）。但仍有 20%的教师对此问题持中立或反对意见，说明这部分教师的教学方式可能比较刻板、僵硬，其教学方式以讲授为主，忽视了过程性知识和知识的形成过程。

3. 合作学习就是小组学习和讨论

表 5 - 75   合作学习就是小组学习和讨论

选项	非常反对	比较反对	中立	比较赞同	非常赞同
计数	5	12	32	13	3
比例(%)	7.7	18.5	49.2	20	4.6

调查结果显示，只有 26.2%的教师对这一概念的理解比较到位，高达 73.8%的老师对于什么是合作学习，以及合作学习的内涵是模糊不清的，他们把合作学习狭隘

地理解成就是小组学习和讨论,不理解合作学习的基本要素是学习素材、学习群体和教师的指导(表5-75)。

4. 课堂提问是师生交互的重要方面

表5-76　课堂提问是师生交互的重要方面

选项	非常反对	比较反对	中立	比较赞同	非常赞同
计数	0	5	10	36	14
比例(%)	0	7.7	15.4	55.4	21.5

调查结果显示,76.9%的教师赞同或比较赞同"课堂提问是师生交互的重要方面"这一提法,另有23.1%的教师对此持中立或反对态度(表5-76)。这说明在我省的普通高中生物课教学中,大多数教师已经开始转变教学方式,但仍有近1/4的教师缺乏师生互动和交流,教学方式比较传统,学生的学习方式以接受学习为主。

5. 探究教学、合作学习、自主学习课堂热闹非凡,但实际效果不佳

表5-77　探究教学、合作学习、自主学习课堂热闹非凡,但实际效果不佳

选项	非常反对	比较反对	中立	比较赞同	非常赞同
计数	2	7	22	19	15
比例(%)	3.1	10.8	33.8	29.2	23.1

调查结果显示,13.9%的教师非常反对或比较反对,33.8%的教师持中立态度,高达52.3%的教师比较赞同或非常赞同(表5-77)。这说明大多数教师对新课程倡导的探究学习、合作学习、自主学习方式心存疑虑,认同度不高。

6. 开展教学研究有利于课堂教学

表5-78　开展教学研究有利于课堂教学

选项	非常反对	比较反对	中立	比较赞同	非常赞同
计数	0	1	7	30	27
比例(%)	0	1.5	10.8	46.2	41.5

调查结果显示,87.7%的教师对此持赞成态度。这说明大多数教师就开展教学研究对提高课堂教学效果的促进作用有充分的认识(表5-78)。

7. 课堂上使用多媒体主要是代替板书并可以节省时间

表5-79　课堂上使用多媒体主要是代替板书并可以节省时间

选项	非常反对	比较反对	中立	比较赞同	非常赞同
计数	9	22	20	9	5
比例(%)	13.8	33.8	30.8	13.8	7.7

调查结果显示,非常反对和比较反对的教师占 47.6%。中立的人数占 30.8%(表 5－79)。这说明教师们对于多媒体在教学中的作用上看法存在较大的分歧。

8. 使用多媒体的效果不好,传统教学法更容易让学生接受

表 5－80　使用多媒体的效果不好,传统教学法更容易让学生接受

选项	非常反对	比较反对	中立	比较赞同	非常赞同
计数	9	15	27	11	3
比例(%)	13.8	23.1	41.5	16.9	4.6

调查结果显示,41.5%的教师持中立态度,所占比例最大,36.9%的教师反对,21.5%的教师赞同(表 5－80)。这说明超过 1/3 的教师在日常教学中经常使用多媒体辅助教学,且效果不错。持中立态度的教师要么是刚刚参加工作,还没有与多媒体使用有关的教学经验,要么其所在学校不具备多媒体设备。赞同的教师估计是使用过多媒体,但由于使用不得法或自身计算机运用水平有限,导致不能认同多媒体在教学中的优势。

9. 布置作业要考虑学生的学业负担

表 5－81　布置作业要考虑学生的学业负担

选项	非常反对	比较反对	中立	比较赞同	非常赞同
计数	0	1	11	38	15
比例(%)	0	1.5	16.9	58.5	23.1

调查结果显示,81.6%的教师赞同,16.9%的教师中立,1.5%的教师反对(表 5－81)。这说明大多数教师在布置作业时能够考虑到学生的课业负担,尤其对于生物学科来讲,过多的课外作业是不恰当的。

10. 新教材体系较为杂乱且同一知识点无法一次教透、学透

表 5－82　新教材体系较为杂乱且同一知识点无法一次教透、学透

选项	非常反对	比较反对	中立	比较赞同	非常赞同
计数	1	3	22	20	19
比例(%)	1.5	4.6	33.8	30.8	29.2

调查结果显示,赞同的教师占 60%,中立占 33.8%;反对占 6.1%。这说明大多数教师对普通高中生物新教材的教材体系并不认同(表 5－82)。这里有两个原因:一是新教材有的知识内容在编排上确实不如老教材系统、完整、合理,需要完善;二是新教材强调学生的探究性学习,其呈现方式与老教材的区别较大,教师一时还难以适应,因此不认同新教材。

11. 教学过程必须关注学情并适时调整教学策略和方法

表 5 - 83　教学过程必须关注学情并适时调整教学策略和方法

选项	非常反对	比较反对	中立	比较赞同	非常赞同
计数	0	0	2	29	34
比例(%)	0	0	3.1	44.6	52.3

调查结果显示,高达 96.9% 的教师赞同,仅有 3.1% 的教师中立。这说明"面向全体学生"这一课程理念得到绝大多数教师的认同和关注(表 5 - 83)。

12. 经常进行教学反思能够不断改进课堂教学

表 5 - 84　经常进行教学反思能够不断改进课堂教学

选项	非常反对	比较反对	中立	比较赞同	非常赞同
计数	0	0	1	27	37
比例(%)	0	0	1.5	41.5	56.9

调查结果显示,98.4% 的教师支持这一观点,仅有 1.5% 的中立。这说明我省普通高中生物教师大都能进行教学反思,改进自己的教学方法,提高课堂教学效率(表 5 - 84)。

(二) 受调查者的教学实践状况分析

1. 教学中涉及新课程的三维课标目标中最重要的目标

表 5 - 85　教学中涉及新课程的三维课程目标中最重要的目标

选项	知识与技能	过程与方法	情感态度与价值观
计数	33	20	11
比例(%)	51.6	31.3	17.2

调查结果显示,51.6% 的教师认为知识与技能最重要,31.3% 的教师认为过程与方法最重要,17.2% 的教师认为情感态度与价值观最重要(表 5 - 85)。一半以上的教师把知识与技能列为最重要,说明在目前应试教育的大环境下,这一目标仍然是学校评价教学质量的重要依据。

2. 教学中涉及新课程的三维课程目标中最不重要的目标

表 5 - 86　教学中涉及新课程的三维课程目标中最不重要的目标

选项	知识与技能	过程与方法	情感态度与价值观
计数	12	6	46
比例(%)	18.8	9.4	71.9

调查结果显示,71.9% 的教师认为情感态度与价值观最不重要。这说明大多数教师对这一目标还是不够重视,部分教师甚至将其理解成穿鞋戴帽的表面形式,在教

学中并没有什么实际意义(表5-86)。

3. 教学中涉及新课程的三维课程目标中最难的目标

表5-87　教学中涉及新课程的三维课程目标中最难的目标

选项	知识与技能	过程与方法	情感态度与价值观
计数	10	17	36
比例(%)	15.9	27.0	57.1

调查结果显示,57.1%的教师认为情感态度与价值观是课程目标中最难的。这实际上是对三维目标的误读,认为三维目标是各司其职,互不相关的(表5-87)。

4. 教学中涉及的新课程的三维课程目标中最容易的目标

表5-88　教学中涉及新课程的三维课程目标中最容易的目标

选项	知识与技能	过程与方法	情感态度与价值观
计数	36	8	19
比例(%)	57.1	12.7	30.2

调查结果显示,占57.1%的教师认为在三维目标中,"知识与技能"是最容易的。这说明,在以往的教学经验中,教师们最拿手、最有把握的就是知识的传授,新课程提出的另外两个目标,教师们还是没有很好地领会和理解(表5-88)。

5. 采用何种教学方式上课,如讲授式、问答式、探究式所依据的主要原则

表5-89　采用何种教学方式上课所依据的主要原则

选项	课标或教材要求	学校统一安排	视内容而定	视时间而定	视学生情况而定
计数	14	1	31	1	18
比例(%)	21.5	1.5	47.7	1.5	27.7

调查结果显示,选择"视内容而定"的教师最多,占47.7%;而选择"学校统一安排"或"视时间而定"的教师最少,都只为1.5%。这样的调查结果,比较符合当前大多数学校及教师的教学实际(表5-89)。

6. 课堂小结

表5-90　课堂小结

选项	上课内容较多,一般不进行课堂总结	以教师总结的方式进行小结	以课堂提问的方式,由部分学生总结完善	由学生分组讨论,得出结论	其他
计数	8	32	17	5	3
比例(%)	12.3	49.2	26.2	7.7	4.6

　　调查结果显示,高达 49.2％的教师选择"以教师总结的方式进行小结"的,其次是"以课堂提问的方式,由部分学生总结完善",而"由学生分组讨论,得出结论"的比例相对较低,仅为 7.7％(表 5 - 90)。原因是在普通高中生物教学中,时间紧,任务重,学生参与总结的形式虽然符合课改理念,但比较费时,为抓紧时间,教师总结的方式进行小结就成为主要的小结形式。

　　7. 布置作业的类型

表 5 - 91　布置作业的类型

选项	教材中的习题	教辅中的习题	历年高考习题	其他
计数	34	50	31	6
比例(％)	52.31	76.92	47.69	9.23

　　调查结果显示,教师布置作业时,选择的类型从多到少依次是:以教辅中的习题为主、教材中的习题、历年高考习题、其他(表 5 - 91)。这说明教辅仍是教师布置作业的主要参考书,教师对其关注度超过了教材。

　　8. 选择教学内容时,除教材所涉及的内容外,通常还会添加哪些内容?

表 5 - 92　选择教学内容时会添加的内容

选项	配套教辅	其他教辅	高考所含内容	学生感兴趣的内容
计数	36	10	50	45
比例(％)	55.38	15.38	76.92	69.23

　　调查结果显示,教师在教学过程中,通常会添加的内容从高到低依次是高考所含内容、学生感兴趣的内容、配套教辅、其他教辅。这说明高考对教学的导向作用仍然是最重要的(表 5 - 92)。

　　9. 在设计教案过程中您通常考虑哪些方面?

表 5 - 93　设计教案考虑的方面

选项	具体的教学目标	教学情境	课堂提问的方式和内容	教学方法	学生实际情况	课程资源的利用	其他
计数	55	34	39	46	57	25	5
比例(％)	84.62	52.31	60.00	70.77	87.69	38.46	7.69

　　调查结果显示,教师在设计教案的过程中,通常考虑的方面从高到低依次是:学生实际情况、具体的教学目标、教学方法、课堂提问的方式和内容、教学情境、课程资源的利用、其他。这说明大多数教师在教学设计过程中都把学生放在第一位(表 5 - 93)。

10. 在创设教学情境时通常使用的内容

表 5 - 94　创设教学情境使用的内容

选项	现实中情境问题	学科史	趣味小故事	新闻素材	小游戏	其他
计数	62	31	40	49	13	3
比例(%)	95.38	47.69	61.54	75.38	20.00	4.62

　　调查结果显示,教师在创设教学情境时,通常使用的内容从高到低依次是:现实中情境问题、新闻素材、趣味小故事、学科史、小游戏、其他。说明广大教师能够坚持在生物课教学中注重与现实生活的联系,关注与生物学有关的社会热点问题(表 5 - 94)。

11. 安排教学进度时主要考虑的因素

表 5 - 95　安排教学进度时主要考虑的因素

选项	课程标准要求	教材课时安排	自己的教学经验	各种考试时间	年级组进度安排	参考其他老师进度	其他
计数	47	51	27	25	21	19	2
比例(%)	72.31	78.46	41.54	38.46	32.31	29.23	3.08

　　调查结果显示,教师在安排教学进度时主要考虑的因素从高到低依次是:教材课时安排、课程标准要求、自己的教学经验、各种考试时间、年级组进度安排、参考其他教师进度、其他。这说明课时安排和课程标准要求是教师考虑教学进度的主要因素(表 5 - 95)。

12. 普通高中新课程课堂教学中存在的主要问题是什么? 如何改进?

　　被调查的教师普遍认为:如果不改革当前的评价制度,仅仅对教材和教学方式进行改革的话,教师们根本不敢放开手脚,把课堂交给学生,新课程倡导的教学方式、学习方式很难落到实处。

　　有的教师认为新课程实施以后,课程内容多,课时少的矛盾更加突出,教师和学生的负担更重,教师能采取的唯一办法还是时间加汗水。

　　还有的教师反映新课程比较注重学生能力培养,增加了大量学生实验,学校实验条件远远不能满足教学的需要,所以教师大多是在黑板上做实验,照书本讲实验,学生背实验,实验课开出率比较低。

13. 如何看待新课程所倡导的教学方法(探究学习、合作学习、自主学习)?

　　对这个问题,大多数教师的意见是方法确实比较好,更加符合学生的认知规律,有利于调动学生的学习积极性,提高学生的能力,但由于时间紧,班额大,所以留给教师的空间小,难度大,可操作性不强。

三、调研结果与教学建议

(一) 课改带来的变化

通过教师培训、问卷调查和听课调研发现,我省普通高中生物新课程改革的情况是正常的。广大教师积极转变教育教学观念,改进教学方式,普通高中课堂正在发生一些可喜的变化。

1. 教师的教学行为在发生变化,形式更加丰富多样

普通高中课改以后,生物课从高一年级开设,学时增加了,教材的深度和广度都较老教材前进了一大步,栏目设计更加多样,课程理念有了改变。怎样才能避免“穿新鞋,走老路”,很多教师都进行了积极探索和研究,教师的观念、教学行为在悄然发生着变化:探究学习、合作学习的课程理念正在转变成教师的教学行为,以往普通高中课讲授法一统课堂的格局正在被打破。这在云南省教育厅组织的普通高中新课程教学竞赛课上表现最为突出。

2. 学生的学习方式发生了改变

普通高中新课程不仅给教师创造性地教提供了空间,也给学生创造性地学留下了空间。随着教师教学行为的改变,学生的学习方式也在发生变化。课堂上,学生开始从被动地听转变为主动地学,主体地位得到凸显,学习的积极性和主动性都得到发挥。

3. 教师们都在想方设法积极开发课程资源

没有丰富的课程资源,新课程理念的贯彻和实施将难以落实。本次课改,虽然从培训到上课,时间紧,教学任务重,课程资源不足,但教师们还是努力挖掘和开发网络、学校、社区的课程资源,开发学生头脑中的隐形课程资源,为充实教学内容,提高课堂效率做了大量工作。

(二) 存在的主要问题

1. 新课程实施中课程资源匮乏

一方面是实验仪器设备条件等不足以支持新课程的要求,导致许多实验不能开设;另一方面是师生所需要的教材配套品种如参考书、电子音像出版物匮乏。教师备课难度比较大,也从一定程度上加大了教师的工作量。

2. 教师队伍数量不足和质量不高

师资问题包括教师的数量问题和专业素养问题。近20年来,普通高中生物课都

是在高二开始上,新课程则提倡高一开始上课,而现有的教师都在教高二或高三,很难分出部分教师来教高一。这样,原来的教师数量就不够,需要补充。

普通高中生物课程的教学内容与原来相比发生了比较大的变化,特别是在选修模块,学术性较原来增强了不少,对教师的专业知识储备构成了挑战。就必修模块来说,虽然在知识内容上从总体看不比原来深,但是在科学的过程和方法、科学的历史和本质、"科学、技术、社会"等方面要求明显提高,增加的内容也不少,而绝大多数教师在大学学习时很少学习这方面的内容,难以适应新课程的要求。教师在专业素养上的欠缺主要表现在实验技能、专业知识和科学哲学素养三个方面。

3. 对探究性学习的认识和操作不到位

"倡导探究性学习"是课标提出的基本理念之一。按照这一理念的要求,许多教师积极改进教学方式,引导学生进行探究性学习,但是仍有教师心存疑虑,有的教师对此持有不同观点:①探究性学习的效率低,影响考试成绩;②探究性学习将简单问题复杂化,浪费学生宝贵的学习时间;③操作层面的问题。

还有一些教师在操作层面上遇到不少困难。①由于班额大,学生在探究活动中思维很活跃,教师感到课堂上教学秩序很乱,难以驾驭,教学时间更是难以把握。②在小组活动中,有的同学始终很活跃,占主导地位,有的同学却不积极参与。解决这个问题的关键在教师,教师在教学中应该对不够积极主动的同学给予更多的关照和鼓励。

4. 课时不足

按照《普通高中课程方案(实验)》的要求,普通高中生物课程的六个模块都应当开设36课时。每个模块一本教科书。许多教师反映,36课时讲完一本书非常紧张,有的学校只好采取加课时的办法,甚至周末也上课。有的教师说,知识都讲不完,哪有时间让学生搞探究!

5. 评价问题

课标对教学评价提出了许多新要求,比如评价的目的是为了促进学生的发展,要从知识、能力、情感态度价值观三个方面进行评价,要重视学习过程的评价,要重视学生的自评和互评等。不少教师在朝着这方面努力,改进了评价的内容和方法。但是,从总体上看,还存在不少问题。

第一,只重视知识学习的评价,不重视能力和情感态度价值观的评价。从不少地区或教师命制的试题可以看出,考查知识掌握情况的题目仍然占据着试卷的绝大部分版面,更有不少题目是考查知识内容的细枝末节,而不是核心概念和原理。

第二,只重视终结性评价,不重视学习过程的评价。不少教师将终结性考试成绩(如期末考试、学业水平考试、高考)作为追求的目标,而不是将评价作为促进学生发展的手段。课标中提出的建立学习档案袋的要求难以落实。

第三，只是由教师对学生进行评价，未能把学生当作评价的主体，引导学生自评和互评。

第四，有的教师在课堂教学中注意对学生进行激励性评价，但泛泛的廉价表扬过多，不能实事求是地评价学生的优点和不足，使得评价没有激励作用，也不能帮助学生改进学习。

（三）对策和建议

1. 充分挖掘和利用课程资源

这一问题的解决主要依靠教育厅、教育局教学仪器管理部门逐步解决。在实验仪器设备条件不足的情况下，作为教师应该根据课程标准，结合学校条件，对教材中的探究活动逐一进行分析，进而确定哪些实验是必做的，哪些实验是争取做的，哪些实验是可以不做要求的。按照新课程的要求，教师不仅是课程资源的使用者，也应当参与开发课程资源。在此提出两点建议。第一，应当重视利用互联网搜集可利用的资源。比如，人教网生物栏目有着非常丰富的资源：有电子版教科书和教师用书，其中的电子插图可用来制作课件；有专家写的课标解读和教材分析文章，教师写的教学经验体会、教学设计和教案；有教师提供的多媒体教学课件；有各地的阶段性考试题、会考题；有教材编者对教师教学中遇到的问题的答疑等。第二，应当重视挖掘利用学生头脑中的无形资源，即学生已有的知识和生活经验，这是更为丰富的一种课程资源。

2. 加强教师队伍建设

本次普通高中生物课程改革生物教材内容的现代化程度很高，加强教师队伍建设，提高教师的水平显得尤为重要。教师的知识储备不足，相关的探究实验技能欠缺，势必严重影响教学效果。解决这个问题，一方面要靠教育行政部门和教研部门组织的培训，以及学区或学校组织的校本教研活动；另一方面要靠教师的自我提高和继续教育来完成。

3. 组织好探究性学习

对于同样的教学内容，探究性学习比接受式学习需要的时间要长一些。如果仅从知识目标的达成来看，探究性学习是不如接受式学习来得快。但是，如果从三维目标来全面衡量，就不能说探究性学习的效率低了。即使仅从知识目标来看，学生对于通过自己探究获得的知识，理解也比较深刻，记忆也比较持久。至于与考试成绩的关系，还与考试的内容和方式有关。如果只是考查知识的掌握情况，教师按照先讲清楚再做习题的传统教学模式,可能会让学生考高分。如果考试侧重于考查学生的能力,单纯靠接受式学习恐怕难以获得好成绩。而近几年的高考命题一直强调能力立意,而能力是需要在分析和解决问题的过程中不断提高的,也就是在做科学探究的过程中不断提高。因此,应当看到"倡导探究性学习"这一理念与考试要求相统一的一面,消除疑虑,积极引导和组织学生进行探究性学习。

"倡导探究性学习"并不意味着排斥其他学习方式。接受式学习仍是有效的学习方式之一。有些内容是中学生很难探究的,教师采用传统的讲授法进行教学也是无可厚非的。

4. 科学合理地组织教学,提高课堂教学效率

对于教师普遍反映课时不足的问题,应该客观分析,合理解决。首先,教材内容是依据课标编写的,课标是国家颁布的指导学科教学的纲领性文件,具有一定稳定性,短期内不会有大的调整。因此,不能寄希望于教材减少内容。课标是依据课程方案制订的,课程方案对每学科的模块结构和课时都做了规定,短期内也不可能调整,因此也不能寄希望于增加课时。

要找到解决问题的对策,需要深入分析课时紧的原因。课时紧张反映的是一定的课时与教学内容总量之间的矛盾。新课程的教学内容多在哪里? 实际上,如果仔细分析的话,教材中知识性内容虽然在局部有增有减,但总体上并没有增多。新教材同以往教材相比,增加的主要是以下三个方面的内容:一是关于科学的过程与方法的内容,二是科学探究活动的内容,三是与社会和个人生活相联系的内容。之所以增加这三方面的内容,是与课标提出的课程理念密不可分的。"提高生物科学素养"这一理念,要求教材在重视基础知识和基本技能的基础上,重视学生对科学过程的体验、科学方法的领悟、探究能力的培养、科学技术与社会关系的理解;"倡导探究性学习"这一理念,要求教材设计较多的探究活动,让学生通过主动参与科学探究活动,来体验过程、领悟方法、培养能力,养成科学态度,培养科学精神,形成科学价值观;"注重与现实生活的联系"这一理念,要求教材将知识内容置于现实生活的背景中,让学生在分析和解决与生产和生活密切相关的问题的过程中来深入理解生物学知识。由此可见,教材增加这些内容是非常必要的。由此造成的教学内容与课时的矛盾,只能在教学实践中探索解决方案。建议教师可以考虑以下方法。

第一,应当按照课程标准的要求,努力落实新课程的基本理念。有的教师因为课时紧,就把全部时间用在知识教学上,使教材中的探究活动束之高阁,这种做法是值得商榷的。

第二,知识内容教学应突出重点。教材中的知识内容不必讲述得面面俱到。应

当认真研究课标的要求,分析不同教学内容的难易程度和教育价值,确定教学重点和难点。知识内容的讲授集中在突出重点、突破难点上。要突出主干知识,突出核心概念和原理。细节性知识、学生自己读书即可明白的知识,可以略讲或不讲,可让学生自学。有的教师担心学生在会考或高考中丢分,对教材中所有内容都事无巨细地讲述,连供学生自己阅读的小号字内容也不放过,甚至将新教材已删去的原教材中的内容也拿回来讲授,这显然是不合适的。实际上这样做,学生也未必能考出好成绩,因为考试命题也是以课标为依据的,越来越重视考查学生分析问题、解决问题的能力,而不是细枝末节的知识记忆。

第三,探究活动的安排应当追求活动的质量而不是数量。教材中的探究活动,除实验外,还有大量的"资料分析"、"思考与讨论"等。如果将教材中的所有探究活动都付诸实施,课时的确十分紧张。因此,教师可以依据课标,所在学校和学生的特点进行选择。对于课标中未作要求的内容,教师可以视情况灵活掌握。

第四,要厘清事实性材料与概念、原理等知识的关系,在教学中区别对待。生物学现象、科学家观察到的生物学事实等事实性材料,往往是为学生建构概念、理解原理服务的,如果教学中对事实性资料和概念、原理不加区分地都要求学生记忆,就会加重学生的学习负担,影响教学进度。

第五,必修和选修模块的教学进度可以统筹考虑。虽然必修和选修各模块的课时数都是 36 课时,但是从总体来看,选修模块需要的课时要少些,在实际教学中可以将所有模块的课时安排统筹考虑。选修 1 主要是做实验,其中大多数实验持续观察的时间往往较长,也可以考虑与其他模块的教学穿插进行。

5. 积极探索具有可操作性的评价方法和模式

评价问题是课改遇到的主要问题之一,也是教育行政部门需要研究和改革的重要问题。对广大教师来说,这是一个崭新的课题,需要在实践中不断摸索。

另外,课程标准在评价建议中,特别突出了对学生的探究能力的评价和对学生情感、态度与价值观的发展状况进行评价。这都是以往教学中的弱项,意在指导教师如何操作,而不流于空谈。正确的评价将起到很好的导向作用。

第九节　地理课堂教学策略调研报告

为了对我省普通高中新课程背景下课堂教学现状进行分析,并提出普通高中新课程改革下提高课堂教学效率的有效教学策略,课题组在全省普通高中地理教师新课程教材培训活动中,对参训教师进行了问卷调查。

一、受调查者和调查方法

(一)受调查者

来自全省各州市的所有参加新课程培训的普通高中地理学科教师。

(二)调查方法

采用问卷调查法,以不记名方式填写。本次调查共回收问卷 80 份,有效问卷 80 份,有效率为 100%。

(三)受调查者的基本情况

受调查者的基本情况依据问卷回收的情况统计,主要从性别、教龄、工作所在地、学历、职务、职称、发表文章等方面进行统计(表 5 - 96)。

表 5 - 96　受调查者的基本情况

项目	分类	人数(人)	比例(%)
性别	男	45	57.7
	女	33	42.3
工作所在地	省会城市	0	0
	州市级城市	19	23.8
	县城	45	56.3
	乡镇	15	20.0
学历	硕士及以上	2	2.5
	本科	75	93.8
	专科	3	3.8
	专科以下	0	0
职务	学校管理层	4	5.0
	学科带头人	8	10.0
	年级组长	2	2.5
	普通教师	66	82.5
职称	中学特级	0	0
	中学高级	15	19.7
	中学一级	17	22.4
	中学二级	28	36.8
	中学二级以下	16	21.1

续表

项目	分类	人数(人)	比例(%)
现任教年级	高一年级	37	54.4
	高二年级	12	17.6
	高三年级	19	27.9
高一年级任教年数	3 年以下	48	68.6
	3~10 年	15	21.5
	11~25 年	7	10.0
高二年级任教年数	3 年以下	58	82.8
	3~10 年	11	15.7
	11~17 年	1	1.4
高三年级任教年数	3 年以下	48	68.6
	3~10 年	21	30.0
	11~17 年	1	1.4
发表文章	没有	45	57.7
	3 篇以下	20	25.6
	3 篇以上	13	16.7

　　从问卷调查可知,我省普通高中地理教师的基本情况具有以下特点。①教师比较年轻,近90%的教师教龄不足10年。②95%以上的教师学历都是本科以上;职称以中、初级职称为主,约占60%,无特级教师;新教师较多,占21.1%。③大多数教师在学校无行政职务,82.5%都是普通教师,管理层教师仅有5%。④由于工作任务的繁重,绝大多数教师没能潜心研究教学,约60%的教师没有发表过论文和研究报告。

二、调查问卷分析

(一)受调查者对普通高中新课程课堂教学的直观感受

表 5-97　受调查者对普通高中新课程课堂教学的直观感受

因素 \ 选项	非常反对(%)	比较反对(%)	中立(%)	比较赞同(%)	非常赞同(%)
1. 任课教师一般无须考虑如何设计教学目标	42.5	41.3	6.3	7.5	2.5
2. 创设教学情境对整堂课的效果影响很大	0	2.5	7.5	51.3	38.8

续表

选项 因素	非常反对 （%）	比较反对 （%）	中立 （%）	比较赞同 （%）	非常赞同 （%）
3. 合作学习就是小组学习和讨论	8.9	16.5	48.1	22.8	3.8
4. 课堂提问是师生交互的重要方面	1.4	1.4	20.3	63.5	13.5
5. 探究教学、合作学习、自主学习课堂热闹非凡,但实际效果不佳	7.7	33.3	35.9	17.9	5.1
6. 开展教学研究有利于提高课堂教学效果	0	1.3	13.2	46.1	39.5
7. 课堂上使用多媒体主要是代替板书,还可以节省时间	11.3	33.8	31.3	13.8	10.0
8. 使用多媒体的效果不好,传统教学法更容易让学生接受	10.0	43.8	33.8	11.3	1.3
9. 布置作业要考虑学生的学业负担	0	5.0	5.0	48.8	41.3
10. 新教材体系较为杂乱,同一知识点无法一次教透、学透	2.5	16.3	35.0	38.8	7.5
11. 教学过程必须关注"学情",适时调整教学策略和方法	0	0	0	36.3	63.8
12. 经常进行教学反思能够不断改进教学效果	0	0	0	36.3	63.8

从表 5-97 统计结果可知:83%的教师认为每节课必须设计教学目标;约 90%的教师赞同创设教学情境对整堂课的效果影响很大;但对于合作学习就是小组学习和讨论,48%的教师持中立态度;77%的教师认同课堂提问是师生交互的重要手段;对于新课程倡导的探究教学、合作学习、自主学习等教学方式的认同度不高,仅41.1%的教师认同,23%的教师不认同,35.9%的教师持中立态度;85%的教师认为开展教学研究有利于提高课堂教学效果;对于地理课堂教学使用多媒体代替板书的态度模糊,近三成的教师持中立态度;53.8%的教师认为使用多媒体比传统教学的效果好,约 45%的教师持中立态度或认为传统教学更易让学生接受,反映出教师对使用多媒体进行教学认可度并不高;对于布置作业要考虑学生学业负担,约 90%的教师均认同;认为新教材体系较为杂,同一知识点无法一次教透的教师占 46%,持中立态度的占 35%,可见地理教师对所教教材的体系有一定看法;所有受调查教师均认

为教学过程必须关注"学情",适时调整教学策略和方法,经常进行教学反思,能够不断改进教学效果。

(二)受调查者的教学实践状况的分析

1.教学中涉及新课程的三维课程目标(知识和技能、过程和方法、情感态度和价值观)

有30.0%的教师认为最重要的是知识和技能目标,有16.3%的教师认为最重要的是过程和方法目标,有53.8%的教师认为最重要的是情感态度和价值观目标;有43.8%的教师认为最不重要的是知识和技能目标,有16.3%的教师认为最不重要的是过程和方法目标,有40%的教师认为最不重要的是情感态度和价值观目标。

有18.8%的教师认为最难实现的是知识和技能目标,有13.8%的教师认为最难实现的是过程和方法目标,有67.5%的教师认为最难实现的是情感态度和价值观目标;有67.5%的教师认为最容易实现的是知识和技能目标,有11.3%的教师认为最容易实现的是过程和方法目标,有21.3%的教师认为最容易实现的是情感态度和价值观目标。

2.教师认为采用何种教学方式上课所依据的主要原则

表5-98　采用何种教学方式上课所依据的主要原则

采用何种教学方式上课所依据的主要原则	课标或教材要求	学校统一安排	视内容而定	视时间而定	视学生情况而定
教师(%)	23.8	0	36.3	0	40.0

教师采用的教学方式主要是依据学生情况、教学内容及课程标准和教材来确定(表5-98)。

3.教师进行课堂小结的基本情况

有2.5%的教师在上课内容较多的情况下就不进行课堂总结,51.3%以教师总结的方式进行小结,有35.0%的教师以课堂提问的方式,由部分学生总结完善进行课堂小结,有7.5%的教师由学生分组讨论,得出结论的方式进行小结。可见,绝大部分教师都重视进行课堂小结。

4.教师准确评定学生平时的学习情况的方式

18.8%的教师采用考试,10.0%的教师采用课堂表现,21.4%的教师采用作业,65.0%的教师采用多种手段综合运用。

5.教师布置作业

53.9%的教师以教材中的练习为主,76.9%的教师以教辅中的练习为主,38.5%

的教师以历年高考习题为主,11.5%的教师根据内容而定。可见很多教师以教辅中的习题为主要作业。

6. 选择教学内容

除了教材所涉及的内容外,61.5%的教师还会添加配套教辅,15.4%的教师还会添加其他教辅,74.4%的教师还会添加高考中所含的内容,71.8%的教师还会添加学生感兴趣的内容。

7. 设计教案过程

82.1%的教师通常考虑具体的教学目标,62.8%的教师通常考虑教学情景,48.7%的教师通常考虑课堂提问的形式和内容,57.7%的教师通常考虑教学方法,87.2%的教师通常考虑学生的实际情况,51.3%的教师通常考虑课程资源的使用。可见,教师在教案设计过程中通常是综合考虑上述各方面情况。

8. 创设教学情境

通常使用的内容有:16.7%的教师会使用学科史,85.9%的教师会使用趣味小故事,84.6%的教师会使用新闻素材,29.5%的教师会使用小游戏,3.9%的教师会使用其他内容创设教学情境。

9. 教师在安排教学进度时主要考虑的因素

82.1%的教师主要考虑课程标准的要求,78.2%的教师主要考虑教材的课时安排,25.6%的教师主要考虑自己的教学经验,43.6%的教师主要考虑各种考试的时间,41.0%的教师主要考虑年级组进度的安排,25.6%的教师主要考虑参考其他教师的进度。

10. 教师对普通高中新课程课堂教学中存在的主要问题及改进办法的看法

对新课改、新理念认识不够,教师教学观念、学生学习观念难以转变,仍以讲授为主。建议加强学习和培训。

学生基础差,学习积极性、主动性低,难以调动。

教材知识点之间联系性不强,较分散,教师不好把握。

教学内容多,知识点多,课时不足,能否适当增加课时量。

教学资源少,硬件跟不上,教辅不配套,实验及户外调查学习难以实现。

评价体制不配套,建议高考改革。

11. 教师对普通高中新课程中所倡导的探究教学、合作学习、自主学习等教学方法基本是持积极态度,但普遍认为实践起来比较难,效果也并不理想,应针对教学和学生的实际情况适当使用

三、调研结果与教学建议

从普通高中新课程地理学科有效教学调查的总体情况来看，参加调查的教师以中青年教师为主。在对普通高中新课程课堂教学的直观感受中，大多数受调查的地理教师对教学目标设计、创设教学情景、课堂提问是师生交互的重要方面、开展教学研究有利于提高课堂教学效果、根据学生学业负担布置作业、根据"学情"调整教学策略和方法，经常进行教学反思都比较认同；教师对合作学习就是小组学习和讨论、新教材体系、多媒体及对探究教学、合作学习、自主学习的认识还各有看法，认识不一致。在教学实践中，大多数地理教师认为最重要的、最难实现的是情感态度和价值观目标；教学方式主要还是依据学生情况、教学内容及课程标准和教材来确定；重视课堂小结；采用多种手段综合运用评定学生平时的学习情况；作业以教材练习和教辅练习为主；选择教学内容除教材外，主要还考虑配套教辅、高考和学生兴趣；教师在教案设计过程中通常综合考虑各方面因素；在创设教学情景时，通常使用现实中的情景问题、趣味小故事和新闻素材；安排教学进度时主要考虑课程标准和教材。参加调查的教师还反映对课改理念、课改要求认识不够，资源和课时不足，评价体系不配套，合作学习、探究学习和自主学习等新的学习方式实践较困难，效果不理想。

第十节　音乐课堂教学策略调研报告

一、受调查者和调查方法

（一）受调查者

受调查者为全省各州、市、县、乡镇学校的中学音乐一线教师。

（二）调查方法

本次主要采用问卷调查的方法，以不记名方式填写。了解音乐课堂教学策略的现状、教学实践中"三维目标"、教学方法及存在问题的解决办法等。本次收回问卷64份，有效率100％。

（三）受调查者的基本情况

受调查者的基本情况主要依据问卷收回的情况统计，本部分主要从性别、教龄、工作所在地、学历、职称、任教科目、发表论文等方面进行了统计。

表 5 - 99 受调查者的基本情况

项目	分类	人数(人)	比例(%)
性别	男	19	30
	女	45	70
教龄	5 年以下	30	47
	5~10 年	4	6
	10~20 年	10	16
	20~30 年	18	28
	30 年以上	2	3
工作地	省会城市	6	9
	州市级城市	18	28
	县城	36	56
	乡镇	4	6
学历	硕士	1	1
	本科	60	94
	专科	3	5
职称	特级	1	1
	高级	3	5
	一级	16	25
	二级	26	41
	二级以下	18	28
发表论文或研究报告	没有	42	66
	3 篇以下	18	28
	3 篇以上	4	6
现任教年级	高一	49	77
	高二	24	38
	高三	20	31
	初中	6	9
任教年限	高一至高三 1~15 年不等		

从表 5 - 99 中可知,本次音乐教师调查中,男教师占 30%,女教师占 70%。从教龄上来看,任教 5 年内占 47%,任教 5~10 年的占 6%,任教 10~20 年的占 16%,任教 20~30 的占 28%,任教 30 年以上的占 3%。从工作地方面来看,省会教师占 9%,州市教师占 28%,县级教师占 56%,乡镇教师占 6%。从学历方面来看,硕士占 1%,

本科占94%,专科占5%。从职称方面来看,特级占1%,高级占5%,一级占25,二级占41%,二级以下占28%。从发表论文或研究报告方面来看,发表3篇以上的占6%,发表3篇以下的占28%,未发表的占66%。从任教年级来看,高一占77%,高二占38%,高三占31%,初中占9%。任高一至高三年级年限1~15年不等。

二、调查问卷分析

(一)课堂教学策略直观感受

本部分主要从以下几个方面阐述。①任课教师一般无须考虑如何设计教学目标;②创设教学情境对整堂课的影响很大;③合作学习就是小组学习和讨论;④课堂提问是师生交流的重要方面;⑤探究教学、合作学习、自主学习课堂热闹非凡,但实际效果不佳;⑥开展教学研究有利于提高课堂教学效果;⑦课堂上使用多媒体主要是代替板书,还可以节省时间;⑧使用多媒体的效果不好,传统教学法更容易让学生接受;⑨布置作业要考虑学生的学业负担;⑩新教材体系较为杂乱且同一知识点无法一次教透、学透;⑪教学过程必须关注"学情",适时调整教学策略和方法;⑫经常进行教学反思能够不断改进课堂教学效果。

表 5 - 100　设计教学目标

任课老师一般无须考虑如何设计教学目标	人数(人)	比例(%)
非常赞同	2	3
比较赞同	3	5
中立	4	6
比较反对	28	43
非常反对	28	43

从表5-100中可知,非常赞同的教师占3%,比较赞同的教师占5%,中立的占6%,比较反对的占43%,非常反对的占43%。绝大多数教师的观念是对的,说明新课改理念上教师已掌握,少部分教师也许刚毕业,没学过,应多途径加强学习。

表 5 - 101　创设教学情境

创设教学情境对整堂课的效果影响很大	人数(人)	比例(%)
非常赞同	31	48
比较赞同	21	33
中立	5	8
比较反对	3	5
非常反对	4	6

从表 5-101 中可知,就创设教学情境对整堂课的效果影响很大的看法,非常赞同的占 48%,比较赞同的占 33%,中立的占 8%,比较反对的占 5%,非常反对的占6%,说明绝大多数教师赞同。

表 5-102　合作学习

合作学习就是小组学习和讨论	人数(人)	比例(%)
非常赞同	8	13
比较赞同	25	39
中立	25	39
比较反对	6	9
非常反对	0	0

从表 5-102 中可知,对合作学习就是小组学习和讨论的观点,非常赞同的占13%,比较赞同的占 39%,中立的占 39%,比较反对的占 9%,无非常反对,绝大多数教师赞同合作学习就是小组学习和讨论,这说明绝大多数教师并未清楚了解掌握"何为合作学习",更谈不上教学中加以实践。

表 5-103　课堂提问

课堂提问是师生交流的重要方面	人数(人)	比例(%)
非常赞同	15	23
比较赞同	29	45
中立	15	23
比较反对	5	8
非常反对	0	0

从表 5-103 中可知,对课堂提问是师生交流的重要方面的看法,非常赞同的占23%,比较赞同的占 45%,中立的占 23%,比较反对的占 8%,无非常反对,说明绝大多数教师赞同。

表 5-104　探究教学、合作学习、自主学习效果统计

探究教学、合作学习、自主学习效果统计	人数(人)	比例(%)
非常赞同	1	2
比较赞同	13	20
中立	30	47
比较反对	15	23
非常反对	5	8

从表 5-104 中可知,对探究教学、合作学习、自主学习课堂热闹非凡,但实际效果不佳的说法,非常赞同的占 2%,比较赞同的占 20%,中立的占 47%,比较反对的占 23%,非常反对的占 8%。探究学习、合作学习、自主学习对于培养学生各方面能力都很好,教师要接受并不断积极实践。

表 5-105　开展教学研究有利于提高课堂教学效果

开展教学研究有利于提高课堂教学效果	人数(人)	比例(%)
非常赞同	24	38
比较赞同	32	50
中立	6	9
比较反对	1	2
非常反对	1	2

从表 5-105 中可知,对开展教学研究有利于提高课堂教学效果的说法,非常赞同的占 38%,比较赞同的占 50%,中立的占 9%,比较反对的占 2%,非常反对的占 2%,说明绝大多数教师意识到教研的重要性。

表 5-106　课堂上使用多媒体主要是代替板书,还可以节省时间

课堂上使用多媒体主要是代替板书,还可以节省时间	人数(人)	比例(%)
非常赞同	2	3
比较赞同	19	30
中立	21	33
比较反对	19	30
非常反对	3	5

从表 5-106 中可知,对课堂上使用多媒体主要是代替板书,还可以节省时间的说法,非常赞同的占 3%,比较赞同的占 30%,中立的占 33%,比较反对的占 30%,非常反对的占 5%。多媒体的使用可让教学更生动,容量大、直观,但实践要依据客观实际。

表 5-107　使用多媒体的效果不好,传统教学法更容易让学生接受

使用多媒体的效果不好,传统教学法更容易让学生接受	人数(人)	比例(%)
非常赞同	1	2
比较赞同	4	6
中立	21	33
比较反对	24	38
非常反对	14	22

从表 5-107 中可知,对使用多媒体的效果不好,传统教学更容易让学生接受的说法,非常赞同的占 2%,比较赞同的占 6%,中立的占 33%,比较反对的占 38%,非常反对的占 22%。恰当使用多媒体,会使教学更生动有效。

表 5-108　布置作业要考虑学生的学业负担

布置作业要考虑学生的学业负担	人数(人)	比例(%)
非常赞同	22	34
比较赞同	23	36
中立	16	25
比较反对	2	3
非常反对	1	2

从表 5-108 中可知,布置作业要考虑学生的学业负担的观点,非常赞同的占 34%,比较赞同的占 36%,中立的占 25%,比较反对的占 3%,非常反对的占 2%。作业题目的选择要精,要考虑学科分配时间。

表 5-109　新教材体系较为杂乱且同一知识点无法一次教透、学透

新教材体系较为杂乱且同一知识点无法一次教透、学透	人数(人)	比例(%)
非常赞同	3	5
比较赞同	15	23
中立	31	48
比较反对	10	16
非常反对	5	8

从表 5-109 中可知,新教材体系较为杂乱,同一知识点无法一次教透、学透的说法,非常赞同的占 5%,比较赞同的占 23%,中立的占 48%,比较反对的占 16%,非常反对的占 8%。整合教材,用教材而不是教教材。收集资料很重要。知识点可以在不同的课中巩固。

表 5-110　关注"学情"并适时调整教学策略和方法

关注"学情"并适时调整教学策略和方法	人数(人)	比例(%)
非常赞同	28	44
比较赞同	33	51
中立	3	5
比较反对	0	0
非常反对	0	0

从表 5 - 110 中可知,教学过程必须关注"学情",适时调整教学策略和方法的说法,非常赞同的占 44%,比较赞同的占 51%,中立的占 5%,无比较反对和非常反对,说明教师认识到位。

表 5 - 111　教学反思能改进课堂教学

教学反思能改进课堂教学	人数(人)	比例(%)
非常赞同	44	69
比较赞同	18	28
中立	2	3
比较反对	0	0
非常反对	0	0

从表 5 - 111 中可知,经常进行教学反思能够不断改进课堂教学效果的观点,非常赞同的占 69%,比较赞同的占 28%,中立的占 3%,无比较反对和非常反对,说明教师认识到位。

(二) 课堂教学策略教学实践

本部分主要从以下几个方面阐述。①新课程的三维目标的重要性及实现难度;②采用何种教学方式上课所依据的主要原则;③进行课堂小结的基本原则;④准确评定学生平时成绩的评价方式;⑤布置作业采用的类型;⑥选择教学内容除教材外,还会添加哪些内容? ⑦设计教案时通常考虑什么方面? ⑧创设教学情景时,通常使用的内容有哪些? ⑨安排教学进度时主要考虑的因素;⑩您认为普通高中新课改存在的主要问题是什么? 如何改进? ⑪您如何看待新课程所倡导的教学方法。

表 5 - 112　新课程三维目标的重要性

新课程三维目标的重要性	重要	次重要	再次重要
	人数(人)	人数(人)	人数(人)
知识与技能	12	25	26
过程与方法	12	34	17
情感态度与价值观	39	4	20

音乐学科的三维目标因教学内容而定,有些内容三项都要实现,有些内容重点实现某一项、某二项不等,有些内容某项目标根本不涉及都有可能(表 5 - 112)。

表 5 - 113　新课程三维目标的实现难度

新课程三维目标的实现难度	难	次难	再次难
	人数（人）	人数（人）	人数（人）
知识与技能	19	23	20
过程与方法	9	26	27
情感态度与价值观	34	13	15

音乐学科实现三维目标，只要好好设计课，认真研究设问，引导学生回答设问，三维目标在不知不觉中就实现了（表 5 - 113）。

表 5 - 114　采用何种教学方式上课所依据的主要原则

主要原则	人数（人）	比例（％）
A. 课标或教材要求	14	22
B. 学校统一安排	0	0
C. 视内容而定	20	31
D. 视时间而定	0	0
E. 视学生情况而定	30	47

从表 5 - 114 中可知，采用何种教学方式上课所依据的主要原则是选课标或教材要求的占 22％，选视内容而定的占 31％，视学生情况而定的占 47％，无人选学校统一安排和视时间而定的选项。

表 5 - 115　课堂小结的基本情况

基本情况	人数（人）	比例（％）
A. 课堂内容较多，一般不进行课堂小结	2	3
B. 以老师总结的方式进行小结	19	30
C. 以课堂提问的方式，由部分学生总结完善	28	44
D. 由学生分组讨论，得出结论	13	20
E. 其他	2	3

从表 5 - 115 中可知出，课堂小结的基本情况是选课堂内容多，一般不进行课堂小结的占 3％，选以教师总结的方式进行小结的占 30％，选以课堂提问的方式，由部分学生总结完善的占 44％，选由学生分组讨论，得出结论的占 20％，选其他的占 2％。

表 5 - 116　评价方式统计

评价方式	人数（人）	比例（％）
A. 考试	2	3
B. 课堂表现	14	22

续表

评价方式	人数（人）	比例（%）
C. 作业	0	0
D. 其他	0	0
E. 多种手段综合运用	48	75

从表 5-116 中可知，课堂表现是评定学生平时学习情况的主要评价方式，也是使用最多的评价方式，选课堂表现的占 22%，选多种手段综合运用的占 75%，说明音乐教师认识到位。

表 5-117　布置作业的类型

布置作业的类型	人数（人）	比例（%）
A. 教材中的习题	44	69
B. 教辅中的习题	18	28
C. 历年高考习题	13	20
D. 其他	20	31

从表 5-117 中可知，布置作业时，教师选教材中的习题的占 69%，选教辅中的习题的占 28%，选历年高考习题的占 20%，选其他的占 31%，说明教师认识到位。

表 5-118　选择教材内容时会添加的内容

选择教材内容时会添加的内容	人数（人）	比例（%）
A. 配套教辅	19	30
B. 其他教辅	17	27
C. 高考所含内容	19	30
D. 学生感兴趣的内容	56	88

从表 5-118 中可知，除教材所涉及的内容外，教师添加内容选配套教辅的占 30%，选其他教辅的占 27%，选高考所含内容的占 30%，选学生感兴趣的内容的占 88%，说明教师认识到位。

表 5-119　教案设计考虑的方面

教案设计考虑的方面	人数（人）	比例（%）
A. 具体的教学目标	50	78
B. 教学情境	45	70
C. 课堂提问的形式和内容	33	52
D. 教学方法	41	64

续表

教案设计考虑的方面	人数（人）	比例（%）
E. 学生的实际情况	51	80
F. 课程资源的选用	35	55
G. 其他	5	8

从表 5-119 中可知，在设计教案过程中，通常会考虑具体的教学目标的占78%，选教学情境的占70%，选课堂提问的形式和内容的占52%，选教学方法的占64%，选学生的实际上情况的占 80%，选课程资源的选用的占 55%，选其他的占8%，说明教师对新课改理念学得好。

表 5-120　创设教学情境使用的内容

创设教学情境使用的内容	人数（人）	比例（%）
A. 现实中的情境问题	52	81
B. 学科史	25	39
C. 趣味小故事	45	70
D. 新闻素材	30	47
E. 小游戏	41	64
F. 其他	11	17

从表 5-120 中可知，在创设教学情境时，通常使用现实中的情境问题的占81%，采用学科史的占39%，选用趣味小故事的占70%，选用新闻素材的占47%，采用小游戏的占64%，说明教师认识基本到位。

表 5-121　安排教学进度考虑的因素

安排教学进度考虑的因素	人数（人）	比例（%）
A. 课程标准的要求	52	81
B. 教材的课时安排	51	80
C. 自己的教学经验	31	48
D. 各种考试的时间	13	20
E. 年级组进度安排	25	39
F. 参考其他老师的进度	5	8
G. 其他	3	5

从表 5-121 中可知，在安排教学进度时，主要考虑的因素选课程标准的要求的占 81%，选教材的课时安排的占 80%，考虑自己的教学经验的占 48%，考虑各种考试时间的占 20%，考虑年级组进度安排的占 39%，参考其他教师进度的占 8%，选其

他的占5％，说明教师认识已基本到位。

在调查中有两道简答题。①您认为普通高中新课程课堂教学中存在的问题是什么？如何改进？教师们的回答是"课时不足，不能保证教学计划的实施"，"课时得不到保证，模块教学无法开展"，"学校音乐教学条件不到位，对完成课标要求很难"，"教师学习机会太少，闭门造车"，"大学课程设置与普通高中要求不配套"，"学生知识链断裂，教学设施落后，条件差"，"教材内容学生不喜欢"，"治标不治本，教育分数决定一切"。解决建议为："根据学生基础而进行教学"，"改编学生喜欢的内容"，"才艺也纳入高考成绩"，"多设计一些学生实际能操作、感兴趣的内容"，"选择性教学"，"好课、好资源共享"，"培训教师"，"硬件不到位，考核学校等级和学校领导作为硬条件"。②您如何看待新课程所倡导的教学方法？所有教师认为好，对教师、学生都有促进和帮助，有利于师生共同发展。

三、调研结果与教学建议

从调查的总体情况来看，普通高中新课程课堂教学中，绝大多数音乐教师教学理念认识到位，重视教学目标、课堂导入、情景创设、教学评价与反思，积极转化学生学习方式和教师教学方式等。极少数教师认识仍不到位。建议加强学习，多途径地吸取，理念正确后，不断探究必有收获。存在问题：音乐教师积极努力在实践，而学校课时不够，硬件设施不到位，模块教学除必修外，其他都未开，能否作为硬性规定或作为考核领导和学校定级的条件，让教师专心工作，更好地服务于学生。

第十一节　美术课堂教学策略调研报告

一、调查样本分析

（一）受调查者

受调查者来自全省各州市参加普通高中新课程培训的普通高中美术89位教师。

（二）调查方法

本次主要采用问卷调查的方法对参训的普通高中美术教师进行调查，了解美术教师对普通高中美术新课程课堂教学有效性的认识、看法，主要对课堂教学的现状进行直观感受和教学实践方面的调查。问卷回收89份，有效率100％。

（三）受调查者的基本信息

基本信息涉及性别、教龄、工作所在地、学历、职务、职称、任教科目、现任教年级、各年级的任教情况及是否发表过关于教学的论文或研究报告（表 5 - 122）。

表 5 - 122　调查对象的基本情况

项目	分类	人数（人）	比例（%）
性别	男	48	53.9
	女	41	46.1
工作所在地	省会城市	10	11.2
	州市级城市	21	23.6
	县城	45	50.6
	乡镇	13	14.6
	农村	0	0
学历	硕士及以上	0	0
	本科	32	36.0
	专科	57	64.0
	专科以下	0	0
职务	学校管理者	5	5.6
	学科带头人	8	9.0
	年级组长	1	1.1
	普通教师	75	84.3
职称	中学特级	0	0
	中学高级	8	9.0
	中学一级	24	27.0
	中学二级	48	53.9
	中学二级以下	9	10.1
现任教年级	高一	60	68.2
	高二	15	17.0
	高三	13	14.8

续表

项目	分类	人数（人）	比例（%）
高一年级任教情况	0 年	5	7.0
	1 年	28	39.4
	2 年	14	19.7
	3 年	9	12.7
	4 年	4	5.6
	5 年	5	7.0
	6 年	2	2.8
	7 年	1	1.4
	9 年	1	1.4
	12 年	2	2.8
高二年级任教情况	0 年	14	23.0
	1 年	15	24.6
	2 年	13	21.3
	3 年	5	8.2
	4 年	7	11.5
	5 年	1	1.6
	6 年	2	3.3
	7 年	1	1.6
	8 年	2	3.3
	10 年	1	1.6
高三年级任教情况	0 年	18	34.0
	1 年	9	17.0
	2 年	11	20.8
	3 年	5	9.4
	4 年	4	7.5
	5 年	1	1.9
	6 年	2	3.8
	7 年	1	1.9
	8 年	1	1.9
	12 年	1	1.9

续表

项目	分类	人数(人)	比例(%)
发表论文或研究报告	没有	45	57.0
	3 篇及以下	25	31.6
	3 篇以上	9	11.4

从表 5-122 中可知,被调查教师中男女教师比例基本平衡,男教师稍多。从工作所在地来看,在县城学校工作的教师比例较大,占 50.6%,其次是州市级城市的占 23.6%,乡镇和省会城市的分别是 14.6% 和 11.2%,没有在农村学校的教师。教师学历主要以专科和本科为主,专科学历教师占 64%,本科学历教师占 36%。从职务上来看,绝大多数美术教师都是普通教师占 84.3%,学科带头人有 9.0%,学校管理人员是 5.6%,年级组长为 1.1%。从职称上看,中学高级占 9.0%,中学一级占 27.0%,中学二级占 53.9%,中学二级以下占 10.1%,二级职称的教师为多数。从任教年级上看,高一年级的为多数,占 68.2%,高二年级的为 17.0%,高三年级的为 14.8%。高一年级任教情况显示,大多数教师在高一的任教年限在三年左右,高一有四年以上任教经历的教师只有 21%。高二年级任教情况显示大多数教师有四年及以下任教经历,五年及以上任教经历的只有 9.8%。高三年级任教情况和高二年级相同,四年及以下的为大多数,五年及以上的只有 11.4%。从发表论文和研究报告上看,57% 的教师没有发表过,3 篇及以下的 31.6%,3 篇以上的只有 11.4%。

二、调查问卷分析

(一) 受调查者对普通高中新课程课堂教学的认识和感受

本部分主要从任课教师一般无须考虑如何设计教学目标;创设教学情景对整堂课的效果影响很大;合作学习就是小组学习和讨论;课堂提问是师生交互的重要方面;探究教学、合作学习、自主学习课堂热闹非凡,但实际效果不佳;开展教学研究有利于提高课堂教学效果,课堂上使用多媒体主要是代替板书,还可以节省时间;使用多媒体的效果不好,传统教学法更容易让学生接受;布置作业要考虑学生的学业负担;新教材体系较为杂乱且同一知识点无法一次教透学透;教学过程必须关注"学情",适时调整教学策略和方法;经常进行教学反思,能够不断改进课堂教学效果 12 个方面来进行调查。

表 5 - 123　任课教师一般无须考虑如何设计教学目标

因素	选项	人数（人）	比例（%）
任课教师一般无须考虑如何设计教学目标	非常反对	40	44.9
	比较反对	27	30.3
	中立	11	12.4
	比较赞同	7	7.9
	非常赞同	4	4.5

有 75.2% 的教师反对在教学中不考虑如何设计教学目标，认为教学目标在教学中是不可缺少的，这些教师明确教学目标在教学中的作用很重要（表 5 - 123）。有 12.4% 的教师中立，这些教师对教学目标在教学中的作用还不够清晰，还有 12.4% 的教师认为无须设计教学目标，这些教师对教学目标在教学中的作用还缺乏认知。

表 5 - 124　创设教学情境对整堂课的效果影响很大

因素	选项	人数（人）	比例（%）
创设教学情境对整堂课的效果影响很大	非常反对	0	0
	比较反对	3	3.4
	中立	9	10.1
	比较赞同	25	28.1
	非常赞同	52	58.4

有 86.5% 的教师认为教学情境的创设很重要，有 10.1% 的教师中立，对教学情境的作用认识还不够明确，只有 3.4% 的教师认为没有影响（表 5 - 124）。由此可知，教师普遍认同教学情境的创设对课堂教学效果的影响很重要。

表 5 - 125　合作学习就是小组学习和讨论

因素	选项	人数（人）	比例（%）
合作学习就是小组学习和讨论	非常反对	1	1.1
	比较反对	9	10.1
	中立	39	43.8
	比较赞同	33	37.1
	非常赞同	7	7.9

有 11.2% 的教师认为合作学习不仅是小组学习和讨论，有 43.8% 的教师保持中立，对合作学习认识还不够清晰，有 45% 的教师认为合作学习就是小组学习和讨论，对合作学习缺乏完整的认识（表 5 - 125）。由此可知，对于合作学习，教师的认识还不够明确。

表 5 - 126　课堂提问是师生交互的重要方面

因素	选项	人数（人）	比例（%）
课堂提问是师生 交互的重要方面	非常反对	2	2.2
	比较反对	4	4.5
	中立	14	15.7
	比较赞同	41	46.1
	非常赞同	28	31.5

6.7%的教师认为课堂提问不是师生交互的重要方面，有 15.7%的教师中立，有 77.6%的教师认为课堂提问是师生交互的重要方面（表 5 - 126）。这表明大多数教师认为课堂教学提问是师生交互的重要方面。

表 5 - 127　探究学习、合作学习、自主学习课堂热闹非凡，但实际效果不佳

因素	选项	人数（人）	比例（%）
探究学习、合作学习、 自主学习课堂热闹非 凡，但实际效果不佳	非常反对	9	10.1
	比较反对	24	27.0
	中立	39	43.8
	比较赞同	10	11.2
	非常赞同	7	7.9

37.1%的教师反对探究学习、合作学习、自主学习课堂教学热闹非凡，但实际效果不佳的看法，有 43.8%的教师保持中立，有 19.1%的教师表示赞同（表 5 - 127）。这说明教师对探究学习、合作学习、自主学习如何组织、运用还不够明确。

表 5 - 128　开展教学研究有利于课堂教学效果

因素	选项	人数（人）	比例（%）
开展教学研究有利于 课堂教学效果	非常反对	0	0
	比较反对	0	0
	中立	11	12.4
	比较赞同	35	39.3
	非常赞同	43	48.3

87.6%的教师认为开展教学研究有利于课堂教学效果，有 12.4%的教师保持中立，没有教师反对（表 5 - 128）。这说明大多数教师对教学研究有利于提高课堂教学效果有较好的认识。

表 5-129　课堂上使用多媒体主要是代替板书并可以节省时间

因素	选项	人数(人)	比例(%)
课堂上使用多媒体主要是代替板书并可以节省时间	非常反对	14	15.7
	比较反对	26	29.2
	中立	22	24.7
	比较赞同	19	21.3
	非常赞同	8	9.0

44.9%的教师反对课堂上使用多媒体主要是代替板书,还可以节约时间,有24.7%的教师保持中立,30.3%的教师比较赞同,还有半数的教师对多媒体和板书在教学中的作用认识还不够清晰(表 5-129)。

表 5-130　使用多媒体的效果不好,传统教学法更容易让学生接受

因素	选项	人数(人)	比例(%)
使用多媒体的效果不好,传统教学法更容易让学生接受	非常反对	26	29.2
	比较反对	34	38.2
	中立	16	18.0
	比较赞同	18	9.0
	非常赞同	5	5.6

67.4%的教师认为使用多媒体教学学生更容易接受,18%的教师中立,14.6%的教师认为传统方法学生更容易接受(表 5-130)。这说明还有少部分教师对多媒体辅助教学的作用还没有较好认识和运用。

表 5-131　布置作业要考虑学生的学业负担

因素	选项	人数(人)	比例(%)
布置作业要考虑学生的学业负担	非常反对	0	0
	比较反对	4	4.5
	中立	17	19.1
	比较赞同	39	43.8
	非常赞同	29	32.6

76.4%的教师赞同布置作业要考虑学生的学业负担,19.1%的教师保持中立,只有4.5%的教师比较反对(表 5-131)。这说明大多数教师认为布置作业应该考虑学生的学业负担。

表 5-132　新教材体系较为杂乱且同一知识点无法一次教透学透

因素	选项	人数(人)	比例(%)
新教材体系较为杂乱且同一知识点无法一次教透学透	非常反对	6	6.7
	比较反对	14	15.7
	中立	44	49.4
	比较赞同	19	21.3
	非常赞同	6	6.7

对于新教材体系较为杂乱,同一知识点无法一次教透学透的观点,有 22.4% 的教师表示反对,49.4% 的教师表示中立,28% 的教师赞同,有部分教师对新教材的体系以及如何在教学中加以落实的认识还有待提高(表 5-132)。

表 5-133　教学过程必须关注学情并适时调整教学策略和方法

因素	选项	人数(人)	比例(%)
教学过程必须关注学情并适时调整教学策略和方法	非常反对	0	0
	比较反对	1	1.1
	中立	3	3.4
	比较赞同	36	40.4
	非常赞同	49	55.1

有 95.5% 的教师赞同,只有 3.4% 的教师表示中立,1.1% 的教师反对(表 5-133)。这说明绝大多数教师认为应该根据学情的需要来对教学方法进行适时调整。

表 5-134　教学反思能改进课堂教学

因素	选项	人数(人)	比例(%)
教学反思能改进课堂教学	非常反对	0	0
	比较反对	0	0
	中立	2	2.2
	比较赞同	27	30.3
	非常赞同	60	67.4

有 97.7% 的教师表示赞同,只有 2.2% 的教师表示中立(表 5-134)。这说明绝大多数教师认同教学反思能够促进教师不断改进教学。

从以上 12 个方面的调查可以发现,参与调查的大多数美术教师对有效的课堂教学要重视设计教学目标,要注重教学情景的创设,课堂提问是师生互动的重要方面,开展教学研究有利于课堂教学效果,作业要考虑学生学业负担,应根据学情的需要来实施调整教学方法,并且要经常进行教学反思七个方面的认识到位。对于合作学习、探究学习、自主学习以及如何运用多媒体的认识还不够明确,还需要不断加强。

（二）受调查者的教学实践状况分析

本部分主要从以下 11 个方面来了解普通高中美术教师新课程教学实践及课堂教学有效性的状况：对教学中涉及新课程的三维课程目标的认识；采用何种教学方式上课；进行课堂小结的基本情况；评价方法；布置作业的类型；选择教学内容时，除教材所涉及的内容外，您通常还会添加哪些内容；设计教案过程中，通常考虑的因素；创设教学情境时，通常使用的内容；安排教学进度时主要考虑的因素；普通高中新课程课堂教学中存在的主要问题及如何改进；如何看待新课程所倡导的教学方法。

表 5 - 135　教学中涉及新课程的三维目标

因素	选项	人数（人）	比例（%）
教学中涉及新课程的三维目标最重要的是	知识与技能	27	30.3
	过程与方法	17	19.1
	情感态度与价值观	45	50.6
教学中涉及新课程的三维目标最不重要的是	知识与技能	33	37.1
	过程与方法	23	25.8
	情感态度与价值观	33	37.1
教学中涉及新课程的三维目标最难的是	知识与技能	17	19.1
	过程与方法	19	21.3
	情感态度与价值观	53	59.6
教学中涉及新课程的三维目标最容易的是	知识与技能	29	32.6
	过程与方法	34	38.2
	情感态度与价值观	26	29.2

此题反映出教师对新课程三维目标的认识和看法，50.6% 的教师认为三维目标中最重要的是情感态度价值观，59.6% 的教师认为最难的也是情感态度价值观，因为情感态度价值观是隐形目标，实现起来确实是有一些难度。其余选项差距都不大，教师认为三维目标的重要性一致（表 5 - 135）。

表 5 - 136　采用何种教学方式上课所依据的主要原则

因素	选项	人数（人）	比例（%）
采用何种教学方式上课（如讲授式、问答式、探究式等）所依据的主要原则	课标与教材要求	21	23.6
	学校统一安排	3	3.4
	视内容而定	28	31.5
	视时间而定	1	1.1
	视学生情况而定	36	40.4

有 40.4％的教师选择视学生情况而定,有 31.5％的教师选择视内容而定,有 23.6％教师选择视课标与教材要求而定,说明绝大多数教师是依据学生、内容及课标教材来选定合适的教学方式(表 5－136)。

表 5－137　进行课堂小结的基本情况

因素	选项	人数(人)	比例(％)
进行课堂小结的基本情况	上课内容较多,一般不进行课堂总结	4	4.5
	以教师总结的方式进行总结	42	47.2
	以课堂提问的方式由部分学生总结完善	23	25.8
	由学生分组讨论提出结论	18	20.2
	其他	2	2.2

有 47.2％的教师选择的是以教师总结的方式来进行课堂小结,教师总结还是半数以上教师运用的总结方式。有 25.8％的教师选择由部分学生总结完善,有 20.2％的教师选择由学生分组讨论提出,也有接近半数的教师认为学生也应是课堂总结的参与者(表 5－137)。

表 5－138　评价方式统计

因素	选项	人数(人)	比例(％)
评价方式	考试	21	23.6
	课堂表现	3	3.4
	作业	28	31.5
	其他	1	1.1
	多种手段综合运用	36	40.4

有 40.4％的教师选择多种手段综合运用的评价方式,有 31.5％的教师采用作业的评价方式,有 23.6％的教师选用考试的评价方式,近半数的教师对于学生的评价能采用多种手段综合运用,但也有超过半数的教师还是采用单一的评价方式(表 5－138)。

表 5－139　布置作业的类型

因素	选项	人次(人)	比例(％)
布置作业一般采用的类型	教材中的习题	45	50.6
	教辅中的习题	24	27.0
	历年高考习题	19	21.4
	其他	37	41.6

50.6％的教师一般采用教材中的习题,41.6％选择其他的作业方式。因为美术

教学的特殊性,一般都是完成课堂作业,课外作业基本没有(表5-139)。

表5-140　选择教学内容时会添加的内容

因素	选项	人次(人)	比例(%)
选择教学内容时,除教材所涉及的内容外,通常还会添加的内容	配套教辅	27	30.3
	其他教辅	26	29.2
	高考所含内容	32	36.0
	学生感兴趣的内容	82	92.1

因美术学科不是高考科目,所以有92.1%的教师都选择了学生感兴趣的内容(表5-140)。

表5-141　设计教案考虑的方面

因素	选项	人次(人)	比例(%)
在设计教案过程中,通常考虑哪些方面	具体教学目标	71	79.8
	教学情境	65	73.0
	课堂提问形式和内容	55	61.8
	教学方法	67	75.3
	学生实际情况	76	85.4
	课程资源的选用	48	53.9
	其他	5	5.6

教案设计中学生实际情况、具体教学目标、教学情境、教学方法都是教师考虑的最重要方面,其次是课堂提问的形式和内容以及课程资源的选用(表5-141)。

表5-142　创设教学情境使用的内容

因素	选项	人次(人)	比例(%)
在创设教学情境时,通常使用的内容	现实中的情景问题	72	80.9
	学科史	44	49.4
	趣味小故事	70	78.7
	新闻素材	52	58.4
	小游戏	46	51.7
	其他	14	15.7

创设教学情境时教师采用最多的是使用现实中的情景问题还有趣味小故事,其次是学科史、新闻素材和小游戏(表5-142)。

表 5－143　安排教学进度考虑的因素

因素	选项	人次(人)	比例(%)
安排教学进度时主要考虑的因素	课程标准的要求	76	85.4
	教材课时的安排	75	84.3
	自己的教学实践	46	51.7
	各种考试的时间	17	19.1
	年级进度安排	23	25.8
	参考其他教师进度	6	6.7
	其他	4	4.5

安排教学进度时绝大多数教师主要考虑的因素是课程标准的要求和教材课时的安排,其次是自己的教学实践,其他方面考虑不多(表 5－143)。

普通高中新课堂教学中存在的主要问题以及如何改进和如何看待新课程倡导的教学方法(探究、合作、自主学习)以开放问答的形式进行调查。通过调查,教师反映普通高中美术课堂教学的问题主要有以下几个方面。①学校不重视美术学科,不能按照国家课程要求的课时量排课,课时量少,甚至有的学校是课表上排课,实际不上课。②课程内容多,涉及面广,专业化要求高,教师胜任教学难度大,教学任务很难完成。③缺乏开展美术课模块教学的场地和设施设备,美术教师数量不足,模块教学开展困难大。④传统教育模式的影响,有的教师还未能积极参与到新课改中,教师对新课程的精神的掌握、理解不够,故未能很好关注学生需要,学生未能真正成为课堂的主体。⑤教材和学生实际有些脱节,操作性不强,课程内容部分不适应于农村学生需要。⑥缺乏教师培训和同行交流的机会。

教师提出的改进意见主要有以下几个方面。①希望通过上级行政部门的检查督导,能使学校按照课程要求开足美术课。②希望改善教学设施设备。③希望加强教师培训,特别是美术专业知识和技能的培训,并创造更多学习交流的机会。④加强自身学习提高,关注学生需要。

如何看待新课程倡导的教学方法,教师的看法主要有以下几个方面。①这些方法非常好,能提高学生学习兴趣,是发挥学生学习主动性的有效途径。②三种方法都很科学、合理、实用,应根据教学内容和学生来灵活运用。③学生学习美术和学习其他学科的时间和精力有冲突,难以完成美术课要求的课前准备和学习,实施起来有难度。④要求教师要有先进的教学理念和方法才能把握好运用的"度"。

从以上 11 个方面的调查可以发现,超过一半的教师认为三维目标中的情感态度价值观最重要也是最难实现的,教师对三维目标中知识技能目标的重要性认识不够。

大多数教师能根据学生、教学内容和课标、教材来选用合适的教学方式。有近一半的教师选择以教师为主体的评价方式来进行评价,有一半的教师采用教师学生共同参与的评价方式来进行。最多使用的评价方式是多种手段综合运用,也有一半的教师还是采用单一的评价方式进行评价。超过一半的教师采用教材中的内容作为学生的作业。教师除教材内容外,能根据学生兴趣来添加教学内容,认为学生的实际情况、具体教学目标、教学情境、教学方法是教学设计时需考虑的重要因素。现实的情景问题、趣味小故事是教师创设教学情境时最多采用的。安排教学进度时,绝大多数教师主要考虑的因素是课程标准的要求和教材课时的安排。对于高中新课堂教学中存在的问题主要集中在学校重视、课时安排、设施设备、教师专业能力以及对新课程的认识上。对于新课程倡导的教学方式教师认为很好,但是实施起来有难度。以上这些情况反映出我省普通高中美术课堂教学无论从学校重视、设施设备的保证还是从教师实践上都还有需要加强和改进的方面。

三、调研结果与教学建议

(一) 调研结果

调查反映了目前普通高中美术新课程课堂教学的实际情况,可以看到我省普通高中美术教师在新课程实施以来积极投入到新课程的实施和有效课堂的实践中,并把自己在新课程中遇到的问题和困难真实地进行反馈,为进一步提高和改进普通高中新课程课堂教学的有效性提供了现实的依据。此次调查主要反馈的情况有如下几个方面。

第一,美术教师对教学目标在教学中的作用认识明确,了解三维目标,对情感态度价值观认识充分,对知识技能目标的重要性认识还需进一步加强。

第二,美术教师认为创设情境对课堂教学效果有直接的影响,并且能经常使用现实中的情景问题、趣味小故事来创设情境,引发学生学习兴趣。

第三,能关注"学情",适时调整教学策略和方法。大多数美术教师能根据学生、教学内容和课标、教材来选用合适的教学方式。

第四,对新课程倡导的教学方式,美术教师认同度很高,认为能调动学生的学习积极性,只是受美术学科重视程度、课时等影响实施起来有一些困难。

第五,半数以上的美术教师能采用多种评价方式来评价学生,布置合理多样的作业,但也有近一半的美术教师还是采用单一的评价方式和作业来进行教学。

第六,美术课是经常不能保证开齐、开足,教学设备不能满足教学的需要,特别是农村学校,希望得到重视。

第七,教师有学习的紧迫感,因为普通高中美术新课程是模块教学,很多都是教师没有学习过的内容,希望以后得到更多学习提高的机会。

(二) 教学建议

第一,建议主管部门加强对学校开课的督导检查,尽力配齐教学所需的设施设备,为开好美术课提供保障。

第二,有计划地对教师进行相关知识和技能的培训,使教师尽快胜任普通高中美术教学的要求。

第三,开展各项提高教师教学能力和专业技能的竞赛和交流活动,促进教师专业能力的提高。

第四,各级教研员经常深入课堂,通过开展专项教研活动、听课评课等活动,帮助教师提高课堂教学的效率。

第五,以"送课下乡"和"同上一节课活动"等方式进行城乡教师的交流互动,促进农村教师的提高。

第六,在有三个美术教师以上的学校积极促进"校本教研"活动的开展,加强教师协作发展。

第十二节　体育与健康课堂教学策略调研报告

一、受调查者和调查方法

(一) 受调查者

受调查者为来自全省各州市的所有参加新课程培训的普通高中体育骨干教师,共计 521 人。

(二) 调查方法

本次主要采用问卷调查法,对参训的普通高中体育教师进行现场调查。本次收回问卷 128 份,有效率 25%。

(三) 受调查者的基本情况

受调查者的基本情况主要依据问卷回收情况统计,本部分主要从性别、年龄、学历、教龄、职称等方面进行统计。

表 5-144　受调查者性别的基本情况

性别	男	女	合计
人数（人）	98	30	128
比例（%）	76.6	23.4	100

从表 5-144 可知，体育教师中以男教师为主占 76.6%，女教师仅占 23.4%。究其原因，我国众多体育项目虽然几乎是阴盛阳衰，但今体育女教师的确很少。一是体育教师工作辛苦，风吹日晒，还要照顾家庭，多数女同志不愿太辛苦；二是辛苦的付出没有得到认可，地位不重要，得不到应有的尊重，还不如改行干别的。

表 5-145　受调查者学历的基本情况

学历	人数	比例（%）
硕士及以上	0	0
本科	120	93.8
专科	6	4.7
专科以下	2	1.6
合计	128	100

从表 5-145 可知，体育教师本科生占 93.8%，说明受教育水平较高，相应的教育教学质量是有保障的。高学历的人才缺乏，反映出体育教师的理论水平还存在一定的问题：一是缺乏奋斗目标，得过且过；二是能力有限。

表 5-146　受调查者工作所在地的基本情况

工作所在地	人数	比例（%）
省会城市	14	10.9
州市级城市	38	29.7
县城	58	45.3
乡镇	16	12.5
农村	2	1.6
合计	128	100

从工作所在地来看，省会占 10.9%，州级城市占 29.7%，县城占 45.3%，其他有 14.1%，县城来参训的比例较高，说明县城"走出去"参观、学习的机会不多，所以省会城市举办培训是一次很难的"去看看"的机会；省会的参训者少，原因与之相对（表 5-146）。

表 5-147　受调查者职务的基本情况

职务	人数	比例(%)
学校管理者	8	6.3
学科带头人	6	4.7
年级组长	4	3.1
普通教师	110	85.9
合计	128	100

从职务来看,学校管理者占6.3%,学科带头人4.7%,年级组长占3.1%。普通教师居多占85.9%,这个比例是非常符合规律的(表5-147)。一线教师承担着重要的教学任务,来参与培训本身就是一种提高,培训后将有利于整个体育学科教学质量的提升。

表 5-148　受调查者职称的基本情况

职称	人数	比例(%)
特级	0	0
高级	28	21.9
一级	44	34.4
二级	44	34.4
二级以下	12	9.4
合计	128	100

本次调查的教师中,没有中学特级教师,中学高级教师占21.9%,中学一级教师占34.4%,中学二级教师占34.4%,中学二级及以下则占9.4%。参加培训的教师以中青年为主,是提升体育教育事业的中坚力量(表5-148)。

表 5-149　受调查者现任教年级的基本情况

现任教年级	人数	比例(%)
高一	58	50.9
高二	20	17.5
高三	36	31.6
合计	128	100

从表5-149可知,经过三年的新课改培训,大部分学校已做到全员教师参与培训,以后的培训只须在新教师中进行即可。

表 5 - 150　受调查者发表过的教学论文或报告的基本情况

发表过的教学论文或报告	人数	比例(%)
没有	68	54.8
3 篇及以下	38	30.6
3 篇以上	18	14.5

发表过关于教学的论文或研究报告的体育教师占 45.1%,没有发过占 54.8%,表明体育教师的理论水平、文化功底落后于其运动技能水平(表 5 - 150)。原因一是有想法、有案例,但懒于动笔;二是文字基础差,有想法却表达不出来,干脆不写。

二、调查问卷分析

(一) 直观感受

这部分是从以下几个方面展开的:任课教师一般无须考虑如何设计教学目标吗? 合作学习是否就是小组学习和讨论? 课堂提问是否是师生交互的重要方面? 探究教学、合作学习、自主学习课堂热闹非凡但实际效果不佳吗? 使用多媒体的效果不好吗? 传统教学法更容易让学生接受? 布置作业要考虑学生的学业负担吗? 教学过程必须关注学情适时调整教学策略和方法吗? 经常进行教学反思能够会不断改进课堂教学效果吗?

表 5 - 151　任课教师一般无须考虑如何设计教学目标

选项	人数(人)	比例(%)
非常反对	74	57.8
比较反对	24	18.8
中立	8	6.3
比较赞同	10	7.8
非常赞同	12	9.4
合计	128	100

从表 5 - 151 中可知,对于任课教师一般无须考虑如何设计教学目标非常反对的体育教师占 57.8%,比较反对的占 18.8%,中立的占 6.3%,比较赞同的占 7.8%,非常赞同的占 9.4%。这表明少部分体育任课教师对教学目标不重视,上课随心所欲,缺乏责任心,工作态度不认真。

表 5 - 152　创设教学情境对整堂课的影响

选项	人数(人)	比例(%)
非常反对	2	1.6
比较反对	4	3.1
中立	20	15.6
比较赞同	48	37.5
非常赞同	54	42.2

从表 5-152 中可知,对于创设教学情境对整堂课的效果影响很大非常反对的占 1.6%,比较反对的占 3.1%,中立的占 15.6%,比较赞同的占 37.5%,非常赞同的占 42.2%。体育教师持赞成态度占 79.7%,这说明教学情境对教学效果影响很大,也反映出大部分体育教师的教育教学理念较先进。

表 5 - 153　合作学习

选项	人数(人)	比例(%)
非常反对	2	1.6
比较反对	14	10.9
中立	46	35.9
比较赞同	34	26.6
非常赞同	32	25.0

从表 5-153 中可知,对于合作学习就是小组学习和讨论非常反对的占 1.6%,比较反对的占 10.9%,中立的占 35.9%,比较赞同的占 26.6%,非常赞同的占 25%。体育教师对这个问题持赞同态度的占 51.6%,比例过半,显示出体育教师对于合作学习的方式、方法还有待于了解和研究。

表 5 - 154　课堂提问

选项	人数(人)	比例(%)
非常反对	4	3.1
比较反对	2	1.6
中立	22	17.2
比较赞同	46	35.9
非常赞同	54	42.2

从表 5-154 中可知,对于课堂提问是师生交互的重要方面非常反对的体育教师占 3.1%,比较反对的占 1.6%,中立的占 17.2%,比较赞同的占 35.9%,非常赞同的占 42.2%。这表明课堂提问成为师生互动的主要方式,也是知识传授的重要途径。

表 5 - 155　探究教学、合作学习、自主学习

选项	人数（人）	比例（%）
非常反对	18	14.1
比较反对	22	17.2
中立	40	31.3
比较赞同	34	26.6
非常赞同	14	10.9

从表 5 - 155 中可知，对于探究教学、合作学习、自主学习课堂热闹非凡，但实际效果不佳，反对的占 31.3%，赞同的占 37.5%，探究教学、合作学习、自主学习、课堂热闹非凡，可以提高教学效率，但前提需要教师的掌控。例如，提前设置好问题、同质分组和异质分组……中立的占 31.3%，说明上述学习方式还需要时间的检验，教师亦需要加强实践。

表 5 - 156　开展教学研究

选项	人数（人）	比例（%）
非常反对	2	1.6
比较反对	0	0
中立	12	9.4
比较赞同	48	37.5
非常赞同	66	51.5

从表 5 - 156 中可知，对于开展教学研究有利于课堂教学效果非常反对的体育教师占 1.6%，比较反对的占 0%，中立的占 9.4%，赞同的占 89%。开展教学研究，利于调动学生学习积极性，提升教师的教育教学水平，进而提高教育教学质量。

表 5 - 157　课堂上使用多媒体代替板书并可以节省时间

选项	人数（人）	比例（%）
非常反对	10	7.8
比较反对	12	9.4
中立	56	43.8
比较赞同	24	18.8
非常赞同	26	20.3

从表 5 - 157 中可知，对于课堂上使用多媒体主要是代替板书还可以节省时间，反对的占 17.2%，赞同的占 39.1%。使用多媒体教学能省时间，对于这个观点，一部分体育教师表示赞成。中立的占 43.8%，大部分体育教师还在摸索，原因一是对多

媒体操作不熟；二是过度使用多媒体，阻障了师生的情感交流；三是责任心不强的教师随便下载别人的 PPT 来糊弄学生，不认真备课。

表 5-158　使用多媒体的效果不好，传统教学法更容易让学生接受

选项	人数（人）	比例（%）
非常反对	22	17.2
比较反对	34	26.6
中立	44	34.4
比较赞同	20	15.6
非常赞同	8	6.3

从表 5-158 中可知，对于使用多媒体的效果不好，传统教学法更容易让学生接受。持反对态度的体育教师占 43.8%，中立的占 34.4%，赞同的占 21.9%。使用多媒体和传统教学法应因人而异，因内容而异，只要能提高教学效率就是好的。

表 5-159　布置作业要考虑学生的学业负担

态度	人数（人）	比例（%）
非常反对	0	0
比较反对	10	7.8
中立	26	20.3
比较赞同	54	42.2
非常赞同	38	29.7

从表 5-159 中可知，对于布置作业要考虑学生的学业负担，非常反对的占 7.8%，中立的占 20.3%，赞同占 71.9%。对于家庭作业问题，很大部分教师都会考虑学生的完成能力，会根据学生的实际情况来控制家庭作业的量。

表 5-160　新教材体系较为杂乱且同一知识点无法一次教透学透

选项	人数（人）	比例（%）
非常反对	4	3.1
比较反对	22	17.2
中立	58	45.3
比较赞同	32	25.0
非常赞同	12	9.4

从表 5-160 中可知，对于新教材体系较为杂乱且同一知识点无法一次教透学透，反对的占 20.3%，赞同的占 34.4%，持两种观点的教师的比例不大，而保持中立态度的体育教师占 45.3%。

表5－161　教学过程必须关注学情并适时调整教学策略和方法

选项	人数(人)	比例(%)
非常反对	2	1.6
比较反对	6	4.7
中立	12	9.4
比较赞同	46	35.9
非常赞同	64	48.4

从表5－161中可知,对于教学过程必须关注学情适时调整教学策略和方法,反对的占6.3%,中立的占9.4%,赞同的占84.3%。这说明大部分体育教育注意关注学情,适时调整教学策略和方法。教学过程是学生接受知识的一个重要过程,教师应依据学生的具体情况而调整教学策略和方法,满足学生的学习需要,师生双方及时沟通,努力提高课堂教学效率。

表5－162　教学反思能改进课堂教学

选项	人数(人)	比例(%)
非常反对	2	1.6
比较反对	2	1.6
中立	10	7.8
比较赞同	26	20.3
非常赞同	88	68.8

从表5－162中可知,对于经常进行教学反思能够不断改进课堂教学效果,反对的占3.2%,中立的占7.8%,赞同的占89.1%。这说明体育教师会经常对自己的教学情况进行反思,这是一种较好的教学现象,值得推广。

(二) 教学实践

表5－163　教学中涉及新课程的三维课程目标中最难的目标

三维课程目标	人数(人)	比例(%)
知识与技能	52	40.6
过程与方法	50	39.1
情感态度与价值观	26	20.3
合计	128	100

从表5－163中可知,对于教学中涉及新课程的三维课程目标中最难的是,知识与技能占40.6%,过程与方法占39.1%,感情态度与价值观占20.3%。这说明大部

分体育教师认同知识与技能和过程与方法是教学重要的部分,两者占了几乎相同的位置,二者是相辅相成、缺一不可。

表 5-164　采用何种教学方式上课依据的主要原则

主要原则	人数(人)	比例(%)
课标或教材要求	62	48.4
学校统一安排	2	1.6
视内容而定	10	7.8
视时间而定	0	0
视学生情况而定	54	42.2

从表 5-164 中可知,对于采用何种教学方式上课如讲授式、问答式、探究式所依据的主要原则,课标或教材要求占 48.4%,学校统一安排占 1.6%,视内容而定占 7.8%,视时间而定占 0%,视学生情况而定占 42.2%,所以体育教师上课的方式是根据教材要求和学生的实际而进行的。

表 5-165　课堂小结的基本情况

基本情况	人数(人)	比例(%)
上课内容较多,一般不进行课堂总结	0	0
以教师总结的方式进行小结	54	42.2
以课堂提问的方式,由部分学生总结完善	38	29.7
由学生分组讨论,得出结论	32	25.0
其他	4	3.1

从表 5-165 中可知,对于任课教师进行课堂表小结上课内容较多,一般不进行课堂总结占 0%,以教师总结的方式进行小结占 42.2%,其他占 3.1%。课堂小结是课的结束部分,也是知识的重点部分,教师会主动进行总结,弊端就是不清楚学生的学习、掌握知识的情况;以课堂提问的方式由部分学生总结完善的占 29.7%,这种师生互动的方法,可以了解到学生的学习掌握情况;由学生分组讨论得出结论的占 25%,这种方法可以及时了解学生的反馈,便于制定符合学生实际的教学方案。

表 5-166　评价方式

评价方式	人数(人)	比例(%)
考试	8	6.3
课堂表现	30	23.4
作业	0	0
其他	4	3.1
多种手段综合运用	86	67.2

从表5-166中可知,对于为准确评定学生平时学习情况您使用最多的评价方式是,多手段综合运用占67.2%,这说明体育教师对一个学生作出评价并不是从某一方面,而是参照多方面、从多角度综合评价的。

表5-167　布置作业的类型

一般以哪种类型为主	人次(人)	比例(%)
教材中的习题	52	40.63
教辅中的习题	38	29.69
历年高考习题	16	12.5
其他	62	48.44

从调查问卷可知:布置作业时主要以教材中的习题占40.63%为主,说明教师还是以教材为主要教学参考资料;选择其他的体育教师占48.44%。这与体育学科教学特点有关,侧重体育技能学习得及其健康教育(表5-167)。

表5-168　选择教学内容时会添加的内容

选择教学内容时会添加的内容	人次(人)	比例(%)
配套教辅	30	23.44
其他教辅	16	12.5
高考所含内容	26	20.3
学生感兴趣的内容	118	92.19

从表5-168中可知,教师选择的教学内容有配套教材占23.44%,其他教辅占12.5%,高考所含内容占20.3%,而学生感兴趣的内容占92.19%。体育教师选择教学内容的依据主要来自学生,教学应遵循的规律"知之者,不如乐之者,乐之者不如好之者"。

表5-169　设计教学内容考虑的方面

在设计教学内容过程中通常会考虑哪些方面	人次(人)	比例(%)
具体的教学目标	104	81.25
教学情境	74	57.81
教学提问的形式和内容	60	46.88
教学方法	90	70.31
学生实际情况	108	84.88
其他	68	53.13

从表5-169中可知,在设计教学内容过程中通常会考虑哪些方面:学生实际情况占84.88%,具体的教学目标占81.25%,教学提问的形式和内容占46.88%,其他

占 53.13％,教学方法占 70.31％。教学计划的制订要充分考虑学生实际情况,以学生为本,才是教学一切目标的出发点。

表 5‐170　创设教学情境使用的内容

使用的内容	人次(人)	比例(%)
现实中情境问题	94	73.44
学科史	50	39.06
趣味小故事	68	53.13
新闻素材	56	43.75
小游戏	94	73.44
其他	18	14.06

从表 5‐170 中可知,创设教学情境时使用的内容,选择现实中情境问题的体育教师占 73.44％,小游戏占 73.44％,趣味小故事占 53.13％,新闻素材占 43.73％,学科史占 39.06％,其他占 14.06％。这说明体育教师安排的教学内容主要源于生活、源于兴趣,这样的安排是具有科学性的。

表 5‐171　安排教学进度考虑的因素

因素	人次(人)	比例(%)
课程标准要求	106	82.81
教材课时安排	100	78.13
自己的教学经验	54	42.19
各种考试时间	32	25
年级组进度安排	52	40.63
参考其他老师进度	14	10.94
其他	2	1.56

从表 5‐171 中可知,在安排教学进度时主要考虑的因素中,选择课程标准要求的体育教师占 82.81％,教材课时安排占 78.13％,是受客观条件限制;自己的教学经验占 42.19％,是主观条件的制约;年级组进度安排占 40.63％,各种考试时间占 25％,参考其他教师进度占 10.94％,其他占 1.56％。

三、调研结果与教学建议

普通高中新课程体育课堂教学中存在以下问题。

第一,教育教学观念陈旧,知识技能储备不足。相当多的体育教师教育教学观念陈旧,生硬灌输、机械学练的教学模式根深蒂固,习惯于照搬教科书。面对新课标,没有规定的教学内容,缺乏已有的教学参考,不少人感到束手无策。在教师角色转变、学习方式改变与教学目标处理上都显得比较困惑,越发深感自我知识技能储备不足,进入到行动的"盲区"。

第二,重现象轻本质,重形式轻实质。

第三,由于一些体育教师对课标的认识不够、理解不深,致使在课改中碰到了一些新问题。例如,为什么体育课堂教学对学生的吸引力不够?

第四,体育运动器材不足、场地不到位、对体育经费的投入不足、部分课时数过少等,在实施过程中有很大难度。

第五,新课改所倡导的探究学习、合作学习、自主学习对教师的授课要求很高,需要教师具备较强的专业素质及能力。

面对这些问题时,我们要敢于创新,并根据学校的具体情况,扎扎实实地进行教学研究和实验,探索出适合本学校情况的教学模式;要不断促使教师学习、研究,使我们逐步由经验型教师转化成研究型教师。建议开展小专题的研究,可以这样操作:其一,全组教师都可做小专题的研究者和实践者。大家都是来自教学第一线,遇到的问题是同样的,思考问题的方法各有不同,思考问题的深度也不尽一致,群策群力、全员参与,既有针对性,又有操作性;既增进教师之间的团结合作,又改进了教学方法,提高了教学质量,一举数得。其二,丰富了教研活动的内容、增强了教研活动实效性。务实的教研活动,有利于激发教师集体的智慧,提升教师的专业水平。只有教研活动务实,教研活动的案例才能真正言之有物,并促使教师有所感悟;对传统体育教学模式及新课标教学特征进行全面分析,根据有关方面的调查显示,现在学生体质明显下降,这有很多方面的原因,但就体育教学而言,任何事物都有两面性,包括传统教学模式,虽然陈旧、呆板、拘束,但有很多优秀的元素值得借鉴和发扬。传统教学模式过于强调条条框框,而新课标追求轻松、自然、活而不乱的局面,这两者本质是相同的,就是要让学生积极参与,让学生学有所得。

在课程改革中,体育教师的专业化发展大大提高;课堂教学也越来越有新意,教学理念、教学内容、教学方法、教学评价等方面发生了很大的变化。教师的创新意识和能力大大增强,教师的专业化水平在不断提高,产生了许多前所未有的富有创意、丰富多样的体育课堂教学

第十三节　信息技术课堂教学策略调研报告

为推进我省普通高中新课程教学的实施,课题组组织了全省的普通高中信息技

术教师进行普通高中新课程的教材培训工作。培训的内容为信息技术教材编写的指导思想、逻辑体系、结构特点、教学实施意见和评价指导意见,培训采用全员面对面培训,专家讲座、教师说课、互动研讨等。在培训过程中对参加培训的教师进行了问卷调查。

一、受调查者和调查方法

(一) 受调查者
来自全省各州市的所有参加新课程培训的普通高中信息技术教师。

(二) 调查方法
采用问卷调查法。本次回收问卷81份,有效问卷81份,有效率为100%。

(三) 受调查者的基本情况
受调查者的基本情况依据问卷回收的情况统计,主要从性别、教龄、工作所在地、学历、职务、职称、发表文章等方面进行统计(表5-172)。

表5-172　调查对象的基本情况

项目	分类	人数(人)	比例(%)
性别	男	39	48.1
	女	42	51.9
教龄	0~5年	25	41.7
	6~10年	22	36.7
	11~15年	8	13.3
	16年以上	5	8.3
工作所在地	省会城市	3	3.7
	州市级城市	13	16
	县城	52	64.2
	乡镇	13	16.1
学历	硕士及以上	1	1.2
	本科	69	85.2
	专科	10	12.3
	专科以下	1	1.2

续表

项目	分类	人数(人)	比例(%)
职务	学校管理者	0	0
	学科带头人	2	2.5
	年级组长	2	2.5
	普通教师	77	95
职称	中学高级	3	3.7
	中学一级	21	25.9
	中学二级	47	58
	中学二级以下	10	12.3
发表文章	没有	50	61.7
	3篇及以下	25	30.9
	3篇以上	6	7.4

从本次问卷调查中可知,我省普通高中信息技术教师的基本情况颇具代表性。

①比较年轻,近80%的教师教龄不足10年。②85%以上的教师学历都是本科以上,但职称不高,无特级教师,只有3.7%的中学高级职称,70%以上都是中学二级及以下职称。③绝大多数教师在学校无行政职务,95%都是普通教师。④由于工作任务的繁重,绝大多数教师仅仅只是在充当"教书匠"的角色,没能潜心研究教学,60%以上的教师没有发表论文和研究报告。

二、调查问卷分析

(一)受调查者对普通高中新课程课堂教学的直观感受

表5-173　受调查者对普通高中新课程课堂教学的直观感受

因素 ＼ 选项	非常反对(%)	比较反对(%)	中立(%)	比较赞同(%)	非常赞同(%)
1. 任课教师一般无须考虑如何设计教学目标	49.4	43.2	6.2	1.2	
2. 创设教学情境对整堂课的效果影响很大	0	1.2	8.6	49.6	43.2
3. 合作学习就是小组学习和讨论	3.7	7.4	55.6	25.9	7.4
4. 课堂提问是师生交互的重要方面	0	2.5	22.2	49.4	25.9

续表

选项 因素	非常反对 (%)	比较反对 (%)	中立 (%)	比较赞同 (%)	非常赞同 (%)
5. 探究教学、合作学习、自主学习课堂热闹非凡,但实际效果不佳	11.1	23.5	37	17.3	11.1
6. 开展教学研究有利于提高课堂教学效果	0	0	13.6	39.5	46.9
7. 课堂上使用多媒体主要是代替板书,还可以节省时间	11.1	18.5	33.3	27.2	9.9
8. 使用多媒体的效果不好,传统教学法更容易让学生接受	25.9	39.5	29.6	3.7	1.2
9. 布置作业要考虑学生的学业负担	2.5	1.2	25.9	43.2	27.2
10. 新教材体系较为杂乱且同一知识点无法一次教透学透	3.7	8.6	42	30.9	14.8
11. 教学过程必须关注"学情",适时调整教学策略和方法	0	1.2	1.2	54.3	43.2
12. 经常进行教学反思能够不断改进教学效果	0	0	2.5	33.3	64.2

从表5-173统计结果可知,93%的教师认为每节课必须设计教学目标;92%的教师赞同创设教学情景对整堂课的效果影响很大;但对于合作学习就是小组学习和讨论55%以上的教师持中立态度;75%以上的教师认同课堂提问是师生交互的重要手段;但对于新课程倡导的探究教学、合作学习、自主学习等新型教学方式认同度不高,仅35%的教师认同,28%的教师不认同,37%的教师持观望态度;86%的教师认为开展教学研究有利于提高课堂教学效果;对于普通高中信息技术课堂使用多媒体的态度模糊,三成的教师持中立态度,65%的教师认为使用多媒体比传统教学的效果好,但只有30%的认为不仅是代替板书,27%认为可以代替板书,反映出教师对如何使用多媒体的茫然。

(二)受调查者的教学实践状况分析

1. 教学中涉及新课程的三维课程目标(知识和技能、过程和方法、情感态度和价值观)

第一,有40.7%的教师认为最重要的是知识和技能目标,有17.3%的教师认为最重要的是过程和方法目标,有 42% 的教师认为最重要的是情感态度和价值观目标;有 25.9% 的教师认为最不重要的是知识和技能目标,有 21% 的教师认为最不重要的是过程和方法目标,有 53.1% 的教师认为最不重要的是情感态度和价值观目标;

第二,有 21% 的教师认为最难实现的是知识和技能目标,有 14.8% 的教师认为最难实现的是过程和方法目标,有 64.2% 的教师认为最难实现的是情感态度和价值观目标;有 58% 的教师认为最容易实现的是知识和技能目标,有 19.8% 的教师认为最容易实现的是过程和方法目标,有 22.2% 的教师认为最容易实现的是情感态度和价值观目标。

进入普通高中新课程实验以来,对于普通高中信息技术教师的教学理念冲击最大的就是如何实现三维目标中的"过程与方法"和"情感态度价值观"。相比较而言,"知识与技能"目标要容易实现,半数以上的老师认为情感态度和价值观目标不容易实现且不重要,过程与方法目标的重要性和实现难度认同度小,只有 20% 以内的教师选择,说明对过程与方法目标的理解不足。

2. 教师认为采用何种教学方式上课所依据的主要原则

表 5 - 174　采用何种教学方式上课所依据的主要原则

主要原则	课标或教材要求	学校统一安排	视内容而定	视时间而定	视学生情况而定
教师(%)	18.5	9.9	34.6	4.9	32.1

在采用教学方式的依据中,相对多数的教师选择教学内容和学情,说明多数教师能按教学规律恰当选择教学方法,但对课程标准教材内容研究不多(表 5 - 174)。

3. 教师进行课堂小结的基本情况

有 6.2% 的教师在上课内容较多的情况下就不进行课堂总结,48.1% 以教师总结的方式进行小结,有 29.6% 的教师以课堂提问的方式,由部分学生总结完善进行课堂小结,有 13.6% 的教师由学生分组讨论,得出结论的方式进行小结。这说明近半数的教师还是以传统的方式进行课堂小结。

4. 教师准确评定学生平时学习情况的方式

17.3% 的教师采用考试,16% 的教师采用课堂表现,9.9% 的教师采用作业,55.6% 的教师采用多种手段综合运用。在进行过程性评价中,超半数的教师采用多种方式评定学生的平时成绩,体现了信息技术教学过程性评价的多样性。

5. 布置作业

61.7% 以教材中的习题为主,38.3% 以教辅中的练习为主,17.28% 以历年高考习题为主,35.8%的教师根据内容而定。普通高中信息技术的学生作业以教材中的练习为主。

6.选择教学内容

除了教材所涉及的内容外,37%的教师还会添加配套教辅,20.9%的教师还会添加其他教辅,24.7%的教师还会添加高考中所含的内容,91.4%的教师还会添加学生感兴趣的内容。这说明绝大多数教师在设计教学内容时会增加学生感兴趣的内容。

7.设计教案过程

82.7%的教师通常考虑具体的教学目标,55.6%的教师通常考虑教学情景,53%的教师通常考虑课堂提问的形式和内容,65.4%的教师通常考虑教学方法,88.9%的教师通常考虑学生的实际情况,53%的教师通常考虑课程资源的使用。

8.创设教学情境

通常使用的内容有:85.2%的教师会使用现实中的情境问题,28.4%的教师会使用学科史,70.4%的教师会使用趣味小故事,71.6%的教师会使用新闻素材,51.9%的教师会使用小游戏。

9.教师在安排教学进度时主要考虑的因素

65.4%的教师主要考虑课程标准的要求,70.4%的教师主要考虑教材的课时安排,46.9%的教师主要考虑自己的教学经验,65.4%的教师主要考虑各种考试的时间,21%的教师主要考虑年级组进度的安排,13.6%的教师主要考虑参考其他教师的进度。

10.教师对普通高中新课程课堂教学中存在的主要问题及改进办法

希望能得到有力的信息技术课时保障政策,这是普通高中信息技术课程得于发展的前提条件。

学生基础差异大,应分层教学,因材施教。

考试压力与教学时间的矛盾,应钻研教材,有的放矢,提高教学效率。

教学内容多,课时少,能否有确实可行的办法保障课时量。

教学资源有限,多提供一些教学资源。

课程地位低,学校领导、学生不重视此学科,建议与高考挂钩,并且在初中开课,纳入中考。

11.教师对普通高中新课程中所倡导的探究教学、合作学习、自主学习等教学方法的看法

基本是持积极的态度,认为应根据实际教学情况合理地使用,有助于提高课堂教学效率。

三、调研结果与教学建议

从调查统计的总体情况看,普通高中信息技术教师队伍年轻、有活力,但还需磨练和引导。多数教师对新课程所倡导的教学理念和教学方法有一定的认识,但尚需学习提高。他们在教学实践过程中,在教学目标的理解方面,对过程与方法和情感态度与价值观目标的理解还不到位,在教学设计、教学方法、教学评价有自己的见解,但仍需加强学习,有效地提高普通高中信息技术教学的效果,争取与新课程一起成长。

第十四节　通用技术课堂教学策略调研报告

课题组开展了普通高中新课程课堂有效教学的研究,课题组成员用与教师、教研员座谈、与学生座谈、听课、发放调查问卷等方法对全省普通高中新课程——通用技术课堂的有效教学进行调查,了解新课程背景下通用技术课堂教学的实际情况,并对调查数据进行分析研究后,得到一些认识与解决问题的思路。

一、受调查者的基本信息

表 5 - 175　性别

性别	男教师	女教师	合计
人数/比例	50/70.4%	21/29.6%	71/100%

调查结果显示:被调查的 71 位教师中有 50 位是男教师,占被调查数的 70.4%,有 21 位是女教师占被调查数的 29.6%(表 5 - 175)。这表明通用技术课,男教师的数量远远多于女教师。

表 5 - 176　工作所在地

工作所在地	省会城市	州市级城市	县城	乡镇	农村	合计
人数/比例	9/12.7%	13/18.3%	41/57.7%	8/11.3%	0/0	71/100%

调查结果显示:被调查的 71 位教师中有 9 位在省会城市,占被调查数的 12.7%;13 位在州市级城市,占被调查数的 18.3%;41 位在县城,占被调查数的 57.7%;8 位在乡镇,占被调查数的 11.3%;没有来自农村学校工作的教师(表 5 - 176)。这表明这次调查涉及不同层次的学校,县城学校占多数,调查得到的数据与信息能够一定程度反映实际情况。

表 5-177　学历

学历	硕士及以上	本科	专科	专科以下	合计
人数/比例	3/4.2%	0/0	64/90.1%	4/5.6%	71/100%

　　调查结果显示:被调查的 71 位教师中,硕士及以上学历的有 3 位占被调查数的 4.2%;本科学历的没有(0 位);专科学历的有 64 位,占被调查数的 90.1%;专科以下学历的有 4 位,占被调查数的 5.6%(表 5-177)。这表明通用技术课的教师,专科学历的占绝大多数。

表 5-178　职务

职务	学校管理者	学科带头人	年级组长	普通教师	合计
人数/比例	10/14.1%	7/9.9%	0/0	54/76.1%	71/100%

　　调查结果显示:被调查的 71 位教师中,有 10 人是学校管理者,占被调查数的 14.1%;有 7 人是学科带头人,占被调查数的 9.9%;有 54 人是普通教师,占被调查数的 76.1%;年级组长没有(0 位)(表 5-178)。这表明有的学校由学校管理者兼任通用技术课的教师,有的学校由其他学科的带头人兼任通用技术课的教师,普通教师占绝大多数;通用技术课的教师没有年级组长。

表 5-179　职称

职称	中学特级	中学高级	中学一级	中学二级	二级以下	合计
人数/比例	0/0	15/21.1%	17/23.9%	30/42.3%	9/12.7%	71/100%

　　调查结果显示:被调查的 71 位教师中,有 15 人的职称是中学高级,占被调查数的 21.1%;有 17 人的职称是中学一级,占被调查数的 23.9%;有 30 人的职称是中学二级,占被调查数的 42.3%;有 9 人的职称是中学二级以下,占被调查数的 12.7%;没有中学特级教师(0 位)(表 5-179)。这表明有部分其他学科的中学高级与中学一级转岗到通用技术课,他们有较为丰富的教学经验;中学二级与中学二级以下的教师居多,青年教师居多。

表 5-180　现任教年级

现任教年级	高一	高二	高三	合计
人数/比例	55/77.5%	16/22.5%	0/0%	71/100%

　　调查结果显示:被调查的 71 位教师中,有 55 人在高一年级,占被调查数的 77.5%;有 16 人在高二年级,占被调查数的 22.5%;高三年级没有(0 位)(表 5-180)。这表明多数学校的通用技术课安排在高一年级,少数学校的通用技术课安排在高二年级,高三年级没有安排通用技术课。

表 5 - 181　任教时间

任教时间	高一		高二		高三		合计
0	3	4.2%	23	32.4%	66	93.0%	
1	35	49.3%	21	29.6%	2	2.8%	
2	21	29.6%	17	23.9%	1	1.4%	
3	6	8.5%	6	8.5%	1	1.4%	
4	1	1.4%	1	1.4%	0		
5	1	1.4%	1	1.4%	0		
6	1	1.4%	0		1	1.4%	
7	1	1.4%	0		0		
8	1	1.4%	1	1.4%	0		
9	0		0		0		
10	1	1.4%	1	1.4%	0		
合计	71		71		71		

调查结果显示:被调查的 71 位教师中,在高一年级任教时间三年以内的有 65 人,占被调查数的 91.5%,在高一年级任教时间三年以上的有 6 人,占被调查数的 8.5%;在高二年级任教时间三年以内的有 67 人,占被调查数的 94.4%,在高二年级任教时间三年以上的有 4 人,占被调查数的 5.6%;没有在高三年级任过教的有 66 人,占被调查数的 93.0%,在高三年级任教时间三年以内的有 4 人,占被调查数的 5.6%,在高三年级任教时间六年的有 1 人,占被调查数的 1.4%(表 5 - 181)。这表明通用技术课教师多为任教时间在六年以内的青年教师,多数没有在高三年级任过教。

表 5 - 182　发表过关于教学的论文或研究报告

发表论文或研究报告	没有	3 篇及以下	3 篇以上	合计
人数/比例	39/54.9%	22/31.0%	10/14.1%	71/100%

调查结果显示:被调查的 71 位教师中,有 39 人没有发表过关于教学的论文或研究报告,占被调查数的 54.9%;有 22 人发表过 3 篇及以下关于教学的论文或研究报告,占被调查数的 31.0%;有 10 人发表过 3 篇以上关于教学的论文或研究报告,占被调查数的 14.1%(表 5 - 182)。这表明通用技术课教师发表关于教学的论文或研究报告的情况不好,这有客观的原因,也有主观的原因。

二、课堂教学策略现状调查

(一) 直观感受

表 5-183　任课教师一般无须考虑如何设计教学目标

选项	非常反对	比较反对	中立	比较赞同	非常赞同	合计
人数/比例	29/40.8%	23/32.4%	12/16.9%	4/5.6%	3/4.2%	71/100%

调查结果显示:被调查的 71 位教师中,对"不用设计教学目标"的观点,有 29 人非常反对,占被调查数的 40.8%;有 23 人比较反对,占被调查数的 32.4%;有 12 人持中立态度,占被调查数的 16.9%;有 4 人比较赞同,占被调查数的 5.6%;有 3 人非常赞同,占被调查数的 4.2%(表 5-183)。这表明多数通用技术课教师的教学态度是认真的,他们既重视教学目标,又联系切身实际。

表 5-184　创设教学情境对整堂课的效果影响很大

选项	非常反对	比较反对	中立	比较赞同	非常赞同	合计
人数/比例	1/1.4%	2/2.8%	10/14.1%	25/35.2%	33/46.5%	71/100%

调查结果显示:被调查的 71 位教师中,对"创设教学情境对整堂课的效果影响很大"的观点,有 1 人非常反对,占被调查数的 1.4%;有 2 人比较反对,占被调查数的 2.8%;有 10 人持中立态度,占被调查数的 14.1%;有 25 人比较赞同,占被调查数的 35.2%;有 33 人非常赞同,占被调查数的 46.5%(表 5-184)。这表明多数通用技术课教师认同"创设教学情境对整堂课的效果影响很大"的观点。

表 5-185　合作学习就是小组学习和讨论

选项	非常反对	比较反对	中立	比较赞同	非常赞同	合计
人数/比例	2/2.8%	11/15.5%	35/49.3%	20/28.2%	3/4.2%	71/100%

调查结果显示:被调查的 71 位教师中,对"合作学习就是小组学习和讨论"的观点,有 2 人非常反对,占被调查数的 2.8%;有 11 人比较反对,占被调查数的 15.5%;有 35 人持中立态度,占被调查数的 49.3%;有 20 人比较赞同,占被调查数的 28.2%;有 3 人非常赞同,占被调查数的 4.2%(表 5-185)。这表明多数通用技术课教师关于"何为合作学习"的教学理念尚不清晰,无论是关于合作学习的理论还是教学实践仍需加强。

表 5-186　课堂提问是师生交互的重要方面

选项	非常反对	比较反对	中立	比较赞同	非常赞同	合计
人数/比例	0/0	2/2.8%	13/18.3%	35/49.3%	21/29.6%	71/100%

　　调查结果显示：被调查的 71 位教师中，对"课堂提问是师生交互的重要方面"的观点，有 0 人非常反对；有 2 人比较反对，占被调查数的 2.8％；有 13 人持中立态度，占被调查数的 18.3％；有 35 人比较赞同，占被调查数的 49.3％；有 21 人非常赞同，占被调查数的 29.6％（表 5－186）。这表明多数通用技术课教师认同"课堂提问是师生交互的重要方面"的观点。

表 5－187　探究教学、合作学习、自主学习课堂热闹非凡但实际效果不佳

选项	非常反对	比较反对	中立	比较赞同	非常赞同	合计
人数/比例	4/5.6％	14/19.7％	27/38％	19/26.8％	7/9.9％	71/100％

　　调查结果显示：被调查的 71 位教师中，对"探究教学、合作学习、自主学习课堂热闹非凡，但实际效果不佳"的观点，有 4 人非常反对，占被调查数的 5.6％；有 14 人比较反对，占被调查数的 19.7％；有 27 人持中立态度，占被调查数的 38％；有 19 人比较赞同，占被调查数的 26.8％；有 7 人非常赞同，占被调查数的 9.9％（表 5－187）。这表明通用技术课教师对此观点分歧较大，反映出实践中的"探究教学、合作学习、自主学习"存在问题，教师们的认同度不高。

表 5－188　开展教学研究有利于课堂教学

选项	非常反对	比较反对	中立	比较赞同	非常赞同	合计
人数/比例	0/0	1/1.4％	10/14.1％	24/33.8％	36/50.7％	71/100％

　　调查结果显示：被调查的 71 位教师中，对"开展教学研究有利于课堂教学效果"的观点，有 0 人非常反对；有 1 人比较反对，占被调查数的 1.4％；有 10 人持中立态度，占被调查数的 14.1％；有 24 人比较赞同，占被调查数的 33.8％；有 36 人非常赞同，占被调查数的 50.7％（表 5－188）。这表明多数通用技术课教师支持"开展教学研究有利于课堂教学效果"的观点。

表 5－189　课堂上使用多媒体主要是代替板书并可以节省时间

选项	非常反对	比较反对	中立	比较赞同	非常赞同	合计
人数/比例	5/7.0％	22/31.0％	25/35.2％	15/21.1％	4/5.6％	71/100％

　　调查结果显示：被调查的 71 位教师中，对"课堂上使用多媒体主要是代替板书还可以节省时间"的观点，有 5 人非常反对，占被调查数的 7.0％；有 22 人比较反对，占被调查数的 31.0％；有 25 人持中立态度，占被调查数的 35.2％；有 15 人比较赞同，占被调查数的 21.1％；有 4 人非常赞同，占被调查数的 5.6％（表 5－189）。它表明通用技术课教师对于"课堂上使用多媒体主要是代替板书还可以节省时间"的观点分歧较大，表明大家对"课堂上使用多媒体"有更多的认识、体会与感受。

表 5 - 190　使用多媒体的效果不好,传统教学法更容易让学生接受

选项	非常反对	比较反对	中立	比较赞同	非常赞同	合计
人数/比例	13/18.3%	22/31%	24/33.8%	7/9.9%	5/7%	71/100%

　　调查结果显示:被调查的 71 位教师中,对"使用多媒体的效果不好而传统教学法更容易让学生接受"的观点,有 13 人非常反对,占被调查数的 18.3%;有 22 人比较反对,占被调查数的 31.0%;有 24 人持中立态度,占被调查数的 33.8%;有 7 人比较赞同,占被调查数的 9.9%;有 5 人非常赞同,占被调查数的 7%(表 5 - 190)。这表明多数通用技术课教师不同意"使用多媒体的效果不好而传统教学法更容易让学生接受"的观点,反映出实践中"课堂上使用多媒体"存在问题,教师们有疑义。

表 5 - 191　布置作业要考虑学生的学业负担

选项	非常反对	比较反对	中立	比较赞同	非常赞同	合计
人数/比例	0/0%	3/4.2%	16/22.5%	28/39.4%	24/33.8%	71/100%

　　调查结果显示:被调查的 71 位教师中,对"布置作业要考虑学生的学业负担"的观点,有 0 人非常反对;有 3 人比较反对,占被调查数的 4.2%;有 16 人持中立态度,占被调查数的 22.5%;有 28 人比较赞同,占被调查数的 39.4%;有 24 人非常赞同,占被调查数的 33.8%(表 5 - 191)。这表明多数通用技术课教师认同"布置作业要考虑学生的学业负担"的观点。

表 5 - 192　新教材体系较为杂乱且同一知识点无法一次教透学透

选项	非常反对	比较反对	中立	比较赞同	非常赞同	合计
人数/比例	3/4.3%	7/10.0%	35/50.0%	20/28.6%	5/7.1%	71/100%

　　调查结果显示:被调查的 71 位教师中,对"新教材体系较为杂乱,同一知识点无法一次教透学透"的观点,有 3 人非常反对,占被调查数的 4.3%;有 7 人比较反对,占被调查数的 10.0%;有 35 人持中立态度,占被调查数的 50.0%;有 20 人比较赞同,占被调查数的 28.6%;有 5 人非常赞同,占被调查数的 7.1%(表 5 - 192)。这表明多数通用技术课教师对"新教材体系较为杂乱且同一知识点无法一次教透学透"的观点分歧较大,对此有不同的认识、体会与感受。

表 5 - 193　教学过程必须关注学情并适时调整教学策略和方法

选项	非常反对	比较反对	中立	比较赞同	非常赞同	合计
人数/比例	0/0	2/2.8%	4/5.6%	35/49.3%	30/42.3%	71/100%

调查结果显示：被调查的 71 位教师中，对"教学过程必须关注学情适时调整教学策略和方法"的观点，有 0 人非常反对；有 2 人比较反对，占被调查数的 2.8%；有 4 人持中立态度，占被调查数的 5.6%；有 35 人比较赞同，占被调查数的 49.3%；有 30 人非常赞同，占被调查数的 42.3%（表 5 - 193）。这表明多数通用技术课教师认同"教学过程必须关注学情，适时调整教学策略和方法"的观点。

表 5 - 194　教学反思能改进课堂教学

选项	非常反对	比较反对	中立	比较赞同	非常赞同	合计
人数/比例	0/0	1/1.4%	4/5.6%	22/31.0%	44/62.0%	71/100%

调查结果显示：被调查的 71 位教师中，对"经常进行教学反思能够不断改进课堂教学效果"的观点，有 0 人非常反对；有 1 人比较反对，占被调查数的 1.4%；有 4 人持中立态度，占被调查数的 5.6%；有 22 人比较赞同，占被调查数的 31.0%；有 44 人非常赞同，占被调查数的 62.0%（表 5 - 194）。这表明多数通用技术课教师认同"经常进行教学反思能够不断改进课堂教学效果"的观点。

（二）教学实践

表 5 - 195　教学中涉及新课程的三维课程目标中最重要的目标

选项	知识与技能	过程与方法	情感态度与价值观	合计
人数/比例	22/31.0%	24/33.8%	25/35.2%	71/100%

调查结果显示：被调查的 71 位教师中，认为教学中涉及新课程的三维目标最重要的是"知识与技能"的有 22 人，占被调查数的 31.0%；认为教学中涉及新课程的三维目标最重要的是"过程与方法"的有 24 人，占被调查数的 33.8%；认为教学中涉及新课程的三维目标最重要的是"情感态度与价值观"的有 25 人，占被调查数的 35.2%（表 5 - 195）。这表明通用技术课教师对三维目标中的重要性有不同的认识。

表 5 - 196　教学中涉及新课程的三维课程目标中最不重要的目标

选项	知识与技能	过程与方法	情感态度与价值观	合计
人数/比例	13/18.3%	15/21.1%	43/60.6%	71/100%

调查结果显示：被调查的 71 位教师中，认为教学中涉及新课程的三维目标最不重要的是"知识与技能"的有 13 人，占被调查数的 18.3%；认为教学中涉及新课程的三维目标最不重要的是"过程与方法"的有 15 人，占被调查数的 21.1%；认为教学中

涉及新课程的三维目标最不重要的是"情感态度与价值观"的有 43 人,占被调查数的 60.6%(表 5-196)。这表明多数通用技术课教师认为三维目标中"情感态度与价值观"最不重要。

表 5-197　教学中涉及新课程的三维课程目标中最难的目标

选项	知识与技能	过程与方法	情感态度与价值观	合计
人数/比例	13/18.3%	16/22.5%	42/59.2%	71/100%

调查结果显示:被调查的 71 位教师中,认为教学中涉及新课程的三维目标最难的是"知识与技能"的有 13 人,占被调查数的 18.3%;认为教学中涉及新课程的三维目标最难的是"过程与方法"的有 16 人,占被调查数的 22.5%;认为教学中涉及新课程的三维目标最难的是"情感态度与价值观"的有 42 人,占被调查数的 59.2%(表5-197)。这表明多数通用技术课教师认为三维目标中"情感态度与价值观"最难。

表 5-198　教学中涉及新课程的三维课程目标中最容易的目标

选项	知识与技能	过程与方法	情感态度与价值观	合计
人数/比例	39/54.9%	15/21.1%	17/23.9%	71/100%

调查结果显示:被调查的 71 位教师中,认为教学中涉及新课程的三维目标最容易的是"知识与技能"的有 39 人,占被调查数的 54.9%;认为教学中涉及新课程的三维目标最容易的是"过程与方法"的有 15 人,占被调查数的 21.1%;认为教学中涉及新课程的三维目标最容易的是"情感态度与价值观"的有 17 人,占被调查数的 23.9%(表5-198)。这表明多数通用技术课教师认为三维目标中"知识与技能"最容易。

表 5-199　采用何种教学方式上课所依据的主要原则

选项	课标或教材要求	学校统一安排	视内容而定	视时间而定	视学生情况而定	合计
人数/比例	14/19.7%	3/4.2%	28/39.4%	6/8.5%	20/28.2%	71/100%

调查结果显示:被调查的 71 位教师中,采用何种教学方式上课如讲授式、问答式、探究式所依据的主要原则是"课标或教材要求"的有 14 人,占被调查数的 19.7%;选择"学校统一安排"的有 3 人,占被调查数的 4.2%;选择"视内容而定"的有 28 人,占被调查数的 39.4%;选择"视时间而定"的有 6 人,占被调查数的 8.5%;选择"视学生情况而定"的有 20 人,占被调查数的 28.2%。这表明多数通用技术课教师认为采用何种教学方式上课如讲授式、问答式、探究式所依据的主要原则是"视

内容而定"与"视学生情况而定"(表5-199)。

表5-200 课堂小结的基本情况

选项	上课内容较多,一般不进行课堂总结	以教师总结的方式进行小结	以课堂提问的方式并由部分学生总结完善	由学生分组讨论并得出结论	其他	合计
人数/比例	4/5.6%	24/33.8%	22/31.0%	15/21.1%	6/8.5%	71/100%

调查结果显示:被调查的71位教师中,进行课堂小结的基本情况是"上课内容较多,一般不进行课堂总结"的有4人,占被调查数的5.6%;选择"以教师总结的方式进行小结"的有24人,占被调查数的33.8%;选择"以课堂提问的方式并由部分学生总结完善"的有22人,占被调查数的31.0%;选择"由学生分组讨论并得出结论"的有15人,占被调查数的21.1%;进行课堂小结的基本情况是"其他"的有6人,占被调查数的8.5%(表5-200)。这表明通用技术课教师不进行课堂总结的情况不多,他们都在尝试着不同的总结方法。

表5-201 评价方式统计

选项	考试	课堂表现	作业	其他	多种手段综合运用	合计
人数/比例	9/12.7%	11/15.5%	7/9.9%	1/1.4%	43/60.6%	71/100%

调查结果显示:被调查的71位教师中,为准确评定学生平时学习情况您使用最多的评价方式是"考试"的有9人,占被调查数的12.7%;选择"课堂表现"的有11人,占被调查数的15.5%;选择以"作业"为主评定学生平时学习情况的有7人,占被调查数的9.9%;为准确评定学生平时学习情况您使用最多的评价方式是"其他"的有1人,占被调查数的1.4%;为准确评定学生平时学习情况您使用最多的评价方法是"多种手段综合运用"的有43人,占被调查数的60.6%(表5-201)。这表明通用技术课教师对现有的评价方法认同度不高,他们在尝试采用不同的方法评定学生平时学习情况。

表5-202 布置作业的类型

选项	教材中的习题	教辅中的习题	历年高考题	其他	样本量
人次/比例	53/74.65%	30/42.25%	14/19.72%	19/26.76%	71/100%

调查结果显示:被调查的71位教师中,布置作业时,一般以"教材中的习题"为主的有53人次,占被调查数的74.65%;选择以"教辅中的习题"为主的有30人次,占

被调查数的 42.25%;选择以"历年高考题"为主的有 14 人次,占被调查数的 19.72%;布置作业时,一般以"其他"为主的有 19 人次,占被调查数的 26.76%(表5-202)。这表明通用技术课教师布置作业时,一般以"教材中的习题"和"教辅中的习题"为主,也在尝试其他类型的作业。

表 5-203　选择教学内容时会添加的内容

选项	配套教辅	其他教辅	高考所含内容	学生感兴趣的内容	样本量
人次/比例	37/52.11%	24/33.80%	29/40.85%	49/69.01%	71/100%

调查结果显示:被调查的 71 位教师中,选择教学内容时,除教材所涉及的内容外,通常还会添加"配套教辅"内容的有 37 人次,占被调查数的 52.11%;选择添加"其他教辅"内容的有 24 人次,占被调查数的 33.8%;选择添加"高考所含内容"的有 29 人次,占被调查数的 40.85%;选择添加"学生感兴趣的内容"的有 49 人次,占被调查数的 69.01%(表 5-203)。这表明通用技术课教师选择教学内容时,除教材所涉及的内容外,通常还会添加"更多"的内容丰富教学。

表 5-204　设计教案考虑的方面

选项	具体的教学目标	教学情境	课堂提问的方式和内容	教学方法	学生实际情况	课程资源的利用	其他	样本量
人次/比例	56/78.87%	40/56.34%	34/47.89%	41/57.75%	55/77.46%	42/59.15%	8/11.27%	71/100%

调查结果显示:被调查的 71 位教师中,设计教案考虑具体的教学目标的有 56 人次,占被调查数的 78.87%;设计教案考虑教学情境的有 40 人次,占被调查数的 56.34%;设计教案考虑课堂提问的方式和内容的有 34 人次,占被调查数的 47.89%;设计教案考虑教学方法的有 41 人次,占被调查数的 57.75%;设计教案考虑学生实际情况的有 55 人次,占被调查数的 77.46%;设计教案考虑课程资源的利用的有 42 人次,占被调查数的 59.15%;设计教案考虑其他因素的有 8 人次,占被调查数的 11.27%(表 5-204)。这表明通用技术课教师设计教案时,重视具体的教学目标与学生的实际情况,同时也兼顾考虑其他因素。

表 5-205　创设教学情境使用的内容

选项	现实中情境问题	学科史	趣味小故事	新闻素材	小游戏	其他	样本量
人次/比例	66/92.96%	32/45.07%	50/70.42%	44/61.97%	24/33.80%	6/8.45%	71/100%

调查结果显示:被调查的 71 位教师中,设计教案考虑现实中情境问题的有 66 人次,占被调查数的 92.96％;考虑学科史的有 32 人次,占被调查数的 45.07％;考虑趣味小故事的有 50 人次,占被调查数的 70.42％;考虑新闻素材的有 44 人次,占被调查数的 61.97％;考虑小游戏的有 24 人次,占被调查数的 33.80％;设计教案考虑其他因素的有 6 人次,占被调查数的 8.45％(表 5 - 205)。这表明通用技术课教师设计教案时,重视现实中情境问题,考虑趣味小故事与新闻素材,同时也兼顾考虑其他因素。

表 5 - 206　安排教学进度考虑的因素

选项	课程标准要求	教材课时安排	自己的教学经验	各种考试时间	年级组进度安排	参考其他老师进度	其他	样本量
人次/比例	50/70.42％	56/78.87％	24/33.80％	35/49.30％	24/33.80％	8/11.27％	1/1.41％	71/100％

调查结果显示:被调查的 71 位教师中,教学进度考虑课程标准要求的有 50 人次,占被调查数的 70.42％;考虑教材课时安排的有 56 人次,占被调查数的 78.87％;考虑自己的教学经验的有 24 人次,占被调查数的 33.80％;考虑各种考试时间的有 35 人次,占被调查数的 49.30％;考虑年级组进度安排的有 24 人次,占被调查数的 33.80％;教学进度参考其他教师进度的有 8 人次,占被调查数的 11.27％;考虑其他因素的有 1 人次,占被调查数的 1.41％(表 5 - 206)。这表明通用技术课教师设计教学进度时,重视课程标准要求,重视教材课时安排,关注各种考试时间,同时也兼顾考虑其他因素。

三、调研结论与教学建议

(一) 调研结果

第一,我省通用技术的教师队伍正在建立。男教师的数量远远多于女教师,学历层次偏低,专科以下学历的教师占被调查数的 95.7％,中学二级与中学二级以下的教师居多,青年教师居多。

第二,多数通用技术课教师对普通高中新课程课堂教学的认识与感受基本到位。他们既重视教学目标,又联系切身实际,认同"创设教学情景对整堂课的效果影响很大"的观点,支持"开展教学研究有利于课堂教学效果"的观点,认同"教学过程必须关注学情适时调整教学策略和方法"的观点,认同"经常进行教学反思能够不断改进课堂教学效果"的观点。

第三,多数通用技术课教师的日常教学态度认真。选择教学内容时,除教材所涉及的内容外,通常还会添加"更多"的内容丰富教学;设计教案时,重视具体的教学目标与学生的实际情况,同时兼顾考虑其他因素;设计教学进度时,重视课程标准要求,重视教材课时安排,关注各种考试时间,同时也兼顾考虑其他因素。

第四,教学质量不高。通用技术课没有专业毕业的教师,承担教学的教师囊括了普通高中阶段各个学科的教师,甚至心理学科的教师。他们都存在专业水平不足的"硬伤",更为严重的是部分教师客观存在不同程度的"软伤",没有能够在自己的专业学科承担起主要的教学任务,被动地被安排到通用技术课的教学岗位,自信心、主动性与积极性都受到一定的影响。

(二) 教学建议

通过通用技术课的"软实力"建设,夯实通用技术课的基础,降低通用技术课的教学难度,提高通用技术课的教学质量,提升通用技术课的教学层次,加快通用技术课合理融入普通高中课程的进程。

第一,开展通用技术课教师的专业培训,提高通用技术课教师的专业水平。

第二,研制构建"通用技术课常规性教学课型教学方案库",提供基本的教学范式,保证教学的基本质量。

第三,研制构建"通用技术课教学课件库",为教师教学提供基础性的资源。

第十五节　英语课堂教学策略调研报告

为了对云南省普通高中新课程背景下课堂教学现状进行分析,并提出提高课堂教学效率的有效策略,课题组在全省普通高中英语教师新课程教材培训活动中,对参加培训的教师进行了问卷调查。

一、调查对象和调查方法

(一) 调查对象

来自云南省 16 个州(市)的所有参加新课程培训的普通高中英语学科教师。

(二) 调查方法

采用问卷调查法,以不记名方式填写。本次调查共回收问卷 153 份,有效问卷 150 份,问卷有效率达 98.0%。

（三）调查对象的基本情况

受调查者的基本情况依据问卷回收的情况统计，主要从性别、工作所在地、学历、职务、职称、任教年级、发表论文等方面进行统计，具体情况如表 5 - 207 所示。

表 5 - 207　调查对象的基本情况

项目	分类	人数（人）	比例（％）
性别	男	52	34.7
	女	98	65.3
工作所在地	省会城市	9	6
	州市级城市	36	24
	县城	92	61.3
	乡镇	13	8.7
学历	硕士及以上	1	0.7
	本科	111	74
	专科	38	25.3
	专科以下	0	0
职务	学校管理者	2	1.3
	学科带头人	8	5.3
	年级组长	9	6
	普通教师	131	87.3
职称	中学特级	0	0
	中学高级	28	18.7
	中学一级	32	21.3
	中学二级	61	40.7
	中学二级以下	29	19.3
现任教年级	高一年级	83	55.3
	高二年级	24	16
	高三年级	43	28.7
高一年级任教年数	3 年以下	121	80.7
	3～10 年	22	14.7
	10～25 年	7	4.6
高二年级任教年数	3 年以下	103	68.7
	3～10 年	28	18.7
	10～17 年	19	12.8

续表

项目	分类	人数(人)	比例(%)
高三年级任教年数	3 年以下	78	52
	3～10 年	53	35.3
	10～17 年	19	12.7
发表文章	没有	113	75.3
	3 篇及以下	23	15.3
	3 篇以上	14	9.3

　　从本次问卷调查分析,云南省普通高中英语教师的基本情况具有以下特点。①男女教师比例不平衡,女教师接近调查对象的 2/3,达 65.3%。②来自县级、乡镇等基层学校的教师比较大,达 70%。③教师本科学历层次比例相对较高,达 74%,但硕士以上较高学历人数偏少,仅为 1 人,且无特级教师参与培训。④培训对象主要以初级职称的普通教师为主,管理层人员和高级职称的教师比例偏低,分别占 1.3% 和 18.7%。⑤培训对象主要为任教 10 年以下的现任高一教师,特别是任教 3 年以下的新教师。⑥教育教学科研成果不明显,发表论文的教师仅占参培人员的 24.6%。这在一定程度上显示教师对教育教学科学研究深度不够,教学反思不足,同时也说明教师教育教学工作较为繁重,没有足够的精力及时间参与教育科研。

二、调查问卷分析

(一)受调查者对普通高中新课程课堂教学的直观感受

表 5-208　受调查者对普通高中新课程课堂的直观感受

选项 ＼ 因素	非常赞同(%)	比较赞同(%)	中立(%)	比较反对(%)	非常反对(%)
1. 任课教师一般无须考虑如何设计教学目标	2.5	5.5	9.6	33.1	49.3
2. 创设教学情景对整堂课的效果影响很大	42.9	40.5	13.5	2.3	0.8
3. 合作学习就是小组学习和讨论	7.5	27.8	41.7	17.1	5.9
4. 课堂提问是师生交互的重要方面	27.6	51.0	18.2	2.7	0.75
5. 探究教学、合作学习、自主学习课堂热闹非凡,但实际效果不佳	9.8	23.6	40.1	19.8	6.3
6. 开展教学研究有利于提高课堂教学效果	44.4	40.8	13.6	0.8	0.4
7. 课堂上使用多媒体主要是代替板书,还可以节省时间	8.6	20.9	33.3	26.9	10.3
8. 使用多媒体的效果不好,传统教学法更容易让学生接受	5.2	13.1	35.9	32.7	13.1

续表

选项 因素	非常赞同(%)	比较赞同(%)	中立(%)	比较反对(%)	非常反对(%)
9. 布置作业要考虑学生的学业负担	33.8	45.7	16.8	3.2	0.5
10. 新教材体系较为杂乱且同一知识点无法一次教透、学透	12.7	29.8	40.3	12.3	3.9
11. 教学过程必须关注"学情",适时调整教学策略和方法	54.1	39.6	4.7	1.4	0.2
12. 经常进行教学反思,能够不断改进课堂教学效果	66.6	28.5	3.9	0.8	0.2

调查显示,82.4％的教师对教学中应该设计教学目标持肯定态度(表5-208)。高达83.4％的教师认为课堂教学中应该设计教学情景以提高教学目标达成度。至于合作学习和小组讨论,持中立态度的教师达到41.7％,说明部分教师可能受传统教学观念影响,更喜欢讲授教学模式。高达78.6％的教师认同师生交互的主要方式为课堂提问,这实际上也是传统教学中采用较多的交互模式,师生对该方式较为认可。新课程理念所倡导的探究教学、自主学习、合作学习的新理念,并没有得到多数教师的认可,仅33.4％的教师支持,认为这一新理念热闹非凡、效果不佳的教师仍有26.2％,40.1％的人持中立态度。85.2％的教师认同开展教学研究有利于提高课堂教学效果。关于课堂上使用多媒体主要是代替板书、节省时间的调查表明教师在这一问题上观点较为分散,但对多媒体的使用效果,接近50％的教师给予肯定,认为课堂上使用多媒体效果不好的仅占15.3％。高达79.5％的教师认为布置作业时要考虑学生的实际学业负担。42.5％的教师认为新教材体系较为杂乱,同一知识点无法一次教透、学透;另有高达40.3％的教师对此观点持中立态度;支持这一调查项的仅16.2％,这充分说明大多数教师对新教材知识体系的安排持否定态度。高达93.7％的教师认为教学过程必须关注"学情",适时调整教学策略和方法。对于通过不断的教学反思改进课堂教学效果的观点,得到了绝大多数教师的支持,比例高达95.1％。

(二)受调查者的教学实践状况的分析

1. 关于新课程的三维目标调查(知识与技能、过程与方法、情感态度与价值观)

39.7％的教师认为知识与技能最重要,认为情感态度与价值观最为重要的为35.9％,高达47.8％的教师认为情感态度与价值观是三维目标中最不重要的目标。而对过程与方法的重要性,超过50％的教师不能作出判断,选择了中立的态度(表5-209)。

表 5 - 209　受调查者认为三维目标的重要性

选项	最重要(%)	中间值(%)	最不重要(%)
知识与技能	39.7	32.7	27.6
过程与方法	22.9	55.8	21.3
情感态度与价值观	35.9	16.3	47.8

对于三维目标的实现难度,54.7%的教师认为情感态度与价值观是最难实现的。其中主要原因可能是这一目标相对较为抽象,同时情感态度与价值观只能贯穿于整个教学过程和教学素材中来实现,难以独立进行教学。教师认为最容易实现的三维目标是知识与技能,因为这一目标较为具体,容易量化评价。至于三维目标的过程与方法,教师们仍难以给出肯定的回答,50%以上教师选择了中立(表 5 - 210)。

表 5 - 210　受调查者认为三维目标的实现难度

选项	最难(%)	中间值(%)	最容易(%)
知识与技能	21.5	30.3	48.2
过程与方法	21.9	53.5	24.6
情感态度与价值观	54.7	16.8	28.5

2. 教师选择教学方式的主要依据

对教师选择何种教学方式进行了调查,调查结果显示教师选择教学方法的主要依据是学生情况,其次是教学内容和课标或教材的要求,仅有 6%的教师选择学校统一安排或视时间而定。这充分说明教师教学方法主要是依据教学对象和教学内容变化而变化(表 5 - 211)。

表 5 - 211　选择教学方法的主要依据

选项	频率	百分比(%)	累计百分比(%)
课标或教材要求	29	19.3	19.3
学校统一安排	4	2.7	22
视内容而定	55	36.7	58.7
视时间而定	2	1.3	60
视学生情况而定	60	40	100

3. 课堂小结

就作为教学过程重要环节"课堂小结"的调查显示,课堂小结主要以教师总结的方式完成,占 44.7%;其次是以课堂提问方式,由部分学生总结完善,占 30.6%;14.6%的教师组织学生分组讨论,得出结论。而教学内容较多时不进行课堂小结的教师占 4.7%。上述信息显示,多数情况下,大多数教师通过不同的方式进行课堂小结(表 5 - 212)。

表 5 - 212　课堂小结的基本情况

选项	频率	百分比(%)	累计百分比(%)
上课内容较多,一般不进行课堂总结	7	4.7	4.7
以教师总结的方式进行小结	67	44.7	49.4
以课堂提问的方式,由部分学生总结完善	46	30.6	80
由学生分组讨论,得出结论	22	14.6	94.6
其他	8	5.4	100

4. 教师对学生学习情况的评价

25.3%的教师采用考试方式评价,高达 54.7%的教师采用多种手段综合评价。通过作业和课堂表现进行评价的教师分别占 8.7%和 9.3%(表 5 - 213)。

表 5 - 213　对学生的评价方式

选项	频率	百分比(%)	累计百分比(%)
考试	38	25.3	25.3
课堂表现	14	9.3	34.6
作业	13	8.7	43.3
其他	3	2	45.3
多种手段综合运用	82	54.7	100

5. 教师布置作业的类型

教师布置作业的主要方式仍以现有材料为主,自命题或自行组织的作业量比较小。58%的教师使用教材中的习题为作业,57.3%的教师使用教辅材料中的习题为作业。采用历年高考题的教师占 36.7%,其他类型的仅占 20.7%(表 5 - 214)。

表 5 - 214　教师布置作业的类型

选项	复选人次	比例(%)
教材中的习题	87	58
教辅中的习题	86	57.3
历年高考习题	55	36.7
其他	31	20.7

6. 教学内容的选择

多数教师除教材外,还会选择其他内容作为添加的教学内容。68.7%的教师会选择学生感兴趣的内容作为添加内容,59.3%的教师选择高考所含内容,选择配套教辅材料作为添加内容的教师为 47.3%,而选择其他教辅内容的比例不足 20%(表

5－215)。

表 5－215　教师添加的教学内容

选项	复选人次	比例(%)
配套教辅	71	47.3
其他教辅	29	19.3
高考所含内容	89	59.3
学生感兴趣的内容	103	68.7

7. 教师教学设计考虑的方面

教师在教学设计时,会综合考虑教学过程中的多种因素,结合多方面因素进行教学设计。84%的教师会注重学生实际,78.7%的教师会考虑具体的教学目标,重点考虑教学方法的教师达 68%,56.7%的教师会考虑课堂提问方式和内容,58%的教师会考虑教学情境,充分利用课程资源的教师达到 42%(表 5－216)。

表 5－216　教师教学设计考虑的方面

选项	复选人次	比例(%)
具体的教学目标	118	78.7
教学情境	87	58
课堂提问的方式和内容	85	56.7
教学方法	102	68
学生实际情况	126	84
课程资源的利用	63	42
其他	7	4.7

8. 教师创设教学情境的内容

在创设教学情境的调查项中,90.7%的教师会结合现实生活中的情境问题开展教学,近 70.7%的教师会使用小故事来创设情境,结合新闻素材创设情境的教师为61.3%,结合学科史创设教学情境的教师为 40.7%,38.7%的教师会通过小游戏来创设教学情境(表 5－217)。总体显示,多数教师都能通过某种合适的方式创设教学情境。

表 5－217　教师创设教学情境的内容

选项	复选人次	比例(%)
现实中情境问题	136	90.7
学科史	61	40.7
趣味小故事	106	70.7

续表

选项	复选人次	比例(%)
新闻素材	92	61.3
小游戏	58	38.7
其他	13	8.7

9. 教师安排教学进度时能结合多种因素进行考虑

最优先考虑的因素是课程标准要求(66.6%)和教材课时安排(67.3%),其次是结合自己的教学经验进行考虑(43.3%)。40.7%的教师还会考虑各种考试时间的影响,34.7%的教师会顾及年级组的安排。参考其他教师教学进度的教师仅为19.3%(表5-218)。

表5-218　教师安排教学进度时考虑的因素

选项	复选人次	比例(%)
课程标准要求	99	66.6
教材课时安排	101	67.3
自己的教学经验	65	43.3
各种考试时间	61	40.7
年级组进度安排	52	34.7
参考其他教师进度	29	19.3
其他	0	0

三、调研结果与教学建议

(一)调研基本结论

第一,英语教师学历层次基本达到国家相关要求,但高学历教师(硕士及以上)比例偏低(仅占0.7%),不利于带动英语教师进行教育科研。

第二,教师教学理念虽然发生一定的变化,但对新课程、新理念的认识仍不够,教师教学、学生学习方式变化不明显,讲授式教学仍占主导地位。

第三,管理人员和高级职称人员培训不足,影响学校新课程政策的执行力度和示范作用。

第四,教材中知识点相对分散,不利于学生掌握,教师对新的知识点教法还不适应。

第五,教师参与教育科研积极性不够,科研成果不明显。

第六,教师对三维目标的理解与实施未能达到预期目标。

第七,部分教师对教学内容的处理、教学时间的安排不到位,导致无法进行课堂小结。

第八,教师作业设计过分依赖现成教材,缺乏个性化练习和针对性强的练习。

第九,评价体制不健全,导致教师在英语教学中过多专注于高考相关内容。

（二）教学建议

第一,鼓励教师进行在职进修或其他方式的学习提高,拓展个人阅历,增强对新课程改革的接收能力;加强培训,特别是管理层和高级职称教师的培训,提高普通教师(特别是新教师)对新课程的认识和对新理念的理解,推动新课程的深入实施。尤其加强教材教法培训,提高教师对新课程知识体系的理解与认识及相应教法的运用,鼓励教学反思和教学创新。

第二,教师要组织学生积极开展合作学习。合作学习已被证明是行之有效的学习方式之一。教师要结合新课程,掌握合作学习的方法与策略,认真组织小组研讨、合作探究等合作学习方式,切实帮助学生成为积极的自主学习者,充分发挥学生的主体性,教师才能真正成为学生学习的促进者和引领者。

第三,教师要提高教育科研意识与能力,积极参与教育科研,以研促教,更好地服务于教学,不断地进行教学反思,弃粗取精,总结优化自己的教学,达到教学效率最大化。

第四,要合理安排教学时间,教材内容的学习处理、教辅材料的合理利用、课堂时间效率的最大化等多方面要综合考虑,步步为营,落实好不同阶段的知识要点,共同提高能力与素质。

第五,不过分依赖现成教辅材料,在参考现有教辅材料的基础上,不断创新,开发适合不同层次、不同心理发展区域学生学习所需的个性化教学辅助材料,提高教辅材料的针对性和时效性。

第六,充分运用好各种评价手段,发挥好评价功能,合理运用评价结果服务于教师教学。

第六章　实践对策

——云南省普通高中新课程教学指导建议(节选)

第一节　语文、英语、思想政治、历史、地理教学指导建议

一、语文学科教学指导意见

《语文学科教学指导意见》以人教版教材为依据,针对高中语文必修课程的教学内容与要求编写。《普通高中语文课程标准》提出的教育教学目标,是高中阶段语文教学的总体概括和描述,具有一定的概括性和抽象性,它其实是一个静态而单一的目标,主要考虑高中三年的学习内容和要达到的要求,较少考虑实际教学中学生的需要和学习过程的变化多样等复杂情况。

语文教学实际上是在具体的文本上展开的,其教学目标因文本内容和学生的实际情况而定,教学目标具有动态和多元的性质,显得较为复杂。长期以来,语文教学大纲或课程标准所确立的目标与实际教学之间的距离相差甚大,致使教学大纲或课程标准的抽象目标难以落实。

我们认为,结合具体的文本内容和学生的学习实际设立教学目标,使之落实在具体的文本学习之中,尽量减少因目标不具体而给教学带来的不利影响,这或许会对提高语文教学的质量起到一定的积极作用。

仔细研究《普通高中语文课程标准》的要求和普通高中语文教科书的内容,我们把《语文学科教学指导意见》的内容分别按教学目标、教学要求和教学建议三个部分来安排。

凡语文教学,无论从整体还是从局部考察,都应根据所学的课程内容确立明确的学习目标,以便教学有明确的方向和中心。故语文教学,第一,应当根据具体的课程内容,确立目标,然后朝目标迈进,以求学有所得;第二,围绕教学目标对教学提出具体的要求,比如充分收集资料,认真研讨交流,设计出好的课堂教学程序,化繁为简,以求达到事半功倍之效,或者每课(或单元)完成之后,适时做一个简单的总结评价,

以检查学习的质量和水平,不足之处,教师做点拨、提醒和总结。

教学要求和教学建议是我们根据课程标准、教材和教学参考书等的要求,针对教学的实施,为突出教学的主旨和重难点而做的建议,尚有许多不成熟之处,仅供教师上课参考,希望教师们总结成功经验,使之不断丰富和完善。

当然,以上只是语文教学一个技术层面的问题,它仅仅从教学法的角度,对学生学习语文知识和运用语言提出一些提高效益的设想,其实语文教学的根本目的是远远超越这个层面的。青少年学习语文,最重要的价值,应该是从语言所承载的人类优秀文学和文化作品中获得真、善、美的认知和体验,通过阅读,认识自然、社会、历史、文化和自我,借此增长知识,发展能力,陶冶性情,塑造自我,使自己成为一个有才干、有思想、有文化,而且具备自主和独立精神的人。如果语文教师整天所关注的仅仅是考试、升学、练习、作业,那么语文教学将被极端地功利化,长此以往,语文教学将失去其最真实的意义。新课程改革的核心目标,就是为了回归语文教学的真实意义,使人获得全面自由的发展,使人的追求与人类真、善、美的价值和谐一致。

关于新教材中的名著导读部分,教师应明确:阅读文学名著,可以扩展学生认识自然、社会、历史、文化、政治和宗教等视野,能够让学生感受到生活的丰富多彩、文化的多样和人生的风云变幻等社会历史的现实,增强学生对人类真、善、美的热爱和假、丑、恶的憎恶,这对增进社会进步和个人的幸福追求,实现人生的理想等都具有重要的意义。阅读名著还可以提高学生学习语文的乐趣,有效地训练学生的思维和表达,提升审美情趣,培养学生正确的情感态度和价值观。

名著作为整本的书,有着丰富的内涵和复杂的结构,阅读是需要作整体的把握和思考。因而阅读名著时,教师可以让学生成立阅读小组,把全班学生分成若干个小组,每组中挑选一名阅读能力较强,有一定组织能力的学生担任组长。分组的目的是为了给学生创设相互交流、合作探究的环境,同时也能够让不同阅读水平能力的学生相互督促。同时,教师还应该指导学生制订具体的阅读计划,包括阅读任务、阅读进度、训练内容、指导方式等内容,这样可以使课外阅读活动能够有序地开展。

教师应做好阅读前的导读,在学生阅读之前,先对本书的写作背景、作者生平、本书的内容概要等作一简单的介绍,也可以让学生自行阅读小说序言部分,了解有关情况。每周都规定学生一定的阅读任务,学生在阅读过程中,如遇到疑难问题,可分组讨论,也可以向教师请教,对于一些普遍性的问题,教师可集中答疑。可以让学生在阅读时,准备一个读书笔记本,每周分类摘抄小说中精妙词语、精彩段落等。在阅读完一本名著之后,教师应该结合教材中的"思考与探究",引导学生对作品的思想内容、艺术手法、人物性格作分析探讨,并要求阅读小组的每一位成员都能就阅读之后的感悟写一篇读书笔记,其中优秀的读书笔记可以在班上交流。

(一) **必修 2　阅读与鉴赏**(第一单元)

本单元的文章都是写景状物的散文,重点是学习感受散文中的情趣和理趣。《荷塘月色》意境优美,语言富有韵味;《故都的秋》具有浓郁的抒情意味,作者的志趣洋溢在字里行间;《囚绿记》含蓄蕴藉,表现了景物的"灵性"。这些散文的意蕴深、语言美、情景交融,并且包含丰富深刻的思想,能够引发读者对社会、人生多方面的思考。

教学本单元的文章,首先是要分析景物描写,体会作者对自然景物的感受力;其次要体会感情,寻找文章的感情基调和感情线索,并让学生有感情地朗读课文;第三要品味语言,透过文章精美的语言去认识景物的形象,加深对作者思想感情的体会。除此之外,还要引导学生用审美的眼光去品味课文当中的美景美情,获得充分的审美享受。

学完本单元的文章之后,还可以让学生读写结合,动手写散文,或仿写,或写片段都行。同时,还可以指导学生学写鉴赏性的文字,不一定要求成文,能表达个人感想就行。

1. 荷塘月色(朱自清)

(1)教学目标

第一,体会朱自清散文的优美意境、淡雅情调。

第二,品味文章细腻抒情的语言,赏析文中的景物描写与心理感受的和谐统一。

第三,了解通感(联觉)修辞手法的运用。

(2)教学要求

第一,朱自清的生平与文学创作简介。作者朱自清,现代著名诗人、散文家和学者。在当时风云诡谲的现实世界中,他追随新文学的脚步,创作出相当多文情并茂、脍炙人口的名篇,如《桨声灯影里的秦淮河》、《背影》、《荷塘月色》等,都是他前期散文的代表作。之后,朱自清经历了几件生涯中的大动乱,造成散文风格的转变,一是中年丧妻,二是游学欧陆,三是八年抗战流离西南以及战后时局的动荡不安,《给亡妇》、《欧游杂记》系列、《伦敦杂记》系列即为他后期散文的代表作。

《荷塘月色》写于 1927 年,当时朱自清正在清华大学任教,并住在清华园西园。文中描写的荷塘就是清华园。当时正值大革命失败,白色恐怖笼罩在中国大地,朱自清本人也处于苦闷与彷徨之中。此时的他认为:"在旧时代正在崩坏,新局面尚未到来的时候,衰颓与骚动使得大家惶惶然。"于是他选择了"暂时逃避的一法",因为他"只是在行为上主张一种日常生活中的中和主义"。但同时作者又是一个爱国的民主主义者,面对现实的黑暗,他又不能安心于现状。《荷塘月色》就是作者处在这样一种心理状态下创作的。

第二,掌握文中的生字词的音、形、义。如"蓊蓊郁郁"、"袅娜"、"脉脉"、"斑驳"、"参差"、"倩影"、"媛"、"櫂"、"裾"等。

第三,理解文章富于诗韵的语言与思想内容。

本文的语言自然、简练,富有诗情画意,表现出细腻、优美的特征。文中描绘了月光下荷塘的景致,动静描写交错,抒情写景交融,构成了一幅素雅、朦胧、静美的画面,表现出荷塘在月色中的盎然生机和诗情画意。

文中"蓊蓊郁郁"、"隐隐约约"、"曲曲折折"、"远远近近"以及"亭亭"、"缕缕"、"静静"、"薄薄"等三十多个叠字运用,使行文富于音韵美的同时,也静静流淌出一丝淡淡的妩媚。

(3)教学建议

第一,把握文章的整体结构:"这几天心里颇不宁静"是全文的总起,直接点明了作者夜深人静的时候独自欣赏荷塘月色的缘由。接着以漫步为线索,泛泛地写"荷塘四面"的所见所感,表达深夜踱步独处的美妙感受。从"曲曲折折的荷塘上面"到"渴睡人的眼",是对月光下荷塘的特写,也是详写荷塘月色的静态之美;之后展开联想,用"蝉声"、"蛙声"、"热闹"几句,超越时空,写古代的江南、妖童媛女、西洲采莲,写出一种动态之美。最后,作者用莲花"过人头"将思绪从古代江南淡出,"轻轻地推门进去"与前文相呼应,结束全文。

第二,注意文中描写作者心境变化的句子:"这几天心里颇不宁静"——"我也像超出了平常的自己"、"便觉是个自由的人"、"我且受用这无边的荷塘月色好了"——"但热闹是它们的,我什么也没有"——"忽然想起采莲的事情来了"——"这令我到底惦记着江南了"。体会心境变化中渗透的作者的情感。

第三,要让学生了解本文抓住景物的特点,按一定的顺序从不同角度描写荷塘的景色的写法。作者根据立足点与观察点的转移而描写同一景物,如开始的观察点在荷塘远处,写的是"荷塘四面"的树和路;其后观察点在荷塘沿边,写的是田田的叶子、零星的白花;然后观察点升至荷塘的上面,淡淡的云和树梢上的月光;最后回到"荷塘的四面"、树、路灯、蛙声、蝉声。观察点不断移动,增强了景物的画面感和立体感。课后可安排学生按以类似的方法描写一处景物,要求线路清晰、景物特点鲜明、语言流畅生动。

第四,本文的用词生动,比喻、拟人和通感等修辞手法运用精妙以及大量叠音词的使用,使文章的语言表现得非常优美,读起来节奏明朗、韵律协调。学习本文一方面可借助课后练习对文章语言特点进行分析,另一方面要加强朗读,读的时候注意语气流畅、停顿合理、节奏准确,在读的过程中加以体会。一些精彩优美的段落,可要求学生熟读成诵。学完本文后,可要求学生仿写一篇写景抒情类的短文。

2. 故都的秋(郁达夫)

(1)教学目标

第一,体会作者笔下故都秋天的美好,理解作者寄予故都秋天的浓情厚意。

第二,领会作者所列举故都之秋的典型景物以及所传达的感情色彩,理解作者描写故都之秋的写意笔法。

第三,体会文中对手法的运用,感受作者语言的典雅华美。

第四,感受文中浓厚的文化韵味,提高学生的文化品位。

(2)教学要求

第一,介绍作家作品。郁达夫原名郁文,字达夫,浙江富阳人,中国现代著名小说家、散文家、诗人。1921～1933 年,郁达夫在上海参加左翼文艺活动并进行了大量的创作,1933 年 4 月移居杭州后,写了不少山水游记和诗词,其中游记尤为出色。1934 年 7 月,作者不远千里从杭州去北平,再次饱尝了故都的"秋"味,写了这篇优美的散文。

第二,掌握文中"混沌"、"潭柘寺"、"平仄"、"颓废"、"一椽破屋"、"房檩"、"廿四桥"等词语的读音、字形和意思。

第三,抓住文章要点,理解文章思想内容和情感。文章标题表明了写作的对象和内容,"故都"二字含有深切的眷念之意,暗含着一种文化底蕴。作者笔下故都的秋天,总是那么"清"、"静"、"悲凉",这种感觉挥之不去,因为他把故都北平看作是祖国和中国文化的象征,对北平的爱是怀着刻骨铭心和挚爱深情的。

作者描写北平的秋色,选用了大量蕴涵秋色的意象,看似信手拈来,实为精心挑选:院落秋色、街头落蕊、秋蝉残鸣、桥头秋雨、庭院秋果……这些平民眼中的秋色,最有北平生活的味道,使人在阅读中感到一种自然亲切之情。

文章的语言行云流水,用词大都选取生活中极平凡的词语,但搭配精当,效果和谐,让人读了感到极为淳朴、亲切。句式选用长句短句结合,整句散句结合,既典雅又洒脱,并且多用排比,气势连贯,产生言有尽而意无穷的效果。

第四,理解中国文人的"悲秋情结"。中国古代文人有传统的悲秋情结,中国人讲究天人感应和天人合一,因为秋天收获之后也就是万物萧疏的时分,也是古代施重刑之时,是古代失意宦游之人离京返乡、思妇盼夫归家之际,因而秋季常使中国文人感到愁苦和凄凉,形成了中国文人悲秋的传统。郁达夫并没有摆脱中国文人传统的积习,尤其在中国社会连年战乱、民生凋敝的年代,他用"清"、"静"、"悲凉"基调写成《故都的秋》,赋秋悲秋也就是十分自然的事。学习本文时,可让学生收集古代文人的相关诗词作品对此问题作出探讨。

(3)教学建议

第一,掌握文章的整体结构:首先点明故都北平秋天的"清"、"静"、"悲凉"的特点,接着略提江南秋色作为比较,然后用重点篇幅从秋晨、秋蕊、秋蝉、秋雨和秋果五个方面来突出故都秋的特点。最后用议论的口吻指出秋之于人没有国别、人种和阶级的区分,但中国北方的秋色要比南方的秋色更值得回味,作者深爱北国之秋。

第二,在引导学生整体把握文章的基础上,提取文章的精要,即生动的景物描写和深沉的情感抒发。既要能分别品味写景和抒情,又要将二者结合起来,看出景中有情、寓情于景的特点。

第三,要能揣摩文章的精彩语句。文章中的精彩语句非常多,用语贴切、修辞美妙、表达酣畅,写景状物有声有色、有动有静,并融入了深沉而细腻的情思,把秋味表现得淋漓尽致,值得认真品味。

第四,文章是写景抒情的散文,教学时多进行朗读,要求声情并茂,抑扬顿挫,要能读出作品的原味,要能与作者在心灵上贴近,并产生共鸣。一些优美的语句、精彩的段落最好能够熟读成诵。可要求学生运用对比、比喻和排比等修辞手法,进行秋天片段的描写。

3. 囚绿记(陆蠡)

(1)教学目标

第一,欣赏细致精彩的景物描写。

第二,理解文章所运用的象征手法及其象征意义。

第三,了解写作背景,感受作者对生命的丰富体验和对民族前途的深深忧虑。

(2)教学要求

第一,简要介绍作者及本文的写作背景。陆蠡,现代散文家、翻译家,1942 年被日本宪兵杀害。本文写于抗日战争爆发一年之后,当时北平沦陷,作者移居上海。打败日本侵略者,争取民族的自由解放,是每个有良知的中国人的共同心声。《囚绿记》一文,就是借一枝常春藤绿色的生命,展示作者向往光明、自由,赞颂中华民族渴求自由、坚贞不屈的民族气节和精神。

第二,整体感知文章,掌握文中的生字词。如"猗郁"、"蕈菌"、"瞥见"、"了截"、

"移徙"、"婆娑"、"抑郁"、"攀缘"等。

第三，把握文章的脉络，体味作者的情感。本文讲述了作者与被他"囚禁"的常春藤枝条的一段经历，描绘了绿枝条的生命状态，也写出了作者的生存状况和真挚心愿，含蓄地揭示了华北地区人民面临日本帝国主义侵略的苦难命运。文中的绿枝条象征着作者和中国人民坚贞不屈的民族气节。

（3）教学建议

第一，掌握文章的主体结构。"绿"是全文描写的客观对象，作者围绕"绿"展开思路，铺设线索，全文分为五个部分：开始是寻绿，交代绿的由来；然后是观绿，对绿枝条作了直接描写；接着是囚绿，这是全文的主体，写了绿枝条生命变化的五个阶段；最后写放绿和怀绿，卢沟桥事变发生后，作者不得不离开，走前让绿枝条获得了新生，然而作者一年之后还时时怀念着。

第二，理清作者的感情线索。本文在写景叙事的过程中也表达了作者的感觉和感受，这与写景状物融合贯穿课文始终，因而要体会课文不同段落中作者感情的不同表现。

第三，欣赏细致精彩的景物描写。作者从不同角度对绿枝条作了描写，既有粗略的描写，也有精细的镜头，还有对绿枝条变化过程的描写，可以引导学生细细品味。

第四，理解文中象征手法的使用。教学中要让学生理解文章中"不屈服于黑暗"、"永远向着阳光生长"的常春藤，象征了渴求自由、坚贞不屈的中华民族。就"象征"的问题，可组织学生作课内外相关内容的研究，形成集体小论文交流。

（二）先秦到南北朝时期诗歌的代表作品

本单元主要学习先秦到南北朝时期诗歌的代表作品。这些作品有叙事诗，也有抒情诗；有民歌，也有文人创作；有长篇大作，也有短小之作；有四言、五言诗，也有骚体诗。但这些诗歌在思想内涵和艺术上都堪称后世诗歌的典范，《诗经》、《楚辞》是中国古典诗歌的两大源头，《孔雀东南飞》、《古诗十九首》等五言诗的产生与发展，又为唐代格律诗的繁荣发展奠定了基础。

教学本单元的诗歌，首先，要让学生有对诗歌基本的理解和感悟，通过对诗歌语言的鉴赏分析，体会诗歌当中所饱含的情感，提高学生品读古代诗歌的能力；其次，要让学生把握诗歌的节奏，引导学生反复诵读，在读的过程中，感受诗歌的韵律感，进而能够背诵部分篇章；第三，要让学生能分清《诗经》、《楚辞》中大量的语气词，了解一些生僻字和特殊词语的读音和意义；第四，要指导学生结合历史背景对诗歌当中的人物形象和思想感情作解读与评价。

1.《诗经》两首

(1)教学目标

第一,理解《氓》的思想内容和表现手法。

第二,理解《采薇》的思想内容和表现手法。

第三,掌握重点文言词语。

(2)教学要求

第一,了解有关《诗经》的文学常识。《诗经》是我国最早的诗歌总集,收集了从西周初期到春秋中叶大约500年间的诗歌305篇,分为风、雅、颂三个部分。作者成分很复杂,产生地域也很广,既有宫廷乐歌,也有士大夫进献的乐歌,但更多的是民间流传的歌谣,反映了社会的风貌和人民的喜怒哀乐。《氓》是一个被遗弃女子的自述,叙述了她从恋爱、结婚到被遗弃的过程,表达了她对负心丈夫的怨恨,最后从痛苦中醒悟过来,决心同丈夫一刀两断。《采薇》创作的年代是周宣王时代,当时北方的猃狁(后来的匈奴)经常入侵中原,因而周天子派兵戍守边疆。这首诗写了从军将士的艰苦生活和思归情怀。

第二,掌握诗中"匪"、"愆"、"载"、"将"、"于嗟"、"徂"、"汤汤"、"靡"、"夙"、"泮"等文言词语的读音和意思;区分诗歌当中的通假字、一词多义的现象,以及在具体语境当中"至于"、"以为"、"涕"、"子"、"贿"、"路"、"业业"、"小人"的古今异义。

第三,理解诗歌内容,体会诗中主人翁的情感。《氓》是一首叙事诗,既为叙事诗,教学时应以理解故事情节和人物形象为主。本诗以一个勤劳善良的妇女自述的口吻写了她的婚恋悲剧。诗中写了女主人公自小就与邻居男子产生感情,结婚之后,她起早贪黑操持家务,男子对她却三心二意,这使她对丈夫彻底失去信心,决心与他斩断关系。诗中的叙事因女主人公的感情变化而打断,加入了一些感慨和议论。这首叙事诗情节完整,层次分明,并且融叙事、抒情、议论于一体,对后世诗歌的创作有很大影响。

《采薇》写出了一个出征战士归家途中种种复杂的思想感情。他久久征战于沙场,苦苦思家,却无法向家里传递音信,因而忧心如焚,内心非常痛苦,但他同时也为自己和战友们的英勇形象而自豪。终于走在了回家的路上,他思绪万千,既为自己为国尽责而深感荣耀,又因离家时间太长不知家里境况而伤悲不已。诗歌的写作使用了重章叠句的手法,章与章句型重复,字面也大体相同,使抒发的情感在回旋中递进,突出了主题。本诗以乐景写哀愁的手法很典型,还可以让学生体会该诗"怨而不怒"、"悲而能壮"的风格和情调。

第四,尝试从社会生活的角度,对诗歌作初步评析。《氓》是一首古老的弃妇诗,反映了我国古代妇女在婚姻上的悲惨遭遇。对于诗中女主人公情感变化的把握,对男主人公"氓"形象的分析,以及由此反映出的社会现实,可以引导学生作分析探究,谈谈自己的观点。

(3)教学建议

第一,两首诗课文中都有较为详尽的注解,学生理解诗歌的大意没有太大的问题。教学中要注意让学生把握人物思想感情,分析时可以从具体的诗句入手。

第二,诗歌的品位是需要反复诵读的,《氓》中女主人公情感的起伏变化,《采薇》中主人公征战杀敌和思家心切的复杂感情,以及诗歌所表现出来的音韵美都可以让学生从诵读当中涵咏体会。《氓》一诗要求学生背诵和默写。

第三,《氓》大量采用了赋、比、兴的手法,比兴手法的使用能增加诗歌的生动性,增加诗歌的韵味和形象感染力。比就是对人或物作比喻,兴是借其他事物为发端,引起所要歌咏的内容,比兴常在一起使用。教学时可以介绍一些相关的知识,让学生能从诗歌当中找出使用比兴手法的句子。

第四,《采薇》使用了重章叠句的写法,要让学生理解这种手法的特点,以及使用这种手法的表达效果。诗的最后一节,情思从风景画面中自然溢出,抒情意味最浓,可以仔细品味。

2. 离骚(屈原)

(1)教学目标

第一,理解诗歌的思想内容,感受诗人的美好情操和爱国情怀。

第二,品味诗歌的语言,体会比喻、象征等表现手法的作用。

第三,学习诗中常用的文言词语,背诵诗中的经典章节。

(2)教学要求

第一,有关屈原和《离骚》的知识。屈原是我国诗歌史上第一位伟大的爱国主义诗人,是楚辞的主要作者。他生活在时代动荡、社会变革的战国中期,曾任楚国的左徒,参与楚国内政外交大事。他力主举贤授能,变法图强,但受到贵族集团保守派的陷害和排挤,长期被楚王放逐。他一生的政治理想不能得到实现,于是就用诗歌来倾吐自己忧愁幽思的情绪。楚辞源于江淮流域楚地的歌谣,自屈原等人的一系列作品出现在楚国文坛之后,楚辞演变为一种文学样式,它也有"骚体诗"的别名。《离骚》是屈原写于放逐之后,当中所表现出来的怨愤,是与他个人的不平遭遇以及楚国的政治现实紧密联系在一起的,是一首"发愤而抒情"的政治抒情诗,集中表现了诗人忧国忧民、不肯与世浮沉的高尚品质,以及政治理想不能实现的苦闷。由于诗歌当中曲折地抒写了诗人的身世、思想和遭遇,也有人把它视为屈原的自叙传。

第二,掌握诗歌当中"謇"、"苣"、"诼"、"谣"、"偭"、"饨"、"住僷"、"溢"、"岌"、"芰"等文言词语的读音和意思;区分诗歌当中的通假字,一词多义和现象,以及在具体语境当中"浩荡"、"改错"、"工巧"、"穷困"、"流亡"、"陆离"古今义的不同。

第三,理解诗歌的思想内容,感受作者的爱国情怀,品味诗句的优美。"离骚"二字,司马迁认为"离骚者,犹离忧也",是遭受忧患的意思。也有人理解为"离,别也;骚,愁也",解释为离别的愁绪。课文节选部分,主要表现诗人志洁行高、执着追求的精神。先从诗人自己的政治理想和政治遭遇写起,叙述自己因洁身自好、坚持原则而受到周围众人的猜疑和造谣中伤,君主因此疏远了他。这使诗人产生退隐独善的念头,想努力培养自己的美好德行,不与蝇营狗苟的小人同流合污。但他最终摆脱退隐的闪念,决心不管在什么样的情况下,自己都绝不退缩,努力抗争到底。

《离骚》与《诗经》那种四言为主的句式不同,在民歌的基础上运用了散文笔法,句式长短参差,形式自由,诗句中多使用带有浓厚地方色彩的语气词"兮",不仅使诗歌表现出生活色彩,而且使诗句婉转动人。

诗中大量运用了比喻手法,如以采摘香草比喻加强修养,佩带香草比喻保持修洁,喻意高明,而且运用不少香花、香草的名称来表现政治、思想意识方面比较抽象的概念,使作品更为含蓄、更有韵味。同时,诗中句式长短不一,但很多诗句运用了对偶的修辞手法,显得形式多样,在错落中见整齐,在整齐中又富于变化。

第四,注意总结屈原诗歌中的典型意象及其象征意义。《离骚》中有两类意象非常引人注目,一类是美人,一类是香草。美人的意象常是用来比喻君王,或是自喻;香草的意象指品德和人格的高洁。这两类意象的选用是屈原的首创,也是对《诗经》中比兴手法的发展。可以就这类意象选用的意义和效果,结合诗的思想内容让学生作探究。

(3)教学建议

第一,应将重点放在朗读、背诵上,通过诵读把握诗的抒情脉络,体会诗人的情感发展,感受诗歌的韵律,然后简单讲解比喻、象征等手法即可。

第二,要正确认识《离骚》的思想内容和艺术精髓,就必须体会诗歌当中所表现出的浓浓的爱国热情。教学时,教师须向学生介绍屈原的生平和政治主张、活动,要让学生明白屈原为什么被称作是伟大的爱国诗人。屈原心系国家安危,对当时的政治形式看得非常透彻,也能审时度势,提出政治主张。他在《离骚》中所表现出对未来的忧愤多是来自于对国家前途的担心。

第三,课文中的第一段是诗人在抒发自己的忧愤之情,写自己虽然遭受来自各方面的打击,但毫无妥协、退缩的念头;第二段又写诗人打算全身而退,不再参与政治活动。前后两段的表述并不矛盾,要让学生通过具体诗句的分析,认识到第二段的内容仅是就政治活动中的进退说的,他仍然会坚持信念,高洁自守。

第四,《离骚》是抒情体长诗,当中生僻字、通假字和古今异义字比较多,教学时要注意引导学生疏通诗歌的大意。

第五,《离骚》诗句当中有大量的语气词、无实在意义的虚词,读的时候根据感情的需要可长可短。另外要学会给句子划分朗读节奏,骚体诗一般每句划分为三四个节拍,可结合具体实例给句子划分节奏。本诗要求学生能够熟读成诵。

3. 孔雀东南飞并序

(1)教学目标

第一,理解乐府诗的主要特点。

第二,把握叙事诗的情节结构,分析诗中个性鲜明的人物形象。

第三,掌握诗中的重点文言词语。能够有感情地朗诵诗歌。

(2)教学要求

第一,介绍诗歌的背景知识。本诗选自南朝徐陵所编的《玉台新咏》(古诗总集,成书于梁代,作者不详),是中国古代最长的叙事诗,代表汉乐府民歌发展的最高成就,与北朝民歌《木兰诗》并称为"乐府双璧",对后世诗文创作有深远影响。诗前小序为徐陵所加,据此推断本诗写成于东汉末建安年间,说明是焦仲卿夫妇死后,当时人为悼念他们而作的。汉代儒家的伦理纲常发展得相当完备,要求子女对父母需得百孝千顺,在婚姻制度方面更有许多清规戒律,子女没有任何反抗的余地,封建家长制正是《孔雀东南飞》中焦刘二人悲剧的根本原因。

第二,掌握诗歌当中"缢"、"箜篌"、"姥"、"伶娉"、"萦"、"襦"、"遗施"、"玳瑁"、"磐石"、"否泰"、"踯躅"、"赍"、"鲑"等字的读音和意思,区分诗歌当中的通假字、一词多义的现象,及"可怜"、"自由"、"教训"、"区区"、"处分"、"便利"、"纷纭"、"共事"、"宦官"、"千万"等词在具体语境中的古今异义。

第三,读懂诗歌的内容,理解诗歌的表达特点。诗歌讲述了一个封建社会中的婚姻悲剧。诗歌开头托物起兴,通过孔雀东南飞不愿分离,来象征焦仲卿和刘兰芝的恩爱之情,为全诗定下了徘徊顾恋和凄怆缠绵的情调和氛围。诗中还多处使用铺陈的手法,从各方面极力描写要表达的事物,给人以深刻的印象,如写兰芝受过良好教育且多才多艺,以及离开焦家前着意刻画她的装扮等,都用了这样的手法。此外,比喻手法的使用对突出人物性格也起到了帮助。

第四,引领学生探讨和发掘故事的社会意义。诗歌讲述的故事是一出悲剧,但最后部分,焦仲卿和刘兰芝二人化为鸳鸯,极具浪漫主义色彩,反映了人们对美好情感的向往和追求。可以结合课后练习四,让学生对中外作品中类似的例子作分析,谈谈各自的看法。

(3)教学建议

第一,本诗是汉乐府民歌的代表作。教师可以向学生介绍汉乐府民歌的相关文化常识。汉武帝时设立了一个专门掌管音乐的机构——乐府,一方面是将文人们创作的为统治者歌功颂德的诗谱曲,另一方面是收集民间歌谣曲调供统治者娱乐。后来人们将乐府中保留下来的歌辞也称作"乐府",其中的民歌部分就称之为"乐府民歌"。

第二,全诗比较长,但结合注解学生理解诗歌内容并不难。教学时可重点指导学习关键和精彩的段落,让学生从人物动作和对话中体会其中的情感,揣摩人物心理,分析人物性格。本诗最大的艺术成就之一是成功塑造了个性鲜明的人物形象。诗歌中人物的性格特征是在矛盾冲突中突显出来的,刘兰芝忠贞、坚强,对封建压迫反抗到底;焦仲卿对爱情执着,对封建礼教不敢直接抗争;焦母和刘兄则成为封建家长制的典型代表,一个横蛮无理,一个尖酸刻薄。这些可以让学生通过具体诗句的分析作出评价。

第三,要让学生把握诗歌的感情基调。焦刘二人的死是家庭悲剧,但从另一方面来说,死是血泪的控诉,是无言的抗争。作者正是通过他们二人的悲剧,对封建礼教和封建家长制给予了猛烈的抨击;同时,也赞美了焦刘二人对爱情的忠贞和不妥协的抗争精神。

第四,这首诗有很浓的悲剧气氛,朗读时尽量把这种气氛表现出来。可以选择如《梁祝》等适合的乐曲作为背景音乐,以烘托氛围。

4. 诗三首

(1)教学目标

第一,理解诗歌的思想内容和诗人的情感。

第二,欣赏精彩的诗句,品味诗歌的语言特点。

第三,掌握重点的文言词语。

(2)教学要求

第一,相关知识简介。《古诗十九首》最早载于《昭明文选》,作者不详,但并非一人所作,一般认为出自东汉末年文人之手。诗的内容大多表现游子、思妇的离情别绪,表达人生苦短、彷徨失意和消极情绪,充满感伤的情调。《古诗十九首》标志了文人五言诗发展的新阶段,也代表了汉代五言古诗的最高成就。

《短歌行》作者曹操,是东汉末年杰出的政治家、军事家,也是当时文坛的领袖和重要诗人，与子曹丕、曹植合称为"三曹"。东汉末年，军阀混战，出身官僚地主世家的曹操，自小胸怀大志，二十岁开始从政，镇压黄巾起义，讨伐董卓，击败袁绍，自任大将军、丞相，挟天子以令诸侯，成为北方的实际统治者。他的诗气魄雄伟、情感沉郁、格调苍凉，被称为"建安风骨"。《短歌行》一诗主要抒发了他统一天下的雄心壮志。

《归园田居》作者陶渊明，东晋末年著名诗人。他一生历经读书、出仕、归隐三个阶段，年少时受儒家传统教育，踏上仕途原本想有一番匡时济世的作为，但现实社会的黑暗与他的理想格格不入，最后选择了归隐成为他一生的转折点。他的诗歌大多写在归隐之后，所创作的诗歌主要描写田园风光和生活感受，平淡自然、韵味醇美，自成一派，成为田园诗的创始人，对唐代诗人的影响很大。

第二，掌握诗歌当中"慷慨"、"衿"、"掇"、"契阔"、"匝"、"哺"、"羁"、"暧暧"、"樊笼"等字词的读音和意思。

第三，理解内容，体会作者的思想感情。《涉江采芙蓉》写的是主人公采芙蓉送给亲人，表达了思乡怀人的真情，又蕴涵了主人公久居客地的悲伤情感。这首诗的语言质朴，真率自然，给人以朴素、亲切之感。

《短歌行》则抒发了对短促人生和功业未成的感慨，表现了诗人求贤若渴的急切心情，同时也展现了他积极进取、招揽贤才、渴望统一天下纷争局面的宏大理想。全诗沉郁顿挫、慷慨悲凉，激荡着一种昂扬的情绪，使人感受到战乱年代建功立业的艰难和诗人积极的进取精神。

《归园田居》叙述了对官场生活的厌倦和对田园生活的喜爱，表现了诗人不与世俗同污，甘于安贫乐道的心志。诗人用朴实的语言写景叙事、抒情言志，展现了农家田园生活的画卷，诗意似浅实深，感情似淡实浓。

（3）教学建议

第一，《涉》诗一般认为是写游子思念远在家乡的爱人。折花赠友的习俗在古代诗歌里多有体现，可通过本诗让学生有所体会，并通过"芙蓉"、"兰泽"等字眼感受抒情主人公形象的雅洁和感情的纯真。

第二，《短歌行》一诗，先要让学生理解引用的《诗经》语句的意思，然后将重点放在对诗人情绪起伏变化的把握，从中体会诗人的对人才的渴望和希望建功立业的宏图大志。结句"周公吐哺，天下归心"集中表达了诗人的政治理念和胸襟气魄，可让学生自主交流探讨。

第三，《归园田居》中作者抒发了对田园生活的挚爱，这种感情深厚、执着、专注，他是发自内心地赞颂他归隐之后的生活，学习这首诗歌时要让学生明白陶渊明的这种真挚感情。

第四,学习三首诗要反复诵读,从字里行间感受诗人的情怀,欣赏用词的精妙。

二、英语学科教学指导说明

(一) 课程标准

高中英语课程是普通高中的一门主要课程。《普通高中英语课程标准(实验)》以学生的语言技能、语言知识、情感态度、学习策略和文化意识五个方面的综合行为表现为基础进行总体描述(图 6-1)。

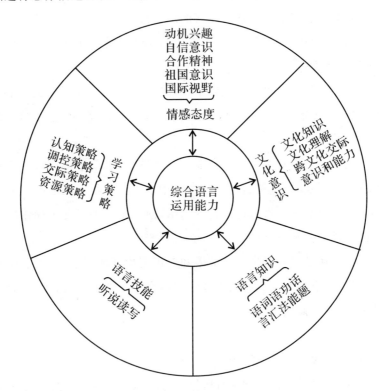

图 6-1　普通高中英语课程目标结构

高中英语必修模块 1、2、3、4、5 教学目标按语言技能、语言知识、情感态度、学习策略和文化意识五个方面进行描述。语言技能、语言知识、情感态度、学习策略和文化意识以《普通高中英语课程标准(实验)》七级为参照标准。

(二) 课程目标

进一步增强英语学习动机,有较强的自主学习意识。能理解口头或书面材料中表达的观点,并简单发表自己的见解。能有效地使用口头或书面语言描述个人经历。

能在教师的帮助下策划、组织和实施英语学习活动。能主动利用多种教育资源进行学习。能初步对学习过程和结果进行自我评价,调整学习目标和策略。能体会交际中所使用语言的文化内涵和背景。

1. 语言技能

语言技能是语言运用能力的重要组成部分。语言技能包括听、说、读、写四个方面的技能以及这四种技能的综合运用能力。听、说、读、写既是学习的内容,又是学习的手段。高中阶段听、说、读、写的训练应该立足于学生对这几个方面的发展需求:①在人际交往中得体地使用英语的能力;②用英语获取和处理信息的能力;③用英语分析问题和解决问题的能力以及批判性思维能力。

听:①能识别语段中的重要信息并进行简单的推断;②能听懂操作性指令,并能根据要求和指令完成任务;③能听懂正常语速听力材料中对人和物的描写、情节发展及结果;④能听懂有关熟悉话题的谈话并抓住要点;⑤能听懂熟悉话题的内容,识别不同语气所表达的不同态度。

说:①能在日常交际中对一般的询问和要求作出恰当的反应;②能根据熟悉的话题,稍做准备后,有条理地作简短的发言;③能就一般性话题进行讨论;④能根据话题要求,与人交流、合作,共同完成任务;⑤能用恰当的语调和节奏表达意图。

读:①能从一般性文章中获取和处理主要信息;②能理解文章主旨、作者意图;③能通过上下文克服生词困难,理解语篇意义;④能够通过文章中的线索,进行推理;⑤能根据需要从网络等资源中获取信息;⑥能阅读适合高中生的英语报纸、杂志;⑦除教材外,课外阅读量应累计达到25万词以上。

写:①能用文字及图表提供信息并进行简单描述;②能写出常见体裁的应用文,如信函和事物通知等;③能描述人物或事件并进行简单的评论;④能填写有关个人情况的表格,如申请表等;⑤能以小组形式根据课文改编短剧。

2. 语言知识

高中学生应该学习和掌握的英语语言基础知识包括语音、词汇、语法、功能和话题五个方面的内容。知识是语言能力的有机组成部分,是发展语言技能的重要基础。

语音:①在口头表达中做到语音、语调自然和流畅;②根据语音、语调了解话语中隐含的意图和态度;③初步了解英语诗歌中的节奏和韵律;④根据语音辨别和书写不太熟悉的单词。

词汇:①理解话语中词汇表达的不同功能、意图和态度等;②运用词汇给事物命名、进行指称、描述行为和特征、说明概念等;③学会使用2400～2500个单词和300～400个习惯用语或固定搭配;④了解英语单词的词义变化以及日常生活中新出现的词汇。

语法：①掌握描述时间、地点和方位的常用表达方式；②理解并掌握比较人、物体及事物的常用表达方式；③使用适当的语言形式描述事物，简单地表达观点、态度或情感等；④掌握语篇中基本的衔接和连贯手段，并根据特定目的有效地组织信息。

功能：①了解日常交际功能的主要语言表达形式；②在语境中恰当地理解和表达问候、告别、感谢或介绍等交际功能；③在日常人际交往中有效地使用得体的语言进行表述，如发表意见或进行判断等；④运用已学过的功能项目有效地表达情感、意图和态度。

话题：①熟悉个人、家庭和社会交往等方面的话题；②进一步熟悉有关日常生活、兴趣爱好、风俗习惯和科学文化方面的话题；③熟悉我国一般社会生活的话题，如职业、节日、风俗和社交礼仪等；④了解英语国家有关日常生活习惯的话题。

3. 情感态度

在高中阶段，教师应引导学生将兴趣转化为稳定的学习动机，以使他们树立较强的自信心，形成克服困难的意志，乐于与他人合作，养成和谐与健康向上的品格。通过英语课程使学生增强爱国主义意识，拓展国际视野。①保持学习英语的愿望和兴趣，主动参与有助于提高英语能力的活动；②有正确的英语学习动机，明确英语学习的目的是为了沟通与表达；③在英语学习中有较强的自信心，敢于用英语进行交流与表达；④能够克服英语学习中所遇到的困难，愿意主动向他人求教；⑤在英语交流中能理解并尊重他人的情感；⑥在学习中有较强的合作精神，愿意与他人分享各种学习资源；⑦能在交流中用英语简单介绍祖国文化；⑧能了解并尊重异国文化，体现国际合作精神。

4. 学习策略

高中学生应形成适合自己学习需要的英语学习策略，并能不断地调整自己的学习策略。高中学生已走近成年阶段，人际交往和社会体验都会不断扩展。因此，高中学生应该积极利用多种渠道使用英语，在真实交际中培养有效的交际策略。同时，高中学生应在义务教育阶段所培养的自主学习能力的基础上，进一步掌握资源策略，学会独立地获取信息和资料，并能加以整理、分析、归纳和总结，从而扩展知识，开阔视野，充实生活，更自觉地规划自己的人生。

认知策略：①借助联想建立相关知识之间的联系；②利用推理和归纳等逻辑手段分析和解决问题；③总结所接触语言材料中的语言规律并加以应用；④在学习中，善于抓住重点，做好笔记，并能对所学内容进行整理和归纳；⑤在听和读的过程中，借助情景和上下文猜测词义或推测段落大意；⑥在学习中借助图表等非语言信息进行理解或表达。

调控策略：①根据需要制订英语学习计划；②主动拓宽英语学习的渠道；③创造和把握学习英语的机会；④学习中遇到困难时知道如何获得帮助；⑤与教师或同学交流学习英语的体会和经验；⑥评价自己学习的效果，总结有效的学习方法。

交际策略：①在课内外活动中积极用英语与同学交流；②借助手势和表情等非语言手段提高交际效果；③通过解释或重复等方式克服交际中的语言障碍；④利用各种机会用英语进行真实交际；⑤监控交际中语言运用的得体性。

资源策略：①有效地使用词典等工具书；②通过图书馆、计算机网络、广播和电视等资源获得更广泛的英语信息，扩展所学知识。

5. 文化意识

教师应根据学生的年龄特点和认知能力，逐步扩展文化知识的内容和范围。教学中涉及的有关英语国家的文化知识应与学生的日常生活、知识结构和认知水平等密切相关，并能激发学生学习英语文化的兴趣。要扩大学生接触异国文化的范围，帮助学生拓展视野，使他们提高对中外文化异同的敏感性和鉴别能力，为发展他们的跨文化交际能力打下良好的基础。①理解英语中的常用成语和俗语及其文化内涵；②理解英语交际中的常用典故或传说；③了解英语国家主要的文学家、艺术家、科学家、政治家的成就、贡献等；④初步了解主要英语国家的政治和经济等方面的情况；⑤了解英语国家中主要大众传播媒体的情况；⑥了解主要英语国家的人与中国人生活方式的异同；⑦了解英语国家的人在行为举止和待人接物等方面与中国人的异同；⑧了解英语国家的主要宗教传统；⑨通过学习英语了解世界文化，培养世界意识；⑩通过中外文化对比，加深对中国文化的理解。

三、思想政治学科教学指导意见

（一）课程结构

普通高中课程由学习领域、科目、模块三个层次构成。其中学习领域共设置了语言与文学、数学、人文与社会、科学、技术、艺术、体育与健康和综合实践活动八个领域。思想政治学科与历史学科和地理学科（部分内容）一起，共同构成人文与社会学习领域。

高中思想政治课程采取模块式的组织形态，分为必修和选修两部分。各课程模块的内容相对独立，实行学分管理。必修部分是所有学生必须学习的课程，共八个学分，设四个课程模块；选修部分是学生自主选择的课程，共 12 个学分，设六个课程模块。必修模块的学习主要在高中一二年级完成（表 6-1）。

表 6-1 高中思想政治学科的课程结构和课程内容

课程结构		课程内容
必修	必修 1	经济生活
	必修 2	政治生活
	必修 3	文化生活
	必修 4	生活与哲学
选修	选修 1	科学社会主义常识
	选修 2	经济学常识
	选修 3	国家和国际组织常识
	选修 4	科学思维常识
	选修 5	生活中的法律常识
	选修 6	公民道德与伦理常识

　　必修课程共设四个课程模块:经济生活、政治生活、文化生活、生活与哲学。其中,前三个模块分别讲述经济、政治、文化三大生活领域的常识,以对应社会主义物质文明、政治文明、精神文明的协调发展的要求。社会主义市场经济、民主政治、先进文化是整合这三个课程模块的核心概念。必修 4 的哲学知识则是上述三个模块内容目标的支撑,即认识经济、政治、文化三大生活领域的世界观和方法论;求真务实,集中体现了辩证唯物主义与历史唯物主义的科学精神,是整合这个课程模块的核心概念。必修课程的设计涵盖了当前进行思想政治教育的基本内容和新的要求,贯彻了"三贴近"的原则,体现了课程以人为本、注重能力发展的追求。做一个有经济头脑的人、做一个有政治觉悟的人、做一个有文化涵养的人、做一个有理论思维的人,是必修课程育人的基本追求。

　　选修课程共设六个模块:科学社会主义常识、经济学常识、国家和国际组织常识、科学思维常识、生活中的法律常识和公民道德与伦理常识。选修课程是基于必修课程教学的延伸和扩展,是体现课程选择性的主要环节。课程模块的设置,把先进性要求与广泛性要求结合起来,既着眼于学生升学的需要,又考虑到学生毕业后的就业需求;既体现本课程作为德育课程的特有性质,又反映本课程在人文与社会学习领域中的特有价值。

（二）第一单元 公民的政治生活

1. 教学内容

本单元有关国家性质的内容是全书的统领。本单元主要介绍我国的国家性质、公民的政治权利与义务，以及公民参与政治生活的内容、行为准则和主要方式等。

本单元由第一课、第二课和一个探究活动构成，其中心内容是：

第一课是讲我国的国家性质是新型的民主和新型的专政，民主具有真实性、广泛性。民主真实性的一个重要体现是公民享有广泛的政治权利和自由并履行相应的义务。这是公民参与政治生活的基础和基本准则。

第二课阐述了公民参与政治生活的主要内容和形式，介绍了公民行使民主选举、民主决策、民主管理和民主监督等权利的形式和意义。

综合探究是围绕民主选举、民主决策、民主管理和民主监督展开的活动——有序与无序的政治参与。这是对本单元知识的综合运用。

对本单元的总体教学要求是：公民的生活不能回避政治的主题，立足于公民个体的政治生活，以发生在学生身边的可感可知并能参与其中的政治生活为主题，立足学生生活，贯彻"德育贴近生活"理念，加强德育的针对性、时代性。

2. 知识结构（图 6 - 2）

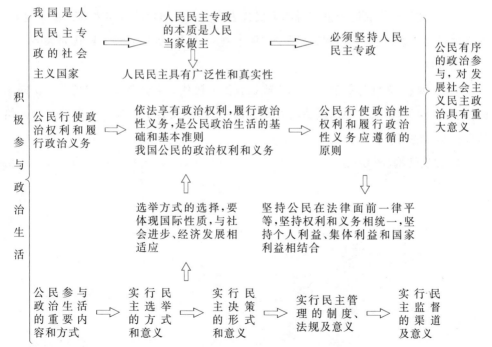

图 6 - 2 知识结构

3. 教学重点、难点

①如何理解我国人民民主专政的本质是人民当家做主。新时期坚持人民民主专政的必要性及其时代内涵。②我国公民政治生活的特点、内容和主要作用。③我国公民行使民主选举、民主管理、民主决策、民主监督权利的方式与意义。④我国公民如何做到有序参与政治生活

(三) 第五课 我国的人民代表大会制度

1. 教学目标

(1)课程标准要求

引述宪法规定,明确我国是人民民主专政的社会主义国家,说明人民代表大会制度是我国的根本政治制度。

(2)教学目标分析

第一,知识目标。明确人民代表大会是我国的国家权力机关。知道人民代表大会的主要职权。了解人大代表的法律地位、权利与义务。明确人民代表大会制度是我国的根本政治制度。

第二,能力目标。提高运用马克思列宁主义的立场、观点、方法分析政治现象的能力,如分析说明人民代表大会制度适合我国国情,人民代表大会制度的优越性。培养自主学习能力,能够运用事例说明人民代表大会行使职权的具体表现。增强搜集、提炼材料的能力,能够从报刊、书籍中或网上查阅、搜集、提炼有关人民代表大会活动的有关资料。

第三,情感、态度与价值观目标。确认我国人民代表大会制度的优越性。认同人民代表大会制度是适合中国国情的好制度,坚定热爱社会主义政治制度的信念。培养合作学习的团队精神。

2. 知识结构(图 6 - 3)

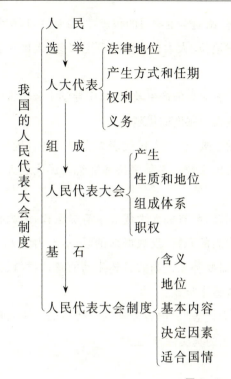

图 6 - 3　知识结构

3. 教学重点、难点

①人民代表大会。②关于人民代表大会的职权。③人民代表大会制度是我国的政权组织形式。④人民代表大会制度的内容。

4. 教学建议和教法建议

（1）课时安排建议

本课应安排二课时，每框一课时。

（2）教法建议

对于教学重点、难点：教师要善于诱导、点拨，讲深讲透，帮助学生梳理知识，构建知识体系。

问题探究法：对于探究活动，教师可以重新组合、设计问题，可以另外采用更典型的事例、活动来替代教材中的材料。通过实例，帮助学生理解人民代表是如何代表人民行使当家做主权利的。

比较法：比较全国人民代表大会是国家最高权力机关，地方人民代表大会是地方各级国家权力机关的职权；比较国家权力机关、国家行政机关、国家司法机关的职权等。

讲授法：运用讲授法，教师要善于提出问题，创造问题情境，采用启发式教学方法,激发学生思维。通过教师的设疑和讲解,调动学生学习的积极性、自觉性,理解掌握所学知识。例如,在学习人大代表的法律地位、人大代表的权利与义务,人民代表大会制度的含义时,可采用这种教学方法。

调查研究法:通过调查了解我国人民代表大会的产生及活动,引导学生分析说明人民代表大会制度适合我国国情,人民代表大会制度的优越性。

归纳分析法:归纳人民代表大会制度的主要内容、人民代表大会制度适合国情、人民代表大会制度的优越性、发展社会主义民主政治必须坚持和完善人民代表大会制度。

情景教学法:利用教材提供的情景和问题,就有关人大代表享有提案权,人大代表对政府工作的监督,人大代表履行人大代表的职责,反映群众的呼声,努力为人民服务、对人民负责的内容,教师还可以根据需要补充适当的具体生动的感性材料、图片、故事等,为学生创设情境,引起学生的情感体验。

引导学生结合实际撰文:"假如我是人大代表"。内容涉及人大代表的产生及职责,民主集中制的组织和活动原则,人民民主的真实性、广泛性。

(四) 专题三　联邦制、两党制、三权分立:以美国为例

1. 教学目标

美国是资本主义民主制度发展比较完备的国家。美国联邦制的国家结构形式、两党轮流执政的政党制度以及三权分立的国家权力运行规则等,在现代资本主义国家中都具有典型意义。

本单元以美国为例,阐释联邦制的作用及特点,剖析联邦制的利弊;透过"驴象之争"政坛趣事展示美国轮流执政的两党政治,进而揭示美国两党制的特征和实质;美国的"三权分立,权力制衡"也颇具特色,在权力运行实践中既有积极的作用,也有明显的弊端,其本质仍然是资产阶级内部权力的再分配。从不同的视角了解美国社会的民主政治现状,对资本主义民主从现象到本质有更加深刻的认识。

(1)知识目标

①了解美国联邦制的特点。②认识美国联邦制的利弊。③认识美国政党的特征。④了解两党制在美国政治制度中的地位和作用。⑤认识美国两党制的实质。⑥了解三权分立制的内容。⑦认识三权分立制的实质。⑧了解利益集团的活动方式。⑨正确认识利益集团的作用。

(2)能力目标

①运用本专题所学知识,培养学生分析美国政治生活基本现象的能力。②运用

具体的、历史的观点,培养学生分析美国联邦与州关系演变的能力。③运用有关联邦制的基本知识,培养学生分析美国各州与联邦政府关系的能力。④培养学生透过现象看本质的能力,运用马克思主义阶级的观点和原理分析美国两党制的实质。⑤运用有关三权分立的基本知识,培养学生分析美国以及当代其他西方国家政治制度的设计意图和分析美国国会、总统和法院之间相互制衡的典型事件的能力。⑥辩证分析三权分立制的利弊。

(3)情感、态度与价值观目标

①通过学习有关美国政治制度的基本知识,对比中美两国政治体制的差异,使学生认同我国社会主义的基本政治制度,坚定走社会主义道路的信心。②通过了解美国政治制度的形成和发展,使学生认识到政治体制的完善是一个长期的历史过程,懂得民主政治是社会长期发展的产物,增进学生对我国发展社会主义民主政治的信心。

2. 知识结构(表 6-2)

表 6-2 知识结构

框题	目题	内容
第一框: 美国的联邦制	第一目:从邦联制到联邦制	美国历史上曾实行邦联制
		邦联制没能有效地保护美国的经济发展和政治稳定
		由邦联制转为联邦制
	第二目:美国联邦制的特点	联邦与州分享政治权力
		联邦与州在各自的权力范围内享有最高权力
		联邦地位高于州
	第三目:联邦制的利与弊	联邦制的优点
		联邦制的弊端
第二框: 美国的两党制	第一目:政坛上的"驴象之争"	美国是实行资产阶级两党制的典型国家
		美国两党制的主要表现
	第二目:美国政党的特征	美国政党的主要职能
		美国政党的主要特征
	第三目:两党制的实质	两党没有本质区别
		两党制的实质是为资本主义制度服务的政党制度

续表

框题	目题	内容
第三框：美国的三权分立制	第一目：三权分立、权力运行的规则	美国选择三权分立作为其政体的缘由
		三权分立的核心内容是权力分立、制约和平衡
		美国的立法权、行政权、司法权
	第二目：三种权力的相互制衡	立法权属于国会，又受到总统和法院的制约
		行政权属于总统，又受到国会和法院的制约
		司法权属于法院，又受到国会和总统的制约
		三种权力相互制约，保持权力平衡
	第三目：三权分立的弊端	三权分立制的积极作用
		三权分立制的阶级局限性和消极作用
		三权分立制的本质
第四框：美国的利益集团	第一目：名目繁多的利益集团	利益集团在美国政治生活中有着重要影响
		利益集团形成的原因
		利益集团的种类
	第二目：利益集团的活动方式	利益集团影响美国政治的途径
		利益集团影响政府的手段
	第三目：利益集团的政治作用	利益集团的积极作用
		利益集团的消极作用
		利益集团的实质

3. 教学重点、难点

①美国联邦制的特点。②美国两党制的基本特征。③两党制的实质。④三权分立制的弊端。⑤利益集团的政治作用。

4. 教学建议和教法建议

(1)课时安排

本专题由四框组成，每框一课时。本专题设有"专题活动建议"，如果时间允许，可以安排1课时开展相关活动。

（2）教法建议

第一，对于从《联邦宪法》产生的过程及内容看美国政治体制的实质，美国的两党制等教学重点、难点，教师要善于点拨，讲深讲透。

第二，材料分析法：从现实生活切入，激发学生的兴趣，吸引学生的注意力。如建国初，美国实行邦联制，但邦联制没能有效地保护美国的经济发展和政治稳定。为了保护资产阶级的革命成果，保护资产阶级的私有财产权，美国需要一个强大的中央政府，因此美国于1787年改为联邦制。

第三，讨论交流法：有条件的学校要充分运用网络，积极开发课程资源。例如，上网查询与本专题内容有关的资料，然后进行交流与讨论。

第四，启发思维法：结合教材内容设计开启学生思维的问题。例如，美国三权分立制有哪些优点和不足，美国为什么会形成不同的利益集团等。

5. 探究活动的操作建议

关于第一框的探究活动。第一个探究活动建议引导学生从熟知的视觉文化现象入手，思考政治学道理。第二个探究活动建议以最高法院的判决维护了联邦的权力，引导学生分析美国联邦政府和地方各州的权力争夺。第三个探究活动引导学生结合自己的知识和经验来全面考察美国联邦制的利弊。第四个探究活动引导学生理解每个国家都有自己的历史和国情，因此在政治制度的选择上不能照搬照抄别国经验。

关于第二框的探究活动。第一个探究活动引导学生通过对漫画的分析（驴和象分别意指民主党和共和党），领会到两党竞争在美国政治生活中的作用。第二个探究活动引导学生观察漫画，帮助学生了解美国两党的特点。两党都没有严格的党纲、党纪，来去自由。第三个探究活动引导学生认识到两党的意识形态和阶级基础是一致的。第四个探究活动引导学生认识到美国两党竞选的实质是金钱的游戏。权力以金钱为后盾，金钱通过权力来谋利益。金钱政治体现了美国政党的阶级实质。

关于第三框的探究活动。第一个探究活动引导学生以美国为例来考察西方国家的三权分立制度。三权分属国会、总统和法院，通过对美国三大权力机关活动实践的考察，使学生认识到三权分立原则是如何在政治实践中运作的。第二个探究活动引导学生认识美国三大权力机关之间的相互制衡。三权分立原则不仅是三权"分立"，同时也是三权"制衡"。第三个探究活动引导学生认识到三权分立制的弊端。由于三大权力机关之间的彼此分立制衡，造成相互扯皮，相互推诿，工作效率低下。

关于第四框的探究活动。第一个探究活动引导学生考察利益集团活动背后所反映的利益争斗。他们反映的都是资产阶级和有钱人的利益。第二个探究活动引导学生分析"人民权力论"和"精英权贵论"是相互对立的两种观点,"利益集团论"介于两者之间。"精英权贵论"和"利益集团论"都有一定的道理,但"人民权力论"不符合美国的阶级实质。要引导学生思考美国民主的实质。第三个探究活动引导学生认识利益集团影响美国政治的多种途径和方式。第四个探究活动引导学生正确理解利益集团影响美国政治生活的利弊以及它的阶级实质。观点一,主要是讲利益集团沟通了公众与政府,是"上传""下达"的途径。但这个观点没有看到利益集团活动的阶级实质,在现实中,它不可能真正反映广大人民的利益、观点。

6. 专题活动建议

结合对美国的两党制、选举制的分析,以普通公众能否通过这些制度真正享有民主权利为题,举办一场讨论会;针对美国国内近年来发生的某一重大事件,以剖析美国三权分立的实质为主题,撰写一篇小论文。

建议学生通过阅读报纸、收看电视新闻、登录网站等方式,收集美国近年的重大政治事件。如可以围绕美国大选、反恐等问题选取典型个案。

把学生分成若干小组,就该问题展开讨论。教师宜提醒学生联系课堂所学内容,通过该事件分析美国两党的政治态度,以及美国民众的态度。从多角度分析美国的各种政策能否真正体现普通民众的利益。

每个小组选出一个代表,代表本小组发言,引导学生归纳各小组看法的相同之处与分歧所在。教师总结各组同学的发言。

四、历史学科教学指导意见

《历史教学指导意见》分专题或单元,按照"课标内容"、"教学要求"、"教学建议"三个栏目编写。

"课标内容"是教学的目标源头,按专题直接从《高中历史课程标准》中摘录,便于教师对应检索。

"教学要求"按课采用表格分"基本要求"、"发展要求"列出,提出学生学习要达成的三维目标,帮助教师把握教学的尺度,提示教师要完成的教学任务。其中"基本要求"是指全体学生在本模块学习期间要达到的要求,"发展要求"是部分学生特别是有志于人文社会科学方向发展的学生在历史课程学习期间要达到的要求。

在"教学要求"中,对历史知识与能力的要求按照《高中历史课程标准》既定的能力层次来制订,并以行为动词来表示,如识记层次的"列举"、"知道"、"了解"、"说出"、

"简述"、"讲述"等，理解层次的"概述"、"理解"、"说明"、"阐明"、"归纳"等，应用层次的"分析"、"评价"、"探讨"、"比较"、"讨论"等，情感态度价值观方面的要求采用"体会"、"认识"、"感受"、"感悟"等心态词汇，以明确在这一维度的目标。

"教学建议"是按专题对如何实施教学和达成教学目标所提出的参考建议，如课时分配、基于什么途径或采用什么教学方法、帮助学生完成哪些学习要求等。

（一）专题一　中国传统文化主流思想的演变

1. 课标内容

①知道诸子百家，认识春秋战国时期百家争鸣局面形成的重要意义，了解孔子、孟子和荀子等思想家以及儒家思想的形成。②知道汉代儒学成为正统思想的史实。③列举宋明理学的代表人物，说明宋明时期儒学的发展。④知道李贽、黄宗羲、顾炎武、王夫之等思想家，了解明清时期儒学思想的发展。

2. 教学要求（表6-3～6）

表6-3　第一课　百家争鸣

基本要求	知道儒家、道家、墨家、法家等诸子百家的代表人物及主要观点。 了解孔子、孟子与荀子对儒家思想形成和发展的重要贡献。 按学派、代表人物、主要主张及影响制作表格，整理有关诸子百家的基本要求史实。 体会中国先秦思想的价值，认识其对传统文化及其中华民族性格形成有着密切关系。
发展要求	能根据相关资料，分析百家争鸣形成的重要意义。

表6-4　第二课　儒学的兴起

基本要求	知道董仲舒的主要观点。 知道汉武帝"罢黜百家"和创建太学等措施，理解其目的和影响。 体会汉代儒学"大一统"的精神价值，认同国家统一的观念。
发展要求	用相关资料，分析汉武帝大一统与儒学成为正统思想的关系。

表6-5　第三课　宋明理学

基本要求	知道程颢、程颐、朱熹、陆九渊、王守仁等宋明理学的代表人物。 知道程朱理学与陆王心学的主要观点。 感受理学中的浩然正气、社会责任、人性尊严等精神价值，认识其对塑造士大夫性格乃至中华民族性格方面的积极作用。
发展要求	通过图表的方式说明儒学的发展。

表 6-6 第四课 明末清初的思想活跃局面

基本要求	知道李贽、黄宗羲、顾炎武、王夫之等明清时期著名思想家及其思想主张与影响,了解明清时期儒学思想的发展。 将李、黄、顾、王等思想家对理学批判的主要内容进行归纳总结。 感受中国古代思想的博大精深;认识明清时期进步思想家"提倡个性"、"批判专制"等主张的思想价值。
发展要求	能够归纳出中国传统文化主流思想的发展脉络及其特点。

3. 教学建议和教法建议

本专题可分四课时教学。

①建议引导学生从中国古代主流思想的演变和中国古代政治、经济文明的演进等维度梳理知识,探寻并初步理解相互间的内在联系。②本专题内容概念较多,学生学习有难度,建议教学时,不要过多地陷入概念的阐释,而引导学生从中国古代主流思想的演变角度梳理知识,并探寻与初步理解主流思想的演进与中国古代政治、经济文明的演进之间的相互关系,从而得出政治文明、物质文明和精神文明必须协调发展这一规律。③应引导学生从不同的角度去发现和思考问题。问题的设计要启发学生思维,尽量多地安排思考与对话,以深化运用知识,同时通过诵读等形式注重学生对知识的理解和感悟。

(二) 专题二 古代中国的科学技术与文化

1. 课标内容

①概述古代中国的科技成就,认识中国科技发明对世界文明发展的贡献。②概述汉字、绘画起源、演变的过程,了解中国书画的基本特征和发展脉络。③知道诗经、楚辞、汉赋、唐诗、宋词、元曲、明清小说等文学成就,了解中国古代不同时期的文学特色。④了解京剧等剧种产生和发展的历程,说明其艺术成就。

2. 教学要求(表 6-7~9)

表 6-7 第一课 中国古代的科学技术成就

基本要求	概述中国古代的四大发明,认识中国科技发明对世界文明发展的贡献。 知道中国古代的科学思想,体会古代中国人民的勤劳智慧,感受先民创造精神的价值。
发展要求	分析中国古代科技发明与社会政治、经济的关系,认识中国古代科技的不足。

表 6 - 8　第二课　中国的古代艺术

基本要求	概述汉字、绘画的起源及演变过程。 了解古代的音乐和舞蹈。 知道王羲之、欧阳询、颜真卿、柳公权、怀素、苏轼、米芾、赵孟頫等书法名家。 了解中国书画的基本特征和发展脉络。 感受中国古代艺术的魅力,培养对民族文化的认同感与自豪感。
发展要求	了解卫贤等著名画家。 了解京剧产生和发展的历程,认识古代艺术与政治、经济生活的关系。

表 6 - 9　第三课　中国古典文学的时代特色

基本要求	知道诗经、楚辞、汉赋、唐诗、宋词、元曲、明清小说等文学领域的成就。 了解中国古代不同时期的文学特色。 体会古代中国文学的多姿多彩,感受中国古代不同历史时期文学的美感。
发展要求	认识文学及其代表人物与社会政治、经济的关系,文学作品不仅展示了个人的内心世界,也反映了时代的文化特征。

3. 教学建议和教法建议

本专题可分三课时教学。

①中国古代的文化发展线索与中国古代的政治、经济发展线索是同步的,因而具有鲜明的时代特征。教学时建议将三课内容重新整合。将专题内容以历史阶段为轴线展开教学。这有利于学生理解文艺作品与时代的关系。另一方面,文化本身又具有相对独立性,有其自身发展规律,前后之间常常有连续性、继承性和创新性,这一特点对文化自身的发展起着重大作用,教学时对继承与创新这一因素要予以充分重视。同时,文化现象一经产生,就会对整个社会的发展产生很大影响,要引导学生了解这一规律。②本专题时间跨度长,知识点多,教师可以指导学生用表格法进行分类与梳理,了解其主要成就、代表人物、发展脉络和基本特征。在教学中,则可以用范例法,确定一二个选题切入,帮助学生形成举一反三的能力。③建议有条件的学校应向学生推荐阅读一些优秀的中国文化史著述和中国古代经典文艺作品,以丰富、提升学生的文化知识和修养。

(三) 专题三　近代中国思想解放的潮流

1. 课标内容

①了解鸦片战争后中国人学习西方、寻求变革的思想历程,理解维新变法思想在近代中国社会发展进程中所起的作用。②概述新文化运动的主要内容,探讨其对近

代中国思想解放的影响。③简述马克思主义在中国传播的史实,认识马克思主义对中国历史发展的重大意义。

2. **教学要求**(表 6 - 10～12)

表 6 - 10　第一课　顺乎世界之潮流

基本要求	了解鸦片战争后林则徐、魏源、徐继畬、姚莹、严复、康有为、梁启超等有识之士"开眼看世界"、寻求变革的思想历程。 理解维新变法思想在近代中国社会发展进程中所起的作用。 了解"走向共和"的基本历程。 感受林则徐等有识之士敢于面对现实、冲破藩篱、放眼全球、探索救国之路的开拓精神和创新勇气,增强爱国意识和现代化意识。
发展要求	发展要求认识近代思想与近代中国政治、经济的关系。

表 6 - 11　第二课　新文化运动

基本要求	了解新文化运动开始的标志及代表人物。 概述新文化运动的主要内容,探讨其对近代中国思想解放的影响。 感受当时先进知识分子崇高的社会责任感和新文化运动所体现的时代特征,体会用辩证观点和多元的价值观看待东西方文化。
发展要求	发展要求了解新文化运动与近代中国政治、经济的关系。

表 6 - 12　第三课　马克思主义在中国的传播

基本要求	简述马克思主义在中国传播的主要史实。 感受先进中国人传播马克思主义并勇于实践的精神。
发展要求	认识先进的中国人选择马克思主义的必然性及马克思主义对中国历史的要求影响。

3. **教学建议和教法建议**

本专题可分四课时教学。

①通过本专题教学,让学生从整体上了解近代中国思想解放的进程,并能把这一进程放在中国近代社会巨变这一时代背景中去理解。②评价历史人物及其思想时,要注意引导学生关注其时代性、阶级性等,如对康有为维新思想的评价、对新文化运动代表人物的评价等。③教师收集相关的历史图片、文字或影视资料再现历史情景,让学生直观地感受历史;有条件的学校也可以布置课前作业,让学生收集与本专题相关的历史资料,或将相关资料做成课件,在上新课前向全体同学介绍。让学生积极参

与教学过程,体会自主学习与合作学习的乐趣。④在分析、评价维新思想、新文化运动和马克思主义传播的影响作用时,可适当联系必修一"近代民主革命"和必修二中的专题二"近代中国资本主义的曲折发展"等相关内容,用联系和发展的观点,通过提供相关资料、让学生分组讨论等形式,多角度地分析问题。

(四) 专题五 现代中国的文化与科技

1. 课标内容

①列举新中国成立以来科技发展的主要成就,认识科技进步在现代化建设中的重大作用。②知道我国"百花齐放,百家争鸣"的方针,讨论在贯彻"双百"方针过程中取得的经验和教训。③了解我国教育发展的史实,理解"国运兴衰,系于教育"的深刻含义。

2. 教学要求(表 6-13～15)

表 6-13 第一课 文化事业的曲折发展

基本要求	知道"双百"方针的内涵。 了解"文化大革命"摧残文化艺术的史实,了解改革开放后文化艺术事业取得的主要成就。 采用表格的形式,列出新中国成立以来科技发展的主要成就。 感受"双百"方针对新中国文化事业发展的意义。
发展要求	讨论在贯彻"双百"方针过程中的经验和教训。 认识文化事业与现代中国政治、经济活动的关系。

表 6-14 第二课 人民教育事业的发展

基本要求	了解人民教育事业发展的史实,认识扫盲教育、义务教育和高等教育的发展。 树立勤奋学习、报效祖国的理想。
发展要求	探究"科教兴国"与改革开放以来社会主义现代化建设的关系。

表 6-15 第三课 科学技术的发展与成就

基本要求	知道新中国尖端科技领域和薄弱空白学科的开拓者。 知道 20 世纪 60～70 年代和改革开放以来的重大科学技术成就,认识科技进步在现代化建设中的重大作用。 体会科技工作者的爱国热情和艰苦创业、自主创新的精神。
发展要求	能用所学知识论证"科学技术是第一生产力"这一著名论断。

3. 教学建议和教法建议

本专题可分三课时教学。

①要引导学生将本专题内容放在中国探索社会主义现代化建设道路和世界出现第三次科技革命这一时代背景中去考察,理解文教、科技与社会政治、经济发展之间的关系。

②可指导学生结合"专题小结"梳理知识线索,提纲挈领地把握整体;同时注意联系历史背景,分析不同阶段文化科技事业发展的特征,培养学生运用历史唯物主义基本观点分析历史问题的能力。

③可指导学生用表格、示意图和编辑小报、设计展板等方式来整理和呈现新中国成立以来文学艺术、教育、科技发展的主要成就。

(五) 近代社会的民主思想与实践(选修)——专题一　民主与专制的思想渊源

1. 课标内容

①了解托马斯·阿奎那"君权神授"和英国国王詹姆士一世"君权神授"等君主专制思想的主要内容,认识君主专制统治产生的理论基础和历史背景。②知道斯宾诺莎、洛克和卢梭民主思想的基本内容,理解民主思想与专制理论的根本区别,树立支持民主、倡导进步的历史意识。③简述康有为、梁启超和孙中山关于民主的论述,比较其观点的异同。

2. 教学要求(表 6 - 16～18)

表 6 - 16　欧洲君主专制理论的构建

教学要求	知道教皇和托马斯·阿奎那加强神权的措施及其"君权神授"理论。 认识英国国王詹姆士一世"君权神授"等君主专制思想的主要内容及其作用。 联系教材中的"学习思考",讨论世俗王权与宗教权利斗争的表现、目的和实质。 利用表格比较托马斯·阿奎那神权理论和英国"君权神授"的异同点。

表 6 - 17　近代民主理论的形成

教学要求	知道斯宾诺莎、洛克和卢梭的作品和思想主张。 收集 16～17 世纪荷兰、英国、法国社会背景的相关材料,加深理解斯宾诺莎、洛克和卢梭思想产生的社会环境、斗争目标及产生的历史影响。 利用表格比较斯宾诺莎、洛克和卢梭思想的异同点。

表 6 - 18   近代中国对民主的理论探索

教学 要求	知道黄宗羲、顾炎武对君主专制制度的反思、特点及作用。 利用表格区分近代资产阶级维新派和革命派代表人物的民主理论。 利用网络资源收集孙中山对中国民主革命的不屈不挠的探索,从中领略这位伟大的资产阶级民主革命者的爱国精神。 结合西方政治理论分析孙中山的民权理论是中国国情与西方理论结合的产物。

3. 教学建议和教法建议

本专题可分四课时进行教学。

第一,建议本专题教学中注意整体把握专制与民主两种制度及理论存在的合理性。首先,分析专制制度产生的基本理论依据,从而阐释专制统治出现的历史合理性及不可避免的局限性,让学生全面、辩证地认识专制制度产生、发展及衰落的过程。完整理解专制统治在欧洲中世纪后期和近代前期起到的不同作用,更好地把握欧洲历史的特殊性。其次,分析民主理论的内容,论证说明民主理论提出的进步性和国情特征,让学生了解民主代替专制的历史必然性,英、法、美等国在斗争过程中从现实需要出发提出的民主理论起到了丰富理论的作用。进而用历史的眼光理解民主与专制都是人类历史的重要阶段,在历史上都起过积极的作用,也都有无法避免的历史局限性。让学生理解近代民主理论的形成经历了一个从不成熟到逐渐成熟的过程,进而形成一种发展的、严谨理性的辩证历史思维。

第二,建议教学中联系必修 1 中专题三的《近代民主革命》和必修 3 的启蒙思想等课,进行整合并使之系统化,必修 3 在讲述启蒙运动时着重介绍了伏尔泰、孟德斯鸠和卢梭的思想,而在本专题中则侧重介绍斯宾诺莎、洛克和卢梭,可以把两部分的知识进行整合,给予学生一个更完整全面的知识体系,以达到帮助学生温故知新、强化理解的作用。

第三,第一课的难点是"如何理解欧洲的君主专制是对抗教权至上论的一个产物,但又需要教权至上论来维持它的合法性"。为让学生辩证理解这一观点,建议教学中要充分利用资料讨论:①对比中国和欧洲在封建时代,君权不同的特征及原因;②在中世纪后期和近代前期欧洲封建君主专制加强所起到的不同历史作用及其原因。

首先,中世纪欧洲封建王权和中国的集权特征是明显不同的,欧洲封建君主统治没有得到强化,处于教权控制王权的松散状态,而中国的专制主义中央集权是空前有效的强化的;其次,到中世纪后期和近代前期,由于资本主义商品经济的发展,民族国家和民族意识不断加强,欧洲封建君主统治强化又呈现出阶段性特征和完全相反的作用。在中世纪后期,资产阶级由于力量弱小,需要依靠欧洲封建君主王权的加强来满足自身对国内市场等方面的要求,因此,中世纪后期资产阶级和王权保持一致来争取自身权利,随着资本主义经济的发展和封建王权的日益加强,两者的冲突日益尖锐直至爆发资产阶级革命。所以,封建王权的加强所起到的历史作用是随着时间而呈现变化的。

第四,第3课阐述近代中国对民主的理论探索,由于时间跨度长、内容多、人物和思想繁杂,建议教学中紧紧扣住"西学东渐"和"民主与专制"两大核心主题考虑。首先,中国人对西方的学习是在被动挨打之后,是被动状态下的主动学习。中国近代对民主理论的探索也是一个从强烈的爱国情绪出发的盲动到逐渐理性的认识西方民主政治理论的过程;其次,建议从"民主与专制"来分析对近代民主思想起到的作用,改变一些过去习惯的看法和教学侧重点。如黄宗羲和顾炎武的民主思想是教学重点之一,而过去习惯重点分析其思想主张而忽略分析他们的思想所起到的作用,特别是对近代民主思想的启蒙作用。在分析康梁的维新变法和孙中山等资产阶级革命派领导的辛亥革命,我们传统上是侧重分析政体的奋斗目标是君主立宪还是民主共和,而不是从"民权"角度来分析近代维新派对封建君主专制的抨击,其中康有为主张人人有"独立自由"权,梁启超认为中国"历古无民主",谭嗣同提倡"废君权,倡民权"和严复的社会契约和人民主权,都可以看出"向西方学习"的痕迹,说明中国近代民主理论的探索是由较多向西方学习走到孙中山三民主义呈现的把中国国情与西方政治理论相结合的过程。

五、地理学科教学指导意见

为了积极稳妥地推进云南省普通高中地理学科新课程改革的实验工作,便于广大地理教师更好地把握《高中地理课程标准》,规范高中地理教学,特制定本意见以供地理教师参考。

"课标内容"是教学的目标源头,本"指导意见"采取按单元直接录用的方式,方便教师对应检索。

"教学要求"主要提出学生学习应达成的三维目标和教师应完成的教学任务。"教学要求"按节采用表格形式,分为"基本要求"、"发展要求"两部分。"基本要求"是指全体学生在必修阶段都要达到的要求。"发展要求"是指有条件的学校或有这方面兴趣的学生在必修阶段逐步可以达到的要求,并非全体学生都应达到。对地理知识和能力的学习要求,按照"课程标准"既定的能力层次来制订,并以行为动词来提示。

对情感态度价值观方面的要求,采用体会、认识、感受、感悟等词汇,以明确这一维度的要求。"教学建议"是按节对如何实施教学和达成教学目标所提出的参考建议。"教学建议"不是刚性要求,而是一个指导性意见。

(一) 必修 1

必修 1 着重讲述地球所处的宇宙环境及其对地球的影响,地球的运动特点及其地理意义,自然环境的组成、自然环境中物质运动和能量交换的基本过程,以及它们对地理环境的影响,自然环境的整体性和差异性。本模块知识内容的选择,首先考虑的是公民适应现代社会的需要,而不是从学科系统性的角度考虑,因为这样既可以突出学习地理的实用价值,又可以大大删减传统的学科知识。模块内容重视地理学习能力的培养,重视基本地理观念的培养,同时选取了一些对整个高中地理课程的学习有理论价值的基本原理、基本规律、基本过程,为高中地理课程学习打下必要的知识基础。

在知识目标上,要求学生获得地球和宇宙环境的基础知识,理解人类赖以生存的自然地理环境的主要特征,以及自然地理环境各要素之间的相互关系。在方法与能力目标上,要求学生初步学会通过多种途径、运用多种手段收集地理信息,尝试运用所学的地理知识和技能对地理信息进行整理、分析,并把相关地理信息运用于地理学习过程。在情感态度与价值观方面,要激发学生探究地理问题的兴趣和动机,养成求真务实的科学态度,树立科学的宇宙观,初步形成正确的全球意识,树立可持续发展观念。

在课程实施过程中,知识与能力、过程与方法、情感态度与价值观三维目标是一个不可分割的整体,应注意融合与协调。教师要准确把握每一个专题的教学深度和广度,落实每一个专题的三维教学目标,以确保高中地理总体教学目标的实现。

(二) 第一单元(从宇宙看地球)

1. 课标内容

①描述地球所处宇宙环境,运用资料说明地球是太阳系中一颗既普通又特殊的行星。②阐述太阳对地球的影响。③分析地球运动的地理意义。④说出地球的圈层结构,概括各圈层的主要特点。

2. 教学要求(表 6-19～21)

表 6 - 19　第一节　地球的宇宙环境

课标要求		描述地球所处宇宙环境,运用资料说明地球是太阳系中一颗既普通又特殊的行星。 阐述太阳对地球的影响。
教学要求	基本要求	了解不同类型的天体及其特点。 了解天体系统的级别和层次,能描述地球在宇宙中的位置,树立科学的宇宙观。 了解太阳结构、太阳活动类型和特点及其对地球自然环境和人类活动的影响。 比较、分析和归纳八大行星的运动特征和物理性质,了解地球是宇宙中既普通又特殊的天体,理解地球上存在生命的条件。
	发展要求	能根据收集的材料,描述太阳活动对人们生产、生活的影响。
教学建议	课时	二课时。
	教学方法	根据"标准"要求,学生在分析地球的普遍性和特殊性时,要会运用有关资料加以说明。在说明宇宙环境对地球的影响时,应以太阳为案例,关注的主要是太阳辐射对地球的影响和太阳活动对地球的影响两方面。由于影响涉及的范围较广,教学中可以就主要影响用举例的方式说明。 实际教学中可用图解法或表解法探究天体系统的结构层次,总结人类对宇宙的认识规律;利用互联网收集有关天体、天体系统和宇宙的影像资料;用图示法讲解太阳结构和太阳活动的类型;用资料分析法说明太阳活动对地球环境和人类活动的影响;用数据分析法探究八颗行星的特点,说明地球是宇宙中既普通又特殊的天体,理解地球上存在生命的条件。

表 6 - 20　第二节　地球自转的地理意义

课标要求		分析地球运动的地理意义。
教学要求	基本要求	了解地球自转的方向、周期以及角速度、线速度的变化。 理解昼夜更替产生的原因。 理解时差产生的原因以及地方时和区时的区别。 说明地转偏向力对地表水平运动物体产生的影响。
	发展要求	
教学建议	课时	二课时。
	教学方法	地球运动及其地理意义是本模块内容的重要基础理论,对于认识自然环境中的物质运动和能量交换、自然环境的整体性和差异性、自然环境对人类活动的影响都有着重要意义。高中阶段要求从义务教育阶段了解现象的层面,上升为理解规律和成因的层面。 本节教学内容在空间概念的建立上难度较大,应采用图解法、模拟实验和模拟演示等方法及借助多媒体手段帮助学生建立空间概念。可以用图解法或模拟实验法探究地球自转的周期,用模拟实验演示昼夜更替的原因、地转偏向力对地表水平运动物体产生的影响,用图解法分析时差产生的原因及地方时和区时的区别。

表 6 - 21　第三节　地球公转的地理意义

课标要求		分析地球运动的地理意义。
教学要求	基本要求	了解地球公转的特点,理解黄赤交角的地理意义。 能分析昼夜长短变化的规律和原因。 理解正午太阳高度的时间和空间变化规律。 理解四季变化的规律和五带的分布规律及原因。
	发展要求	用绘图法说明太阳直射点的移动规律,及与正午太阳高度变化、昼夜长短变化的关系。 用数学图解法归纳正午太阳高度的数学计算公式。
教学建议	课时	二课时。
	教学方法	地球同时存在不同的运动形式,在中学阶段只研究地球的两种基本运动形式——绕地轴自转和绕日公转,教学中应避免孤立地分析某种运动,应关注自转和公转的关系。本节内容的难点也在空间概念的建立上教学方法上,应采用图解法、模拟实验和模拟演示等方法,并可借助多媒体手段,帮助学生建立空间概念。可以用图解法、模拟实验法或多媒体演示探究正午太阳高度及昼夜长短的变化规律,使用多媒体演示地球公转、黄赤交角和太阳直射点的运动规律。

(三)　第二单元　从地球圈层看地理环境

1. 课标内容

①说出地球的圈层结构,概括各圈层的主要特点。②运用示意图说明地壳内部物质循环过程。③结合实例,分析造成地表形态变化的内、外力因素。④运用图表说明大气受热过程。⑤绘制全球气压带、风带分布示意图,说出气压带、风带的分布和移动规律及其对气候的影响。⑥运用简易天气图,简要分析锋面、低压、高压等天气系统的特点。⑦运用示意图,说出水循环的过程和主要环节,说明水循环的地理意义。⑧运用地图,归纳世界洋流分布规律,说明洋流对地球环境的影响。

2. 教学要求(表 6 - 22~24)

表 6 - 22　第一节　地壳的物质组成和物质循环

课标要求	说出地球的圈层结构,概括各圈层的主要特点。 运用示意图说明地壳内部物质循环过程。 结合实例,分析造成地表形态变化的内、外力因素。

续表

教学要求	基本要求	了解地球内部圈层和岩石圈的结构。 了解三大类岩石的特征及其成因。 运用示意图,说明三大类岩石之间及其与岩浆之间的相互转化过程,也即岩石圈物质循环过程。能画出地壳内部物质循环过程示意图。 了解地表形态的变化是内外力共同作用的结果。 了解板块构造学说,理解板块运动对全球海陆分布及宏观地貌格局的影响。 了解地质构造类型、特点及地表形态。 了解外力作用的表现形式及相应的地表形态。 了解人类活动对地表形态的影响,加深对人地关系和谐发展的认识。
	发展要求	运用内外力共同作用的观点解释世界典型地表形态的成因。
教学建议	课时	三课时。
	教学方法	关于地球的圈层结构,"标准"的行为动词为"说出",要求较低,对于各圈层不要求展开深入了解,而应抓住其主要特点及与人类活动关系密切的内容。地壳内部物质循环部分内容,关注的对象是自然环境组成要素之一——岩石,目的是以物质循环运动的观点看待岩石的形成和演变。关于地表形态的变化,可从三个层面加以说明:第一是全球大地构造,解释全球海陆、高大山系、大裂谷等的分布和变化,一般通过板块构造学说等全球构造理论加以说明;第二是区域大地构造,侧重于内力作用形成的地质构造与地表形态,以解释地表高低不平的原因,一般通过褶皱、断层及其与地表形态的关系加以说明;第三是在大地构造基础上进一步形成的地表形态,以说明地表形态的再变化,一般主要通过流水、风、冰川等外力作用及其形成的地表形态加以说明。教学时没有必要将各种类型的地貌作全面系统的介绍,而应结合实例加以分析。 本节内容、概念较多,可采用教师讲解、演示、引导学生实物观察、归纳比较等方法,帮助学生理解记忆。对原理性较强的基本概念和基本规律,可采用讲解法、演示法等教学方法,但需注意培养学生的逻辑思维能力和运用知识分析问题的能力;要结合世界或我国某地实际地貌状况,启发学生思考,学会解释其形成原因;利用图片或影像资料向学生展示千姿百态的地貌形态,让学生在学习中感受优美的自然景观,同时激发学生学习兴趣。

表 6-23　第二节　大气圈与天气、气候

课标要求	运用图表说明大气受热过程。 绘制全球气压带、风带分布示意图,说出气压带、风带的分布和移动规律及其对气候的影响。 运用简易天气图,简要分析锋面、低压、高压等天气系统的特点。

教学要求	基本要求	了解大气的组成与垂直分层,以及各层特点。 了解大气的受热过程,理解大气对地面的保温作用。 理解大气热力环流的形成原理。 了解风的形成原因及水平气压梯度力与风向关系。 绘制全球气压带、风带分布示意图,说出气压带、风带的分布和移动规律及其对气候的影响。 理解海陆分布对气压带的影响。 理解季风环流的形成原因。比较东亚、南亚季风的差异。 运用简易天气系统图,分析低压(气旋)系统与高压(反气旋)系统的特点及对天气的影响。
	发展要求	分析某气候与气压带、风带分布与移动以及海陆分布的关系。 分析某种天气与低压(气旋)系统与高压(反气旋)系统的关系
教学建议	课时	四课时。
	教学方法	本节内容中,大气受热过程旨在认识导致大气运动的基本原理,为后面相关的学习打下理论基础。气压带、风带的分布与移动对气候的影响部分,不要求系统讲述气候类型的成因,可以通过举例具体说明对气候的影响,如热带雨林气候、温带海洋性气候、热带草原气候、地中海气候等。天气部分内容,应注意从人们日常生活需要出发,不要增加知识难度;应对影响我国的主要天气系统予以重视,并能联系相关的天气实例作适当拓展分析;应重视对影响本地区的重要天气系统的了解,如云贵高原地区的昆明准静止锋。 　　本节内容涉及知识较多,能力要求高,学生在理性思维和空间想象教学方法能力方面尚有一定局限性,教学中可采用讲练法、讨论法、案例分析法、观察法、探究法、模拟演示法等教学方法,以多媒体辅助教学。通过对教材中相关图像的分析,了解太阳、地面和大气之间的能量传递关系,通过图示讲解大气对地面的保温作用过程,让学生理解大气温室效应的基本原理;通过板图或演示讲解的方式,让学生了解三圈环流的特征;通过绘图、讲解等教学环节,帮助学生理解海陆分布对大气运动的影响;通过比较、推理、归纳等方法,引导学生分析季风环流的基本特征;通过案例法导人,引出锋面概念,分析锋面特征及天气状况;通过讲解、比较的方法,帮助学生分析低气压、高气压系统的类型及天气特点。

表6－24　第三节　水圈和水循环

课标要求	运用示意图,说出水循环的过程和主要环节,说明水循环的地理意义。 运用地图,归纳世界杨柳分布规律,说明洋流对地理环境的影响。

续表

教学要求	基本要求	了解水圈的概念和主要水体类型。 掌握水循环的过程和主要环节。 了解水循环的地理意义。 运用地图,归纳世界洋流的分布规律。 理解洋流对地理环境的影响。
	发展要求	结合实例说明洋流对地理环境的影响。
教学建议	课时	二课时。
	教学方法	水循环部分内容要求以海陆间循环为主,将三种循环的过程和环节综合在一幅示意图中,使学生综合把握水循环,水循环的地理意义是重点。对于陆地各水体之间的关系(水循环各环节的联系)、水资源及其更新、水循环对气候、生态、地貌的影响等,应给予适当的关注。洋流部分内容应注意,一般不必对洋流知识进行加深和扩展,如补偿流、密度流等,只要解释世界洋流的分布规律即可,局部海域(如北印度洋)具有季节变化的洋流也不需要了解。各洋流的名称不需要记住,但是为了分析洋流对地理环境影响的需要,应了解洋流的性质(暖流或寒流)。 在使用图示讲解法解释水循环相关原理的同时,通过案例着重分析水循环对自然环境和人类活动的影响,帮助学生树立正确的人地观和科学发展观。在讲述洋流的内容时,学习应落实在地图上,其中最主要的是"世界洋流分布图"、"世界渔场分布图"、"世界气候分布图"等相关地图,通过读图讲解、绘图等方法总结洋流分布规律,充分利用各种素材和实际案例,引导学生理解洋流的地理意义,重视对实际地理问题的探究。

(四) 第三单元(旅游景观欣赏与旅游活动设计)

1. 课标内容

①简述旅游资源的内涵,运用资料说明旅游资源的多样性。②比较自然旅游资源与人文旅游资源的区别。③在地图上指出我国的"世界文化与自然遗产",举例说出其重要价值。④举例说明旅游景观的观赏方法。⑤运用资料,描述若干中外著名旅游景区的景观特点,并从地理角度说明其形成原因。⑥学会收集旅游信息,根据旅游资源状况,确定旅游点,选择合理的旅游路线。⑦说明地形、气候、水文等条件与旅游安全的关系,以及应采取的安全防范措施。

2. 教学要求(表 6 - 25～28)

表 6 - 25　第一节　旅游资源及其特点

基本要求	了解旅游资源的内涵、本质特征和分类。 通过对典型事例的分析、比较,指出自然旅游资源和人文旅游资源的差异。 结合实例说明旅游资源的主要特点。 了解世界文化与自然遗产,在地图上指出我国的"世界遗产",举例说明进入"世界文化与自然遗产"名录的重要意义。 运用"中国旅游资源分区图",简要说出我国旅游资源的地域差异。
发展要求	收集和了解云南的著名旅游资源,根据旅游资源的特性,判断它们所属的发展要求资源类型,从空间概念上加深对"旅游资源的多样性"和"自然条件和人类活动影响旅游资源的形成"的理解。

表 6 - 26　第二节　旅游景观欣赏

基本要求	举例说明自然美的主要审美特征和人工美的主要表现类型。 了解并能举例说明旅游景观的欣赏方法。 运用资料,学会描述中外著名旅游景区的景观特点;能从自然地理的角度,对自然美得形成原因进行分析。 通过旅游景观的欣赏,感悟旅游是综合性的审美活动,树立人地关系和谐统一的正确的审美观。
发展要求	收集、选编典型案例,引导学生运用所学地理知识,对比、分析不同旅游景区的景观特点和形成原因,为深层次的旅游审美打下基础。

表 6 - 27　第三节　旅游活动设计

基本要求	了解旅游者的兴趣、爱好和性格特点以及旅游者的经济承受能力、闲暇时间等因素对其选择旅游目的地、旅游线路等的影响。 学会从多种渠道收集旅游信息,包括旅游地的资源特色、时空可达性、基本要求旅游接待设施和条件、旅游费用等。 根据旅游者实际情况和旅游资源状况,学会选择合适的旅游地,确定恰当的旅游线路,制定比较详尽、实用的旅游方案。 讨论做文明旅游者的基本要求,增强保护旅游资源的意识。
发展要求	结合所学知识,总结归纳出影响旅游活动设计的因素,以及选择不同旅游地和旅游线路时所应遵循的一般原则。

表 6-28　第四节　旅游安全防范

基本要求	了解旅游安全事故的主要类型、产生的主要原因以及对应的防范措施。学会简单的野外生存技能,使学生形成一定的减灾防灾能力。
发展要求	应用已掌握的自然地理知识,分析地形、气候、水文等因素对学生所在区域或云南旅游造成的安全隐患及消除隐患的对应措施。

3. 教学建议

共安排四课时。第一节一课时,第二节一课时,第三节一课时,第四节一课时。

4. 教法建议

第二单元“旅游景观欣赏与旅游活动设计”是整个《旅游地理》的核心内容。首先旅游本身就是一种审美活动;再者按照课程改革的精神,要学习终生有用的地理,落实到本课程来说,就是要提高学生欣赏旅游资源的能力,这也是进行素质教育的重要方面。

第一节“旅游资源及其特点”,本节教学内容基础性、欣赏性较强。按照课标要求首先应引导学生从客观存在性、旅游吸引力、能够被开发利用等方面来认识旅游资源的内涵。在此基础上,借助图片和影像资料,从欣赏景观的角度向学生介绍具体的旅游资源,可适当补充本省、市(县)的著名旅游景观,使教学内容更贴近学生生活,通过丰富而鲜活的实例让学生体会旅游资源的多样性,进而找出自然旅游资源和人文旅游资源的差异,归纳旅游资源的类型、特点、分布特征等。课堂教学要避免教学方法的机械性重复,应注意丰富教学形式、变换教学策略。可选用学生课前收集、整理的我国“世界遗产”资料,启发学生说出申报“世界遗产”的意义——作为人文旅游资源和自然旅游资源顶级品牌的“世界文化与自然遗产”,其价值不限于旅游方面,最重要的价值在于保护资源和环境,借此实现培养学生爱国情感和环境意识的目标。

第二节“旅游景观欣赏”是本单元的重点,教材按照“欣赏什么——怎样欣赏——欣赏案例解析”的思路组织教学内容。若严格按照课标要求,只讲“观赏方法”,似乎缺乏一个基础——观赏的内容,据此,教材补充了“旅游景观的审美特征”,适当加入了旅游美学的视角。当然,这只是为讲“旅游景观欣赏方法”作铺垫,教学中切忌喧宾夺主。另外,从高中地理课程的地域性出发,本节教材在“旅游景观的观赏”后,紧接着安排了“不同旅游景观的地理成因”,这一学习内容也很有必要。因为“了解景区的景观特点及其地理成因”不仅可以为深层次旅游审美和景区旅游规划的学习打下基础,而且还考虑了学生综合分析能力的养成问题。总之,旅游景观观赏方法的教学不应是旅游知识的堆砌,而应侧重实践能力和审美情趣的提高。教师在组织教学时,应当选择各种体现景观美的学习内容,所选案例要满足以下几个基本条件:第一,它们是著名或比较著名的景观;第二,它们的景观特色鲜明,的确与众不同;第三,它们的地理成因比较容易理解;第四,兼顾中国和外国景区,兼顾自然和文化特色。这样就可以比较顺利地完成教学任务——掌握旅游景观的观赏方法和准确分析景观特点及其地理成因。

第三节"旅游活动设计",高中学生应当学会制订自己的出游计划,要求出游计划具有可操作性,并有一定的创意。一个完整的出游计划,从收集旅游信息开始,旅游信息可以从旅行社的介绍、网络、广播电视、报刊中收集。在了解旅游资源的基础上,可以参考旅游资源的价值来选择感兴趣的旅游目的地。最后综合考虑旅游出游时间、经费预算、沿途景点等问题,设计出合理的旅游路线。教学中可采用问题引入法,先让学生分组自学教材,再就教师指定的某一主题设计旅游日程表,然后在课堂中交流、共享。本节教材以"做文明的旅游者"这样一个题目结束,容纳了课标的相关要求,具有现实意义。教师可从旅游主体的角度出发组织教学内容,突出"怎样做"。

第四节"旅游安全防范",本节内容要求知识与能力相结合。教师可根据自身的优势条件,以丰富多彩的教学方法帮助学生回顾必修课程中涉及的自然地理知识,引导学生分析各种地形存在的危害游人的潜在因素,以及各种地质、气象和水文等灾害对旅游安全可能造成的威胁,进而探寻有针对性的安全防范措施。并选择一些课堂中能够讲解和演示的野外生存技能作为学习内容,帮助学生形成比较系统的减灾防灾能力。

第二节　数学、物理、化学、生物教学指导建议

一、数学学科教学指导意见

为了贯彻落实教育部《基础教育课程改革纲要(试行)》、《普通高中课程方案(实验)》以及《云南省教育厅关于印发云南省普通高中新课程改革工作方案的通知》、《云南省教育厅关于印发云南省普通高中新课程实施指导意见的通知》文件精神,便于广大教师更好地理解和把握《普通高中数学课程标准(实验)》(以下简称《高中数学课程标准》),积极稳妥地推进我省普通高中数学新课程实验,提高我省高中数学新课程的教学质量,以学生全面发展为本,教师专业发展为目的,特制定《云南省普通高中新课程实验数学学科教学指导意见》(以下简称《数学教学指导意见》)。

《数学教学指导意见》根据《云南省教育厅关于印发云南省普通高中新课程实施指导意见的通知》中建议的模块开设顺序编排,每章主要按照"课标要求"、"本章知

识结构框图及定位"、"教学要求"、"教学建议"四个栏目编写。

"课标要求"主要参照《高中数学课程标准》要求进行编写,便于教师对相关部分内容教学要求的理解与掌握。

"本章知识结构框图及定位"主要对相关章节的教学内容以框图形式展示,并对主要内容把握程度进行说明。

"教学要求"按课时采用表格分"基本要求"、"发展要求"与"说明"列出。"基本要求"主要是提出学生学习要达成的三维目标,提示教师要完成的教学任务。对高中数学学科知识与能力的学习要求按照《高中数学课程标准》设定的能力层次来制订,并以行为动词来提示,如识记层次的"知道"、"了解"、"明确"、"懂得"等;理解层次的"把握"、"理解"、"领会"等;应用层次的"简单应用"、"灵活应用"等。情感态度与价值观方面的要求,采用"体会"、"认识"、"感受"、"感悟"等词汇,以明确课标在这一维度的要求。"发展要求"主要是针对教学中的重点、难点,根据学科特点和学生实际,从知识、能力、情感态度与价值观等层次提出需要适度拓展的要求。"说明"部分主要是为了保证教学进度、减轻学生学业负担,对学生的学习提出指导性建议,分别列出了"不作拓展的内容"和"不作要求的内容",但对学有余力或感兴趣的学生不受此限制。

"教学建议"是按节对如何实施教学和达成教学目标所提出的建议,如课时分配、基于什么途径或采用什么教学方法、帮助学生完成哪些学习要求等。

《数学教学指导意见》是提纲挈领式的,力图对关键问题作出简要说明,教师在使用时可根据各自的实际情况酌情参考。

(一) 第一章　集合与函数概念

1. 课标要求

①通过实例,了解集合的含义,体会元素与集合的"属于"关系。②能选择自然语言、图形语言、集合语言(列举法或描述法)描述具体的问题,感受集合语言的意义和作用。③理解集合之间包含与相等的含义,能识别给定集合的子集。④在具体情境中,了解全集与空集的含义。⑤理解两个集合的并集与交集的含义,会求两个简单集合的并集与交集。⑥理解在给定集合中一个子集的补集的含义,会求给定子集的补集。⑦能使用 Venn 图表达集合的关系及运算,体会直观图示对理解抽象概念的作用。⑧通过丰富的实例,进一步体会函数是描述变量之间的依赖关系的重要数学模型,在此基础上学习用集合与对应的语言来刻画函数,体会对应关系在刻画函数概念中的作用;了解构成函数的要素,会求一些简单函数的定义域和值域;了解映射的概念。⑨在实际情境中,会根据不同的需要选择恰当的方法(如图像法、列表法、解析

法)表示函数。⑩通过具体实例,了解简单的分段函数,并能简单应用。⑪通过已学过的函数(特别是二次函数),理解函数的单调性、最大(小)值及其几何意义;结合具体函数,了解奇偶性的含义。⑫学会运用函数图像,理解和研究函数的性质。

2. 知识结构框图及定位

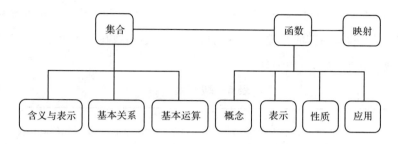

图 6-4　知识结构

集合语言是现代数学的基本语言(图 6-4)。使用集合语言,可以简洁、准确地表达数学的一些内容。高中数学课程是将集合作为一种语言来学习,因此本章四个有关集合学时的学习要求是阶段性的要求,学生还将在整个高中数学课程中,学会使用最基本的集合语言表示有关的数学对象,发展运用数学语言进行交流的能力。

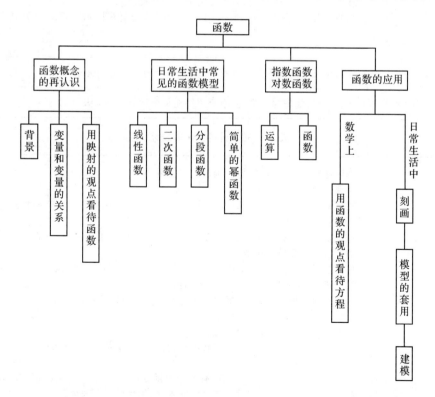

图 6-5　函数的结构

函数是描述客观世界变化规律的重要数学模型(图 6-5)。高中阶段不仅把函数看成变量之间的依赖关系,同时还用集合与对应的语言刻画函数,函数的思想方法将贯穿高中数学课程的始终。学生将学习指数函数、对数函数等具体的基本初等函数,结合实际问题,感受运用函数概念建立模型的过程和方法,体会函数在数学和其他学科中的重要性,初步运用函数思想理解和处理现实生活和社会中的简单问题。学生还将学习利用函数的性质求方程的近似解,体会函数与方程的有机联系。

3. **教学要求**(表 6-29～31)

表 6-29　集　合

基本要求	理解集合的含义,体会元素与集合的"属于"关系、集合相等的含义。 理解列举法和描述法,能选择自然语言、图形语言、集合语言来表示集合。 掌握常用数集的记法。 理解空集的含义。 理解集合与集合之间的"包含"关系,理解子集、真子集的概念,会写出给定的子集、真子集。 理解两个集合的并集与交集的含义,掌握有关术语和符号,会求两个简单集合的并集与交集。 理解全集、补集的含义,会求给定子集的补集。 能使用 Venn 图表达集合的关系及运算,体会直观图示对理解抽象概念的作用。
发展要求	能利用集合的关系和运算及 Venn 图来求有限集合中元素的个数。
说明	在教学时,要把握好难度,不要求补充集合运算的性质及证明。

表 6-30　函数及其表示

基本要求	理解函数的概念,理解构成函数的三要素。 掌握区间的表示方法。 能根据给定的函数解析式及自变量计算函数值,会求一些简单函数的定义域、值域。 理解函数的三种表示法:解析法、图像法和列表法,能根据不同的要求选择恰当的方法表示简单的函数。 理解分段函数的本质,能用分段函数解决一些简单的数学问题。 能用描点法画出一些简单函数的图像。 了解映射的概念,并能根据映射概念判别哪些对应关系是映射。
发展要求	会求一些简单复合函数的值域。 若有条件,可用计算机画出函数图像,帮助学生深刻理解函数的概念。
说明	函数教学应基于具体的函数,有关抽象函数内容不宜涉及;函数值域的教学应控制难度,可在今后的教学中进一步深入,变量代换不宜太难。

表 6－31　函数的基本性质

基本要求	理解函数的单调性及其几何意义,能根据函数图像求出单调区间、判断其单调性。 会讨论和证明一些简单函数的单调性。 理解函数的最大(小)值及其几何意义,能根据函数图像和单调性求出一些函数的最大(小)值。 理解函数奇偶性的含义,会判断简单函数的奇偶性。 了解奇(偶)函数图像的对称性。 会运用函数图像来理解、研究函数性质。
发展要求	能研究某些简单的复合函数及分段函数的奇偶性、单调性、最大(小)值和图像。
说明	研究函数性质应局限于具体的函数,奇(偶)函数的图像对称性在本节教学时不要求证明。

4. 教学建议

(1)课时分配(表 6－32)

表 6－32　课时分配概要

1.1.1 集合的含义与表示	一课时
1.1.2 集合间的基本关系	一课时
1.1.3 集合的基本运算	二课时
小结	一课时
1.2.1 函数的概念	二课时
1.2.2 函数的表示法	二课时
1.3.1 单调性与最大(小)值	二课时
1.3.2 奇偶性	一课时
实习作业	一课时
小结	一课时

(2)重点和难点

1.1 节的重点是使学生了解集合的含义,理解集合间包含与相等的含义,理解两个集合的并集与交集的含义,会用集合语言表达数学对象或数学内容。难点是合理选用列举法或描述法表示集合,区别元素与集合、集合与集合之间的"属于"、"包含"关系,理解并集与交集的区别与联系,理解 Venn 图的含义和应用。

1.2 节的重点是函数的概念。难点是对函数概念的理解,对简单的分段函数的认识,求简单函数的值域。另外函数符号 $y=f(x)$ 是学生难以理解的抽象符号之一,它的内涵是"对于定义域中的任意 x,在对应关系 f 的作用下即可得到 y"。在有些问题中,对应关系 f 可用一个解析式表示,但在不少问题中,对应关系 f 不便用或不能用解析式表示,这时就必须采用其他方式,如图像或表格等,这些是学生理解上的难点。在教学中,可以让学生通过分析实际问题和动手操作逐渐认识和理解函数符号的内涵。例如,将不同问题情境中的对应关系用统一的符号表示,计算当自变量是数字、字母不同情况时的函数值等。

1.3 节的重点是函数的单调性、奇偶性、最值的概念和几何特征。难点是判断和证明单调性、奇偶性,求简单函数的最值。

(3)教学说明

第一,集合是一个不加定义的概念,教学中应结合学生的生活经验和已有数学知识,通过列举丰富的实例,使学生理解集合的含义。学习集合语言最好的方法是使用,在教学中要创设使学生运用集合语言进行表达和交流的情境和机会,以便学生在实际使用中逐渐熟悉自然语言、集合语言、图形语言各自的特点,进行相互转换并掌握集合语言。在关于集合之间的关系和运算的教学中,使用 Venn 图是重要的,有助于学生学习、掌握、运用集合语言和其他数学语言。要注意集合元素的确定性,并能判断元素是否属于集合。要注意符号的含义并正确使用,注意描述法、列举法的适用性,注意并集、交集的区别,注意子集、真子集的区别。学习集合的初步知识,目的主要在于应用。具体地说,就是在学习其他知识和处理简单的实际问题时,能根据需要运用集合语言进行表述。在布置习题时,要控制好难度。

第二,函数概念的教学要从实际背景和定义两个方面帮助学生理解函数的本质。函数概念的引入一般有两种方法,一种方法是先学习映射,再学习函数;另一种方法是通过具体实例,体会数集之间的一种特殊的对应关系,即函数。考虑到多数高中学生的认知特点,为了有助于他们对函数概念本质的理解,建议采用后一种方式,从学生已掌握的具体函数和函数的描述性定义入手,引导学生联系自己的生活经历和实际问题,尝试列举各种各样的函数,构建函数的一般定义。要注意构成函数的要素和相同函数的含义,要注意函数的三种表示法的联系、区别与适用性,注意分段函数的意义,注意映射的概念和判断。

第三,在教学中,应强调对函数概念本质的理解,避免在求函数定义域、值域及讨论函数性质时出现过于繁琐的技巧训练,避免人为地编制一些求定义域和值域的偏题。

第四,函数单调性、奇偶性和最值的教学可由具体的函数图像,直观引入概念,再归纳单调函数、奇(偶)函数和最值的几何特征。在判断和证明一些简单函数的单调性、奇偶性时要体现数学思维的严谨性、逻辑性,并要求学生规范书写。教学中要重视数形结合思想方法的培养,利用函数的直观图像来研究函数的性质;反之,利用函数性质来分析函数图像的形状。要注意函数单调性是对定义域的某个区间而言的,单调性必须在某个区间内,而奇偶性是对整个定义域而言的,奇偶函数的定义域必须关于原点对称。学习函数的基本性质重在理解概念和对一些简单函数性质的讨论,有些内容的加深和拓展应留待以后进行。

二、物理学科教学指导意见

为贯彻落实教育部《基础教育课程改革纲要》、《普通高中课程方案(实验)》和《普通高中物理学科课程标准(实验)》的精神,加强和改进高中物理教育教学工作,推进我省普通高中新课程的实施,并引导广大高中教师更好地理解课程目标、课程结构、课程内容,结合我省实际创造性地实施新课程,特制定《云南省普通高中新课程(实验)的物理学科教学指导意见》。

本"指导意见"分章节按照"课程标准内容"、"教学要求"、"教学建议"三个栏目编写。"课程标准内容"是教学的目标源头,采取按章节直接录用的方式,方便教师对应检索。"教学要求"按章节用表格分"基本要求"、"较高要求"与"说明"列出。"基本要求"主要提出学生学习要达成的三维目标,提示教师要完成的教学任务。对物理知识与能力的学习要求按照"课程标准"既定的能力层次来制定,并以行为动词来表示。"教学建议"是针对本章节的内容从三维目标的落实、课时安排等方面给老师提出具体的指导意见。

(一) 第一章　运动的描述

1. 课标要求

通过对质点的认识,了解物理学研究中物理模型的特点,体会物理模型在探索自然规律中的作用。理解位移、速度和加速度。

2. 教学要求(表 6 - 33～37)

表 6-33   第一节   质点参考系和坐标系

基本要求	了解质点的定义,知道质点是一个理想化的物理模型。 初步体会物理模型在探索自然规律中的作用。 理解参考系概念,知道对于不同的参考系,对同一个运动的描述可能是不同的。 理解坐标系概念,会用一维坐标系定量描述物体的位置以及位置的变化。
较高要求	根据选择的参考系描述物体的运动,根据对运动的描述判断所选择的参考系。 会用二维坐标系定量描述物体的位置以及位置的变化。
说明	不要求在三维坐标系中定量描述物体的位置及位置的变化。 不要求理解与掌握全球卫星定位系统(GPS)的工作原理。 对运动描述的转换只要求参考系与物体运动方向在同一直线上。

表 6-34   第二节   时间和位移

基本要求	了解时刻与时间间隔的区别和联系,会识别时间间隔和时刻。 理解位移概念,知道位移是矢量,会用有向线段表示位移的大小和方向。 知道矢量与标量运算的差异,会进行一维情况下的矢量运算。 了解位置、位移、路程等概念的区别与联系。 知道时间间隔与位移、路程,时刻与位置之间的对应关系。 理解 x-t 图像的物理意义,会利用 x-t 图像计算匀速直线运动的速度。
较高要求	掌握位移大小与路程相等的条件。
说明	本章只要求一维情况下的位移矢量运算。

表 6-35   第三节   运动快慢的描述——速度

基本要求	理解速度概念,领会速度概念的比值定义方法。 理解平均速度概念,会利用平均速度的定义式计算物体的平均速度。 知道瞬时速度是表示某一时刻的速度,了解平均速度与瞬时速度的区别与联系。 理解速度的矢量性,知道速度的方向即物体运动的方向。 知道速度与速率的区别与联系。
较高要求	体会平均速度概念的等效思想方法。 在讨论平均速度和瞬时速度联系的过程中,初步体会无限趋近某一点平均速度即为该点的瞬时速度的极限思想和近似处理的思想方法。
说明	不要求计算多过程和多个物体运动中需要联立方程求解的问题。 不要求选用变速运动物体作参考系求解问题。 不要求引入平均速率概念。

表 6-36 第四节 实验:用打点计时器测速度

基本要求	知道电磁打点(电火花)计时器的作用、结构及名称。 知道打点计时器打相邻两个点的时间间隔,掌握电磁打点(电火花)计时器的使用方法。 能设计"用打点计时器测速度"的实验记录表。 会根据纸带上点迹的疏密判断速度的大小,计算物体运动的平均速度。 在计算瞬时速度时,会合理选取时间间隔。 能运用实验数据描绘 v-t 图像,并会根据画出的图像说明物体运动的快慢。
较高要求	理解用平均速度表示瞬时速度所采用的思想方法,会用该思想方法计算瞬时速度。
说明	不要求了解电磁打点(电火花)计时器的内部结构和技术细节。 不要求理解借助传感器用计算机测速度的原理。 不要求理解气垫导轨和数字计时器研究运动的原理。

表 6-37 第五节 速度变化快慢的描述——加速度

基本要求	知道加速度是用来描述物体速度变化快慢的物理量。 了解加速度的定义式和单位。 了解加速度的矢量性,会根据速度与加速度方向之间的关系判断运动性质。 通过加速度概念的建立过程和加速度定义式的得出过程,了解和体会比值定义法在科学研究中的应用。 会利用加速度定义式计算匀变速直线运动的加速度。
较高要求	会利用 v-t 图像计算加速度的大小和判断加速度的方向。 理解加速度概念,区别速度、速度变化量和速度变化率。
说明	不要求用极限的方法求加速度。 不要求引入平均加速度的概念。 不要求讨论加速度变化的问题。

3. 教学建议

课时分配见表 6-38。

表 6-38 课时分配概要

1. 质点参考系和坐标系	一课时
2. 时间和位移	一课时
3. 运动快慢的描述——速度	一课时
4. 实验:用打点计时器测速度	二课时
5. 速度改变快慢的描述——加速度	二课时
复习评估	一课时

4. 教法建议

第一,本章出现意义相近、易混淆的概念较多,如参考系与坐标系,时间间隔与时刻,速率与速度,路程、距离与位移,矢量与标量,瞬时速度与平均速度,速度、速度的改变量与速度的变化率,等等,学生初学时容易混淆。因此,教学时应当加强对这些概念的比较,使学生在认识相近概念的共同性、差异性和相互联系中,达到对每个概念的透彻理解。

第二,学生在初中已学过参照物、路程、时间、速度、平均速度等概念,所以本章教学时既要充分利用学生已有的知识,又要根据高中、初中知识之间的差异,对学生已有的知识进行提高和拓展。

第三,本章蕴涵着丰富的科学方法教育的因素,如以质点为代表的理想化方法、以短时间内的平均速度代替瞬时速度为代表的近似方法、以比值定义法为代表的数学方法、以平均速度为代表的等效替代方法等。教学时要充分利用这些因素,对学生进行科学方法的教育,使学生了解这些方法对科学研究的意义和适用条件,提高学生的物理思维能力。但由于学生初学高中物理,他们的认知水平相对较低,对科学方法也有一个从体验到认识,再到运用,以及逐步积累、逐渐深化的过程,所以在本章教学中不宜提出过高的要求。比如质点、匀速直线运动等都是理想化模型,但理想化模型方法的教学应当把重点放在质点概念的教学上。

(二) 第二章　恒定电流

1. 课标要求

①观察并尝试识别常见的电路元器件,初步了解它们在电路中的作用。②初步了解多用电表的原理。通过实际操作学会使用多用电表。③通过实验,探究决定导线电阻的因素,知道电阻定律。④知道电源的电动势和内阻,理解闭合电路的欧姆定律。⑤测量电源的电动势和内阻。⑥知道焦耳定律,了解焦耳定律在生活、生产中的应用。⑦通过实验,观察门电路的基本作用。初步了解逻辑电路的基本原理以及在自动控制中的应用。⑧初步了解集成电路的作用。关注我国集成电路以及元器件研究的发展情况。

2. 教学要求(表6-39~49)

表6-39　第一节　电源和电流

基本要求	了解形成电流的条件,知道电源的作用和导体中的恒定电场。初步体会动态平衡的思想。 理解电流的定义,知道电流的单位、方向的规定,理解恒定电流。 经历金属导体内自由电子定向移动速率的推导过程,从微观的角度理解导体中电荷的定向移动与电流之间的关系。

表 6-40　第二节　电动势

基本要求	知道电源是将其他形式的能转化为电能的装置。 　　了解电路中(电源外部和内部)自由电荷定向移动过程中,静电力和非静电力做功与能量转化的关系。 　　了解电源电动势的基本含义,知道它的定义式。 　　理解电源内电阻。

表 6-41　第三节　欧姆定律

基本要求	经历探究导体电压和电流关系的过程,体会利用 U—I 图像来处理、分析实验数据和总结实验规律的方法。 　　进一步体会用比值定义物理量的方法,理解电阻的定义,理解欧姆定律。 　　通过测绘小灯泡伏安特性曲线的实验,掌握利用分压电路改变电压的基本技能;知道伏安特性曲线,知道线性元件和非线性元件。学会一般元件伏安特性曲线的测绘方法。

表 6-42　第四节　串联电路和并联电路

基本要求	经历串联、并联电路的电流关系和电压关系的理论分析过程。 　　经历根据电流、电压关系和欧姆定律,推导串联、并联电路的电阻关系的过程。理解串联、并联电路的电阻关系。提高逻辑思维能力。 　　通过对电表改装的分析讨论,提高综合运用欧姆定律、电路串并联规律以及分析解决问题的能力。

表 6-43　第五节　焦耳定律

基本要求	从电能向其他形式能的转化理解电功以及电功率,理解电功和能量转化的关系。 　　知道焦耳定律的物理意义,关注焦耳定律在生活、生产中的应用。 　　从能量的转化和守恒理解电功和电热的区别,知道纯电阻电路和非纯电阻电路。

表 6-44　第六节　导体的电阻

基本要求	经历决定导体电阻的因素的探究过程,体验运用控制变量研究物理问题的思维方法。体会实验探究和逻辑推理都是重要的科学研究方法。 　　深化对电阻的认识,了解电阻定律,能用电阻定律来进行有关计算。 　　理解电阻率的物理意义,并了解电阻率与温度的关系。通过对不同材料电阻率的介绍,加强学生理论联系实际的意识和安全用电的意识。

表 6-45 第七节 闭合电路的欧姆定律

基本要求	经历闭合电路欧姆定律的理论推导过程。体验能量转化和守恒定律在电路中的具体应用,理解内、外电路的能量转化。 理解内外电路的电势降落,理解闭合电路欧姆定律。 会用闭合电路欧姆定律分析路端电压与负载的关系,并能进行相关的电路分析和计算。

表 6-46 第八节 多用电表的原理

基本要求	通过对欧姆表的讨论,进一步提高应用闭合电路欧姆定律分析问题的能力。知道欧姆表测量电阻的原理。 了解欧姆表的内部结构和刻度特点。 了解多用电表的基本结构,知道多用电表的测量功能。

表 6-47 第九节 实验:练习使用多用电表

基本要求	通过观察了解多用电表的结构和测量功能,会根据测量需要正确选择挡位。 通过实验操作学会使用多用电表测量电压、电流和电阻,养成良好的使用多用电表的习惯。 会用多用电表测量二极管的正反向电阻,并据此判断二极管的正、负极,会用多用电表探索简单黑箱中的电学元件。

表 6-48 第十节 实验:测定电池的电动势和内阻

基本要求	知道测量电源电动势和内阻的实验原理,进一步感受电源路端电压随电流变化的关系。 经历实验过程,掌握实验方法,学会根据图像合理外推进行数据处理的方法。 尝试进行电源电动势和内阻测量误差的分析,了解测量中减小误差的方法。 培养仔细观察、真实记录实验数据等良好的实验习惯和实事求是的品质。

表 6-49 第十一节 逻辑电路

基本要求	初步了解简单的逻辑电路及表示符号。 通过实验,理解"与"、"或"和"非"逻辑电路中结果与条件的逻辑关系。 知道真值表,会用真值表来表示一些简单的逻辑关系。 通过简单的逻辑电路的设计,体会逻辑电路在现实生活中的意义。 初步了解集成电路,关注我国集成电路以及元器件研究的发展情况。

3. 教学建议

课时分配见表 6-50。

表 6 - 50　课时分配概要

1. 电源和电流	一课时
2. 电动势	一课时
3. 欧姆定律	一课时
4. 串联电路和并联电路	二课时
5. 焦耳定律	二课时
6. 导体的电阻	一课时
7. 闭合电路的欧姆定律	二课时
8. 多用电表的原理	一课时
9. 实验:练习使用多用电表	一课时
10. 实验:测定电池的电动势和内阻	一课时
11. 简单的逻辑电路	三课时
复习评估	一课时

4. 教法建议

第一,本章电流、电压、电阻、欧姆定律和电路等基本知识初中学生已经学过,串并联电路的有关问题也在初中进行了研究。因此,高中阶段一定要注意利用电场的知识,通过电场力、电场力做功、电势能改变、电势来研究电路,从而从理论上进行提高。

第二,电表(电压表、电流表)的电阻模型、欧姆表的电路模型对于理解电表原理和求解电路问题至关重要,要让学生在初中学习的基础上充分理解和实验感知。对于欧姆表来说要通过具体例子让学生建立起一个电阻值与一个电流值一一对应,然后联想表盘表头既可以是电阻,也可以是电流,如果电路的电阻值确定,还可以是电压,从而提高学生的认知能力。

第三,闭合电路欧姆定律的分析与讨论有着培养学生分析推理能力的丰富内涵,要引导学生从内外电路、能量关系、短路与断路、输出功率、电路的动态变化等方面进行思考和讨论,全面培养学生的学习兴趣,从而提高学生的学习能力。

第四,本章有两个重要实验,即练习使用多用电表和测电源电动势与内阻,都要安排学生实验,既要让学生经历实验过程,也要让学生得出实验结果。测电源电动势与内阻实验可以安排 2 课时,要对测量方案进行讨论,根据 $E=I(R+r)$、$E=U+Ir$ 或者 $E=U+(U/R)r$,可以有三种测量方法,同时要注意用图像法处理数据的能力培养。

第五,本章内容对导体中电流与电荷移动速率的关系的推导和简单的逻辑电路都是新要求,教学中不可一带而过。对导体中电流与电荷移动速率的关系的推导要注意区分电场建立的速率与电荷移动速率的区别。简单的逻辑电路要用实例启发引导。

三、化学学科教学指导意见

为贯彻落实教育部《基础教育课程改革纲要》、《普通高中课程方案(实验)》和《普通高中化学学科课程标准(实验)》的精神,加强和改进高中化学教育教学工作,推进我省普通高中新课程的实施,并引导广大高中教师更好地理解课程目标、课程结构、课程内容,结合我省实际创造性地实施新课程,特制定《云南省普通高中新课程(实验)化学学科教学指导意见》。

本"指导意见"分章节按照"课程标准内容"、"学习要求"、"课时建议"、"教学建议"四个栏目编写。"课程标准内容"是教学的目标源头,采取按章节直接录用的方式,方便教师对应检索。"学习要求"按章节用表格分"学习要求"与"说明"列出。"学习要求"主要提出学生学习要达成的三维目标,提示教师要完成的教学任务。对化学知识与能力的学习要求按照"课程标准"既定的能力层次来制定,并以行为动词来表示,如识记层次的"列举"、"知道"、"了解"、"说出"、"简述"、"讲述"等;理解层次的"概述"、"理解"、"说明"、"阐述"、"归纳"等;应用层次的"分析"、"评价"、"探讨"、"比较"、"讨论"等;情感态度价值观方面的要求,采用"体会"、"认识"、"感受"、"感悟"等心态词汇,以明确在这一维度的学习要求,"说明"部分主要是对学生学习提出指导性建议。

"课时建议"是对章节的课时安排提出指导性建议,教师可以根据教学实际,作适当调整。"教学建议"是按章节对如何实施教学和达成教学目标所提出的参考建议,基于什么途径或采用什么教学方法、帮助学生完成哪些学习要求等。

(一) 化学 1

化学 1 在初中化学的基础上系统地复习和学习基本的化学反应、元素化合物基本知识、巩固化学实验基本技能,突出化学以实验为基础的特点,重视科学方法与科学精神的实践与培养。化学是一门以实验为基础的科学,实验是了解无机物性质的最好方法,也是认识元素周期律的最佳途径;通过实验可以感受化学反应与能量的关系,认识并研究能量的利用问题;通过实验还能切实了解材料、环境、绿色化学等问题。教科书把化学实验列为第一章突出了化学实验的基础性,既起到与初中化学实验以及化学知识的衔接,又为高中化学新知识的学习穿针引线,通过实验把学生引入化学世界,体现了课程标准所反映的教学思想。

在知识目标上,化学1突出了化学与社会、生活、健康、环境的联系,重视理论和实际相结合,注重化学知识与科学精神、人文精神的渗透与融合。在方法与能力目标上,化学1增强了学习的探究性、亲历性和体验性,通过"实验"、"思考与交流"、"学与问"、"实践活动"、"科学探究"以及习题等的设计,大大增加学生活动,学生的学习自主性得到了更多的体现,从中体验探究的乐趣,学会探究的方法。在情感目标上,化学1通过思考和问题讨论认识化学知识的规律性和化学变化的本质,通过以化学实验为主的多种探究活动,使学生亲身体验科学研究的过程并获得探究的乐趣。根据元素及其化合物的性质联系其用途,了解化学的科学价值和实用价值,激发学习化学的兴趣,强化科学探究的意识,促进学习方式的转变,培养学生的创新精神和实践能力。

教师在教学时,应全面了解高中必修、选修课程的内容,了解各模块的知识结构以及知识间的相互联系,要努力学习课程标准,了解各部分教学内容及教学要求,严格把握教学内容的深度、广度和教学要求,提高自己对教科书的驾驭能力。在教学过程中,要求学生在"知识与技能"、"过程与方法"、"情感态度与价值观"三个方面和谐的发展。在教学过程中,要按指导意见要求,关注学生的全面发展,避免走只重视"知识与技能"单维目标的老路,以保证高中化学课程总体目标的实现。

(二) 第一章　从实验学化学

1. 课标要求

①树立安全意识,初步形成良好的实验习惯,并能识别一些化学品安全标识。②通过粗盐提纯实验,进一步掌握溶解、过滤、蒸发等基本操作,在此基础上练习蒸馏、萃取等分离方法。并通过实验中杂质离子的检验与除杂方法的讨论,加深对提纯操作原理和方法的理解。③了解物质的量的单位——摩尔。了解摩尔质量、气体摩尔体积和物质的量浓度的含义。④能根据物质的量与粒子数目之间的关系进行计算。⑤掌握一定物质的量浓度溶液的配制方法和应用。⑥体验科学探究的过程,学习运用以实验为基础的实证研究方法。

2. 教学要求(表6-51~52)

表 6-51　第一节　化学实验基本方法

教学要求	创设自主活动和积极探究的情境,激发学生的探究欲望,体验科学探究过程。通过有关化学实验,初步学会运用以实验为基础的实证研究方法。 　　初步学会常见物质的检验方法(如 Cl^-、SO_4^{2-} 的检验),能用离子检验法设计简单的实验方案,探究常见物质的组成。 　　初步学会物质的分离和提纯的常用方法,了解蒸馏、萃取、分液、过滤、结晶等实验方法。 　　能识别化学品安全使用标识,知道基本的安全措施和意外事故的紧急处理方法,树立安全意识,初步形成良好的实验工作习惯。
说明	充分运用教科书提供的素材,主动参与探究学习的积极性,增进对科学探究的理解。实验技能和方法以了解实验操作步骤和训练实验操作技能为主,相关内容在学习元素化合物知识过程中还要逐步学习和提高,如 NH_4^+、Na^+、K^+ 等离子的检验,可在学过离子反应和有关元素化合物知识后学习。 　　安全是顺利进行实验及避免伤害和事故的保障,每一位学生都应遵循实验室规则,了解安全措施,掌握正确的操作方法,重视并逐步熟悉污染物和废弃物的处理方法。

表 6-52　第二节　化学计量在实验中的应用

教学要求	认识物质的量是描述微观粒子集体的一个物理量,并通过物质的量建立起宏观量与微观量的关系;认识摩尔是物质的量的单位;了解阿伏伽德罗常数的含义。了解摩尔质量、气体摩尔体积、物质的量浓度的含义。了解物质的质量、摩尔质量、物质的微粒数、物质的量、气体摩尔体积、物质的量浓度等物理量之间的关系,能用它们进行简单的化学计算。 　　知道物质的量浓度的含义,初步学会配制一定物质的量浓度的溶液。体会定量研究的方法对化学学习和科学研究的重要作用。
说明	物质的量相关内容的要求,课程标准表述的是终态水平,即《化学1》模块学习结束后,学生能够达到的水平。教师在教学中不要"一步到位",当学生初次接触这些内容时,只要求进行计算公式的简单换算,不要刚开始学习时,就加入较复杂的计算,阿伏伽德罗定律及其推论、混合气体的平均相对分子质量、物质的量浓度与质量分数之间的换算暂不作要求。

3. 教学建议

第一节　化学实验基本方法　　　　　三课时

第二节　化学计量在实验中的应用　　三课时

归纳与整理　　　　　　　　　　　　一课时

4. 教法建议

(1)第一节　化学实验基本方法

第一,第一课时先对学生进行化学学科特点和化学学习方法的教育,教育的重点放在实验的必要性和重要性上。

第二,化学实验安全部分的内容是对初中已有实验知识和实验安全的回顾和提升,建议让学生走进实验室,了解实验室规则。教师列举因不按规则操作而引发事故的事例,强调实验室规则,严格规范实验行为,培养学生良好的实验习惯。

第三,过滤和蒸发的教学用生活中的具体问题引入,通过分组或演示实验复习过滤和蒸发等操作,让学生熟记操作要领,理解过滤和蒸发方法的原理,初步形成良好的实验习惯。通过比较和归纳,使学生学会选择物质检验和分离的方法。

第四,蒸馏和萃取教学可以以"如何将含 Cl^- 的自来水制成蒸馏水?"为题引出本节内容,通过教师演示或学生分组实验来加深对蒸馏和萃取两种实验方法的认识和掌握。

第五,在教科书中,不区分演示实验和学生实验,提倡教师多采用边讲边实验的教学方式,认真指导学生实验,培养学生实验技能,使学生体验成功的喜悦,有利于激发学生学习化学的兴趣,也有利于学生掌握实验技能,培养学生观察、思维、独立操作等能力。

(2)第二节　化学计量在实验中的应用

第一,从引入物质的量的必要性入手,激发学生学习物质的量概念的求知欲。本节的几个概念中,物质的量的概念相对比较抽象,是连接宏观和微观的桥梁,学生在理解上存在一定的困难,教师可以用比较通俗、易懂的事例帮助学生建立宏观和微观的联系和提出物质的量这一概念的重要性和必要性。

第二,使学生了解物质的量、摩尔质量的含义,并能正确运用,注意强调几个概念的单位。"物质的量"是一个基本物理量,四个字是一个整体,不能拆开理解,也不能压缩为"物质量"。

第三,通过课本(科学探究),让学生明确决定气体体积大小的主要因素,引出气体摩尔体积的概念,并能正确理解气体摩尔体积概念的含义,注意给学生强调温度、压强等外界因素对气体体积的影响。

第四,从溶液中溶质质量分数的概念引出溶液中物质的量浓度的概念,从溶质质量分数溶液的配制,引出物质的量浓度溶液的配制,运用比较的方法,使学生正确理解"物质的量浓度"的含义。配制溶液过程最好是教师边讲解边操作,让学生分组做。

第五,学会运用量方程,使学生建立概念之间的联系,通过简单的量方程,使学生建立物质的量等概念之间的联系,会运用其进行简单的计算。但应注意把握教学要求,不宜强化计算。

（三）第二章　化学物质及其变化

1. 课标要求

①感受分类方法对于化学科学研究和化学学习的重要作用。②知道胶体是一种常见的分散系，了解丁达尔效应。③了解电解质的概念，知道酸、碱、盐在溶液中能发生电离。④通过实验事实认识离子反应及其发生的条件。⑤了解氧化还原反应的本质是电子转移。⑥能正确认识氧化还原反应的价值。

2. 教学要求（表 6-53～55）

表 6-53　第一节　物质的分类

教学要求	能根据物质的组成和性质对物质进行分类，了解常见物质及变化的分类方法，认识分类法对于化学科学研究和化学学习的重要作用。 知道胶体是一种分散系，能列举生活中常见的胶体，知道胶体的丁达尔效应。知道丁达尔效应是区分溶液和胶体的一种方法。
说明	要充分利用学生已有的知识：物质分类的方法（纯净物、混合物，单质和化合物，氧化物，无机物和有机物），分散系的分类方法（溶液、悬浊液、乳浊液）和生活经验，使学生在观察、比较的过程中认识胶体本身的特殊性。胶体概念只要求了解其不同于溶液的特性，而对胶体的渗析、凝聚、布朗运动和电泳现象等可作为拓展内容。

表 6-54　第二节　离子反应

教学要求	知道酸、碱、盐是电解质，在溶液中能发生电离；能正确书写强酸、强碱和可溶性盐的电离方程式。 通过实验事实认识离子反应及其发生的条件，能正确书写常见的离子方程式。 了解 Cl^-、SO_4^{2-}、CO_3^{2-}、Fe^{3+}、NH_4^+、Na^+、K^+ 等常见离子检验方法的原理。
说明	弱电解质的电离及相关知识暂不作要求，将在选修模块学习。较复杂反应的离子方程式书写暂不作要求。Fe^{3+}、NH_4^+、Na^+、K^+ 等离子的检验，可在学过有关元素化合物知识后学习。

表 6-55　第三节　氧化还原反应

教学要求	根据实验事实了解氧化还原反应的本质是电子的转移。能够利用化合价升降，判断反应是否为氧化还原反应。对于简单的氧化还原反应，能够找出氧化剂和还原剂。能列举中学阶段常见的氧化剂和还原剂。举例说明生产、生活中常见的氧化还原反应。初步学会从氧化还原反应的视角研究物质的化学性质。

续表

说明	要充分利用学生已有知识,从得氧失氧、化合价升降到电子转移,一环扣一环、由表及里地揭示氧化还原反应的本质。氧化产物和还原产物的概念、氧化性和还原性强弱的判断、电子得失与守恒原理在化学计算等方面的应用、对复杂氧化还原反应进行配平、对氧化还原反应类型进行判断等内容暂不作要求,将在选修模块学习。

3. 教学建议

第一节　物质的分类　　　　　二课时

第二节　离子反应　　　　　　二课时

第三节　氧化还原反应　　　　二课时

归纳与整理　　　　　　　　　一课时

4. 教法建议

(1)第一节　物质的分类

第一,教科书第一次引入"简单分类法及其应用",其目的是使学生认识科学方法对于化学科学研究和化学学习的重要性,但在实际教学中可能会遇到一定的困难。因此,建议在"思考与交流"活动中,引导学生对具体的化学物质和化学反应从不同角度进行分类。同时了解到对于化学物质及其变化,依据不同的标准,可以有不同的分类。

第二,学习分散系这一部分内容,教科书已经列举了按照分散质或分散剂所处的状态,它们之间可以产生九种组合方式,但没有具体的例证,教科书要求通过学生的"思考与交流"活动来完成,这对学生有一定的难度。因此,教师要充分利用学生已有的知识与生活经验,从分类的角度加以积极引导与完善。通过教科书中的"科学探究"活动,把胶体与溶液作对比,使学生在观察、比较的过程中认识胶体本身的特殊性,通过比较,引导学生抓住粒子直径大小这个关键,正确认识溶液、浊液、胶体的本质特征。

第三,对于胶体这部分内容,教科书只介绍了丁达尔效应,至于渗析、布朗运动和电泳现象并未涉及,胶体的介稳性也只是在"科学视野"栏目中点到为止,并不要求作具体的展开。因此,在进行教学时,要注意把握好知识的深度和广度,在了解胶体概念与丁达尔效应的基础上,重点突出分类的方法。

(2)第二节　离子反应

第一,知道酸、碱、盐在水溶液中的电离情况,是认识离子反应及其发生条件的关键。教学时,在让学生了解电解质概念的基础上,重点讨论酸、碱、盐的电离情况,从电离的角度认识酸、碱、盐的本质。

第二，做好演示实验，把实验和学生讨论密切结合起来。本节实验是认识电解质的电离和离子反应本质的最好途径。例如，通过实验2—1、实验2—2进行讨论，可顺利导出离子反应的本质和离子互换反应的发生条件，并对离子方程式有更深刻的理解。

第三，离子反应、离子方程式的书写这两部分内容是密切相关的，其核心是离子反应。电解质的概念是离子反应的基础，离子方程式是离子反应的表示方法。教学中一定要注意根据课程标准的要求来掌握教科书内容的深度和广度，不要把电解质的分类扩大，离子反应发生的条件也仅限于复分解反应，较复杂的离子方程式的书写并不作要求。

第四，引导学生回忆并总结初中教科书附录"酸、碱、盐的溶解性表"。引导学生记住难溶物像硫酸钡、卤化银、碳酸盐（钠盐、钾盐除外）等，同时可适当介绍常见的挥发性物质如氯化氢、氨气等。

（3）第三节　氧化还原反应

第一，化合价变化和电子转移的关系是本节教学的关键。教学中可结合实例，从得氧失氧、化合价升降到电子转移，一环扣一环、由表及里地揭示氧化还原反应的本质。

第二，本节所设置的两个"思考与交流"起到了承上启下的作用，而"学与问"则把两种不同化学反应分类方法——氧化还原反应和四种基本类型反应有机地联系在一起，起到了巩固、升华的作用。建议教师在教学中重视培养学生"讨论探究式"的学习方法，精心设计讨论过程。同时注意教学中要留出时间，指导学生阅读教科书，同时进行练习巩固，并引导学生进行小结。

第三，正确、辩证地认识氧化还原反应中各有关物质的相互关系。例如，讲氧化剂和还原剂时，应着重说明在氧化还原反应中，氧化剂从还原剂获得电子而被还原，还原剂则将电子转移给氧化剂而被氧化，氧化剂与还原剂在反应中是相互依存的。

第四，对于氧化还原反应，教科书只要求学生知道在氧化还原反应中，某些元素的化合价在反应前后发生了变化；氧化还原反应的本质是有电子转移（得失或偏移）。不要引入"双线桥"、"单线桥"以及氧化还原方程式的配平等内容，常见的氧化剂和还原剂也仅限于教科书以及一些常见的例子。

（四）选修1——第一章　关注营养平衡

1. 课标要求

①认识食品中对人类健康有重要意义的常见有机物。②说明氨基酸、蛋白质的

结构和性质特点,能列举人体必需的氨基酸。③通过实例了解人体必需的维生素的主要来源及其摄入途径,了解维生素在人体中的作用。④认识微量元素对人体健康的重要作用。⑤认识饮食与健康的关系,认识化学在促进人类健康方面的重要作用。

2. **教学要求**(表6-56~59)

表6-56　第一节　生命的基础能源——糖类

教学要求	了解糖类及其组成。 了解葡萄糖的还原性,淀粉、纤维素的水解。 知道糖类在人体新陈代谢过程中的某些生化反应及其生理功能。
说明	蔗糖和麦芽糖作为补充知识。

表6-57　第二节　重要的体内能源——油脂

教学要求	了解油脂的组成。 通过讨论认识食用油脂对人体健康的意义。 了解油脂在人体新陈代谢过程中的某些生化反应。
说明	高级脂肪酸甘油酯的变化知道即可。

表6-58　第三节　生命的基础——蛋白质

教学要求	知道氨基酸的结构特点(含有氨基和羧基)和性质特点(两性、成肽),能列举人体必需的氨基酸。 知道蛋白质性质特点(盐析、变性、颜色反应)。 知道蛋白质、氨基酸的营养作用。
说明	酶作为补充知识。

表6-59　第四节　维生素和微量元素

教学要求	了解人体必需的维生素的主要来源及其摄入途径。 了解维生素在人体中的作用。 通过实验探究,认识鲜果中维生素C的还原性。 认识碘、铁等微量元素对人体健康的重要作用。 调查:矿泉水中的微量元素及其作用。
说明	

3. **教学建议**

第一节　生命的基础能源——糖类　　　二课时
第二节　重要的体内能源——油脂　　　一课时

第三节　生命的基础—蛋白质	二课时
第四节　维生素和微量元素	二课时
整理与归纳	二课时
练习与实践	一课时

4. 教法建议

第一，以关注营养平衡为出发点，在初中化学和必修模块的基础上进一步学习糖类、油脂、蛋白质等基本营养物质及其在人体内的主要功能，学习维生素和微量元素的初步知识。

第二，通过组织"今天你吃糖了吗？"、"生活中有哪些食用油脂？"、"蛋白质对人类生命活动的重大意义"、"维生素在人类生命活动中的重要作用"等的讨论，引导学生充分展示、交流学习成果，在合作学习中丰富学生的生活常识，正确认识和处理有关饮食、营养、健康等日常生活问题，激发学生参与学习活动的热情和积极性。

第三，对"葡萄糖的结构与性质"、"油脂的组成和结构"、"氨基酸的结构"等教学难点尽量采用问题解决和实验探究的教学模式来突破。鼓励学生主动参与问题解决的全过程，关注学生在问题解决过程中的情感体验，注重培养学生通过解决问题获取知识、了解科学方法和提高解决问题的能力。

第四，指导学生做好"淀粉水解"、"新鲜水果中是否含有维生素 C"等探究实验，学习科学探究的基本方法，体验科学探究的过程，培养学生的创新精神和实践能力。

第五，侧重从实际出发，贴近生活，寻找学生熟悉的素材组织教学，充分利用教材提供的图片资料，引入研究性学习的内容和模式，努力创新，提高教学效果。

第六，注意对学生进行学法指导，引导学生自己总结、概括、列表比较有关知识，帮助学生形成清晰的知识结构。

四、生物学科教学指导意见

为了贯彻教育部《基础教育课程改革纲要（试行）》、《普通高中课程方案（实验）》，落实《云南省普通高中新课程改革工作方案》等文件精神，便于广大教师更好地理解和把握《普通高中生物课程标准（实验）》（以下简称《高中生物课程标准》），积极稳妥地推进我省普通高中生物新课程改革，提高高中生物新课程的教学质量，以学生发展为本，切实减轻学生过重的课业负担，特制订《云南省普通高中新课程生物学科教学指导意见》（包括必修 1、必修 2、必修 3 三个模块）（以下简称《生物学科教学指导意见》）。

《生物学科教学指导意见》按照云南省普通高中生物新课程所使用教材的章节为

序进行编排,分为"课程标准内容"、"学习要求"、"教学建议"三个部分编写。①"课程标准内容"是教育部《高中生物课程标准》中的相关内容标准。②"学习要求"是根据《高中生物课程标准》和所使用教材的要求,结合云南省普通高中生物学科的实际教学情况而制定的。"学习要求"分为"学习要求"和"说明"两部分。

"学习要求"是从面向全体学生,着眼于学生全面发展和终身发展的需要出发,提出的普通高中学生必须具备的共同基础,是《高中生物课程标准》中的核心内容。学生学习这些内容将在以下各方面得到发展:获得生物科学和技术的基础知识,了解并关注这些知识在生活、生产和社会发展中的应用;提高对科学和探索未知的兴趣;养成科学态度和科学精神,树立创新意识,增强爱国主义情感和社会责任感;认识科学的本质,理解科学、技术、社会的相互关系,以及人与自然的相互关系,逐步形成科学的世界观和价值观;初步学会科学探究的一般方法,具有一定的生物学实验的基本操作技能、搜集和处理信息的能力、获取新知识的能力、批判性思维的能力、分析和解决实际问题的能力,以及交流与合作的能力;初步了解与生物科学相关的应用领域,为继续学习和走向社会做好必要的准备。

"说明"是从避免加重学生的学习负担出发,对教材内容的选用作适当控制。对于一些学有余力的学生或高中生物教学条件和基础较好的学校可以自行取舍。

"学习要求"以表格的形式呈现。内容表述所用的目标行为动词分别指向知识性学习目标、技能性学习目标和情感性学习目标,并且分为不同的层次("目标行为动词"参见附1)。

"教学建议"是针对教师在实施高中生物新课程中如何有效进行教学,达成教学目标,从课时安排和教学方法两个层面上提出的建议。①"课时安排"是按每模块36个课时,以节为教学单位作出的计划。②"教法建议"是针对教学重点和难点提出的教学途径或方法,不作为刚性、统一的要求。

《生物学科教学指导意见》是提纲挈领式的,力图体现和落实高中生物新课程的理念和《高中生物课程标准》的要求,把握和处理好关键性问题。教师在具体实施过程中尚需根据实际情况,充分发挥自主创新的精神,积极进行研究和探索,以推进云南省高中生物新课程改革的顺利实施。

(一) 必修2——第1章 遗传因子的发现

1. 课标要求

①分析孟德尔遗传实验的科学方法。②阐明基因的分离规律和自由组合规律。

2. 教学要求(表6-60~61)

表 6－60　第 1 节　孟德尔的豌豆杂交实验(一)

教学 要求	阐明孟德尔的一对相对性状的杂交实验及分离定律。 举例说明一对相对性状的实验与分离定律的解释中所涉及的相关概念。 应用分离定律解释一些遗传现象。 体验孟德尔遗传实验的科学方法,逐步养成怀疑、批判、创新的科学思维方式。能对实验现象和数据进行合乎逻辑的分析、归纳,能用数学方法正确处理实验结果,能在实验过程中保持质疑心理。
说明	

表 6－61　第 2 节　孟德尔的豌豆杂交实验(二)

教学 要求	阐明孟德尔的两对相对性状的杂交实验及自由组合定律。 说出基因型、表现性和等位基因的概念。 分析孟德尔遗传实验获得成功的原因。 体验孟德尔遗传实验的科学方法,逐步养成怀疑、批判、创新的科学思维方式。能对实验现象和数据进行合乎逻辑的分析、归纳,能用数学方法正确处理实验结果,能在实验过程中保持质疑心理。
说明	

3. 教学建议

课时分配见表 6－62。

表 6－62　课时分配概要

第 1 节　孟德尔的豌豆杂交实验(一)	二课时
第 2 节　孟德尔的豌豆杂交实验(二)	二课时
复习与小结	一课时

4. 教法建议

第一,"第 1 节　孟德尔的豌豆杂交实验(一)"的教学重点有三个:一是对分离现象的解释,二是以孟德尔的杂交实验为素材进行科学方法教育,三是运用分离定律解释一些遗传现象。教学难点是对分离现象的解释和假说—演绎法。本节课的内容是按照科学发展史的发展线索来编写的,与原来教科书的编写思路有很大的不同,教师在教学时可能会感到不适应,但如果教学得法,这部分内容不失为一种体现新课程基本理念的好素材。学生在学习时因为不了解什么是基因、不知道有关减数分裂的知识,认知有一定的难度,但从中可以使学生学会从现象到本质的认识论方法,明确"假说——演绎法"及其适用性,还可以使学生深刻地体会到孟德尔在当时的情况下,敢于质疑、勇于创新、勇于实践以及严谨、求实的科学态度和科学精神。为了突破"对分离现象的解释"这个教学难点,教师可组织学生结合孟德尔的豌豆杂交实验进行性状分离比的模拟实验,使学生在活动中明确不同彩球与遗传因子之间的对应关系以及随机抓取彩球与雌、雄配子随机结合的特点的对应关系,探讨遗传因子分离、配子随机结合与遗传结果的关系,同时明确实验过程中每一个步骤的意义。通过讨论,使学生进一步明白高茎豌豆与矮茎豌豆杂交实验的分析图解及相关概念,进而理解生物在有性生殖时由于遗传因子分离以及受精作用,导致一对相对性状的遗传现象及其结果。

第二,"第2节　孟德尔的豌豆杂交实验(二)"的教学重点有两个:一是对自由组合现象的解释,阐明自由组合定律;二是分析孟德尔杂交实验获得成功的原因。教学难点是对自由组合现象的解释。在学生已具有了分离定律知识的基础上,教师可将两对性对性状的遗传中涉及的两对性状分别拆开,一对一地进行分析,得出它们之间的相关性,再从数学角度分析并得出$(9:3:3:1)$是$(3:1)^2$的展开式,由此推导出两对相对性状的遗传实验结果,也是两对相对性状独立遗传的结果。由于学生还没有学过减数分裂,不知道同源染色体行为变化的情况,要理解好自由组合现象的解释有相当的难度,教师可以借助多媒体课件,尽量直观地展示不同对遗传因子之间的自由组合的行为,并让学生有足够的时间进行讨论,理解在当时遗传学还没有建立的情况下孟德尔假说的意义,同时也为下一章学习减数分裂打好基础。分析孟德尔获得成功的原因是提高学生科学素养的好材料,教师在教学的时候,切忌简单化处理,而应该结合教科书中"思考与讨论"所提供的材料,让学生从科学史的角度来分析遗传学的建立、发展过程,从中让学生体会孟德尔在研究过程中是怎样克服困难,如何创新的。

(二) 选修3——专题1　基因工程

1. 课标要求

①简述基因工程的诞生。②简述基因工程的原理及技术。③举例说出基因工程的应用。④简述蛋白质工程。

2. 教学要求(表6-63～66)

表6-63　DNA重组技术的基本工具

教学要求	简述DNA重组技术所需三种基本工具的作用。 认同基因工程的诞生和发展离不开理论研究和技术创新。
说明	

表 6-64   基因工程的基本操作程序

教学要求	简述基因工程原理及基本操作程序。 尝试设计某一转基因生物的研制过程。
说明	

表 6-65   基因工程的应用

教学要求	举例说出基因工程应用及取得的丰硕成果。 关注基因工程的进展。 认同基因工程的应用促进生产力的提高。
说明	

表 6-66   蛋白质工程的崛起

教学要求	举例说出蛋白质工程崛起的缘由。 简述蛋白质工程的原理。 尝试运用逆向思维分析和解决问题。
说明	

3. 教学建议

课时分配见表 6-67。

表 6-67   课时分配概要

1.1　DNA 重组技术的基本工具	二课时
1.2　基因工程的基本操作程序	二课时
1.3　基因工程的应用	二课时
1.4　蛋白质工程的崛起	一课时

4. 教法建议

第一,"1.1　DNA 重组技术的基本工具"的教学重点是 DNA 重组技术所需三种基本工具的作用。教学难点是基因工程载体需要具备的条件。在学习限制酶——"分子手术刀"的知识时,设置几个学生关心的问题引入,从而启发学生联想以前学过的知识——噬菌体侵染细菌的实验,进而认识细菌等单细胞生物容易受到自然界外源 DNA 的入侵,但这类生物却能长期进化而不灭绝,这究竟是什么原因? 使这一知识点的学习变成一个自主探索的思想活动。DNA 连接酶——DNA 片段的"分子缝合针"的知识则可以从原有的知识出发,诱发学生思考,达到辨析、明理的作用。基因进入受体细胞的载体——"分子运输车"的学习内容,不能仅仅停留在载体必需的四个条件上,还应该明确为什么要有这四个条件才能充当载体。

第二,"1.2　基因工程的基本操作程序"的教学重点是基因工程基本操作程序的四个步骤,教学难点有两个:从基因文库中获取目的基因;利用 PCR 技术扩增目的基因。本节教学难点比较多,建议从以下几方面突破重点难点:课前要让学生预习本节内容。上课时,教师要对"目的基因的获取"、"表达载体的构建"、"目的基因导入受体细胞"和"目的基因的检测与鉴定"四个步骤进行分析,只有在解决了上述步骤的必要性的基础上,方可进入有关技术和方法的学习。此外,本节知识比较抽象,学生学习有一定困难,教师要加强教学媒体的运用,有效突破教学难点。

第三,"1.3　基因工程的应用"的教学重点是基因工程在农业和医疗等方面的应用,教学难点是基因治疗。教学中教师应加强收集信息和处理信息这一环节,指导学生整理课本中提供的信息,调动学生的学习积极性,提高学生收集和处理信息的能力。教学方法上可采取小组学习、合作学习的方式进行。

第四,"1.4　蛋白质工程的崛起"的教学重点是为什么要开展蛋白质工程的研究? 以及蛋白质工程的原理,教学难点是蛋白质工程的原理。上课时,教师可引导学生复习已学过的知识,杂交育种、基因工程的产生和发展,以及它们的局限性,这是蛋白质工程诞生的前提和基础。学生在必修课中已经学过中心法则及蛋白质的有关知识,教师可引导学生用逆向思维的方法解决问题。

(三) 选修 3——专题 2　细胞工程

1. 课标要求

①简述植物的组织培养。②简述动物的细胞培养与体细胞克隆。③举例说出细胞融合与单克隆抗体。

2. 教学要求(表 6-68~69)

表 6-68　植物细胞工程

教学要求	简述植物组织培养和植物体细胞杂交技术。 列举植物细胞工程的实际应用。 尝试进行植物组织培养。
说明	

表 6-69　动物细胞工程

教学要求	简述动物细胞培养的过程、条件及应用。 简述通过动物体细胞核移植技术克隆动物的过程和应用前景。 举例说出动物细胞融合与单克隆抗体的原理和应用。
说明	

3. 教学建议

课时分配见表6-70。

表 6-70 课时分配概要

2.1 植物细胞工程	三课时
2.2 动物细胞工程	三课时

4. 教法建议

第一,"2.1 植物细胞工程"的教学重点有三个:一是植物组织培养的原理和过程,二是植物体细胞杂交的原理,三是植物细胞工程应用的实例。教学难点是植物组织培养的实验。学习本节教材,教师可采用讲授为主结合讨论的方法进行教学。在细胞的全能性及细胞分化的实质、植物组织培养技术这部分内容的教学中,首先可用教材上的菊花图引入本节的标题,同时提出一个问题——为什么植物的一个花瓣就可以培育出完整的植株呢? 以引入本节课的第一个问题——细胞的全能性及分化,教师还应当尽量创造条件完成"胡萝卜的组织培养"实验。不具备条件的学校,可让学生观看植物组织培养技术的录像片,同时结合教材的讨论题进行教学。在植物繁殖新途径的教学中,首先可由植物组织培养技术引入,让学生回忆植物组织培养技术的基本原理和过程,思考利用这项技术能做哪些工作? 再逐一讲解微型繁殖技术、作物脱毒及人工种子。关于植物组织培养的其他应用,应当参照教材的思路,先介绍生产实践中遇到的问题,再介绍科技人员是如何应用植物组织培养技术解决这些问题的。在细胞产物的工厂化生产的教学中,可先让学生阅读教材,再结合资料分析,师生共同讨论资料分析中的讨论题。

第二,"2.2 动物细胞工程"的教学重点有三个:一是动物细胞培养的过程及条件,二是用动物体细胞核移植技术克隆动物的过程,三是单克隆抗体的制备和应用。教学难点有两个:一是用动物体细胞核移植技术克隆动物的过程,二是单克隆抗体的制备过程。本节教学建议采用讲授、自学、讨论等相结合的教学方法。在动物细胞培养的教学中,可把这部分内容归纳成三个问题:①为什么要进行动物细胞的培养? ②什么是动物细胞的培养? ③怎样进行动物细胞的培养? 启发学生自己动脑思考这个问题,以加深对培养条件的理解。在动物体细胞核移植技术及克隆动物的教学中,可首先让学生列举所知道的克隆动物,以引入本节课的主题。关于核移植技术发展简史,可让学生在课堂上阅读。本节课的重点和难点的突破上,教师应充分利用和挖掘教材内容,带领学生一步步弄清动物体细胞核移植技术的过程。在细胞融合和单克隆抗体的教学中,教师可先启发学生回顾植物体细胞杂交技术的过程,再通过动植物细胞异同点的对比,引导学生大胆推测出动物细胞融合与植物原生质体融合的原理及方法基本相同,以培养学生的知识迁移能力。关于单克隆抗体的教学,教师要利用好教材提供的材料,突出从问题入手的思路,通过大胆的想象,创造性地解决问题的过程作为本节教学的重点和亮点,使学生受到创新精神的教育。

(四) 选修3——专题3 胚胎工程

1. 课标要求

①简述动物胚胎发育的基本过程。②简述胚胎工程的理论基础。③举例说出胚胎干细胞的移植。④举例说出胚胎工程的应用。

2. 教学要求(表6-71~73)

表6-71 体内受精和早期胚胎发育

教学要求	简述哺乳动物的精子和卵子的发生及受精过程。 简述哺乳动物的胚胎发育过程及其主要特点。 认同胚胎工程建立及发展的意义。
说明	

表6-72 体外受精和早期胚胎发育

教学要求	简述哺乳动物体外受精技术的主要操作步骤。 简述哺乳动物胚胎的早期培养方法。 认同体外受精在家畜快速繁殖中的重要意义。
说明	

表6-73 胚胎工程的应用及前景

教学要求	举例说出胚胎移植和胚胎分割。 认同胚胎移植在胚胎工程中的地位和作用。 关注胚胎工程的研究进展和应用价值。
说明	

3. 教学建议

课时分配见表6-74。

表 6 - 74　课时分配概要

3.1　体内受精和早期胚胎发育	三课时
3.2　体外受精和早期胚胎发育	一课时
3.3　胚胎工程的应用及前景	三课时

4. 教法建议

第一,"3.1　体内受精和早期胚胎发育"的教学重点有三个:一是哺乳动物精子和卵子的发生,二是哺乳动物的受精过程,三是哺乳动物的胚胎发育。教学难点有两个:一是哺乳动物受精过程中精子的获能、顶体反应、透明带反应、卵黄膜封闭作用的概念和生理功能,二是哺乳动物胚胎发育各阶段的主要特点。本节可用题图或其他有关的背景材料导入,通过背景材料引出胚胎工程的概念。关于"科技探索之路——胚胎工程的建立",建议用学生快速阅读和教师讲述有机结合的教学方式。为了帮助学生更好地分析和理解问题,教师可组织学生分小组讨论交流。最后,由小组推选一人,或由教师随机地选择学生来讲解这些问题。教师的讲述着重于对学生的讨论发言进行总结和评价。关于"体内受精"的教学,建议在学生已有的"减数分裂"和"受精作用"知识基础上,根据学生和学校的具体情况采用不同的教学方法。方法一:教师运用多媒体、图解等进行讲述。讲述过程中要注重调动学生的主动性,引导"学生自己得出概念,而不是将概念灌输给学生"。方法二:运用合作探究学习的方法。通过合作探究学习,让学生自己亲身体会并组织所学的知识。关于"胚胎发育"的教学过程,建议教师按教材最后的内容"课外活动:观察蛙受精卵的分裂",组织课外小组的学生进行观察,并写下观察记录。有条件的学校最好将蛙受精卵的分裂过程拍摄下来。上课时,卵裂期的特点请课外小组的学生讲述,并展示拍摄的照片或录像;胚胎发育的其他时期由教师讲述,讲述时最好运用课件、挂图、模型、多媒体等,以增强直观性。

第二,"3.2　体外受精和早期胚胎发育"的教学重点有两个:一是体外受精在家畜快速繁殖中的重要意义,二是哺乳动物体外受精技术的主要操作步骤。教学难点也有两个:一是卵母细胞的采集和培养,二是精子的采集和获能。本节教材内容简单,学生通过阅读基本能明白。另外,由于所讲内容技术性较强,与学生的生活相距较远,不易引起学习兴趣,所以教师可采用探究式的学习方法,以"试管牛"为例,创设出一种新的学习情景,在教师的带领下,让学生以胚胎工程学家的身份出现,亲临其境地去思考和探究"体外受精和早期胚胎培养"的过程,领悟其探究的方法,以达到激发兴趣、培养能力、获取知识的目的。教师课前应搜集有关"试管牛"技术及其发展的资料,并制作"利用屠宰厂牛卵巢收集卵母细胞,并工厂化生产试管胚胎"的计算机辅助教学软件(或投影片)。同时布置学生课前搜集有关"试管牛"的资料。在课堂活动中,通过师生互动和教师讲解,让学生自由组合成课题小组,选定研究题目(全部课题都要被不同组选定)。教师指导学生研究的方法:查阅有关资料(可根据教材或利用自己搜集的有关"试管牛"的资料)→研讨、制定技术方法→写出研究报告。之后各课题小组的代表公布研究报告,教师与学生共同进行评价。

第三,"3.3 胚胎工程的应用及前景"的教学重点有三个:一是胚胎移植的生理学基础、基本程序和应用,二是胚胎分割的应用意义,三是胚胎干细胞研究的意义。教学难点有两个:一是胚胎移植的生理学基础,二是胚胎干细胞的概念和分离途径。关于"胚胎移植"的教学过程,建议教师选一篇有关的资料发给同学阅读,在学生阅读后,教师指导学生分组讨论:什么是胚胎移植? 教师在学生得出胚胎移植概念的基础上,引导学生完善概念。然后让学生通过阅读教材了解胚胎移植的现状,总结胚胎移植的意义。有关"胚胎移植的生理学基础"的四点内容,教师要重点讲述,并指导学生分析"为什么胚胎移植要在动物发情排卵后一段时间内进行",以使学生了解胚胎移植的原则,为学生理解胚胎移植基本程序奠定基础。有关"胚胎移植的基本程序"内容,建议阅读教材后,让学生进行概述,这时教师要注意指导学生理解每一步技术操作的作用。关于"胚胎分割"的教学过程,建议学生自学后,在教师引导下讨论,逐步得出结论。关于"胚胎干细胞"的教学过程,建议让学生阅读教材和通过报纸、杂志、互联网等媒体搜集资料,撰写一篇关于胚胎干细胞应用价值的综述,其中要对胚胎干细胞的来源、功能及特点进行说明。写好的综述要在班里交流,并由学生和教师给以评价。

第三节 音乐、美术、体育与健康、信息技术、通用技术教学指导建议

一、音乐学科教学指导意见(音乐鉴赏)

音乐鉴赏是一门全新的课程,具有鲜明的研究性学习的特征。教学中,音乐教师一定要结合学生的实际能力,遵循由浅入深,先慢渐快的原则,引导和培养学生开展自主地学习,快乐地学习。同时,音乐教师要充分运用教材配套光盘所提供的教学资源以及学生已有的 mp3 学习光盘,以生动形象和形式多样的艺术方式演绎音乐,使学生能够在丰富多彩的比较中得到启发,得到激励,积极地参与音乐鉴赏活动,切实

体验和感受音乐的魅力。

（一）第一单元 学会聆听

1. 课标要求

①了解音乐艺术表现形式的基本要素。②运用音乐艺术表现形式的基本要素学习、掌握欣赏音乐的方式与方法。③引导学生体验、感受音乐与人生的内在联系及其情感表达。

2. 教学要求（第一节）

基本要求：①聆听《草原放牧》和《第六（悲怆）交响曲》第四乐章，引导学生感受音乐的基本要素在音乐作品中的作用，尝试用音乐术语评价作品；②欣赏《长江之歌》，感受四部合唱的音色特点及和声效果；③初步认识音乐与人生的内在联系及欣赏音乐应掌握的方法。

拓展要求：①了解作者的创作意图及创作背景，从中体会音乐所要表达的思想情感；②学习名家关于如何欣赏音乐的精辟见解及本课导言，感悟音乐与人生的内在联系。

3. 教学建议

第一，本单元内容看似不多，但却含有许多音乐鉴赏的基础知识，教师应通过本课的教学，帮助学生建立音乐鉴赏课的正确认识，引导学生以探究式学习方式开展鉴赏活动。建议用二课时完成。

第二，鉴赏音乐并感受音乐给我们带来的愉悦，不能仅凭情感与联想，还要有相应的知识准备，包括音乐知识和文化知识。要结合初中音乐课的学习要求，进一步培养学生对音乐的理性认识。

第三，音乐知识应把握重点并结合学生的实际能力，运用欣赏分析，学习、探究音乐要素的内涵及艺术作用，引导学生在音乐实践中学习和提高。

第四，在介绍音乐基本要素与音乐语言时，不要孤立，一定要结合作品启发学生，使学生能够对音乐作品有比较全面的认识。譬如，在聆听《草原放牧》时，可以先尝试让学生用音乐术语比较几个音乐片断并抓住片断的音乐特征，再进行全面的欣赏和比较活动，切实培养学生的鉴赏能力。

第五，对于那些音乐素质较好的学生，教师要鼓励他们在二度创作的基础上，大胆地利用音乐材料做简单的音乐创作尝试，从而感受音乐创作的快乐。

第六，"拓展与探究"部分的内容，既可以单独进行，又可以渗透在教学的过程中。比如，"拓展与探究"的第二题、第五题，可留作课后作业，让学生用散文、随笔的方式完成,然后举办一期"我与音乐"的专题交流,让学生尽情畅谈。

第七,导言和名人格言具有启发、激励学生的重要意义,建议采用灵活多样的教学形式,引导学生加以重视,使学生逐步认识音乐鉴赏的目的及音乐欣赏应掌握的基本方法。

(二) 第二单元　腔调情韵——多彩的民歌

1. 课标要求

①引导学生欣赏、感受不同地域的民歌,了解、认识民歌中常用的体裁形式。②通过演唱实践,使学生熟悉一些常见的、传统的、有特色的民歌。③了解民歌的音乐风格与地域自然环境、生活条件、人文环境的内在联系。④认识和理解民歌是我国传统文化中重要的精神财富之一,也是世界优秀音乐文化中的瑰宝。

2. 教学要求

(1)第二节　高亢的西北腔

基本要求:①聆听《上去高山望平川》《刨洋芋》《脚夫调》,并感受、体验、理解这三首民歌的内容、情感及风格特点;②学习、认识"花儿"、"信天游"等民歌的体裁,并了解其音乐特点,引导学生探究民歌的基本知识,初步认识西北民歌的基本特征。

拓展要求:①了解大家熟悉的西北民歌,感受民歌手演唱的风格及特点,并简单地模仿唱;②了解西北民歌音乐风格形成的内在原因;③在欣赏西北民歌的同时,做出适当的审美评价。

(2)第三节　独特的民歌风

基本要求:①引导学生感受、体验蒙古族、藏族、维吾尔族民歌的音乐情绪及民族风格;②聆听《辽阔的草原》《宗巴朗松》《牡丹汗》,认识"长调"、"囊玛"等民歌的体裁并了解其音乐特点;③通过探究民歌的形成、民歌的风格特征,使学生初步懂得民歌与生活地域、生活方式、经济形态、文化传统、语音、方言等的密切关系与形成民族风格的重要因素;④通过模唱片断,直接感受"长调"、"短调"的风格特征。

拓展要求:①了解任何文化现象都有其物质基础和文化渊源;②认识少数民族常用乐器——手鼓、马头琴、弹布尔和札木聂。

(3)第四节　醇厚的中原韵

基本要求:①聆听《沂蒙山小调》《王大娘钉缸》《孟姜女哭长城》,感受、体验歌曲的音乐情绪,初步认识民歌音乐形态的变异性;②跟唱《沂蒙山小调》《王大娘钉缸》《孟姜女哭长城》,感受、体验民歌的音乐风格特征,并从音乐要素方面分析歌曲的特点;③探讨民歌的创作方法——"鱼咬尾"、"起承转合"四句式的结构方法;④初步认识民歌与创作歌曲之间的区别。

拓展要求：①聆听比较歌曲《好汉歌》与《王大娘钉缸》，了解民歌与创作歌曲之间的关系及差别；②运用"鱼咬尾"、"起承转合"四句式的结构特征，尝试音乐创作；③让学生谈谈民歌在当今音乐创作中的运用，以及在思想内容、表现形式和创作手法上的变化。

（4）第五节　飘逸的南国风

基本要求：①聆听《弥渡山歌》、《对鸟》及《幸福歌》，感受其音乐情绪，初步认识南方民歌的风格特征；②听《弥渡山歌》或跟唱《弥渡山歌》、《对鸟》及《幸福歌》，感受其音乐特点；③回顾总结本单元学过的不同地域的民歌特色，并引导学生从音乐风格上进行比较和探讨，进一步熟悉和了解不同地域、不同民族民歌的风格特征，对形成民歌的民族风格及地方色彩的原因有比较清晰的认识。

拓展要求：①引导学生在感受、体验、比较民歌的音乐情绪及音乐风格的基础上，理解形成民歌的民族风格及地方色彩的原因；②通过本单元的学习，使学生能够自主听赏不同地域和不同风格的民歌，体会到民歌的丰富多彩，进而喜欢民歌、热爱民歌。

3. 教学建议

第一，本单元学习内容多，建议每一节各安排一课时，共四课时完成。

第二，云南省虽然是世界著名的少数民族歌舞之乡，并且高中生平时的业余音乐活动中经常可以接触到一些民歌，他们似乎对民歌已经有初步的感性认识。事实上，他们大多对民歌、民族风格及相关知识却了解甚少。因此，怎样让学生对民歌艺术感兴趣，确实是本单元教学成功的关键。教师要紧紧抓住云南民族音乐这一线索，选择一些音像效果好且具有地方特色的民歌，启发学生从发现身边的音乐开始，放眼祖国，放眼世界，循序渐进提高学习兴趣和音乐修养。

第三，在设计教学活动时要找学生熟悉的、比较有特色的民歌，从感受、体验民歌的音乐情绪入手，采用形式多样的演唱方法，让学生在聆听、感受、体验与实践中学习。

第四，分析民歌音乐情绪和音乐风格、学习相关音乐知识时，可以通过多媒体教学手段呈现教学内容，激发学生兴趣，引导学生探究民歌与生活地域、生活方式、经济形态、文化传统、语音方言等的关系，使学生充分了解民歌形成的原因，感受民歌的人文内涵。

二、美术学科教学指导意见（必修书法）

为贯彻落实《普通高中课程方案（实验）》、《普通高中美术学科课程标准（实验）》

和《云南省普通高中新课程改革课程实施指导意见(试行)》的精神,以及《云南省教育厅关于在中小学加强书法教学的实施意见》的要求,结合我省普通高中美术教学实际情况,积极稳妥地推进普通高中美术学科新课程改革的实验工作,便于广大教师能更好地把握美术学科"书法"模块的教学,特制定本意见。

"指导意见"按照《普通高中美术课程标准(实验)》美术书法模块的学习内容,结合我省使用的人美版、人教版、湘教版三个不同版本教材提出"教材结构"、"教材特点"和"教材教学实施指导建议"三个部分,其中"教材教学实施指导建议"包含"课时安排"、"学习要求"和"教学建议"。

"课时安排"主要是提出每课教学内容的学习课时建议。

"学习要求"用表格分基本要求与说明列出。其中"基本要求"主要是提出学生学习要达成的目标,提示教师要完成的教学任务;"说明"主要是对学生学习提出指导性建议,帮助学生更好地学习课程内容。

"教学建议"是按学习内容对如何实施教学和达成教学目标所提出的参考建议,如基于什么途径或采用什么教学方法、帮助学生完成哪些学习要求等。"教学建议"不是刚性要求,而是一个导向。

(一)《书法》模块的学习要求

中国书法将汉字的表意功能和造型艺术融为一体,具有深厚而鲜明的人文性,是中华民族特有的艺术瑰宝,是中华民族优秀传统文化的重要组成部分。高中阶段"书法"模块是普通高中美术课程五大系列九个学习模块之一,具有丰富的人文内涵和重要的课程价值,是一个具有独立学科价值的学习模块,对传承和弘扬中华优秀文化和学生美术素养的形成起到重要作用。云南省高中新课程实施方案把书法模块视为必修模块,要求在高一年级上学期开设,修习 18 学时,获得美术必修 3 个学分中的 1 个学分。

1. 价值与定位

书法是用中国特有的传统工具和方法,塑造汉字的艺术形象、抒发情感的活动。

书法活动能帮助学生提高书写能力,感受中国汉字艺术的独特魅力,增强对中国传统文化的认同和理解。

2. 学习内容

鉴赏具有鲜明艺术特色、文化内涵的书法作品,学习和了解中国书法艺术发展的基本过程及其与中国传统文化的关系,用美术术语表达自己的感受与认识。

通过观摩、分析和临摹等方法,了解传统的笔法、章法等技法及表现形式,并进行实践,表达自己的思想和个性。

使用不同的毛笔工具以及宣纸材料,体验不同的艺术效果。

学习用口头和书面的形式评价自己和他人的书法作品。

3. 成就标准

①积极参与书法活动。②恰当地使用书法的术语,以自己的观点评论古今两件以上的书法作品。③识别三种以上的书体,如楷书(颜体、柳体、欧体等)、行书、隶书等,并认知其风格特征,了解我国书法发展的基本轨迹及与传统文化的关系。④初步掌握一种书体的书写规范和一般技法,创作两件以上的书法作品,表达自己的思想和个性。⑤以多种形式大胆地展示和交流,用口头或书面的形式对自己和他人的书法作品进行评价。⑥在研究性学习之中,学会处理一个书法与其他学科相联系的问题。

在书法模块的学习中,要紧紧围绕模块学习内容和总目标的要求,按照指导意见的建议,把握每个专题、每个教学内容的教学深度与广度,全面贯彻落实三维目标,以保证书法模块学习目标和美术课程总目标的实现。

(二)人民美术出版社《书法》教材教学指导意见

1. 教材结构

教材分两大部分:第一部分是书法知识与赏析,第二部分是各类书体的书写指导,两个部分在教材中交叉进行。书法知识与赏析是书法知识的学习和各时代名作赏析,各类书体的书写指导是对篆书、隶书、楷书、行书、草书五种主要书体如何书写进行的深入学习和指导。

2. 教材特点

①把书法知识、名作赏析与不同书体的书写练习相结合,在学习知识和欣赏名家名作的基础上进行不同书体的书写练习,做到理论联系实际。②结构清晰,主次突出,内容和形式结合较好,运用了大量有代表性的书法作品和书法历史发展脉络的资料,增强学生对书法的认识,使书法知识与作品赏析紧密联系,促进学生更好的理解。③学习导向明确,以问题的方式激发学生学习和探索的兴趣,对书法的历史、五种主要书体的发展、特征、名作赏析及书写笔画进行循序渐进的介绍和学习。④课题的呈现富有文采,彰显中国书法的意境和魅力,既能准确传达五种主要书体的特色,又贴近课本内容。⑤设置知识窗、思考与讨论、艺术实践等活动栏目,扩展学生视野,传达以学生为主体的教学思想,并指导学生进行书法练习和实践。

3. 教材教学实施指导建议(第一单元　书法概述)

(1)课时分配

本单元建议用二课时完成。

（2）教学要求

第一课　文化瑰宝　艺苑奇葩——书法概述

①学习书法的概念、特点、产生和发展以及类别，对中国书法有总体的认识。②让学生通过学习认识中国书法辉煌灿烂的文化内涵，激发学生学习书法的兴趣。

说明：重在对基本概念的把握和基本理论的理解。对于"书法"、"法书"、"书法艺术"的概念要能掌握，对书法的发展应加强认识和记忆。

（3）教学建议

第一，此单元是书法学习的开篇，虽然只有一课的内容，但知识容量大、理论性强，教师要认真研究课标、教材的精神，掌握书法的概念、特点、产生、发展、类别等知识，掌握各个内容和不同时代书法发展的知识要点，并在教材知识的基础上有所拓展，才能在教学中做到游刃有余。

第二，在教学过程中要结合教学内容采用不同的教学形式和方法，可以通过讨论和小组活动的形式，积极引导全体学生参与学习，让学生拓展思维，强调学生自主创作性思维方式，并总结归纳出一定的学习方法。教师在学生认识的基础上加以总结提升，应注意结合书法的文化背景和学生生活经验来创设情境帮助学生学习和理解。

第三，教学中可结合书法的历史穿插书法名人小故事，以增强学生的理解和记忆，在认识书法的不同书体时，书法功底好的老师可进行现场书写，也可运用多媒体播放名家书法创作的过程，能更好地激发学生学习兴趣。

第四，本节课用二课时来完成，建议第一课时学习书法的概念、特点、产生及发展中的先秦书法和秦代书法部分，第二课时学习书法发展中的余下部分和书法的类别。

4. **教材教学实施指导建议**（《美术鉴赏》第一单元　欣赏基础）

（1）课时分配（表6-75）

表6-75　课时分配概要

课序	课题	课时
第一课	培养审美的眼睛——美术鉴赏及其意义	一
第二课	美术家是如何进行表达的——美术作品的艺术语言	一
第三课	如实地再现客观世界——走进具象艺术	一
第四课	对客观世界的主观表达——走进意象艺术	
第五课	美术作品可以什么都不像吗——走进抽象艺术	
第六课	漂亮是美术鉴赏的标准吗——艺术美和形式美	一

续表

课序	课题	课时
第七课	是什么使美术作品如此的千姿百态——分析理解美术作品的创作意图	一
第八课	所有的美术作品都一样重要吗——美术作品的意义与价值判断	一

(2)教学要求(表 6-76~81)

表 6-76 第一课 培养审美的眼睛——美术鉴赏及其意义

基本要求	学习美术作品的几种分类方法,初步了解美术鉴赏的一般过程和特征,体会美术鉴赏对个人未来发展的重要价值、意义。 激发学生学习美术鉴赏的兴趣,培养学生"审美的眼睛"。
说明	重在连接简单的美术鉴赏的过程或方法,无须涉及什么是美术、什么是艺术的问题。对于美术的分类要识记掌握六大分类,对更细致的分类只需了解。

表 6-77 第二课 美术家是如何进行表达的——美术作品的艺术语言

基本要求	对美术作品的艺术语言进行全面了解,包括概念、内容及形态分类,进一步认识中西方不同类型的美术作品在使用美术语言上的不同方式。 认识美术作品因美术语言的不同呈现出千变万化的形式特征和审美意蕴。
说明	重点结合具体作品和以往知识来认识和理解,防止脱离作品的单纯的理论学习陷入概念中。

第三课 如实地再现客观世界——走进具象艺术;第四课 对客观世界的主观表达——走进意象艺术。

表 6-78 第五课 美术作品可以什么都不像吗——走进抽象艺术

基本要求	了解、认识具象艺术、意向艺术和抽象艺术的特点和区别。 初步具备辨别这三类艺术的能力。
说明	重点是对三类艺术形式的特征进行学习和了解,无须过多的拓展;可选一类感兴趣的艺术类型课后进行深入研究。

表 6-79 第六课 漂亮是美术鉴赏的标准吗
——艺术美和形式美

基本要求	知道美术作品艺术美和形式美的概念、基本原则和在作品中的主要表现。 让学生脱离简单的分辨"漂亮"与"不漂亮"的自然状态。进入更高的审美阶段。
说明	结合作品和对形象的感受来学习概念,避免概念理论化。

表 6-80　第七课　是什么使美术作品如此的千姿百态
——分析理解美术作品的创作意图

基本 要求	认识美术作品与艺术家存在的社会生活和文化情景有密切的联系,是艺术 家生活和思想的反映。 　　了解艺术家的创作意图和美术作品内容、形式之间的关系,更好的理解 作品。
说明	重在结合艺术家的生活、文化情景分清创作意图与美术作品的内容和形式 之间的关系,对喜爱的艺术家可进行深入了解。

表 6-81　第八课　所有的美术作品都一样重要吗——美术作品的意义与价值判断

基本 要求	了解美术作品的意义、价值和时代、地域的关系,能从不同角度来看待和理 解美术作品,认识美术作品的意义和价值既有绝对的一面也有相对的一面。 　　培养学生从多角度鉴赏美术作品,学会以一种开放的眼光来赏析,提高美术 鉴赏能力。
说明	防止对美术作品的价值和意义的多角度认识使得学生产生可以任意理解的 错误认识。

（3）教学建议

第一,此单元是美术鉴赏的基础课程,主要是学习了解和掌握美术鉴赏的基本原则,在下一单元的学习中加以运用,教学中要让学生通过对美术元素（点、线、面、形体、构图、明暗、色彩、肌理、空间等）、组织原理（对称与均衡、节奏与韵律、多样与统一、比例与尺度、动感与静感等）进行学习和感悟,系统建立鉴赏的基本意识,掌握科学的鉴赏方法。

第二,本单元知识容量大、理论性强,教师要认真研究领会课标、教材的精神,在掌握基本的美术鉴赏原则后,从后 12 课中找到对应的案例——美术鉴赏原则、知识与美术作品,引导学生自主研究、判断、分析作品。

第三,在教学过程中要突破传统美术鉴赏课依赖"讲授法"教学的通用程式,可以通过讨论和小组活动的形式,积极鼓励学生提出不同见解,让学生拓展思维,强调学生自主创作性思维方式,并总结归纳出一定的鉴赏方法。教师在学生认识的基础上加以总结提升,但不宜过于理论化,应注意结合作品的文化背景和学生生活经验来创设情境帮助学生学习和理解。

第四,要把美术鉴赏看作审美的过程,突出美术的特征。应给予学生一定时间观看作品,不要急于表达教师对作品的判断,保护学生的个性印象。

第五,对于具象、意象与抽象美术形式,因课时的限制,三个学习内容需要在一个课时完成,教师在教学过程中要运用对比的方法来帮助学生认识和辨析不同形式美术作品的特征,帮助学生打破"像不像某种事物"的标准来衡量作品的欣赏方法,使学生意识到美术除了我们可以表现眼睛所见的事物,还可以表现我们幻想、梦境乃至我们的内心感受,但不宜做过多的拓展。让学生认识到,美术是源于生活而高于生活,是艺术家创造性的活动。

第六,加强学科的整合,借助文学、历史、地理、音乐等学科方面的知识,促进学生对学习内容的理解,帮助学生走上审美的大道。

三、体育与健康学科教学指导意见

为了贯彻落实教育部《普通高中课程方案(实验)》、《云南省普通高中新课程体育与健康学科教学指导意见》文件精神,更好地开展我省普通高中体育与健康新课程的各项工作,提高我省普通高中体育与健康新课程的教学质量。结合我省普通高中体育与健康新课程开展的具体要求与实际情况,在学习与借鉴其他省成功经验的基础上,通过对《高中体育与健康课程标准》的学习与研究,制定了《云南省高中新课程体育与健康学科第一学年第一学期教学指导意见》。

(一)体育与健康课程的基本内容

1. 体育与健康的课程结构

《课程标准》将高中体育与健康课程内容划分为必修和选修两部分,共有七个系列(包括田径类项目、球类项目、体操类项目、水上或冰雪类运动项目、民族民间体育类项目、新兴运动类项目六个技能系列以及一个健康教育专题系列),其中两个必修系列内容是田径类项目和健康教育专题,各1个学分。

为了满足学生选项学习的需要,在每个运动技能系列,包含若干模块,一个模块由某一运动项目中相对完整的若干学习内容组成,一般为18学时,以便学生对所选模块进行较系统的学习。学生每完成一个模块的学习,且成绩合格即可获得1个学分。高中三年中,除必修2个学分外,学生还应在六个运动技能系列中选修九个模块,学生修满11个学分方可达到体育与健康课程的毕业要求。学校应鼓励有体育兴趣和爱好的学生在完成11个必修学分的基础上修得更多学分;建议有志于体育运动及相关专业方向发展的学生,至少再选择5个学分以上的体育与健康课程内容进行学习。

2. 体育与健康模块教学的组织实施

普通高中课程由学习领域、科目、模块三个层次和必修、选修两个部分组成,各个科目由若干模块组成,每一模块构成一个相对完整的学习单元,在完成必修模块的基础上,由学校和教师进行选项教学。根据《普通高中课程方案(实验)》和《高中体育与健康课程标准》的精神和规定,在制订教学计划时,高中体育与健康课程每周 2 学时。我省每学年教学时间为 36 周,每学年分为两个学期,每学期分两段安排模块教学。每一模块为一个大单元教学(18 学时)和若干个分解的单元教学计划组成。高三年级第二学期学校仍应保证学生必要的体育活动时间。

3. 体育与健康模块内容的组合

第一,以课程标准为依据设计模块内容。课程标准构建了新的课程目标体系,确定以目标的达成来统领教学内容和教学方法的选择:在课程总目标下,设置了运动参与、运动技能、身体健康、心理健康和社会适应五个方面的具体目标,规定了内容标准,但选择哪些教学内容,即模块的具体内容,课程标准并没有作具体的规定,每个教师都有选择具体教学内容的空间和余地,能使教师充分考虑本校的实际情况(如场地、器材、学生的爱好等),开展教学工作。但必须重视的是,模块教学所选的内容必须有利于促进学生的身心健康发展,有助于使学生达成学习目标,最终达成课程目标。

第二,以适应学生身心发展的特点设计模块内容。从生长发育的变化规律看,高中阶段应该是人体力量素质与耐力素质发展的最佳时期。同时,随着身体的生长发育,高中学生的心理也有了很大的发展。在体育学习中,高中学生对体育的认识比初中有较大的提高,对获得体育知识的需求比初中更加明显,十分希望知道锻炼身体的科学道理。因此,在模块组合上必须依据高中学生的生理发展的特点,突出重点,根据不同地方(学校)的实际情况,同一模块可选择不同的内容以增加针对性。

第三,以运动项目技能教学的系统性设计模块内容。在模块内容的设计安排上,必须要考虑运动项目技能教学的系统性、运动项目技能形成所需要的教学时间和学生的学习基础和实际接受能力。按一个模块 18 个学时来设计教学内容,一个模块中安排的学习内容不宜过多。如果学习内容过多,面面俱全,不利于学生系统掌握某一运动项目的技术技能。

第四,以学校场地器械师资的条件设计模块内容。我省各级各类学校和城市学校与农村学校之间发展并不平衡,在教学投入、师资建设、场地器材等方面存在着较大的差异性。因此,模块内容也不可能有一个统一的标准,各校一定要根据自己的实际情况,切不可盲目仿制。模块内容的安排要注意根据学校的硬件设施、场地条件、师资情况等合理安排,从而使模块教学有序进行。

4. 体育与健康学科模块学习评价的内容

课程标准增加和完善了学习评价的内容,从体能、知识与技能、学习态度、心理健康与社会适应四个方面进行评价。心理健康和社会适应方面的评价主要体现在过程评价中;评价方法上突破了只注重终结性评价而忽视过程性评价的倾向;将定量评价与定性评价相结合,过程评价与终结评价相结合,绝对评价与相对评价相结合;评价形式由单一的教师进行评价转变成教师评价与学生的自我评价、相互评价相结合的形式。

普通高中新课程以模块作为学习的基本单元,体育与健康课程模块学习的评价内容与要求是依据课程标准中有关评价的内容、评价标准、评价的形式和本学段五个学习方面目标的要求,结合学生身心特点、认知水平和实践能力等情况,采用以教师评价为主,学生自评、互评为辅相结合的综合评价方法进行。

依据课程目标,在运动实践类项目中,对学生模块学习所得学分的认定从体育学习态度、体能与运动技能等方面进行评价。其中,学生的学习态度包括出勤、课堂表现、体育运动知识与技能运用情况共占 30%,体能与运动技能占 70%。在模块学习结束时进行测试考核,认真记录成绩(速度、远度、高度)或进行技能评价。对于由多个项目组合而成的模块,应对所学项目进行测试,并合理分配分数比例。对健康教育专题评价可采用笔试或作业的形式,闭卷或开卷的形式进行评价。

模块学习评价采用等级制方式,分为优秀(85 分以上)、良好(75~84 分)、合格(60~74 分)、不合格(59 分以下)等级。优秀、良好、合格等级将获得相应模块的学分,不合格等级不能获得相应模块的学分。本学科主要以学生学习时数、学习过程中的表现和模块学业成绩测验为依据,将百分制换算为相应的等级制。学生总分达到 60 分以上,则该模块学习为合格,获得 1 个学分。具体内容(略)。

5. 云南省普通高中体育与健康课程的设置

我省高一年级上学期的课程与内容的设定,是根据教育部《普通高中课程方案(实验)》和《高中体育与健康课程标准》的精神和要求,以及结合云南省普通高中的具体实际和需要而确定的。计划与设置了高中 1~3 年级体育与健康的课程的基本内容,同时还确定了我省的地方必修内容和高一年级上学期的教学内容。高一年级上学期的具体内容为:必修的健康教育专题 3 课时;必修必选的田径项目模块为 18 课时;必修的选修学分中的选项模块(1~6 个系列中任选一项),我省的必修学分选项内容定为篮球项目模块 15 课时,如表 6-82 所示。

表6-82　云南省高中体育与健康课程设置及安排

分类 \ 年级 学时		高一		高二		高三		合计
		第一学期	第二学期	第一学期	第二学期	第一学期	第二学期	
必修健康教育专题		3	3	3	3	3	3	18
必修田径项目		18						18
地方必修	民族民间传统体育项目(任选一项)			18				18
	球类项目(任选一项)		18					18
必修学分中的选项模式(1~6个系列中任选)		15	15	15	18+15	18+15	15	126
必修修得的学分		2	2	2	2	2		11
选修1	学时	36		36		18		90
	学时	2		2		1		50

说明：①必修内容：田径18学时，从水平五中选择田径类项目学习，建议安排在高一第一学期第一学段；健康教育专题18学时，从水平五中的五个方面范围内选学，建议安排在高1～3的每一个学期的开始阶段；合计36学时，计2学分。②地方必修内容：民族民间体育、球类项目各18学时，从水平五中选择内容进行学习，合计36学时，计2学分（民族民间体育、球类项目系我省所选择的地方必修项目）。③必修学分中的选项内容：在水平五中设立的6个技能系列运动项目中选学（计7学分126课时）。建议在高中三年中除了主选2～3项外，还应适当从6个运动技能系列中各选少部分内容作为介绍并体验，让学生感受不同运动技能系列项目的特点。④球类项目的内容可结合学校的具体情况选择开展，要做好课程资源的开发与利用，开展不同形式的篮球活动。⑤选修Ⅰ内容：主要针对少部分有志于向体育运动及相关专业方向发展的学生，选修的内容从水平五和水平六运动技能中选择或由各校根据学生的情况而定（计5学分90课时）。

关于田径模块水平五教学计划（18学时）包括以下几个方面。

第一，模块教学目标。①认识田径运动的价值，培养田径运动的学习兴趣，激发锻炼的自觉性与积极性。②巩固和提高快速跑、耐久跑、蹲踞式跳远和原地推铅球的基本技术，提高体能。③掌握发展速度、灵敏度、耐力、力量和柔韧度等身体素质的练习原理与方法。④增强学习的自信心,学会合作学习,形成勇敢、果断和坚忍不拔的意志品质,培养团队合作精神,发展社会交往能力。

第二,重点与难点。教学重点包括以下三个方面。①巩固和提高快速跑、蹲踞式跳远、耐久跑和投掷的基本技术。②掌握发展体能的练习方法。③改进学习策略,学会合作学习,掌握多样化的学习方式。

教学难点包括以下两个方面。①正确认识田径运动的价值,提高健康的自我需求,树立良好的学习观。②学会合作与交流,增强个人责任感。

第三,教学组织与方法。本模块主要运用合作学习的教学模式,根据田径教材的特点,把学生分成若干个小组,每个小组 4～5 人,让学生自己推选小组长,制定小组单元学习目标,落实每位学生在完成小组目标中的任务和职责。在小组目标的引领下,营造良好的学习氛围,提高学生相互交流与配合的意识,增强人际交往与社会适应能力。

教师的教法是为学生的学习服务的,教师在实施本模块教学中,应注意改变灌输式的教法,给学生留下自由想象的空间和自主学习的时间,让学生采用适合自己的方式进行学习。本模块的设计根据课程标准的精神,关注学生全面素质的发展,在抓好、抓实技能与体能教学的同时,努力实现体育与健康的多方面目标,以充分实现体育与健康课程的功能与价值。教师应尊重每一位学生,师生之间互教互学,相互尊重,创建民主、平等与和谐的教学环境。

在教学手段上力求改变角色,充分抓住教材的重点、难点,做到有的放矢;能遵循学生的身心发展规律,符合学生现有的技能水平;有利于调动学生学习的积极性,拓展学生的视野,有助于学生掌握多样化的学习方式,促进学生运动知识和技能、情感、态度、价值观的整体发展。

第四,田径模块的具体安排(18 学时)(表 6－83)。

表 6－83　田径模块的安排

模块目标	认识田径运动的价值,培养田径运动的学习兴趣,激发锻炼的自觉性与积极性。巩固和提高快速跑、耐久跑、蹲踞式跳远和原地推铅球的基本技术,提高体能。掌握发展速度、灵敏度、耐力、力量和柔韧度等身体素质的练习原理与方法。增强学习的自信心,学会合作学习,形成勇敢、果断和坚忍不拔的意志品质,培养团队合作精神,发展社会交往能力。
学习重点	巩固和提高跑、跳、投的基本技术。掌握发展体能的练习方法。

续表

课时	达成目标	教学内容	学法和教法	技术重点和难点
5	了解快速跑的技术要领和锻炼作用，明确步长、步频与成绩的关系。 掌握短跑技术的基本练习手段，改进跑的技术，发展灵敏度、柔韧度等身体素质，提高快速奔跑的能力。 提高学习兴趣，形成积极参与和相互合作的意识。	短跑技术专门性练习。 不同感觉系统的反应练习。 柔韧素质的练习。 不同段落的加速跑练习。 步长与步频测试。 学习规则。 测验。	教师讲解、示范跑的辅助性练习手段，学生学习技术。 教师用不同的信号（视觉、触觉、听觉），学生及时做出正确的反应。 教师介绍发展柔韧度的原理与方法，学生分组练习。 讲解短跑技术要领，学生体会要领，相互纠正错误的动作。 以组为单位，学生之间相互协调配合，测试各人的步长、步频与成绩。 不同段落距离的加速跑练习。 规则学习与比赛。	跑的辅助性练习：上下肢协调配合，放松自然。 灵敏度练习：快速与正确。 柔韧度练习：以髋关节为重点，动力性与静止性练习手段相结合。 加速跑：放松、协调，眼看前方，跑成直线。
	了解跳跃项目的分类与特点，明确发展跳跃能力的意义与价值，了解跳远的力学原理。 发展跳跃能力，掌握多种发展跳跃能力的练习手段，提高蹲踞式跳远的技术水平。 培养学生勇敢、果断、积极进取的精神，体验成功。在运动中学会与同伴合作与交流。	发展跳跃能力的多种跳跃练习方法。 跳过不同障碍物，体验生活中的跳跃动作。 改进蹲踞式跳远技术，提高跳远水平。 学习规则，提高裁判能力，做好教师的助手。 测验。	教师讲解、示范单足跳、跨步跳、蛙跳、分腿跳等动作，学会进行单个动作以及组合动作练习。 跳过障碍物的游戏练习，以组为单位，设计障碍物与跳跃的方法，各组进行交流、展示、比赛。 从高处往下跳，从低处往上跳，体验不同的用力方法。 蹲踞式跳远练习。 学习规则，做好裁判，观摩比赛，进行评论。	跳跃练习：轻松、协调、自然。 蹲踞式跳远：跑直线，助跑与踏跳衔接自然。

续表

课时	达成目标	教学内容	学法和教法	技术重点和难点
4	了解耐久跑供能原理和技术要点,明确有氧锻炼对提高人体呼吸系统、心血管和运动系统功能的作用。 掌握耐久跑的呼吸要领,提高耐力水平,学会运动心率测试方法与评价方法,探索适合自己锻炼的最佳心率范围。 形成积极参与的意识,形成吃苦耐劳、坚忍不拔的意志品质。	学习耐力跑的呼吸节奏。 体验不同形式的耐久跑练习。 掌握运动心率的测试方法与评价方法。 测验。	讲解耐久跑呼吸节奏要领,练习体会。 体验变速跑、追逐跑、校园环境跑、定时跑、定距跑等不同形式的练习手段。 以组为单位,进行异程接力比赛(跑距长短可按人的能力分)。 学生体验球类、跳绳和耐力相结合的练习方法。 学习心率测试方法,体验在不同运动负荷下的心率变化,学生之间相互评价心脏功能。	耐久跑:呼吸要有节奏,合理分配体力。 运动心率:掌握脉搏测量法,了解安静心率、最大心率、适宜锻炼心率和良好心脏功能的概念。
3	了解投掷项目的工作原理,明确影响投掷能力的关键因素,了解实心球基本练习方法与锻炼作用。 发展上肢与肩背部力量,改善协调能力,改进动作,开拓思维,自我设计发展身体力量素质的练习方法。 提高安全意识,练习时能注意自身与他人的安全。	学习实心球的基本练习手段,能设计新的练习手段。 练习原地推铅球,尝试滑步推铅球。 自我诊断投掷能力,设计改进方法。 测验。	讲解、示范实心球基本练习方法,掌握技术要领。 以组为单位,进行练习手段的自主创新,各组进行展示、交流、比赛。 实心球投准、抛远等游戏练习。 练习原地推铅球,尝试滑步推铅球。 自我诊断:力量素质的强弱,自我设计:力量练习方法。	投掷实心球:用力顺序正确性和动作协调性。 原地推铅球:蹬、转、挺、推、拨。 滑步推铅球:平稳、重心起伏小,与最后用力衔接紧。
1	了解田径运动的历史和田径运动的发展趋势。 学习规则,能看懂比赛,会评论比赛,具有一定的欣赏能力。	观摩田径比赛的录像。 学习田径比赛规则。	观摩田径比赛,欣赏精彩的动作。 规则讨论。 各小组间开展田径知识竞赛。	具有一定的欣赏能力。
共 18 课时				

四、信息技术学科教学指导意见

为了贯彻教育部《基础教育课程改革纲要(试行)》、《普通高中课程方案(实验)》和《普通高中技术课程标准(实验)》的精神,促进云南省普通高中信息技术学科新课程的顺利实施,帮助学校及广大高中信息技术教师结合实际落实课程改革的要求和目标,创造性地实施教学,促进自身的专业成长,提高新课程的教学质量,以学生发展为本,切实减轻学生的学业负担,特制定《云南省普通高中新课程信息技术学科教学指导意见》。

本"指导意见"分单元按照"课程标准内容"、"课时安排建议"、"学习要求"、"教学建议"四个栏目编写。"课程标准内容"是教学的目标源头,按主题提取,方便教师对照查询。"课时安排建议"按教学内容的知识体系划分了课时,仅作为建议,教学时可根据实际情况灵活把握。"学习要求"按章用表格分"学习要求"与"说明"列出。"学习要求"主要是提出学生学习要达到的三维目标,提示教师要完成的教学任务。"说明"部分主要是对学生的学习提出指导性建议。"教学建议"是按单元对如何实施教学和达成教学目标所提出的教学参考建议,如根据学生实际对教学内容的处理,采用的教学方法等。

考虑到信息技术课程内容的应用性特征,应维持学生较长的学习历程,以保证学习的有效性。建议每周安排二学时,并根据教学需要适当安排连堂上课。

(一)选修1 第二单元 信息加工与表达

1. 课标要求

①能够根据任务需求,熟练使用文字处理、图表处理等工具软件加工信息,表达意图。选择恰当的工具软件处理多媒体信息,呈现主题,表达创意。②合乎规范地使用网络等媒介发布信息、表达思想。③初步掌握用计算机进行信息处理的几种基本方法,认识其工作过程与基本特征。④通过部分智能信息处理工具软件的使用,体验其基本工作过程,了解其实际应用价值。

2. 课时分配(表6-84)

表6-84 课时分配概要

教学内容	课时
计算机的功能、特征及解决问题的步骤 字处理软件、表处理软件的基本功能和操作 字处理和表处理软件的综合运用	3~4

续表

教学内容	课时
图形、图像处理软件的基础知识 图形、图像处理软件的综合运用 音频、视频处理和简单动画制作的基础知识及应用	6～8
算法的含义、表示形式和解决问题的基本过程	4
智能信息处理工具软件的使用	2
网络在线交流的基本方法 信息的表达方式和信息的表达技巧 电子邮件的工作原理和电子邮箱的管理	2～3
分析一个网站；构思、策划、准备素材；制作网页	3～4

3. 教学要求（表 6-85～88）

表 6-85　第一章　文本和图表信息的加工与表达

教学 要求	了解计算机的功能、特征及解决问题的步骤。 能根据需要选择合适的文字处理软件，围绕主题加工文本信息。 尝试合乎规范地使用结构化加工和形象化的方式加工信息。 利用图表处理软件处理数据，发现和挖掘数据之间的关系，并结合图形化表示，揭示事物的性质、特性及其变化规律。 学会从不同的角度挖掘表格数据所蕴含的信息。
说明	通过对文本和表格信息工具的有效使用，使学生挖掘信息加工的实际价值，根据需要选择适当的表达方式有效地表达信息，增强解决实际问题的能力选择。文字处理技术的发展变化及意义可作为学生课外阅读。

表 6-86　第二章　多媒体信息的加工与表达

教学 要求	了解图像处理的基本知识，能辨识常见图形图像文件格式，能描述矢量图与位图的区别。 能根据需求选择合适的方法获取图像信息，能根据表达需求用图像编辑软件对图像进行简单处理和编辑。 能根据需求选择合适的方法获取音视频信息并对音频信息进行简单加工（剪辑、格式转换等）。 理解视频编辑的一般方法，能根据表达主题，恰当处理视频（截取、格式转换等）。 能根据表现需求，了解制作简单动画的方法。 了解根据表达主题进行图像、音频、视频获取与编辑的基本过程与方法。
说明	视频制作对学生不做要求；动画制作以操作体验为主，动画制作操作对学生不做要求。

表 6 - 87　第三章　编程解决问题和信息智能处理

教学要求	通过对简单计算机程序的剖析,亲手尝试编程解决问题的基本过程和方法,让学生体验程序设计的独特魅力,理解程序设计的价值。了解编程加工信息的内在机制。理解算法的含义和算法在解决问题中的重要作用。 　了解人工智能的基本应用领域;通过部分智能信息工具软件的使用,体验其基本工作过程;感受人工智能技术的丰富魅力,增强对信息技术发展前景的向往,能客观认识人工智能技术对社会的影响。
说明	编程解决问题中流程图设计不做要求。 　信息智能处理要求学生使用部分智能信息处理工具软件后,体验其基本工作过程,了解人工智能技术的实际应用价值,培养正确的科学技术应用观。

表 6 - 88　第四章　信息的集成与交流

教学要求	信息集成能力在处理信息过程中的重要性。 　信息集成的一般过程以及常用的集成工具,学会使用一个多媒体信息集成工具的使用方法。 　能根据表达需求选择媒体素材,制作一个多媒体作品,并能客观评价多媒体作品,形成健康的观赏习惯和制作习惯。 　了解网络信息发布的多种方式,根据需要选择恰当的方式发布信息。 　了解几种常用的信息交流方式,选择适当的信息交流工具与他人交流。
说明	网站是多媒体信息集成的一种典型方式,建议指导学生制作简单网站达到信息集成的目的。

4. 教法建议

第一,"信息的加工与表达"的学习是让学生了解信息加工和信息表达的一般方法,在活动的过程中通过使用一般信息处理软件巩固、提高软件的操作技能,在活动过程中感受信息加工与表达的一般过程,在活动中提高综合应用软件的能力。通过活动过程使学生逐步地认识到信息技术不仅是学习的内容,也是学习的工具。

第二,"信息的加工与表达"是"信息技术基础"模块的重要内容,建议在进行教学设计时要认真选择、设计教学案例,在案例设计中既要考虑对教学要求基本内容的覆盖性,还要考虑基本内容的可拓展性,从而照顾到全体学生学习需要,使每个学生都有收获。非零起点的教学要求,对来自不同学校、不同学习基础学生的学习,可能是信息技术学科教学设计的难点。在案例的设计中要根据本校学生的学习基础设计学习过程,从而体现"信息技术基础"模块教学在高中信息技术教学中承前启后的作用。

第三,高一学生对于信息加工和相关工具软件的使用有了一定的经验,学生对常用应用软件的使用一般停留在单个软件的基本操作上,对信息处理的过程和方法没有总体的认识,尤其对于多媒体作品的制作过程、方法及作品的评价缺乏系统的认识和理解。因此,"信息加工与表达"的教学应该立足于信息处理过程中,着眼于应用软件的综合运用上,在教学方法上要给予更多的关注。

首先,采用半成品加工教学法降低学习难度,提高教学效率。"半成品加工"教学法就是提供一个相对完整的作品,只是对教学的内容这部分"留白",无论是讲授还是练习都以多个不同主题但留白相似的作品为依据,让学生在短时间内体会到技术操作的方法和信息素养的内涵,提高了讲解、理解和实践的效率,并且优化了学习的情景与练习的环境。应用"半成品加工"策略,主要作用在于课堂教学的演示,配合讲解基本的方法与过程,突出教学的重点。例如,提供一份小报的半成品,让学生将其中某段落分栏。这样学生可以通过对小报加工前后的对比,领会到分栏的作用和优势。

其次,采用任务驱动教学法培养学生解决实际问题的能力。文字的处理、结构化和形象化加工以技能性知识为主,如果学生能深切体验到所学内容的实用性,就能有效缩短内化时间,达到熟练应用的程度。而任务驱动法可以较好的突出这种实用性。但要注意任务主题需贴近生活、任务难度需有阶梯性。这里的"阶梯性"不仅指后面的任务比前面的任务要难,还意味着前面的任务是为后面的任务做铺垫,以降低其难度。比如信息的结构化表达,要将信息以结构化的方式处理必包含两个过程,一是在头脑中提炼出信息的结构;二是通过一定的形式将这一结构表现出来。单独完成这两个环节中的任一环节,难度都不是很大,但如果一上来就让学生把这两个环节一气呵成就比较难了。

第四,在多媒体信息的加工和表达单元中涉及知识点较多,技术深度也不好把握,就基础模块而言,学习的重点主要体现在如下几个方面:位图和矢量图的区别,图像加工和合成的基本概念、方法和过程。对于图像加工和合成的基本方法和过程这一知识点的学习,不仅需要掌握基本的操作技能,更重要的是能有效表达意图,因而不仅要体现信息内容,还要结合人类审美的需求,对学生而言具有一定的难度,对教师而言也要不断提高自身的艺术修养。在教学中能通过软件加工工具的使用,体验技术价值,体验技术服务于实际需求的乐趣,使学生树立正确的情感态度和价值观,如能辨析图像"恶搞"的"违规"现象。

第五,声音的采集和合成及视频的编辑制作具有实用价值,学生也比较感兴趣。为有效地处理好这一重点,在实际教学中可以将音频加工与视频加工统筹起来设计教学方案。简单动画制作具有很强的趣味性,学生的学习积极性通常很高,考虑到少数学生在小学和初中可能有过 Flash 软件操作的经历,在这种情况下,分层次教学显得尤为的重要,避免出现"吃不饱"和"消化不了"的两极分化现象。音频信息的采集需要有相应的硬件做保障;视频信息来源和视频文件格式,涉及诸多的文件格式和压缩标准,内容抽象;动画制作过程中一些基本概念的理解和把握,比如关键帧、图层、元件、逐帧动画、补间动画、遮罩动画等，这些知识对于初学者理解起来可能比较困难，考虑到基础模块的教学时间的限制，教学目标定位在了解、知道和操作体验层面上，对于更多的多媒体加工和处理的概念与方法，在选修课程的"多媒体技术应用"中会有更多涉及。

第六，编程解决问题是一种具有专业化色彩的信息加工方式。在信息技术基础部分，本知识点主要是为了让学生体验编程的过程，了解利用计算机加工信息的内在机制，藉此理解大众化信息加工的实质，而并非要掌握某种具体的编程方法。让学生在短时间内理解甚至编写整个程序代码和算法是很困难的，也是没有必要的，因而可以适当降低要求，只要求学生理解某个简单的程序代码段，引导学生模仿编写或修改局部的程序代码，以体验编程的快乐和算法的基本功能。理解编程解决问题的过程可以帮助学生理解实用计算机解决问题的内在机制，消除对计算机的神秘感和增强驾驭计算机的兴趣与信心。

第七，信息智能处理在编程解决问题之后，当学生认识了利用计算机解决问题的内在机制，将有助于对信息的智能化处理的理解，因为信息的智能化处理本质上是一种智能化的特殊的编程加工。通过学生的体验，了解人工智能的具体应用和对社会的影响，即通过"智能信息处理工具软件的使用，体验其基本工作过程，了解其实际应用价值"。

第八，人工智能技术是当前新技术革命的前沿之一，理解人工智能技术的具体应用领域和社会影响，可以帮助学生理解新技术革命带来的便利，增强学习和使用信息技术的兴趣，同时学会客观评价人工智能带来的各种积极和消极影响，避免陷入技术崇拜症。为此，需要引导学生体验操作人工智能应用的各种典型实例，并学会总结和交流。智能信息处理工具的操作比较简单，但其内在的工作过程则较为抽象，学生可能难以理解。可以借助不同输入输出结果的比较分析，引导学生理解智能信息处理工具的基本工作过程。

第九，网站开发的一般过程和方法，恰当集成多媒体素材，是本单元的教学难点。网站开发的方法，特别是网站开发的三个要点（宏观层次的网站结构、中观层次的页面布局、微观层次的网页元素），要让学生达到熟练掌握的程度较为困难。原因是多方面的，其一，网站开发本身具有一定的复杂性；其二，网站开发过程中还要结合前几个知识单元的学习，收集、加工、整理各种多媒体素材；其三，课时有限，对于零起点的学生挑战性更大。本知识点内容涉及范围广，涉及技能较多，教师的教学组织也是难点所在。

第十，本单元教学线索："信息的加工与表达"的学习内容可以由"信息的加工"、"信息的表达与交流"和"网页的设计与制作"三部分内容构成。学习过程中要注意三部分的有机整合。第一部分的内容对于学生来说是初中学习的内容，但是在高中的学习中更加强调文字处理软件、表格处理软件和多媒体软件在解决问题、加工信息过程中的综合应用。学习任务的设置要考虑知识的覆盖程度。有关算法与编程的学习内容要使学生感受算法对于问题解决重要意义,了解程序设计与应用软件的关系。第二部分的内容要求学生能够合理规范地使用网络发布信息、交流信息、表达信息。使学生体会计算机网络是信息交流的重要途径,能够熟练的以电子邮件、电子公告板、网页的方式交流信息。在使用电子公告板等信息交流工具时要为学生设计有益的交流主题,从而避免网络中不健康信息对学生的影响。第三部分的内容是通过网页制作活动使学生在制作网页的过程中感受和体会信息的获取、加工、管理、表达与交流的过程。

(二) 选修 2 第一单元 因特网应用

1. 课标要求

①通过使用因特网,了解因特网服务的基本类型、特点与应用领域;了解因特网服务组织的类型、提供的服务与服务特点。②通过尝试与分析,了解因特网信息检索工具的类型与特点;知道搜索引擎、元搜索引擎(又称集成搜索引擎)等因特网信息检索工具的产生背景、工作原理与发展趋势;掌握常用因特网信息检索工具的使用方法,能熟练使用检索工具获取所需信息。③通过使用或演示,了解与人们学习、生活密切相关的因特网应用技术的基本使用方法,初步了解其基本工作思想。④能够根据实际需求选择恰当的方式方法,利用因特网获取所需信息、实现信息交流;体验因特网在跨时空、跨文化交流中的优势,分析其局限性。

2. 课时分配(表 6-89)

表 6-89 课时分配概要

教学内容	课时
因特网的常见信息服务类型和特点 因特网的服务应用领域 因特网的服务组织	2
因特网信息检索分类 搜索引擎、元搜索引擎的工作原理 信息检索工具产生的背景和发展趋势	1~2
常见因特网信息交流方式 网络交流技术的基本使用方法及其基本工作思想	2
常见网络多媒体类型 网络多媒体的应用及其原理	0.5~1
网络安全问题与安全技术 网络安全道德	0.5~1

3. **教学要求**(表 6 - 90～91)

表 6 - 90　第一章　因特网的服务

教学 要求	了解因特网服务的基本类型、特点、应用领域。 了解因特网服务组织的类型、提供的服务与服务特点。
说明	因特网的服务是从"服务"的角度来考察因特网,主要有三个视角:第一,从信息的角度看,因特网提供信息交流、信息获取、信息资源共享的信息服务;第二,从典型应用领域角度看,有电子商务、远程教育等服务;第三,从支撑因特网正常运转的服务商角度看,有 ASP、ISP 等。这部分内容知识性目标只要求达到"了解"水平,技能性目标也只要求达到"模仿"水平。

表 6 - 91　第二章　因特网的应用

学习 要求	了解因特网信息检索工具的类型,会分析其特点。 知道搜索引擎、元搜索引擎等信息检索工具的工作原理与发展趋势。 掌握常用因特网信息检索工具的使用方法,能熟练使用检索工具获取所需信息。 了解与人们学习、生活密切相关的因特网应用技术基本使用方法,初步了解其基本工作思想。 能在因特网环境下根据实际需求选择恰当的方式方法,实现信息获取和信息交流。 体验因特网在跨时空、跨文化交流中的优势,能分析其局限性。
说明	因特网应用重中之重就是两块内容,第一是信息的检索获取(搜索引擎),第二是信息的交流。搜索引擎的知识目标涵盖了"了解"水平、"理解"水平和"迁移应用"水平三个层次,技能目标也要求达到最高的"熟练操作"水平。信息交流的知识性目标和技能目标则都是最高层次的要求,同时在情感性目标方面有所要求,要达到最低层的"经历(感受)"水平。除了以上两部分重要内容外,在与学习生活密切相关的一些技术也有一些要求,在知识和技能水平方面都只需要达到最低层次。

4. **教法建议**

第一,本单元教学内容很大程度上是《信息技术基础》必修模块相关内容的延续。由于教材版本不同、地区不同等客观原因,学生的起始基础会有很大的差异。教学需要根据具体的学生情况来调整起点。本单元内容以"应用"为支点,比起后续内容,教学应该更加容易开展。但是作为选修课程,教学不应该停滞于肤浅的"应用"上,在广度上应该让学生体验各种信息交流的手段,能根据具体需要选择合适的因特网交流工具达成目标;在深度上应该引导学生探究信息搜索与信息获取的原理,在掌握原理的基础上,进一步深化对信息搜索与获取的能力。

第二,因特网的服务涉及多方面的内容,在几套教材中都是将这些内容恰当地分散到各章节中,结合相应的知识来学习。"服务"是本模块教学的一把钥匙,整个网络实际上就是建立在"服务"上的应用。"因特网应用"是从"服务"的客户端应用来考察网络,"网络技术基础"是从"服务"内部运转的机理来考察网络,"网站设计与评价"是从"服务"后台信息提供来考察网络。教学中网络服务的概念是渗透在各个章节中来学习,在淡化概念的同时,要从各部分知识和技能的学习中来加强学生对网络"服务"重要性的认识和理解。

第三,因特网服务的类型、特点、应用领域可以结合相关的应用来教学,让学生先体验,然后再来归纳讲解。教学要注意与基础必修模块相关内容的衔接,不要出现教学内容过多的重叠,也不要出现教学内容过大的跨越。因特网服务组织应该按照教材安排,与相关内容一起呈现给学生。教学中注意知识的内在联系,同时关注学生的学习需求。

第四,因特网服务发展比较迅速,教材在很多方面都有些滞后。教师应该实时关注一些新的、影响面比较大的因特网服务,给学生作一些简单的介绍,或者在时间充裕的前提下给学生一些体验。例如,在 WEB2.0 时代的一些新服务:RSS(信息聚合)、IPTV(网络电视)、P2P(对等连接)下载、P2P(对等连接)交流、SNS(社会化网络服务)、Blog(博客)、Podcast(播客)、Wiki(维客)等。

第五,因特网信息检索也是属于必修模块相关内容的延续。这是本单元的重点内容。这部分内容的教学也不是简单地体验一下各种搜索工具就过了,在体验的基础上要有所提升。它包括各种信息检索工具的原理、元搜索引擎的理解教学中都需要讲到位。教学中也不要走另外一个极端,把这部分内容变成枯燥的理论讲解,而是要理论联系实践,在实践中为学生制造知识困惑,以激发起他们学习理论的需求。

第六,在教学过程中,教师也可以根据学生的具体情况,对因特网信息检索作一些拓展,如人肉搜索、基于内容的检索(Content Based Retrieval,CBR)等。

第七,因特网信息交流也是本单元教学的重点内容。在基础模块学生有了一定的体验,选修模块的教学应该更多地考虑信息交流工具的原理、各种信息交流工具的比较。最主要的因特网信息交流方式至少要让学生用过两种:第一种是非实时信息交流方式(E-mail 或 BBS),第二种是实时信息交流方式(ICQ、QQ 或 IP 电话等)。对于电子邮件、QQ 等交流方式,重点不在操作技能的学习,而在于了解它们的基本工作原理上。理解网络给我们带来交流便利的同时,也要正确的看待信息交流中语言的鸿沟、信息孤岛、信息安全等问题。

第八,网络多媒体是网络技术应用和多媒体技术应用的交叉内容,不属于本单元的教学重点内容。网络多媒体包括流媒体、虚拟现实等技术。这部分内容可以和因特网服务应用领域部分的内容结合在一起呈现给学生。教学中可以通过演示或引导学生应用等方式,让学生获得体验。

第九,网络安全在几套教材中要么放在教材最后作为选修内容(粤教版、浙教版),要么穿插在其他内容中提出(教科版),但网络安全在本单元的教学中不容忽视。事实上,网络安全问题是渗透在网络技术应用各个章节中的现实问题,教学过程中在合适的地方都应该引入安全问题;将其作为情感态度价值观目标的一部分来培养。

第十,本单元的教学要点是立足于学生的已有经验,引导学生对知识归纳提升。重视对技术原理的深层挖掘。采用分层教学,适应学生的差异性。重视实践,让学生亲身感受,建构自己的知识体系。规范学生网上行为,培养良好的信息素养。

第十一,本单元教学线索:因特网信息检索和因特网信息交流是本单元教学的核心内容。对因特网"应用"的多角度、多层面的理解,则是学生实现知识构建的关键。网络多媒体、网络安全等内容可以有机地渗透到其他内容中来呈现给学生。因特网"应用"的知识建构如图 6-6 所示。

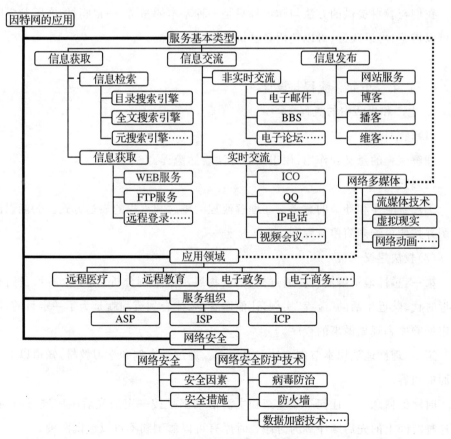

图 6-6　因特网"应用"的知识结构

五、通用技术学科教学指导意见

为了贯彻落实教育部《普通高中课程方案(实验)》及《普通高中通用技术课程标准(实验)》的精神,积极稳妥地推进我省普通高中通用技术新课程实验,提高我省普通高中通用技术课程的教学质量制定《云南省普通高中课程改革通用技术教学指导意见——技术与设计 1》。

本"指导意见"根据江苏教育出版社出版的《通用技术——技术与设计 1》编写，其他版本的教材也可以参考使用。

本"指导意见"以章为序，按照专题编写，每个专题设置"学习目标"、"学习要求"、"教学建议"三个栏目。"学习目标"是教学预期的结果，有引导教学方向的意义。"学习要求"是学生对重要教学内容的学习层次的要求，用行为动词"关注、了解、知道、理解、学会、掌握"表示。"教学建议"是为实现教学目标，达到学习要求提出的参考方法与建议。我们采用了案例分析、专题讨论与思考、小辞典、小资料与链接、小试验、实践活动等方法与建议，部分专题采用了我们研究后提出的方法与建议。

我们与教材提供的方法与建议都只是一种基本的参考、一根拐杖，实际教学时教师可以借鉴、可以改进、可以使用自己认为更好的方法。

（一）第二单元　流程与设计

1. 生产和生活中的流程

（1）教学目标

理解流程的意义和作用，用正确的方法表达流程。

（2）教学要求

①理解时序和环节的意义。②理解流程的概念和流程的表达方式。③能识读流程图并按要求绘制简单流程图。

（3）教法建议

第一，感性地了解流程。通过投影、实物展示或案例分析，向学生展示我们身边贴近时代、贴近生活的"流程"实例，让他们看到、体会到流程就是为了一定目的，按照一定的顺序和规划做事的程序。

第二，理性地认识本节内容的重要概念。通过举实例和学习教材，知道以下几个方面的内容。

时序的概念——任何一项生产和生活活动都是按一定的先后顺序进行的，我们把这种时间上的先后顺序称为时序。时序有可以颠倒和不可以颠倒两种。

环节的概念——把完成某个具体目标、组成某项生产或某个活动过程的若干阶段或小的过程称为环节。环节有两个特点：可以划分和分法不一。

流程的概念——流程是一项活动或一系列连续有规律的事项或行为进行的程序。任何流程反映了一定的时序，体现出一定的环节。

流程的表达——为了使流程清晰可见,一般采用流程图来表达流程。

依据流程的性质和人们的表达习惯,流程也可以用文字、表格、图示、模型、动画等方式表达。流程图画法如图 6-7 所示。

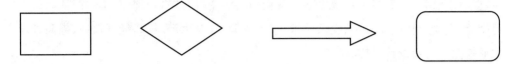

图 6-7　流程图示

生活和流程——日常生活中,科学合理的流程可以指导我们正确地做事,提高工作和学习的效率,使我们的生活变得有序、合理,为我们的安全提供保障。

生产和流程——工农业生产中,科学合理的流程可以有效地组织生产、提高生产效率、保证产品质量、保证安全生产、保护环境。

第三,主动地交流。学生交流自己对上述重要概念的理解与认识,提出自己关注的问题,并展开讨论。

第四,积极地总结与评价。教师根据学生在学习、试验与交流活动中的实际表现并结合下述要点进行总结与评价。

肯定成绩——针对教学目标、教学要求与本节内容的重要概念。

解答、讨论问题——针对学生关注的问题,特别是基础性的问题和同学之间争议大的问题。

激励与希望——针对情感、态度、价值观,如对学生表现出来的坚持实事求是的科学态度,联系生产生活实际的学习方法,充满特色、个性与创造性的理解与认识等给予表扬。

2. 流程的设计

(1)教学目标

学会简单的流程设计。

(2)教学要求

①学会分析流程设计应考虑的基本因素。②理解流程设计的一般步骤并能够画出流程设计的方框图。③能对生产、生活中的简单事项进行流程设计。

(3)教法建议

第一,感性地了解如何进行流程设计。通过投影、实物展示或案例分析,让学生看到、体会到流程设计的目标、基本因素,如通过投影展示小铁锤加工流程,让学生在课堂上叠一架纸飞机。

第二,理性地认识本节内容的重要概念。通过举实例和学习教材,知道以下几个方面的内容。

流程设计的目标——对于工作和生活方面的流程设计,主要应考虑如何节省时间、提高生活质量、提高工作效率并使我们的生活变得有序、合理;对于生产活动的流程设计,主要应从提高效率、提高质量、节省资源、安全生产、提高经济效益、提高管理水平等方面明确设计目标。

流程设计应考虑的基本因素——主要有材料、工艺、设备、人员、资金和环境等。不同行业的流程有不同的特点,流程设计中应考虑的基本因素也各不相同。

流程设计的步骤——明确设计的目标和任务,明确流程应遵循的内在变化规律。分析现有材料、设备、资金、人员、工艺和环境等因素。列出流程涉及的主要事项,并进行初步的排列。分析各事项之间先后顺序,合理地安排流程的时序和环节,画出流程图。

第三,主动地交流。学生交流自己对上述重要概念的理解与认识,提出自己关注的问题,并展开讨论。

第四,积极地总结与评价。教师根据学生在学习、试验与交流活动中的实际表现并结合

根据下述要点进行总结与评价。①肯定成绩——针对教学目标、教学要求与本节内容的重要概念。②解答、讨论问题——针对学生关注的问题,特别是基础性的问题和同学之间争议大的问题。③激励与希望——针对情感、态度、价值观,如对学生表现出来的坚持实事求是的科学态度,联系生产生活实际的学习方法,充满特色、个性与创造性的理解与认识等给予表扬。

3. 流程的优化

(1)教学目标

运用流程优化的思想让自己生活得更科学、更高效。

(2)教学要求

①理解流程优化的意义和主要内容。②理解流程优化过程中应考虑的问题。③能对生产生活中的简单流程进行设计和优化,并能用文字或图表说明设计方案的特点和优化方案的优越之处。

(3)教法建议

第一,感性地了解流程优化及其意义。通过列举实际生产与生活中的简单流程(如洗衣、煮饭与炒菜的流程),让学生参与改进,对比不同方案之间及其结果,感性认识流程优化及其意义(图6-8)。

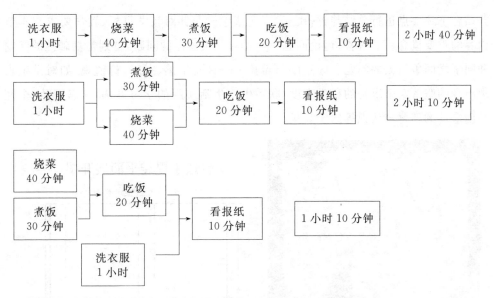

图 6-8　洗衣、煮饭与烧菜的流程

科学合理的流程可以指导我们正确地做事，提高工作和学习的效率，使我们的生活变得有序、合理！

第二，理性地认识本节内容的重要概念。通过学习教材和案例分析，知道以下几个方面的内容。

流程的优化——在流程的设计和实施过程中，要对流程进行不断的改进，以期取得最佳的效果，这样的改进过程称为流程的优化。

流程优化的目的——提高工作效率，降低成本，降低劳动强度，节约能耗，减少环境污染，保证安全生产等。

流程优化的内容——流程优化涉及工期、工艺、成本、技术、质量优化等内容。对于某特定流程，往往以某个指标优化为主，综合考虑其他指标。某一指标的优化，可能带来其他指标的下降。

通过机床修理（工期优化）、制造法兰（工艺优化）、配送家电（成本优化）等例子的分析和探究，加强学生对流程优化的理解。例子最好能超越教材，选取更加贴近时代、贴近生活的，学生感兴趣、能理解的。

流程优化的条件——材料的改变、设备的提高、人员的改变、工艺水平的提高、对流程内在机理的进一步研究等。

第三，主动地交流。学生交流自己对上述重要概念的理解与认识，对流程优化的理解与认识，提出自己关注的问题，并展开讨论。

第四，积极地总结与评价。教师根据学生在学习、试验与交流活动中的实际表现并结合下述要点进行总结与评价。①肯定成绩——针对教学目标、教学要求与本节内容的重要概念。②解答、讨论问题——针对学生关注的问题,特别是基础性的问题和同学之间争议大的问题。③激励与希望——针对情感、态度、价值观,如对学生表现出来的坚持实事求是的科学态度,联系生产生活实际的学习方法,充满特色、个性与创造性的理解与认识等给予表扬。

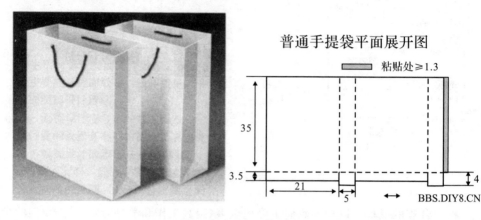

图 6-9　制作纸袋的流程

①通过制作纸袋(取材简便,制作容易),在制作的过程中体会时序—环节—流程—表达流程(图 6-9)。②通过对制作一个纸袋所需时间的计量和制作流程的回顾,设想要制作十个这样的纸袋,如何设计流程—绘制流程图—优化流程。③每两个小组互相对对方的流程进行分析。④班级交流。选择思路较为不同的两个小组,一个小组交流自己的设计优化思想,另一个小组提问并评价,其他同学也提问与评价。

关于反思与总结。①借助"开放性评价试卷"反思总结自己的学习与活动过程。②在反思总结的基础之上,选择自己感悟最深的一项内容,自拟一个题目,说明自己的体会、感受、认识、主张或观点。③根据自拟题的体会、感受、认识、主张或观点,在小组活动中进行交流与讨论。

参 考 文 献

[1]郝芳.教师的课堂教学价值取向探究[D].山东师范大学,2007(4).

[2]和学新,张丹丹.我国课程改革理论基础研究的反思[J].课程·教材·教法,2011(5).

[3]胡绪.探究教学价值取向的演变研究[D].西南大学,2012(4).

[4]李军.教学价值取向现代范式下的教师角色研究[J].黑龙江社会科学,2007(2).

[5]李云峰.云南省普通高中新课程改革背景分析[J].课程教材教学研究,2009,11-12.

[6]罗儒国,王姗姗.教学价值取向的现实诊断与应然追求[J].大学教育科学,2008(6).

[7]吴永军.正确认识新课程改革的理论基础及其价值取向[J].教育科学研究,2012(8).

[8]吴永军,宁婷婷.我国基础教育新课程改革理论基础研究述评[J].教育理论与实践,2008(12).

[9]云南省普通高中新课程改革工作方案(试行)[P].云南省教育厅,云教基2009[24]号.

[10]云南省普通高中新课程改革课程实施指导意见(试行)[P].云南省教育厅,云教基2009[25]号.

[11]钟启泉,姜美玲.新课程背景下教学改革的价值取向及路径[J].教育研究,2004(8).

高中新课程教学现状调查问卷

(一)基本情况(请在符合您情况的□内打"√")

1. 性别:□(1)男　　□(2)女

2. 教龄_____年

3. 职称:□(1)中学特级教师　　□(2)中学高级教师

　　　　□(3)中学一级教师　　□(4)中学二级教师

4. 学历:□(1)博士　　□(2)硕士　　□(3)学士(本科)　　□(4)专科

　　　　□(5)专科以下

5. 任教科目:□(1)语文　□(2)数学　□(3)外语　□(4)政治　□(5)历史

　　　　　　□(6)地理　□(7)物理　□(8)化学　□(9)生物　□(10)音乐

　　　　　　□(11)体育　□(12)美术　□(13)通用技术　□(14)信息技术

(二)课堂教学状况调查

单选题

1. 教学中遇到过让学生探究、合作交流而影响教学进度的情况(　　　)

A. 经常遇到,以学生为重　　　　　B. 经常遇到,以进度为重

C. 偶尔遇到,以学生为重　　　　　D. 偶尔遇到,以进度为重

2. 您平时选择教学素材最重要的标准是(　　　)

A. 以学生的发展为依据

B. 以学生是否感兴趣为依据

C. 以学生是否容易接受为依据

D. 以是否有利于提高学生考试成绩为依据

3. 您最希望学生通过学习达到的目标是(　　　)

A. 激发学生的学习兴趣　　　　　B. 培养学生良好的学习习惯和学习能力

C. 发掘学生的天赋和思维潜力　　D. 能达到基本要求,水平考试成绩优秀

4. 您认为目前中学高中课堂教学中存在的问题主要表现在:(　　　)

A. 教学方法比较单一　　　　　　B. 学生被动地接受学习

C. 师生之间缺乏交流　　　　　　D. 学生学习兴趣与态度

5. 您在哪个学期完成必修模块的教学（　　　）

A. 高一下学期　　　　　　　　　B. 高二上学期

C. 高二下学期　　　　　　　　　D. 其他_____

6. 您平时所参与的课堂教学研究方式是（　　　）

A. 听课评课　　　　　　　　　　B. 课例研究

C. 集体备课　　　　　　　　　　D. 其他_____

多选题

7. 下列哪些是您上课的方式:（　　　）［多选题］

A. 教师讲述法居多　　　　　　　B. 实地操作居多

C. 学生分组报告讨论居多　　　　D. 参观实习居多

E. 其他_____

8. 提高教学有效性有哪些途径?（　　　）［多选题］

A. 注重启发式、探究式教学　　　B. 优化教学目标和教学结构

C. 优化教师的个人素质和修养　　D. 优化使用多种教学手段

E. 重视师生互动、生生互动

9. 您常使用的教学策略有哪些?（　　　）［多选题］

A. 联系生活,创设情境　　　　　B. 开展活动,鼓励探究

C. 老师精彩讲解,学生认真倾听　D. 主要由学生自主探究

E. 其他_____

10. 教学中,您常利用的课程资源:（　　　）［多选题］

A. 教科书　　　　　　　　　　　B. 其他文本资源

C. 多媒体资源　　　　　　　　　D. 自己开发课程资源

E. 当地自然、人文资源

11. 您觉得现在的高中新课程与老课程相比有什么优势和有待完善之处?

12. 您怎样理解教师角色由知识传授者向学生学习的引领者的转变?

高中新课程课堂
有效教学调查问卷

一、基本信息(请在符合您情况的□内打"√"或在_____上填入数字)

1. 性别:(1)男□　　(2)女□

2. 教龄:_____岁

工作所在地:(1)省会城市□　　(2)州、市级城市□　　(3)县城□　　(4)乡镇□

　　　　　　(5)农村□

3. 学历:(1)硕士及以上□　　(3)本科□　　　　(4)专科□　　　　(5)专科以下□

4. 职务:(1)学校管理层□　　(2)学科带头人□(3)年级组长□(4)普通教师□

5. 职称:(1)中学特级□　　(2)中学高级□　　(3)中学一级□　　(4)中学二级□

　　　　(5)中学二级以下□

6. 任教科目:(1)语文□　(2)数学□　(3)外语□　(4)政治□　(5)历史□

　　　　　　(6)地理□　(7)物理□　(8)化学□　(9)生物□　(10)音乐□

　　　　　　(11)体育□　(12)美术□　(13)通用技术□　(14)信息技术□

7. 现在任教_____年级,对各年级的任教情况是:

　　(1)高一:_____年　　(2)高二:_____年　　(3)高三:_____年

8. 发表过关于教学的论文或研究报告?

　　(1)没有□　　(2)有,3篇及以下□　　(3)有,3篇以上□·

二、课堂教学策略现状调查

(一)直观感受(请在符合您情况的□内打"√")

	非常赞同	比较赞同	中立	比较反对	非常反对
1. 任课教师一般无须考虑如何设计教学目标	5	4	3	2	1
2. 创设教学情景对整堂课的效果影响很大	5	4	3	2	1

续表

	非常赞同	比较赞同	中立	比较反对	非常反对
3. 合作学习就是小组学习和讨论	5	4	3	2	1
4. 课堂提问是师生交互的重要方面	5	4	3	2	1
5. 探究教学、合作学习、自主学习课堂热闹非凡,但实际效果不佳	5	4	3	2	1
6. 开展教学研究有利于提高课堂教学效果	5	4	3	2	1
7. 课堂上使用多媒体主要是代替板书,还可以节省时间	5	4	3	2	1
8. 使用多媒体的效果不好,传统教学法更容易让学生接受	5	4	3	2	1
9. 布置作业要考虑学生的学业负担	5	4	3	2	1
10. 新教材体系较为杂乱且同一知识点无法一次教透学透	5	4	3	2	1
11. 教学过程必须关注"学情",适时调整教学策略和方法	5	4	3	2	1
12. 经常进行教学反思能够不断改进课堂教学效果	5	4	3	2	1

(二)教学实践(多选题至少选择一项)

1. 教学中涉及新课程的三维课程目标(①知识与技能;②过程与方法;③情感态度与价值观)

其重要性依次为(填写编号,降序):_____、_____、_____

其实现的难度依次为(填写编号,降序):_____、_____、_____

2. 采用何种教学方式上课(如讲授式、问答式、探究式等)所依据的主要原则是(　　)(单选)

A. 课标或教材要求　　B. 学校统一安排　　C. 视内容而定　　D. 视时间而定　　E. 视学生情况而定

3. 您进行课堂小结的基本情况是(　　)(单选)

A. 上课内容较多,一般不进行课堂小结

B. 以教师总结的方式进行小结

C. 以课堂提问的方式,由部分学生总结完善

D. 由学生分组讨论,得出结论

E. 其他＿＿＿＿＿＿＿＿＿＿＿＿＿＿

4. 为准确评定学生平时的学习情况,您使用最多的评价方法是( )(单选)

A. 考试   B. 课堂表现   C. 作业   D. 其他＿＿＿＿＿   E. 多种
手段综合运用

5. 您布置作业时,一般以哪一种类型的题目为主( )(单选)

A. 巩固性题目   B. 拓展性题目   C. 实践性题目   D. 其他＿＿＿＿＿

6. 选择教学内容时,除教材所涉及的内容外,您通常还会添加哪些内容( )
(多选)

A. 配套教辅   B. 其他教辅   C. 考试所含内容   D. 学生感兴趣的内容

7. 在设计教案过程中,您通常考虑哪些方面?( )(多选)

A. 具体的教学目标   B. 教学情景   C. 课堂提问的形式和内容

D. 教学方法

E. 学生的实际情况   F. 课程资源的选用   G. 其他＿＿＿＿＿＿＿＿

8. 在创设教学情境时,通常使用的内容有( )(多选)

A. 现实中的情境问题   B. 学科史   C. 趣味小故事

D. 新闻素材

E. 小游戏   F. 其他＿＿＿＿＿＿＿＿＿＿＿

9. 您在安排教学进度时主要考虑的因素( )(仅选出最重要的三项)

A. 课程标准的要求   B. 教材的课时安排   C. 自己的教学经验

D. 各种考试的时间   E. 年级组进度安排   F. 参考其他老师的进度

G. 其他＿＿＿＿＿＿＿＿＿＿＿＿＿＿

10. 您认为高中新课程课堂教学中存在的主要问题是什么?如何改进?

11. 您如何看待新课程所倡导的教学方法(探究教学、合作学习、自主学习)?

后　记

　　本书主编李云峰,副主编罗华玲、黄邦杰。书稿的形成是集体智慧的结晶,在主编李云峰全程指导下,第一章由张超、罗华玲合作完成,第二章由武健琨、罗华玲合作完成,第三章由罗华玲、武健琨合作完成,第四章由李云峰、黄邦杰、张超合作完成,第五章和第六章由李云峰、黄邦杰、方贵荣、李瑜峰、杨辉、殷家福、戴庆华、何立恒、蔡敏慧、郑瑛、吴凝、颜悦、王信东、高勇、温文汇、龙其汉、李正民、罗晶、张超、罗华玲、孙维云合作完成。全书由罗华玲、李云峰统稿。

　　书稿付梓之际,向所有给予我们课题研究工作大力支持的教育行政部门、各调研学校、教师及社会各界热心人士表示真诚的感激!"云南省普通高中新课程学科教学实施策略研究"及其后续研究是一个永恒的课题。课题工作已终,虽然其研究结论的科学性、理论性、实践性和针对性还远远不够。云南教育是我们的挚爱,探讨云南省普通高中新课程学科教学实施策略,促进云南省普通高中新课程学科教学改革,推进云南教育发展更是我们责无旁贷的责任,因而关于此的研究将是我们一生所必为之的。希望我们不懈努力的研究成果确实能为改进云南省普通高中新课程学科教学实践,提高教学质量发挥应有的作用。

　　本书的顺利出版得到商务印书馆的大力支持,谨此表示衷心的感谢。

　　本书在写作过程中参考和应用了许多同行们的著作及研究成果,在此表示崇高的敬意和由衷的感谢!

作者

2015 年 7 月